Ulfried Weißer
Die deutsche Legitimationskrise

Ulfried Weißer

# Die deutsche Legitimationskrise

Eine Streitschrift

Verlag für wissenschaftliche Literatur

Umschlagabbildung: Die zerlaufenden Farben Schwarz-Rot-Gold symbolisieren die Sinnkrise der deutschen Nation © stockphoto-graf – stock.adobe.com

ISBN 978-3-7329-1128-8
ISBN E-Book 978-3-7329-8790-0

© Frank & Timme GmbH  Verlag für wissenschaftliche Literatur
Berlin 2025. Alle Rechte vorbehalten.

Das Werk einschließlich aller Teile ist urheberrechtlich geschützt. Jede Verwertung außerhalb der engen Grenzen des Urheberrechtsgesetzes bedarf der Zustimmung des Verlages. Das gilt insbesondere auch für Vervielfältigungen, Übersetzungen, die Einspeicherung und Verarbeitung in elektronischen Systemen, Text- und Data-Mining sowie Einsatz und Training von KI-Systemen.

Herstellung durch Frank & Timme GmbH
Wittelsbacherstraße 27a, 10707 Berlin
info@frank-timme.de
Gedruckt auf säurefreiem, alterungsbeständigem Papier.

www.frank-timme.de

# INHALTSVERZEICHNIS

### Kapitel 1

Ein Störgefühl .................................................................. 9

Ein Handlungsauftrag ........................................................ 13

Die Frage eines Verbots ..................................................... 17

Die Brücke des Vertrauens ................................................. 20

Was heißt extremistisch? ................................................... 25

Die Stolpersteine putzen ................................................... 30

Eine neue Nazipartei? ....................................................... 34

Der Weg ins Jahr 1933 und Stand 2024 ................................. 37

Der Biologismus ............................................................... 39

### Kapitel 2

Die Wähler und die Themen ............................................... 51

Die sozialen Medien .......................................................... 57

In Mitteldeutschland ......................................................... 61

Alles ist nur vorläufig ........................................................ 81

## Kapitel 3

Eine Sinnkrise .................................................. 89

Der Salvator .................................................... 91

Die humanistische Bildung ................................. 95

Verjährung und Neubeginn ................................ 103

## Kapitel 4

Der Präsident .................................................. 109

## Kapitel 5

Das Lied der Deutschen .................................... 133

Ein Feiertag .................................................... 137

Eine Grundlagendebatte ................................... 140

Die Vergangenheit ........................................... 142

Gegenwart und Zukunft .................................... 147

Der Inlandsgeheimdienst .................................. 148

Die Mehrheitsmeinung in den Medien ................ 151

Politik und Recht ............................................. 166

Die Christlich Demokratische Union: „Wir schaffen das!" ................ 172

Die Christlich-Soziale Union: Bayern als Subjekt des Völkerrechts .... 175

**KAPITEL 6**

Sozialdemokratische Partei Deutschlands: Die Programmpartei ....... 179

**KAPITEL 7**

Die Freie Demokratische Partei: Unzuständig prescht voraus ............ 189

**KAPITEL 8**

Das Bündnis 90/Die Grünen: Die alleinige Deutungshoheit ............... 197

**KAPITEL 9**

Eine andere Mehrheit: AfD plus BSW? ................................................. 207

**KAPITEL 10**

Die Alternative für Deutschland: Ein Verbot der Opposition? ............ 211

**KAPITEL 11**

Das Bündnis Sahra Wagenknecht: Elegant und pazifistisch .............. 239

**KAPITEL 12**

Die Linke: Arbeiter im Beamtenstatus .................................................. 265

**KAPITEL 13**

Ein Grabmal ......................................................................... 271

**KAPITEL 14**

Die Verteilung von Macht ..................................................... 289

**KAPITEL 15**

Das ideelle Vakuum .............................................................. 307

**KAPITEL 16**

Aus der Programmatik der Alternative für Deutschland ...................... 319

# KAPITEL 1

## Ein Störgefühl

Steuert Deutschland in eine Krise des politischen Systems hinein? Könnte es sein, dass uns nächstens der ganze Laden um die Ohren fliegt? Was hat es zu bedeuten, wenn die drei Parteien, die unser Land drei Jahre regiert haben, bei Landtagswahlen nur noch einen kleinen Bruchteil der Wählerschaft erreichen und danach so tun, als sei nichts gewesen, und versucht haben, einfach weiterzumachen wie bisher? Und sich gegenüber den beiden neuen Parteien, der *Alternative für Deutschland* und dem *Bündnis Sahra Wagenknecht* ziemlich ratlos zeigen? Und der CDU nicht viel mehr einfällt, als gegen die AfD eine Brandmauer zu errichten?

Dass bei den seit Jahrzehnten etablierten Parteien etwas nicht stimmen kann und dass sie womöglich das Vertrauen des Volkes, die Verankerung in allen sozialen Schichten, zu verlieren drohen, wird aus der Entwicklung der Mitgliederzahlen deutlich. Von 1990 bis 2020 fiel die Anzahl der Mitglieder in tausend:

- bei der CDU von 790 auf 380
- bei der CSU von 190 auf 130
- bei der SPD von 940 auf 400
- bei der FDP von 170 auf 77
- bei der Linken von 280 auf 54

Die beiden großen Volksparteien CDU und SPD sowie die langjährige Regierungspartei FDP haben also in nur 30 Jahren mehr als die Hälfte ihrer Mitglieder verloren. Nicht ganz so dramatisch, aber immer noch ein starker Schwund, war bei der CSU zu beklagen. Die Linke scheint bei den Wahlergebnissen (zwei bis drei Prozent) und der Mitgliederzahl immer mehr zu verblassen und könnte womöglich eines Tages ganz untergehen.

Weniger Mitglieder heißt: weniger Mitmacher, weniger Ehrenamt, weniger Beitragszahler, weniger Bekenner, weniger Anregungen aus der Bevölkerung. Die Funktionäre bleiben eher unter sich. Es kommt weniger Nachwuchs hinzu, die Parteien überaltern. Bei der CDU beispielsweise lag der Anteil der Mitglieder in der Altersgruppe von 16 bis 29 Jahren schon 2006 bei nur 5%, der Anteil der über 60-Jährigen hingegen bei 47%. Dieser Anteil der Älteren war schon seit 1993 dramatisch gestiegen. Die Überalterung prägt dann auch die Wichtigkeit einzelner Themen: Rentenfragen werden wichtiger als Ausbildungsfragen, und die Bewahrung des Erbes tritt eher in den Vordergrund als die Aufgeschlossenheit gegenüber neuen Sichtweisen, insbesondere in der Kultur- und Gesellschaftspolitik.

*Die Parteien wirken bei der politischen Willensbildung des Volkes mit,* heißt es im Grundgesetz (Artikel 21). Tatsächlich wirken sie nicht nur mit, sondern haben zumindest in der Landes-, Bundes- und Europapolitik ein Monopol, denn allein über sie ist eine Mitwirkung möglich. Nur auf der kommunalen Ebene gibt es daneben auch sogenannte Rathausparteien und lokale Vereinigungen. Im Grundgesetz-Kommentar (von Münch/Kunig) werden die Parteien als Scharniere zwischen Staat und Gesellschaft bezeichnet: Sie ähnlen den Metallbeschlägen, die eine bewegliche Verbindung zwischen zwei Teilen herstellen.

Sinkt die Mitgliederzahl wie geschildert dramatisch ab und können sich nur noch wenige junge Leute zu einer Mitgliedschaft entschließen, so wird nicht nur diese Scharnierfunktion gefährdet, sondern es zeigt sich eine tiefgreifende Vertrauenskrise.

*Alle drei in Berlin regierenden Ampelparteien tragen eine erhebliche Mitverantwortung für den enormen Vertrauensverlust in die politischen Institutionen unseres Landes. Und davon nehme ich die Grünen nicht aus. Wir können nicht zulassen, dass sich auch wegen Dauerstreitereien und ständiger gegenseitiger Vorwürfe immer mehr Menschen von der Demokratie abwenden,* erklärte der schleswig-holsteinische Ministerpräsident Daniel Günther in der Wochenzeitschrift *Der Spiegel* vom 26. Oktober 2024.

*Viele Menschen haben das Vertrauen in den Staat verloren und fühlen sich durch keine der vorhandenen Parteien mehr vertreten,* heißt es, anscheinend nicht ganz zu unrecht, im Programm des Bündnisses Sahra Wagenknecht. Diese Vertrauenskrise ist gleichzeitig eine Legitimitätskrise, denn in der Demokratie wird die staatliche Macht allein durch das Vertrauen des Volkes legitimiert: *Alle Staatsgewalt geht vom Volk aus* (Artikel 20 Grundgesetz). Nur durch diese fundamentale Vertrauenskrise ist erklärbar, weshalb zwei neue Parteien überraschend Erfolge verbuchen konnten.

In der Alternative für Deutschland steigt die Mitgliederzahl und nähert sich inzwischen den 50.000. Beim Bündnis Sahra Wagenknecht gibt es einige Tausend Anträge auf Mitgliedschaft, aber nur ein kleiner, sorgfältig ausgewählter Kreis wird eingelassen.

Jede Regierung benötigt zum Ausüben ihrer Macht eine Legitimation, eine überzeugende Rechtfertigung der Staatsgewalt gegenüber dem Volk. In der neueren Geschichte ist in Deutschland der Regierung fünfmal diese Legitimation abhandengekommen:

(1) 1848 in der demokratischen Revolution in der Frankfurter Paulskirche
(2) 1919 beim Übergang der Macht vom Kaiser auf die Arbeiter- und Soldatenräte
(3) 1933 beim Ende der Weimarer Republik und der Machtübernahme der Nationalsozialisten
(4) 1945 beim Zusammenbruch des Nazireiches und dem Machtübergang auf die Besatzungsmächte
(5) 1989 in der friedlichen Revolution des Volkes in der DDR, deren Zusammenbruch und dem Beitritt zur Bundesrepublik.

Was in der neueren Geschichte fünfmal passierte, könnte theoretisch auch zum sechsten Male passieren, wenn die *Alternative für Deutsch-*

*land* (kurz: AfD) weiter an Bedeutung gewinnt und schließlich die Herrschaft übernehmen sollte. Diese Gefahr wird allseits gesehen, aber die Vertreter des bisherigen Regimes, die gesamte Öffentlichkeit und eine Vielzahl verantwortungsvoller Persönlichkeiten reagieren hierauf seltsam hilflos und ratlos. Die rituelle Wiederholungsschleife, nämlich an die millionenfachen Massenmorde des Naziregimes zu erinnern, scheint die AfD-Wähler nur mäßig zu beeindrucken. Der häufig gehörte dringende Ratschlag, alle Schulklassen müssten einmal eine Reise nach Auschwitz oder nach Sobibor unternehmen, um sie erfahren zu lassen, was damals dort geschah, und sie auf diese Weise gegen die AfD zu imprägnieren, ist gut gemeint. Aber diese Gräueltaten ihrer Urgroßväter vor nunmehr achtzig Jahren beziehen die heutigen Schüler einfach nicht auf sich. Das ist Geschichte, Vergangenheit.

Jedermann kann die AfD für schrecklich und gefährlich halten. Jedermann kann sich auch darüber wundern, dass in Deutschland (und ähnlich in Österreich) der in den westlichen Nationen neuerdings allenthalben eingesetzte Rechtsruck mitvollzogen wird, obwohl doch diese beiden Nationen exklusiv erleben mussten, wohin das führen kann.

Die Unterstellung, die Mitglieder und Anhänger der AfD hätten Ähnliches vor wie jene fabrikmäßig organisierten Massenmorde, wirkt allerdings recht bemüht und weit hergeholt: Ein Totschlagargument, das weiteres Nachdenken erspart und weitere Diskussionen abschneidet. In den Kreisen verantwortungsvoller Leute genügt es, seinen Abscheu und sein Unverständnis kundzutun und dann zu anderen Themen überzugehen.

Aber trotz aller besorgten Warnungen vor einem neuen 1933 hat sich die AfD allmählich zur normalen Partei gemausert und ist überraschend erfolgreich. Woran mag dies liegen?

*Die Deutschen haben ein Störgefühl gegenüber unserem Staat entwickelt. Vieles, was früher klar war, funktioniert nicht mehr,* stellte der bayerische Ministerpräsident Markus Söder im *Spiegel* vom 7. September 2024 fest. Er muss es wissen, denn schließlich beansprucht er, bis zu einem überaus großzügigen Verzicht, die Position des Unions-Kanzlerkandidaten und damit des Kanzlers. Woher das Störgefühl rührt, versucht er gar nicht erst zu erklären, weist aber auf den Ernst der Lage hin:

> *Es geht um staatspolitische Verantwortung. Ich glaube, dass wir erste Anzeichen der Weimarer Republik nach den Wahlen in Sachsen und Thüringen verspüren. Sie bedeuten eine Zäsur. Die Nazis sind damals auch nicht plötzlich an die Macht gekommen. Da gab es mehrere Wahlen, bei denen sie die Demokraten Stück für Stück geschwächt haben.*

Deswegen sei es wichtig, durch eine möglichst starke Union die Demokratie zu stabilisieren.

Droht also ernsthaft ein neues 1933, obwohl die Ausgangslagen kaum verschiedener sein könnten: Damals ein verlorener Krieg mit unnötig demütigendem Friedensvertrag, eine chaotische, wenig überzeugende Demokratie und eine furchtbare Wirtschaftskrise, heute eine aufsteigende und stabile Entwicklung mit 75 Jahren Grundgesetz?

## Ein Handlungsauftrag

Das Landeskriminalamt Niedersachsen stellte im Oktober 2024 die Ergebnisse einer Dunkelfeldstudie vor, wobei als Dunkelfeld immer die Gesamtheit aller Straftaten verstanden wird, die der Polizei nicht bekannt geworden und daher nicht statistisch erfasst worden sind. Hier wurden 40.000 Personen nach ihrem Vertrauen in die Demokratie, dem Vertrauen in Institutionen, Organisationen und Systemen und der Zufriedenheit mit der Demokratie befragt. Dazu stellt sich zunächst die Frage, ob dies wirklich eine Aufgabe der Polizei ist. Im niedersächsischen Polizeigesetz ist als deren Aufgabe die Gefahrenabwehr genannt. Wird also auch das Vertrauen in die Demokratie als polizeiliches Problem, als Gefahrenabwehr betrachtet? Wo wir doch in einem freiheitlichen Staat und nicht in einem Polizeistaat leben?

Das Ergebnis der Studie war, dass 55,1% der Befragten mit der Demokratie in Deutschland eher bis sehr zufrieden sind, 44,9% jedoch unzufrieden. Eine Mehrheit im Land denkt, dass die demokratischen Parteien alles zerreden und die Probleme nicht lösen (68%) und die Demokratie eher zu faulen Kompromissen als zu sachgerechten Entscheidungen führt (55%).

Die niedersächsische Innenministerin Daniela Behrens nannte die hohe Unzufriedenheit alarmierend. Beim Vertrauen der Bürger in den Staat und in die Politik sei in den vergangenen Jahren etwas ins Rutschen geraten. *Diese Entwicklung müssen alle demokratischen Kräfte im Land als Handlungsauftrag begreifen,* sagte die SPD-Politikerin. Man dürfe nicht denen das Feld überlassen, die mit vermeintlich einfachen Antworten auf die komplexen Probleme und Herausforderungen unserer Zeit daherkommen und mit Hass, Hetze und Desinformation aktiv dazu beitragen, das Vertrauen in unsere freiheitliche Gesellschaft zu untergraben.

Hier wird also davon ausgegangen, dass diese Kräfte, gemeint ist natürlich die AfD, die Bürger zu Hass aufgestachelt und sie fehlinformiert haben. Da haben wir den Schuldigen gefunden. Es wird allerdings nicht erklärt, weshalb diese Partei (und neuerdings das Bündnis Sahra Wagenknecht) gerade jetzt so einen großen Erfolg haben. Sie können nicht aus dem Nichts eine Unzufriedenheit erzeugen. Jeder Fachmann aus der Werbung weiß, dass die Werbung nur an vorhandene Bedürfnisse anknüpfen kann. Es muss also, als die AfD kam, schon eine Grund-Unzufriedenheit gegeben haben. Dass hier eine Aufgabe der Politik liegt, ist selbstverständlich. Aber niemandem fällt hierzu ein überzeugendes Rezept ein, was denn konkret zu tun sei.

Am 20. März 2023 brachte die Bundesregierung mit Bundestagsdrucksache 20/5823 den Entwurf eines Gesetzes zur Demokratieförderung ein. In der Begründung hieß es: *In den vergangenen Jahren ist das Modell einer offenen, pluralistischen und vielfältigen Gesellschaft in einem gewaltengeteilten, demokratischen Rechtsstaat unter zuneh-*

*menden Druck geraten.* Deshalb solle dieses Gesetz die Stärkung von Maßnahmen zur Demokratieförderung, Extremismusprävention und politischen Bildung unterstützen. Es soll der Entstehung demokratiefeindlicher Phänomene und extremistischer Tendenzen frühzeitig entgegenwirken. Hierzu sollten Organisationen, die sich in diesem Sinne einsetzen, künftig mit einer besseren finanziellen Grundlage ausgestattet werden und Planungssicherheit gewinnen.

Dieser Ansatz wird bei politischen Problemen aller Art verfolgt, nämlich das Loch mit Geld zuzuschütten. Mit den *demokratiefeindlichen Phänomenen* sind vermutlich die Erfolge der AfD gemeint, was sonst? Es wird aber nicht gefragt oder untersucht, wie und warum diese seltsamen Phänomene entstehen, und ob in ihnen ein Mangel sichtbar wird, etwa ein Mangel an Vertrauen zu den bisherigen Regierungsparteien und wie dieses Vertrauen wiederzugewinnen sein könnte. Seminare in der örtlichen Volkshochschule oder Tagungen in der Evangelischen Akademie werden hierzu womöglich nicht ausreichen, zumal sich dort gewöhnlich nur die ohnehin Überzeugten einfinden und einander bestätigen, dass sie auf der richtigen Seite stehen. Diese Institute freuen sich, wenn sie eine gesicherte finanzielle Grundlage bekommen. Bisher (November 2024) ist allerdings das Demokratieförderungsgesetz nicht verabschiedet worden, weil aus den Parteien allerlei Bedenken kamen, so auch, dass dieser Akademiebetrieb lediglich zur Bestätigung des Bisherigen diene und nur deshalb subventioniert werden solle. Damit wird es kaum gelingen, das Entstehen der neuen Phänomene zu verhindern.

Die Ergebnisse der drei 2024er Landtagswahlen in Sachsen, Thüringen und Brandenburg wurden allgemein als alarmierend empfunden. In den folgenden Tagen (Cuxhavener Nachrichten vom 25. September 2024) erschienen Zeitungsartikel mit der tapferen Überschrift *Antidemokratischen Strömungen die Stirn bieten.* Der Direktor der Stiftung Brandenburgische Gedenkstätten, Axel Drecoll, habe gefordert, es müsse stärker über die Demokratie und das zugrundeliegende Wertesystem gesprochen werden. Die Vorzüge der Rechtsordnung der Bundesrepublik und eines solidarischen Miteinanders müssten besser vermittelt und viel stärker im Bewusstsein der Menschen verankert werden. Für die Vermittlung demokratischer Werte seien auch stabilere Netzwerke von Gedenkstätten und Initiativen sowie eine bessere Infrastruktur als bisher nötig. Zugleich müssten positive Entwicklungen stärker in den Blick der Öffentlichkeit gerückt werden.

Ob derartige, recht allgemein gehaltene Ratschläge nach der Devise *Man müsste mal …* viel bewirken werden, ist nicht sicher. Und wenn die überaus zahlreichen Gedenkstätten besser miteinander vernetzt werden? Ist denn sicher, dass der Besuch einer Gedenkstätte die Besucher gegen die AfD imprägniert? Das könnte nur sein, wenn der AfD unterstellt wird, sie plane ähnliche Massenmorde wie seinerzeit geschehen. Gibt es hierfür irgendeinen Anhaltspunkt?

Weshalb werden nicht einfach die AfD-Wähler befragt, aus welchen Gründen sie sich für diese Partei entschieden haben? Sind es nur einzelne inhaltliche Themen oder lehnen sie die jetzige Ordnung insgesamt ab? Möchten sie die Leitung des Staates einem einzigen starken Mann anvertrauen und sind sie insofern antidemokratisch, oder denken sie an einen Themen- und Gesichterwechsel innerhalb des jetzigen Systems? Eine solche Befragung wäre hilfreicher als, wie jetzt üblich, alle AfD-Wähler pauschal als Antidemokraten zu bezeichnen.

Gideon Botsch vom Potsdamer Moses-Mendelssohn-Zentrum fand es verblüffend, wie wenig sich die demokratischen Parteien mit Strategien zur Eindämmung antidemokratischer Entwicklungen befassen. In der Tat. Bei der Wahl in Brandenburg am 22. September 2024 erzielte die FDP genau 0,83 %. Ihr Spitzenkandidat Zyon Braun erklärte daraufhin: *Unsere Positionen und Werte sind weiter richtig. Wir erhalten viel positiven Zuspruch zu unserer Kampagne und unseren Ideen für die Zukunft dieses Landes.* Anscheinend ist also nicht geplant, aus dem jämmerlichen Ergebnis Folgerungen zu ziehen.

## Die Frage eines Verbots

Stephan Lessenich (Soziologe an der Ludwig-Maximilians-Universität München) meint, die Rede vom Zusammenhalt der Gesellschaft sei eine Formel des nationalstaatlich besorgten bürgerlichen Zentrums, das hiermit das Problem aufwirft, womit die Mitte der Gesellschaft ängstlich an den Rand der Gesellschaft blicke, ob die Abgedrängten auch schön brav bleiben. Dies entspreche der Angst der deutschen Mitte vor dem Populismus. In der Tat: Man weiß nie, ob die Benachteiligten und zu kurz gekommenen Enttäuschten auf irgendwelche radikalen Parolen von Volksverführern hereinfallen. Da heißt es, von Amts wegen einzuschreiten, bevor der Topf überkocht.

Einstweilen konzentrieren sich Bundesverfassungsschutz und Staatsschutz auf die Beobachtung der AfD und das Sammeln von Belegen für ein eventuelles Verbotsverfahren. Das Beispiel der DDR zeigt allerdings, dass ein wuchernder und perfektionierter Inlandsgeheimdienst den Zusammenbruch der Legitimation nicht verhindern kann, sondern im Gegenteil dazu beiträgt, die Vertrauenskrise zwischen Staat und Volk zu verschärfen. Je mehr gerichtliche, gesetzliche und geheimdienstliche Maßnahmen ergriffen werden, um die AfD zu erforschen, zu behindern oder schlussendlich zu verbieten, desto mehr entsteht der fatale Eindruck, die Altparteien und die Regierung hätten das Vertrauen des Volkes verloren und könnten sich nur mit Geheimdienst und Polizeigewalt an der Macht halten.

Mit dem nötigen geografischen Abstand kommentiert die schwedische *Göteborgs-Posten* (zitiert in der *Frankfurter Allgemeinen* vom 31. August 2024) recht treffend ein hiesiges Paradoxon:

> ***Herausforderung für den deutschen Ordnungssinn***
> *Deutschland steht im Grunde vor derselben Veränderung der politischen Landschaft als Folge gesellschaftlicher Veränderungen wie der Rest des Westens. Die besondere Geschichte Deutschlands macht es den deutschen Parteien jedoch besonders schwer, mit*

*rechtspopulistischer Unzufriedenheit umzugehen ... Die deutsche politische Kultur fördert dabei keinen Pragmatismus, sondern einen eher zum Radikalismus neigenden Intellektualismus. Etablierte Stimmen diskutieren ernsthaft über ein Verbot der Partei. Deutschland ist in seinem Antiautoritarismus ganz einfach ausgesprochen autoritär.*

Was soll eigentlich in dem nicht ganz ausgeschlossenen Fall passieren, dass die AfD und das Bündnis Sahra Wagenknecht in einem Land der früheren DDR zusammen mehr als 50% des Landtags stellen, einen AfD-Mann zum Ministerpräsidenten wählen oder gar ein AfD-Mann oder Alice Weidel eines Tages Kanzler(in) werden und dann die AfD vom Bundesverfassungsgericht verboten wird? Müsste es dann, wie Bertolt Brecht nach dem Aufstand des 17. Juni 1953 vorschlug, heißen:

*Das Volk hat das Vertrauen der Regierung verscherzt. Wäre es da nicht doch einfacher, die Regierung löste das Volk auf und wählte ein anderes?*

Kann es sich ein demokratischer freiheitlicher Staat leisten, mit einem Verbot ein Viertel oder gar ein Drittel der Bevölkerung von der Teilhabe an der Macht auszuschließen? Soll das Parlament das ganze Volk repräsentieren oder nur dessen Mehrheit? Würde nicht die Staatsgewalt einen großen Teil ihrer Legitimation einbüßen? Der fundamentale Fehler besteht darin, bei einem Verbot die AfD nur als juristisches Problem zu betrachten, nämlich ob ein Verbotsantrag aussichtsreich sei oder nicht. Wenn rund ein Drittel des Volkes das bisherige System insgesamt und pauschal ablehnt und insofern das Vertrauen des Volkes in die Regierung zu einem Gutteil zusammengebrochen ist, haben wir kein juristisches Problem, sondern ein politisches, nämlich ein Legitimitätsproblem und eine entsprechende Grundlagenkrise. Diese ist mit einem Gerichtsurteil nicht zu lösen, sondern nur mit einer Grundlagendebatte. Dass eine solche von den etablierten Parteien ausgelöst werden könnte, ist nicht zu erwarten. Ihre Vertreter sind sehr fleißig im Tagesgeschäft, aber die Wahlwerbung wirkt recht blass und beliebig, eine unverbindliche Wohlfühl-Prosa. Bei der SPD, der Partei des Kanzlers, kommt das Wort *Arbeiter* gar nicht mehr vor. Die Werbung auch der anderen etablierten Parteien richtet sich an keine bestimmte Zielgruppe mehr, sondern an alle Wähler, an jedermann, und damit an gar keinen. Die viel berufene politische Mitte aus CDU, SPD und FDP wirkt merkwürdig farblos und ausgelaugt. Die Grünen haben anscheinend ihren Höhepunkt überschritten und sind bei vielen Mitbürgern regelrecht verhasst.

Einstweilen herrscht einfach nur eine pseudolinke Cancel Culture: die AfD nicht einladen, oder, falls versehentlich eingeladen, wieder ausladen. Ihr keine Bühne zur Verfügung stellen, die Stadthalle sperren. Kein Amt als Bundestags-Vizepräsident. Kein Ausschuss-Vorsitz. Kein Geld für ihre parteinahe Stiftung. Langjährig bewährte Verfahrensregeln ändern, damit die AfD nicht zum Zuge kommt.

Bei den Wahlordnungen für die Wahl der Richter beim Bundesverfassungsgericht und den Landesverfassungsgerichten wird sehr feinsinnig ausgeklügelt, wie entweder mit einfachen Mehrheiten oder mit Zwei-Drittel-Mehrheiten AfD-Leute draußen zu halten seien. Hier warnte Stephan Klenner in der F.A.Z. vom 16. September 2024, es sei falsch, Richterwahlordnungen mit der Maßgabe zu reformieren, der AfD um jeden Preis jeglichen Einfluss zu verwehren. *Im Gegenteil: Einer Partei, die von einem Drittel des Volkes gewählt wird, steht ein Mindestmaß an Mitwirkung zu.* Einer möglichen Obstruktion durch Extremisten müsse dennoch vorgebeugt werden. Die neue Partei gilt von vornherein als Partei des Verzögerns, Verhinderns und Blockierens. Niemand geht davon aus, dass von ihr womöglich ein neuer weiterführender Gedanke beigesteuert werden könne.

Bei den abendlichen Talkshows im Fernsehen, wo gewöhnlich drei Leute gleichzeitig sprechen, ist es selbstverständlich, die Ein-Drittel-Partei nicht einzuladen. Der Sender *phoenix* lässt in der Eigenwerbung immer Willy Brandt zu Wort kommen: *Mehr Demokratie wagen!* Der Sender verspricht im Interesse der Demokratie eine bunte Vielfalt, keinen Einheitsbrei. Aber natürlich nur eine Vielfalt ohne AfD.

Besteht die viel berufene wehrhafte Demokratie nur darin, dass ein Kartell von Altparteien neue Mitbewerber verleugnen, behindern, kleinhalten oder wegbeißen will?

Sind neue Parteien, wie seinerzeit Anfang der 1980er Jahre die Grünen, gewöhnlich dann erfolgreich, wenn die bisherigen Parteien einige Themen verschlafen haben, die dem Volk wichtig sind? Damals war es der Umweltschutz. Welche Themen sollten dies heute sein?

## Die Brücke des Vertrauens

Könnte es sein, dass die amtierenden Politiker sich nur der Binnenlogik ihres Funktionszusammenhangs verpflichtet fühlen, nur ihrer Überzeugung vom Richtigen und Notwendigen? Und dass sie deswegen alle Parteien, die die Probleme des Volkes aufnehmen und widerspiegeln, allzu rasch als populistisch schmähen? Hier ist daran zu erinnern, dass in der Demokratie die Legitimität der Regierung nur daraus erwächst, dass das Volk der Regierung vertraut, und nicht daraus, dass die Regierung das vermeintlich oder wirklich Richtige tut. Diese Brücke des Vertrauens kann bei mangelnder Pflege einstürzen wie die Carola-Brücke in Dresden.

Das Regieren aufgrund der Gesinnung, aufgrund von Verantwortungsbewusstsein hat Respekt verdient, wird aber nicht immer vom Volk honoriert. Besonders deutlich wurde dies beim Bestreben der Bundes-FDP unter Finanzminister Christian Lindner, die Verschuldung des Staates in Grenzen zu halten. Das ist sachlich richtig, aber volksfern. Dieses Bestreben, selbst wenn erfolgreich, wird kaum honoriert, weil die Höhe der Staatsverschuldung den einzelnen Bürger kaum besorgt. Dieses Problem ist zu fern und abstrakt, und ohnehin kann sich niemand die Milliarden-Zahlen merken.

In der DDR haben Einheitspartei und Regierung stets das getan, was im Sinne ihres Systems notwendig war. Dabei haben sie übersehen, dass sie das Vertrauen des Volkes verloren. Dass es eine Vertrauenskrise gab, war im Prinzip seit Frühjahr 1989 durch anonyme Umfragen bekannt, aber Honecker und seiner systemhörigen Entourage fiel hierzu nichts ein, weil dergleichen im vermeintlich wissenschaftlichen Marxismus-Leninismus nicht vorgesehen war.

Jede Regierung, ganz gleich welcher Art, benötigt eine vom Volk oder zumindest von der Mehrzahl der Regierten geglaubte oder empfundene Legitimation, eine Rechtfertigung für die Ausübung der Macht. Niemand kann sich auf Dauer ausschließlich mit Terror und Polizeigewalt an der Macht halten. Womöglich ist von historischem Interesse, wie die Frage der Legitimation in der nationalsozialistischen Ära gelöst wurde, denn die eher formale Tatsache, dass Hitler zum Reichskanzler gewählt wurde, reichte hierzu nicht aus. 1935 erschien der prachtvoll ausgestattete großformatige und mit unzählbar vielen eingeklebten Fotos ausgestattete Bildband *Adolf Hitler – Bilder aus dem Leben des Führers*, herausgegeben vom Zigaretten-Bilderdienst Altona-Bahrenfeld in einer Auflage von reichlich einer halben Million. Hier schreibt Reichspressechef Dr. Otto Dietrich in einem Beitrag *Der Führer und das deutsche Volk*:

> *Immer, wenn irgendwer des Führers gedenkt, so quillt in ihm diese tiefe Liebe hoch, und sie allein rechtfertigt schon den Satz: „Hitler ist Deutschland – Deutschland ist Hitler."*
> *Adolf Hitler hat niemals etwas anderes ausgesprochen, als was das Volk dachte in seiner tiefsten Seele, er hat niemals eine andere Tat getan, als sie die Gesamtheit des Volkes tun wollte.*
> *Hitler ist kein Diktator, sondern wirklich nur Führer. Deshalb liebt ihn das Volk so, deshalb vertraut es ihm. Deshalb ist es so namenlos glücklich, in diesem Manne zum ersten Mal in seiner Geschichte ganz es selbst geworden zu sein.*

Bei längerer Lektüre dieses Prachtbuches wirken die demütigen Lobpreisungen peinlich bis ermüdend, zumal der Grundgedanke in Variationen immer wieder auftaucht: Führer und Volk sind identisch, in seiner Person repräsentiert der Führer das ganze Volk. Von den Juden, den Linken und den vielen anderen Ausgesonderten und Verfolgten ist in dem Band nirgendwo die Rede, weil sie angeblich nicht zu diesem Volk gehörten.

Eine ähnliche Ideologie, allerdings in sachlicherer Tonlage, galt in der DDR: Staat, Partei, Arbeiterklasse, Landwirte und überhaupt das ganze Volk seien miteinander identisch, und daher könne es logischerweise einen Streik oder gar Aufstand nicht geben, weil ja das Volk nicht gegen sich selbst streiken könne.

In der jetzigen Bundesregierung und ihren Vorgängern hat niemand etwas Derartiges beansprucht und anscheinend nicht einmal gedacht. Es könnte allerdings sein, dass umgekehrt Leitung und Geleitete sich einander entfremdet haben, die Distanz zu groß geworden ist und jetzt zu einer Legitimationskrise geführt hat.

*Alle Staatsgewalt geht vom Volke aus,* bestimmt das Grundgesetz in Artikel 20. Im Kommentar (von Münch/Kunig) wird näher dargelegt, inwiefern das Volk die Staatsgewalt legitimiert. Hierzu wird unter anderem eine kollektive personelle Legitimation verlangt, was etwa heißen soll, dass das Volk davon überzeugt sein muss, dass die Leute da oben, in Parlament und Regierung, uns, die gewöhnlichen Leute, vertreten und beachten und im Großen und Ganzen unseren Willen ausführen und nicht nur an eigenen Interessen, sondern am Gemeinwohl orientiert sind. Insofern muss bei einer bilanzierenden Gesamtbetrachtung ein hinreichendes Legitimationsniveau vorliegen. Es geht ganz einfach um das Vertrauen. Anscheinend ist dieses nicht in ausreichendem Maße vorhanden, wenn neue Parteien aufsteigen, die ihrerseits behaupten und beanspruchen, den wahren Willen des Volkes zu vertreten. Es ist recht einfach, diese Neuen als populistisch zu beschimpfen und abzutun. In der Demokratie treten doch alle Parteien mit dem Anspruch an, das Volk zu vertreten – wen sonst? Dabei ist gewöhnlich derjenige am erfolgreichsten, der am direktesten am Volk ist und laut ausspricht, was allen auf dem Herzen liegt.

In dem Buch *Volk und Elite. Eine Gesellschaftstheorie des Populismus* von Kolja Möller (Suhrkamp Verlag 2024) wird davon ausgegangen, dass zurzeit eine Rechtfertigungskrise herrsche. Der Autor überlegt, wie diese Krise offensiv beantwortet werden könne. Dabei bestehe die Gefahr, soziale Widersprüche nicht inhaltlich zu lösen, sondern nur rhetorisch in Konferenzen zu beschwören. Stattdessen sollte es eigentlich darum gehen, dass das Volk sieht, dass sich etwas tut, was nach Meinung vieler Leute notwendig ist. Das heißt, dem in der Volkssouveränität angelegten Versprechen einer kollektiven Wirksamkeitserfahrung wieder reale Geltung zu verschaffen, so resümiert Oliver Weber (F.A.Z., 23. Oktober 2024) unter der Überschrift *Dient der Staat wirklich dem allgemeinen Wohl?* Da kommt es auch auf die Auswahl der Themen an. Wenn zum Beispiel jahrelang erbittert um eine Reform des Wahlrechts gestritten wird, ist der Zusammenhang mit dem Gemeinwohl schwer einsichtig. Und wenn ausländischen Großkonzernen millionenschwere Hilfen gegeben werden, haben der Mittelstand, das Handwerk und die Gaststätten leicht den Verdacht, vergessen worden zu sein. Insbesondere die SPD neigt dazu, nur an die Großbetriebe zu denken, weil dort gewöhnlich die Gewerkschaften stark vertreten sind, im Handwerk und den Gaststätten hingegen nicht.

In dieser Grundlagenkrise des Vertrauens zwischen Volk und Regierung macht es sich zu einfach, wer lediglich die Wähler beschimpft. Sind die Wähler der AfD alle Neonazis? Oder haben sie mit den Gräueltaten ihrer Urgroßväter gar nichts zu tun? Oder sind die Erfolge der AfD einfach nur eine aktuelle Antwort auf aktuelle Probleme des politischen Systems? Sind diejenigen, die mit rechtsradikalen Redensarten in die Gruselkabinette der Gräueltaten eingestiegen sind und sich hier ihre Anregungen und Sangesmelodien holen, nur folkloristische Randfiguren oder die eigentlichen Träger der Bewegung?

Bei den 2024er Landtagswahlen in den östlichen Bundesländern haben die AfD und das Bündnis Sahra Wagenknecht triumphiert, die CDU hat sich wacker geschlagen. Die SPD, die FDP, die Grünen und die Linke hingegen sind in der Wählergunst durchgefallen. Ging es nur wie üblich um eine Verschiebung der Wählerpräferenzen oder um einen Systemwechsel? Aber wohin? Und was ist denn so falsch am bisherigen System?

Eine wesentliche Ursache für den Rechtsruck in der Politik wurde schon identifiziert.

In dem Artikel *Ökonomen sehen AfD und BSW als wirtschaftliche Last* (F.A.Z. vom 16. September 2024) erfahren wir: *Die zunehmende Radikalisierung der Wähler sei Folge eines „durch Moralismus getragenen ausufernden staatlichen Dirigismus bei Vernachlässigung von staatlichen Kernaufgaben etwa in den Bereichen innere Sicherheit und Energieversorgung, trotz Spitzenbelastung bei den Abgaben"* erklärte Thiess Büttner von der Friedrich-Alexander-Universität in Nürnberg-Erlangen nach Befragung von rund 700 Ökonomen. Fühlen sich die Bürger in Sicherheitsfragen vernachlässigt und in Moralfragen sowie Verhaltenslenkung und -kontrolle bevormundet?

Wir wollen versuchen, dem Geheimnis auf die Spur zu kommen, was es mit der AfD eigentlich auf sich hat. *Wer, wie, was, wieso, weshalb, warum – wer nicht fragt, bleibt dumm* hieß es vor 50 Jahren in der Sesamstraße, und diese Fragen scheinen in Sachen AfD, gelinde gesagt, bisher nicht alle beantwortet zu sein. Oder sie dürfen gar nicht gestellt werden, weil die Gefahr damit relativiert und womöglich Verständnis für die Antidemokraten geweckt werden kann, wo es doch nur eine eindeutige Gegnerschaft geben kann?

Es hat sich eingebürgert, die etablierten Parteien (Union, SPD, FDP, Grüne) als *die demokratischen Parteien* zu bezeichnen und die AFD als Gefahr für die Demokratie. Es gibt jedoch keinen Beleg dafür, dass die AfD etwa einen autoritären Führerstaat wie unter Hitler, ohne freie Wahlen, anstreben würde. Damals lautete in den Nationalpolitischen Lehranstalten (Napola) eine beliebte Fangfrage: *Was kommt nach dem Dritten Reich?* Wer hierauf naiv antwortete: *Das Vierte Reich*, war hereingefallen: *Setzen! Fünf!* Die richtige Antwort lautete vielmehr: *Es gibt kein Viertes Reich, sondern mit dem Dritten Reich hat Deutschland seine endgültige schicksalsgemäße Gestalt gefunden – für heute, für die absehbare Zukunft oder gar für ein Jahrtausend.* Dieses Reich bezeichnete sich gern als das Tausendjährige in Anlehnung an die Offenbarung des Johannes, Kapitel 20, Vers 4. Freilich wunderte sich 1945 mancher darüber, dass das Jahrtausend schon nach zwölf Jahren vorbei war. Jedoch war auch in der Nazidiktatur die Frage zu beantworten, in welcher Form sich die Nachfolge des Führers gestalten solle – jedenfalls ja nicht etwa durch Wahlen des Volkes. Dies ist in jeder Diktatur eine heikle Frage, weil es ja kein geordnetes Verfahren gibt. Der Nachfolger werde aus dem Volke erwachsen, hieß es hierzu etwas dunkel.

## Was heißt extremistisch?

*Die AfD wird von ihren Konkurrenten antidemokratisch genannt, aber das ist leichter gesagt als begründet,* schreibt Patrick Bahners am 7. September 2024 mit der schönen Überschrift *Vom Volke aus* in der F.A.Z. in einer Würdigung zum 70. Geburtstag des Staatsrechtlers Horst Dreier. Der AfD könne mit Gründen vorgehalten werden, *dass sie eine Demokratietheorie vertritt, die nachgewiesenermaßen schlecht für die Demokratie ist, weil das Postulat des durchschlagenden Volkswillens die Wunschvorstellung von der homogenen Volksnatur nährt.*

Die AfD tut sich bekanntlich schwer mit der massenhaften Einwanderung von Menschen aus anderen Kulturkreisen und sieht hierdurch die Integrität der deutschen Kultur gefährdet. Diese wird als homogen, als in sich gleichartig, vorgestellt. Es soll kein Multikulti geben, sondern eine Wahl durch einen einheitlichen Volkswillen. Das ähnelt den Vorstellungen von Jean-Jacques Rousseau (1712 bis 1778) über einen Sozialvertrag durch Zusammenschluss der freien Bürger auf der Basis gleicher Rechte. Jeder habe die Freiheit, den eigenen Willen auszuüben. Dieser sei aber dem Gesamtwillen des Volkes unterzuordnen. Es gebe keine Menschenrechte, die der Staat zu respektieren hätte, sondern der Sozialvertrag habe die Erhaltung der Vertragsschließenden insgesamt zum Zweck.

Ein derartiges „Endziel" wird jedoch nirgendwo in der AfD ausgearbeitet oder benannt. Mindestens einstweilen bleibt alles im Rahmen des Grundgesetzes und der Landesverfassungen. Für einen Außenstehenden durchaus nachvollziehbar, fordert sie, wenn sie aus freien Wahlen als weitaus erfolgreichste Partei hervorgehe und deshalb demokratisch legitimiert sei, einen Anspruch auf die Wahl des Ministerpräsidenten oder zumindest des Landtagspräsidenten.

Vom Bundesamt für Verfassungsschutz wird die Alternative für Deutschland erforscht, begutachtet und in ihren Gruppierungen schließlich als extremistischer Verdachtsfall, Beobachtungsfall oder als gesichert rechtsextremistisch eingestuft. Weil dies mit erheblichen Nachteilen, vom Ansehensverlust in der Öffentlichkeit bis zu einem Verbot, führen kann, müsste natürlich gesetzlich fixiert sein, was unter *extremistisch* zu verstehen ist. Dies ergibt sich aus Artikel 103, Absatz 2 des Grundgesetzes:

*Eine Tat kann nur bestraft werden, wenn die Strafbarkeit gesetzlich bestimmt war, bevor die Tat begangen wurde.*

Hier geht es nicht nur um das Verbot rückwirkender Strafgesetze, sondern auch um die Worte *gesetzlich bestimmt*. Entsprechend dem Grundgesetz-Kommentar (von Münch/Kunig) waltet hier ein Bestimmtheitsgebot (nulla poena sine lege certa, zu Deutsch: keine Strafe ohne bestimmtes Gesetz). Im Kommentar heißt es weiter:

*Das gebotene Maß an Bestimmtheit ist nach objektiven Maßstäben zu bestimmen, also insbesondere an der Forderung nach Rechtssicherheit auszurichten.*

Wo bitte also ist das bestimmende Gesetz, das festlegt, was unter Extremismus zu verstehen ist? Vom Bundesministerium des Innern und für Heimat erfahren wir in seinen Veröffentlichungen lediglich:

*Bestrebungen, die den demokratischen Verfassungsstaat und seine fundamentalen Werte, seine Normen und Regeln ablehnen, werden als Extremismus bezeichnet.*

Sie werden also lediglich so bezeichnet, wie man jede beliebige Sache entweder so oder anders bezeichnen kann. Es gibt in dieser Frage nur eine Gewohnheit, keine gesetzliche Grundlage. Damit ist auch die Forderung nach Rechtssicherheit verletzt, denn niemand kann wissen, was heute oder morgen irgendwer irgendwie bezeichnet. In dieser fehlenden rechtlichen Grundlage ist ein Grundprinzip des Rechtsstaats verletzt.

Artikel 20, Absatz 3 des Grundgesetzes bestimmt:

*Die Gesetzgebung ist an die verfassungsmäßige Ordnung, die vollziehende Gewalt und die Rechtsprechung sind an Gesetz und Recht gebunden.*

Die vollziehende Gewalt in Gestalt des Bundesamtes für Verfassungsschutz agiert mithin, wenn sie eine Vereinigung als extremistisch einstuft, ohne gesetzliche Grundlage in einem rechtsfreien Raum der Willkür.

In der DDR gab es strenge Strafen wegen Boykotthetze oder staatsfeindlicher Hetze. Diese Gesetze waren so weit ausgelegt, dass beinahe jegliche Kritik an der bestehenden Ordnung hiermit verfolgt werden konnte. Auch hier fehlte die notwendige Bestimmtheit eines Gesetzes.

In der Wahl zum Deutschen Bundestag am 26. September 2021 sprachen sich 4,8 Millionen Wahlberechtigte für die *Alternative für Deutschland* aus. Dies waren 10,3% der abgegebenen Zweitstimmen. In der Wahl zum Europäischen Parlament am 9. Juni 2024 waren es 6,3 Millionen Wählerinnen und Wähler oder 15,9% für die AfD. Die beiden Ergebnisse sind miteinander vergleichbar, weil es bei der Europawahl gewöhnlich nicht um europäische Themen geht, sondern um die Beliebtheit der Parteien im eigenen Land. Insofern bildet die Europawahl eine Testwahl für die Stärken der bundesdeutschen Parteien.

Die im Sinne der AfD erfolgreichen, die Allgemeinheit hingegen alarmierenden Ergebnisse kamen nicht überraschend. Denn nach bescheidenen Anfängen (1,9% bei der Bundestagswahl 2013) hatte die AfD schon 11,5% bei der Bundestagswahl 2017 erreicht, also etwas mehr als bei der jüngsten Wahl.

Der anhaltende Erfolg der AfD ist insofern erstaunlich, als die gesamte veröffentlichte Presse, Funk und Fernsehen sich einheitlich gegen die AfD aussprechen und eindringlich vor ihr warnen, ebenso alle Persönlichkeiten, die sich für nachdenklich und verantwortungsvoll halten, und der weit überwiegende Teil des Volkes, soweit er sich in öffentlichen Auftritten artikuliert.

Mit den leitenden Persönlichkeiten und Wahlkandidaten der AfD scheint deren Erfolg weniger zu tun zu haben. Destruktive rhetorische Talente vom Kaliber eines Hitler oder Goebbels, die einen Saal zum Kochen bringen können, gibt es dort weniger, und bei den Kommunalwahlen scheinen viele AfD-Wähler ihre örtlichen Kandidaten gar nicht zu kennen. Die Entscheidung fällt eher für die Partei aus als für bestimmte Persönlichkeiten. Inzwischen hat sich ein gewisser Wählerstamm verfestigt. Diese wählen immer die AfD, auch wenn die Partei bei den Landtagswahlen 2024 damit geworben hat, die militärischen Hilfen an die Ukraine einzustellen, also mit einem außenpolitischen und daher bundespolitischen Thema argumentierte.

Die AfD wird vom weit überwiegenden Teil der Bevölkerung, einheitlich von der gesamten Presse und von allen nachdenklichen Leuten, die sich für verantwortungsvoll halten, als Gefahr für die Demokratie angesehen. Sie sei dabei, systematisch die Demokratie zu unterminieren, zu entlegitimieren und schließlich abzuschaffen zugunsten einer rechtsradikalen Diktatur ähnlich 1933. Daher müssten wir diesmal wachsam sein und sie verbieten, solange das noch möglich ist, so wird immer wieder gefordert. Aber hat die Partei Derartiges wirklich vor, oder handelt es sich um eine böswillige Unterstellung vonseiten der bisherigen etablierten Parteien? Diese Parteien werden gewöhnlich als demokratisch bezeichnet, die AfD und das Bündnis Sahra Wagenknecht (BSW), die andere, neue Partei, als populistisch. Sie selbst betrachten sich hingegen als die wahren Demokraten, weil sie die im Volk lebendigen Sorgen und Probleme aufnähmen, was die natürliche Aufgabe von politischen Parteien in der Demokratie sei, wo alle Macht vom Volke ausgeht.

Aber weshalb diese Wahlentscheidungen für die AfD? Weshalb konnte sie sich inzwischen als weitgehend normale Partei etablieren? Wir wollen versuchen, uns diesem Problem möglichst unvoreingenommen, das heißt ohne vorschnelle Verurteilung, zu nähern. Erst danach kann darüber beraten werden, welche Gegenmaßnahmen als tauglich oder untauglich zu betrachten sind. Falls hier positive Eigenschaften der AfD genannt werden, ist dies nicht als Verteidigung dieser Partei zu betrachten, sondern als Versuch, ein realistisches Bild zu erhalten. Etwas Positives muss sie ja an sich haben, wenn sie von so vielen Menschen gewählt wird. Alle diese Leute kollektiv schlicht als zu dumm oder als Nazis zu bezeichnen, führt nicht weit. Immerhin gibt es in der Partei zahlreiche Akademiker wie z.B. Dr. Alice Weidel sowie kritische Köpfe, die von den anderen Parteien enttäuscht sind.

Eines können wir von vornherein ausschließen: dass jemand aus opportunistischen Gründen AfD wählt. Es soll Menschen geben, die bei der CDU mitmachen, weil man dort wichtige Leute kennenlernt, die einem im Beruf weiterhelfen könnten. Oder jemand im öffentlichen Dienst tritt bei der CDU oder der SPD ein, weil es vorteilhaft sein könnte, derselben Partei anzugehören, die die jeweilige Regierung stellt. Bei der SPD soll es Mitglieder mit geringem Einkommen geben, die nach den Sitzungsgeldern schielen, die es bei einer Mitgliedschaft im Rat der Stadt abzuholen gibt. Gründe dieser Art scheint es bei der AfD nicht zu geben, im Gegenteil: Diese Mitgliedschaft, wenn sie bekannt wird, wirkt eher belastend als förderlich, insbesondere im öffentlichen Dienst, womöglich gar als Beamter. Dort gilt ein Anhänger der AfD als verbrannt, als Problemfall, womöglich mit ernsten Konsequenzen.

Wenn jedoch die AfD kaum aus sekundären, opportunistischen Gründen gewählt wird, sondern schlicht deshalb, weil man sie wirklich besser findet, dann muss man als außenstehender Beobachter leider anerkennen, dass diese Wahl authentischer, echter ist als viele andere.

Das in der bisherigen Politik übliche Motiv, dass einzelne in Verbänden organisierte Berufsgruppen oder Personenkreise für ihr jeweiliges Anliegen oder für sich selbst mehr Geld haben wollen, also eine interessengeleitete Politik, scheint es ebenfalls nicht zu sein. Es geht eher um gesellschaftspolitische Richtungsentscheidungen, um nicht zu sagen Bekenntnisse, mit Sicht auf das Ganze, das heißt das heutige politische System insgesamt, einen grundsätzlichen Protest, mit dem die Legitimation eines vermeintlich falschen Regimes bezweifelt wird. Die da unten meutern gegen die da oben, von denen sie sich nicht repräsentiert oder gar verachtet fühlen.

## Die Stolpersteine putzen

Im Frühling 2024 gab es in ganz Deutschland Demonstrationen für Freiheit und Demokratie, das heißt gegen die Rechten, die meist nicht namentlich genannt, aber gemeint waren: der unsichtbare Elefant im Raum. Zum Beispiel beteiligten sich in der Kleinstadt Cuxhaven (rund 50.000 Einwohner) nicht weniger als 3.000 Besorgte an einer gewaltigen Demonstration für Freiheit und Demokratie, nahe dem dortigen Schloss Ritzebüttel. Die wenigsten Demonstranten hatten schon einmal einen leibhaftigen AfD-Mann gesehen oder gesprochen, schon deswegen nicht, weil man sich mit solchen Leuten nicht an einen Tisch setzt. Das Urteil über sie steht fest, zumal ja der Teufel leicht an seinem Pferdefuß, seinem Huf, erkennbar ist. Aber um was für Leute handelt es sich denn eigentlich? Und was versprechen sich diese Wählerinnen und Wähler von dieser Wahlentscheidung?

Erstaunlich war in Cuxhaven und überall sonst, wie ratlos und geradezu hilflos sich alle Verantwortungsbewussten bei der Frage zeigten, was gegen ein weiteres Anwachsen der AfD oder überhaupt gegen deren Existenz zu tun sei. Im Organisations-Komitee der Cuxhavener Demonstration gab es nach dem großen und eindrucksvollen Tag zu der Frage, wie es jetzt weitergehen solle, eine verlegene Stille, bis schließlich beschlossen wurde, sich am folgenden Sonnabendmittag mit wollenem Lappen und Putzmittel zu treffen und in der ganzen Stadt die Stolpersteine glatt zu putzen – als Warnung und Erinnerung. In der Tat glänzten dann am folgenden Sonntag diese Mahnzeichen im Bürgersteig. Ob das ausreicht, die AfD zu stoppen, sei dahingestellt.

Der dem Gemeinbürger unbekannte und unsichtbare Elefant AfD scheint jedenfalls unheimlich dickfellig zu sein. Er lässt sich nicht davon beeindrucken, wenn diese Partei oder Teile von ihr vom Bundesamt für Verfassungsschutz als Beobachtungsobjekt, als Verdachtsobjekt oder gar als gesichert rechtsextrem gekennzeichnet werden. Ebenso wenig scheinen es die AfD-Wählerinnen und -wähler schlimm zu finden, wenn sich dort unbelehrbare Vorgestrige herumtreiben, die meinen, nicht alle SS-Leute seien Verbrecher gewesen. Oder Leute mit erstaunlich guten Kontakten nach Moskau und Peking. Da empfiehlt es sich, im Verteidigungsausschuss des Bundestages in Anwesenheit der AfD-Vertreter nicht streng Geheimes zu behandeln, denn wer weiß, an wen dies weitergegeben wird.

Die AfD-Wähler scheint es auch nicht zu irritieren, wenn ihre gewählten Abgeordneten in den Sitzungen des Bundestages recht unbefangen herumpöbeln und reihenweise Ordnungsrufe einfangen.

In diesem Falle ist es jedoch vermutlich nicht einfach, einem Ausländer zu erklären, weshalb dieser Ausruf bei uns strafbar ist. Denn wenn ein Franzose ausruft: *Alles für Frankreich!* oder in den USA jemand: *Alles für Amerika!* – dann ist dies nicht nur nicht strafbar, sondern üblich und gängig. Wie sollte es denn auch anders sein, wenn jemand verspricht, sich gänzlich für sein Land einzusetzen? In unserem Falle stand allerdings der rechtsextreme Thüringer AfD-Parteichef Björn Höcke wegen dieses Ausrufs vor Gericht, weil er (der Ausruf) als nazikontaminiert gilt. Beim Nürnberger Reichsparteitag 1934 hatte die SA (Sturmabteilung der Nationalsozialistischen Deutschen Arbeiterpartei) unter dieser Parole getagt. Daher gilt sie heute als Äußerungsdelikt (so heißt das heute amtlich). Jedermann muss also gut überlegen, was er oder sie sagt, äußert, und was einer mitschreiben und dem Amt, entweder dem Staatsschutz oder dem Verfassungsschutz, mitteilen kann, sodass dort für irgendeinen heutigen oder vorgestrigen Ausruf eine Akte angelegt wird.

Allerdings wurden in der Nazizeit, anknüpfend an frühere Zeiten, seitens des Regimes unzählige Wörter, Parolen, Geschichten, Symbole und Sentenzen aus der verstaubten alten deutschen Schatzkiste geholt, aufpoliert und missbraucht. Alle diese Wortlaute, Ab- und Merkzeichen vollständig zu registrieren und bei heutiger Verwendung zu ahnden, dürfte für die nicht weniger als 4.400 Beamten des Bundesamtes für Verfassungsschutz kaum möglich sein, auch wenn die Mitarbeiter aus den Landesämtern (zum Beispiel in Niedersachen rund 350) mit hinzugezählt werden. Weitere Wächter gegen Extremisten jeglicher Art sind die Mitarbeiter der Abteilung Staatsschutz beim Bundeskriminalamt. Die Anzahl der Ohren, die bei Äußerungsdelikten mithören wollen, ist außerdem doppelt so groß wie die Anzahl der Beamten.

Was also tun gegen die AfD? Immerhin stimmten bei einer Umfrage des Politikbarometers des Zweiten Deutschen Fernsehens im Juni 2024 rund 72% der Befragten der Frage zu: Sehen Sie in der AfD eine Gefahr für die Demokratie? Fast alle Anhänger der Grünen (98%) sehen hier eine Gefahr. Hier wird eine Entwicklung sichtbar, die schon vor Jahren von der Konrad-Adenauer-Stiftung benannt worden war: dass die beiden äußersten gegensätzlichen Exponenten im Bundestag längst nicht mehr CDU und SPD sind, sondern die Grünen und die AfD. Die beiden sind nicht nur gegensätzlicher Meinung, sondern betrachten sich darüber hinaus gegenseitig als gemeingefährliche Idioten, die es am besten gar nicht gäbe. Die Grünen gelten hier (und nicht nur bei der AfD) als Partei der moralischen Arroganz, der Bevormundung und der Verbote. Und die AfD gilt bei den Grünen als Nazipartei, auf deren schlichte Parolen nur die Dummen hereinfallen können. 92% der Befragten meinten bei dieser Umfrage bei den SPD-Anhängern, die AfD sei eine Gefahr für die Demokratie, 86% bei den Linken, 82% bei den Unionsparteien, 75% bei der FDP und 54% beim Bündnis Sahra Wagenknecht. Nur bei der AfD selbst sah man naturgemäß diese Frage nach der Gefahr für die Demokratie recht gelassen (lediglich 10% sind beunruhigt).

Die CDU hat darüber hinaus eine Brandmauer gegen die AfD beschlossen. Eine solche Mauer wird in einem großen Bauernhaus errichtet, wenn die Wohnräume und Wirtschaftsräume unter demselben Dach liegen, wie etwa in Ostfriesland üblich. Die geschlossene Mauer hat nur im Erdgeschoss eine eiserne Tür und sonst keine Durchlässe. Ein Brand in der Scheune soll daher nicht auf die Wohnräume übergreifen und umgekehrt. Die CDU-Brandmauer besagt, dass unter keinen Umständen eine Koalition mit der AfD in Betracht kommt – im Bund nicht, in den Ländern nicht und möglichst auch nicht auf kommunaler Ebene. Dort ist diese Sperre in der Praxis aber schwer durchzuhalten. Wenn zum Beispiel der ganze Ort sagt: Wir brauchen eine weitere Kindertagesstätte (Kita) und die AfD-Vertreter eine solche beantragen, würde es etwas albern wirken und von den betroffenen Eltern kaum verstanden werden, wenn die CDU-Vertreter den Antrag ablehnen, nur weil er von der AfD kommt. Aber immerhin kann die CDU versichern, sich nicht vorher mit der AfD abgestimmt und die Unberührbaren nicht berührt zu haben.

Weil kein Zauberer in Sicht ist, der die AfD mit einem Simsalabim aus der Welt schafft, versuchen die etablierten Parteien mit allerlei Änderungen von Gesetzen und Geschäftsordnungen, die ekligen Neuen von der Macht fernzuhalten. Wenn üblicherweise der Alterspräsident eine neue Legislaturperiode des Parlaments eröffnet und voraussichtlich ein AfD-Mann der Älteste sein wird, also eine Eröffnungsansprache von ihm zu gewärtigen ist, die kein Anhänger der etablierten Parteien hören und überleben kann, wird eben die Geschäftsordnung in dem Sinne geändert, dass nicht der an Jahren Älteste, sondern der Dienstälteste eröffnet. Wenn es seit Jahren Brauch war, dass jede Parlamentsfraktion einen Vizepräsidenten stellt, so war das eben nur ein Brauch unter Kollegen, aber nicht einklagbar. Schließlich sind die Abgeordneten in ihrer Abstimmung frei, und wenn sie keinen AfD-Vizepräsidenten wollen, dann wird es eben keiner. Praktiken dieser Art erlauben es der Partei, sich als Opfer einer voreingenommenen Willkür darzustellen.

Letzthin galt es, das Bundesverfassungsgericht wetterfest zu machen für den Fall, dass die AfD mehr als ein Drittel oder gar mehr als die Hälfte der Parlamentssitze gewönne und dann versuchte, die Unabhängigkeit des Staatsgerichtshofs einzuschränken und ihn unter ihre Kontrolle zu bringen. Polen, Ungarn, Israel und die USA liefern Beispiele dafür. Daher sollten die wichtigsten Bestimmungen des Bundesverfassungsgerichtsgesetzes ins Grundgesetz gehoben werden. Jetzt können sie mit einfacher Mehrheit geändert werden. Als Bestandteil des Grundgesetzes bedürfte es dann dafür einer Zwei-Drittel-Mehrheit. Beim ersten Grummeln eines aufziehenden Gewitters gilt es, rechtzeitig die Türen und Fenster zu schließen, bevor es irgendwo knallt.

Bei dieser Gelegenheit, nämlich das Bundesverfassungsgericht wetterfest zu machen, gab es erstmals eine ganz große Koalition, bestehend aus den drei Regierungsparteien (SPD, FDP und Grüne), außerdem CDU/CSU. Die vier langjährig etablierten Parteien, zu denen längst auch die Grünen gehören, standen gegen die gefährlichen Neuen. Damit wird der AfD (und ebenso dem Bündnis Sahra Wagenknecht und der neuen Europapartei Volt) gratis das Argument ins Haus geliefert, die Altparteien würden ein Kartell bilden, um ihr gemeinsames Machtmonopol gegen neue Wettbewerber zu schützen. Das Parteiensystem sei also in Wahrheit bei weitem nicht so offen und demokratisch, wie immer behauptet.

Bisher sind wir aber bei unseren Betrachtungen immer noch nicht bei der Frage angelangt, wie die AfD strategisch und praktisch zu bekämpfen und daher das Publikum rechtzeitig und nachdrücklich vor dieser Gefahr zu warnen sei.

## Eine neue Nazipartei?

Das einfachste und nächstliegende Argument, das überall vorgetragen wird, geht dahin, es handele sich um eine neue Nazipartei. Es drohe ein neuer Marsch ins Jahr 1933, in eine rechtsextreme Diktatur mit einem Ermächtigungsgesetz, das die Macht vom Parlament auf die Regierung und von der Regierung auf einen Alleinherrscher übertrage, mit der Folge eines erneuten Absturzes in die Verbrechensherrschaft.

Daher sei noch nachdrücklicher als bisher auf die damaligen staatlichen Massenverbrechen zu erinnern, als in Auschwitz neue Krematorien mit einer Kapazität von 2.200 Leichen pro Tag aufgestellt wurden und mit ihren übelriechenden Rauchfahnen auch das mit Familien nebenan wohnende Mörderpersonal belästigten, wo man nach des Tages *Arbeit* gemütlich im Freien beisammensitzen wollte.

Demgemäß fordern die *Omas gegen rechts* und viele andere, die AfD jetzt, rechtzeitig, zu verbieten. Leider sei dies in den 1920er Jahren versäumt worden, als es noch möglich gewesen wäre. Ein solches Versäumnis solle nicht noch einmal passieren.

Das klingt auf den ersten Blick einleuchtend, vermag aber bei näherer Betrachtung nicht zu überzeugen. Wenn bei der Bundestagswahl mehr als vier Millionen Stimmen an die AfD fielen und bei der Europawahl mehr als sechs Millionen: Sollen denn dies alle Nazis oder Nazi-Anhänger gewesen sein? Aus welchem Anlass und aus welchen Ecken sind sie denn plötzlich alle hervorgekommen? Wieso sind denn mit einem Male so viele Menschen so einfach verführbar, die früher CDU, SPD, FDP oder Grüne gewählt oder an der Wahl nicht teilgenommen haben? Was ist denn plötzlich passiert, wenn wir 75 Jahre unter der Herrschaft des Grundgesetzes insgesamt zwar mit einigen Krisen, im Großen und Ganzen aber doch glücklich und erfolgreich gelebt haben? Verglichen mit den meisten anderen Ländern leben wir doch in einer Schönwetter-Demokratie, deren Erfolg unter anderem daran erkennbar ist, dass es weltweit so viele Menschen gibt, die unbedingt zu uns kommen wollen.

Einiges spricht dafür, dass es sich nicht einfach um ein Wiederaufleben der Nazizeit handelt, sondern dass die jetzigen populistischen Neigungen zwar auch auf der rechten Seite der Politik zu verorten sind, aber einen vollständig anderen Charakter und andere Ursachen haben. Das damalige Aufkommen der nationalsozialistischen Bewegung kann verstanden werden als Rückkehr zu altvertrauten Vorstellungen nationaler Stärke und Ehre angesichts überstürzter und unverstandener Neuerungen und unnötiger nationaler Demütigungen in Folge des

Ersten Weltkriegs und des Friedensvertrags von Versailles. Hinzu kam die Wirtschaftskrise mit millionenfacher Arbeitslosigkeit.

Heute hingegen ist die Situation ganz anderer Art, eher vergleichbar mit einem Sommergewitter nach einer langen Schönwetterperiode mit geringem Luftaustausch und zunehmender Schwüle bei gleichmäßig weiter wachsendem Wohlstand, aber kultureller und nationaler Stagnation. Weshalb ist eigentlich so selten vom *deutschen Volk* die Rede? Gilt schon dieser schlichte Ausdruck als rechts, als Naziausdruck? Gibt es dieses Volk als Kollektivsubjekt gar nicht mehr, sondern nur die Bevölkerung? Im Kommentar von Münch/Kunig zum Grundgesetz zu Artikel 20 (Alle Staatsgewalt geht vom Volke aus) heißt es, das Wort *Volk* meine hier die Aktivbürgerschaft als Gesamtheit aller wahlberechtigten Bürger. In der Tat gibt es also das Volk als handelnde und die Herrschaftsmacht legitimierende Gesamtheit nicht mehr. Der Nazispruch *Du bist nichts. Dein Volk ist alles.* wäre also umzukehren: *Du bist alles, dein Volk ist nichts.* Deutsch sein, heißt bekanntlich, von einem Extrem ins andere zu fallen.

Hierzu passt das Fehlen einer Grundlagendebatte zu der Frage, wohin wir eigentlich als Nation wollen, was mit dem Wort *Deutschland* gemeint sein könnte und ob wir uns überhaupt als eigenständige Nation verstehen wollen. Es geht um eine längst überfällige Identitätsdebatte: Wer sind wir denn und was wollen wir sein? Oder wollen wir einfach nur im westlichen Bündnis, der Europäischen Union und der Nordatlantischen Vertragsorganisation (NATO) als unauffälliger Musterschüler mitschwimmen? Wozu soll die jetzige Jugend aufwachsen? Welches Ziel und welchen Lebenssinn sollen wir ihr vermitteln? Nur den ganz individuellen Erfolg eines jeden Einzelnen, Einkommen und Konsum, oder auch gemeinsam geteilte Werte? Welche? Wofür soll ein Soldat der Bundeswehr im Kriegsfalle sein Leben opfern? Wenn es wirklich nur Individualrechte geben sollte, wäre ja die Pflicht, notfalls sein Leben zu opfern für das Volk insgesamt, seine Freiheit und seine Ordnung, unzumutbar.

Weil die bisherigen Parteien zu all diesen grundlegenden Fragen keine plausible Antwort geben können oder wollen, kommen neue Parteien und fordern sie heraus.

Zum Schutz der bisher gewohnten Ordnung einfach die neuen Parteien oder eine von ihnen zu verbieten, ist in einer Ordnung, die sich als freiheitlich und demokratisch versteht, wenig überzeugend. Können wir es uns wirklich leisten, mehreren Millionen Wahlberechtigten die Teilnahme an der politischen Willensbildung zu verweigern? Was ist, wenn diese zu großen Demonstrationen durch die Straßen marschieren mit dem Ruf WIR SIND DAS VOLK? So gesehen befindet sich der Staat, die Bundesrepublik Deutschland, in einer tiefgreifenden Sinn- und Legitimitätskrise, denn er wird von einem beträchtlichen Teil der Bevölkerung rundheraus abgelehnt, die ihn nicht als den ihren anerkennen und die nicht erkennen können, zu welchem übergeordneten und über bloßen Wohlstand hinausgehenden Sinn das Ganze überhaupt veranstaltet wird: *Wir sind das Land des ...?* Oder sind wir nur das Land der ewigen, unvergänglichen Schuld?

Soll der immerfort beschworene Begriff der wehrhaften Demokratie einfach nur bedeuten, dass die bisher gewohnte Form der Demokratie mit ihren alt-etablierten Parteien sich wehrt gegen alle neuen Parteien, die grundsätzlich Neues mitbringen und sich nicht nur wie üblich um die Verteilung der Gelder streiten?

## Der Weg ins Jahr 1933 und Stand 2024

Wenn wir uns ins Gedächtnis rufen, welche Vorstellungen und Ideen im Vorfeld der 1933er Machtergreifung umliefen und welche heute, 2024, im Schwange sind, so werden wir feststellen: Nichts von dem, was damals geglaubt wurde, was als wissenschaftlich bewiesen galt und was die Ressentiments hervorrief, ist heute noch lebendig. Und umgekehrt: Die gesamten Ideen und Programmpunkte der heutigen *Alternative für Deutschland* gab es damals noch nicht, sie waren als Themen noch nicht entdeckt. Insofern ist das Neue nicht eine Neuauflage des Alten, sondern wir leben gleichsam auf einem ganz anderen Planeten als unsere damaligen Urgroßeltern vor achtzig Jahren.

Falls wir feststellen, dass AfD und Nationalsozialismus zwei ganz verschiedene Dinge sind, hätte dies die schwerwiegende Folge, dass der Kampf gegen die *Alternative für Deutschland* verfehlt und am Feind vorbeigeschossen wird, wenn wir immerzu mit derselben Rille in der Schallplatte wieder an den Holocaust erinnern. Die schlichte Logik

*Rechtsextrem heißt Nazi*
*Nazi heißt Holocaust*
*AfD ist rechtsextrem, also Nazi, also Holocaust*

würde in diesem Falle nicht aufgehen. Innerhalb des rechtsextremen Feldes sind tausend verschiedene Teufeleien möglich, außer dieser einen, die wir, das heißt unsere Großväter und Urgroßväter, ausgeteufelt haben.

Wenn hier dargelegt werden soll, dass die beiden Teufel Nazis und AfD in ganz verschiedenen Höllen zu Hause sind, soll dies keineswegs bedeuten, dass hier die AfD verharmlost werden oder als ungefährlich gelten soll. Von ihr gehen sicherlich Gefahren für die Standfestigkeit und Bewohnbarkeit des ganzen nationalen Gebäudes aus. Aber es dürfte sich um ganz andere Beben handeln, die wir jetzt noch nicht kennen können und die uns für den Fall erschüttern würden, dass eines Tages die AfD mitregiert oder gar allein regiert, oder mit Sahra Wagenknecht gemeinsam.

Die Nazi-Ära wird heute gewöhnlich auf die Zeit vom 30. Januar 1933 bis 8. Mai 1945 datiert. Das ist formal korrekt. Der Einschnitt 1933 erschien allerdings den Zeitgenossen, insbesondere dem Bürgertum, als weniger tief, als er heute gesehen wird. Denn seitens der Nationalsozialisten wurden großenteils nur Denkansätze und Verhaltensweisen radikalisiert und brutalisiert, die ihrerseits seit längster Zeit als normal und selbstverständlich galten.

## Der Biologismus

Dies gilt zumal für den damals üblichen Biologismus, das heißt die Übertragung von biologischen Begriffen und Maßstäben auf soziale und gesellschaftliche Zusammenhänge. Oder Mensch und Gesellschaft werden überhaupt auf Biologisches reduziert.

1. Grundlegend galt seinerzeit insbesondere die Vorstellung, die Menschen hätten einen ganz verschiedenen Wert, und zwar nicht nach Intelligenz, Charakter und Leistung, sondern nach Abstammung, nach den Erbanlagen. Als deren Sitz wurde das Blut vermutet, wie es heute noch in dem Wort *blutsverwandt* zum Ausdruck kommt. Prominentes Beispiel hierfür war der Adel. Der Herrscher, wie Kaiser Wilhelm II., war ja nicht etwa vom Volk gewählt und diesem verantwortlich, sondern allein durch seine Geburt, seinen Stammbaum, legitimiert. Er war Spross des seit 500 Jahren regierenden Hohenzollerngeschlechts und hatte nur adlige oder hochadlige Vorfahren.

Durch die Vorstellung, der Wert eines Menschen hänge von seiner Abstammung ab, gab es seinerzeit immer auch in bürgerlichen Kreisen ein großes Interesse an Familienwappen, Stammbäumen und Ahnentafeln. Man war stolz darauf, wenn sich unter den Vorfahren bekannte und geachtete Persönlichkeiten befanden und von denen man eine spezielle Begabung geerbt haben konnte. Umgekehrt wurden auch Geisteskrankheiten sowie körperliche und geistige Schäden aller Art auf schlechte Erbanlagen zurückgeführt und die betroffenen Personen möglichst gar nicht erwähnt. Im Stillen wurde gefragt: Wer hat dies in unsere Familie hineingebracht?

Dieser seinerzeit vermeintlich wissenschaftlich bewiesene und für jedermann selbstverständliche Satz vom entscheidenden Wert der Erbanlagen (mit den verheerenden Folgen dieses Glaubens) wird heute nicht mehr geteilt, auch nicht in der AfD. Das wäre also der erste markante Unterschied zwischen Nazi und AfD. Kaum jemand ist heute noch stolz auf bekannte Leute unter den Vorfahren oder Verwandten. Kaum jemand weiß, wer sein Urgroßonkel war. Wozu auch?

Gelegentlich der entscheidenden Weichenstellungen des Berufslebens, den Bewerbungsgesprächen, wird gelegentlich nach dem Beruf der Eltern gefragt. Aber nicht wegen der Erbanlagen, sondern weil man sich ein vollständigeres Bild vom Bewerber machen kann, wenn man fragt, in welchem Berufsmilieu er aufgewachsen ist.

2. An den Glauben an die vermeintlich wichtigen Erbanlagen knüpfte auch die Eugenik an, diesmal in Bezug auf die Erbsubstanz des ganzen Volkes. Der Grundgedanke ging dahin, dass es in der Natur immer eine Auswahl zwischen Starken und Schwachen gebe, indem die Starken und Vitaleren sich durchsetzen, so auch bei den Dominanzkämpfen der Männchen in der Brunftzeit, während die Schwachen Opfer von Raubtieren würden oder in schwieriger Umgebung von selbst verschwänden. Dieses vorwiegende Überleben der Starken würde aber in der menschlichen Gesellschaft fehlen, wenn aus (vermeintlich) falscher Nächstenliebe und Rücksichtnahme auch die Schwachen und Erbkranken, also diejenigen mit schlechtem Erbgut, für viel Geld mit durchgefüttert werden und sich ungehemmt vermehren. Auf diese Weise würde das Gesamt-Erbgut der Gesellschaft sich stetig verschlechtern.

Dem müsse eine positive Eugenik entgegenwirken, indem die Starken, Tüchtigen und berufliche Erfolgreichen zu einer erhöhten Kinderzahl ermutigt werden, zum Beispiel durch steuerliche Vorteile.

Umgekehrt müssten durch eine negative Eugenik alle Erbkranken, Schwachen und Randexistenzen (Prostituierte, Verbrecher, Asoziale etc.) möglichst an der Vermehrung gehindert werden, beispielsweise durch zwangsweise Sterilisation. Nur so könne das Gesamtniveau der Erbanlagen in einem Volk gehalten oder gehoben werden.

Dieses aus dem 19. Jahrhundert kommende eugenische Denken war nicht auf Deutschland beschränkt, sondern in vielen Ländern, vorwiegend den USA, verbreitet. Aber nur in Deutschland führte es zu massenhaften Morden an Behinderten. Umgekehrt bekam ein Mann mit gutem akademischem Examen, der sich um eine Stellung im öffentlichen Dienst bewarb, einen Fragebogen vorgelegt, unter anderem mit der Frage: Kinderzahl? Falls weniger als drei: Aus welchen Gründen?

Offensichtlich hat sich in der AfD bisher niemand in diesem Sinne geäußert. Das wäre also neben dem Stammbaum-Denken der zweite Unterschied zwischen Nazi und AfD.

3. Aus dem biologistischen Denken folgte ferner im Nationalsozialismus und längst vorher ein Vulgärdarwinismus in dem Sinne, dass in der Natur immer die Starken die Schwachen wegbeißen. Dies müsse natürlicherweise auch für die Menschen gelten, für die Einzelnen, aber auch für die Völker insgesamt. Jedes Volk sei vollständig souverän und könne von Zeit zu Zeit mit dem Ziel eines Geländegewinns unter einem beliebigen Vorwand einen Krieg mit dem Nachbarn anzetteln, wenn es bei diesem eine Schwäche vermutet. Ein Krieg wurde also nicht etwa als Versagen der Politik oder gar als Verbrechen betrachtet, sondern als normales Mittel der Politik – mit dem erwünschten Nebeneffekt, dass er einer allgemeinen Verweichlichung und Disziplinlosigkeit entgegenwirke und das militärische Denken gestärkt werde.

Der Vulgärdarwinismus im Sinne einer Auslese der Stärkeren ist zunächst schon deshalb unhaltbar, dass aus der Tatsache, dass es in der Natur so ist, nicht gefolgert werden kann, dass es auch unter Menschen so sein solle. Aus einem Sein kann niemals ein Sollen abgeleitet werden. Ferner ist der Mensch kein Naturwesen, das von seinen Instinkten beherrscht wird, sondern ein Kulturwesen, das sich für ein möglichst gewaltfreies Zusammenleben entscheiden kann. Auch in dieser Hinsicht liegt ein grundlegender Unterschied zwischen Nazi und AfD vor, denn dort gibt es anscheinend keinen Vulgärdarwinismus.

4. Die Debatte um den nationalsozialistischen Rassenwahn wird heute dadurch erschwert, dass das Wort *rassistisch* längst inflationär gebraucht wird: nicht nur in Bezug auf die menschlichen Rassen, sondern in Bezug auf sämtliche gruppenbezogenen Eigenschaften, also auf jeden, der meint, ein Mensch mit bestimmten Eigenschaften sei weniger wert als andere. Beim identitätspolitischen Denken gibt es keine einzi-

ge Gruppe, die diskriminiert werden darf. Wer da meint, ein Mensch, der lebenslang arbeite, sei mehr wert als einer, der noch nie gearbeitet hat und sich immer von sozialen Hilfen ernährt hat, denkt in diesem Sinne diskriminierend, also rassistisch. Dann kann es allerdings auch keine Werte-Skala mehr geben, denn jede beliebige Bewertung kann als eine Diskriminierung betrachtet werden. Da muss offenbleiben, wie eine Gesellschaft funktionieren soll, in der es keine für jedermann verbindlichen Werte mehr gibt – ein vollständiger Relativismus, in dem nicht nur jeder gleich gut wie jeder andere, sondern auch jede beliebige Tätigkeit gleich gut wie jede andere. In diesem Verständnis gibt es auch keine Unterscheidung von ehrenhaft oder ehrlos, von anständig oder unanständig. Aber auch dann wird es den Grünen und den Freunden politischer Korrektheit noch gelingen, weitere Gruppen ausfindig zu machen, die sich diskriminiert fühlen könnten – obwohl sich noch niemand aus der jeweiligen Gruppe hierüber beschwert hat.

Die Diskussion wird auch dadurch erschwert, dass kluge Leute einwenden, menschliche Rassen gebe es gar nicht und Artikel 3 des Grundgesetzes, der eine Benachteiligung wegen der Rasse verbietet, müsse dementsprechend geändert werden. Wenn allerdings ein Personalchef die Bewerbung eines Mannes afrikanischer Herkunft mit der Begründung ablehnt: *Neger kommen mir nicht ins Haus!* kann darunter nur eine Benachteiligung nach der Rasse gesehen werden – was sonst?

Das Internationale Übereinkommen zur Beseitigung der Rassendiskriminierung vom 7. März 1966 (Bundesgesetzblatt II, Seite 961) verbietet jegliche Form von Diskriminierung aufgrund der Rasse, definiert aber leider nicht, was unter *Rasse* zu verstehen sein soll. Gemeint sind offensichtlich körperliche Merkmale wie Hautfarbe, Augenfarbe, Lidfalte vorhanden oder nicht. In den einzelnen Weltregionen sehen die Menschen etwas unterschiedlich aus und haben dementsprechend verschiedene Erbmerkmale. Dies kann bei der Polizei wichtig sein. Wenn etwa ein Mann aus Syrien als Verdächtiger in Untersuchungshaft sitzt und ein Genetiker anhand der Spuren am Tatort feststellt, der Täter sei vermutlich skandinavischer Herkunft, können wir den Syrer freilassen.

Ins Grundgesetz kam dieser Begriff, die Rasse, aufgrund des nationalsozialistischen Rassenwahns und der daraus folgenden Massenverbrechen. Gemeint waren bei den Nazis vorrangig die Menschen jüdischer Abstammung, nicht des Glaubens. Wenn also einer vom jüdischen zum protestantischen Glauben übergetreten war, half ihm dies nicht. Die Juden wurden zu einem biologischen Fremdkörper innerhalb des deutschen Volkes erklärt. Deshalb sollten zunächst Ehen zwischen Juden und Nichtjuden („Ariern") verhindert werden. Im Zuge des biologistischen Denkens wurde dieser Gedanke aus der Tierzucht übernommen. Wenn zum Beispiel auf einem Gestüt die Hannoveraner Pferde gezüchtet werden, wird sorgfältig überlegt, welche Hengste und welche Stuten zusammengeführt werden, um die positiven Merkmale dieser Pferderasse weiter zu entfalten. Die Rasse soll also möglichst rein erhalten werden, es soll sich kein belgisches Kaltblut dazwischen mischen.

Diesen Gedanken auf den Menschen zu übertragen, ist allerdings aus heutiger Sicht Unsinn, denn das menschliche Erbmaterial ist so plastisch, dass die Eigenschaften der Persönlichkeit weitestgehend kulturell und nicht biologisch bedingt sind. Ein Steinzeitkind, heute geboren, würde ganz selbstverständlich und unauffällig in die heutige Gesellschaft hineinwachsen, und ein heutiges Kind, in der Steinzeit geboren, in den seinerzeitigen Verband. Und Kinder brauner Hautfarbe können ebenso wie alle anderen Kinder in herausragende Positionen hineinwachsen, wie in den USA an Barack und Michelle Obama zu sehen war. Inselstaaten wie Island und Japan mit weitgehend homogener Genetik sind nicht besser oder schlechter dran als andere. Der Gedanke der Rasseneinheit war in Deutschland erst recht albern, weil wir ja in der Mitte liegen mit offenen Landgrenzen und es schon immer einen starken Austausch mit den Nachbarländern gab.

Die ganze Rassentheorie galt jedoch als wissenschaftlich bewiesen. Beispielsweise gab es einen Professor für Anthropologie, Prof. Dr. Eugen Fischer (1874 bis 1967), der die Theorie einer Rassenhygiene entwickelte und so zu den Wegbereitern des Nationalsozialismus wurde.

Die aus heutiger Sicht Pseudo-Wissenschaft der Rassenhygiene wurde in nationalsozialistischer Zeit begeistert aufgenommen, weil sie dem seit Jahrhunderten gängigen gleichsam bodenständigen volkstümlichen Antisemitismus ein ehrbares Mäntelchen gab. Wie sich dieses ressentimentgeladene Vorurteil im Volk spiegelte, wird beispielsweise in dem 1864 erschienenen Roman *Der Hungerpastor* von Wilhelm Raabe (1831 bis 1910) deutlich. Im Verlag von Otto Janke, Berlin, erschien 1911 im schönen Jugendstil-Einband die 37. Auflage – eine solche Auflage erreicht nur ein im ganzen Leservolk hochgeschätzter Band. Vorn auf dem Titelblatt steht der schöne Satz aus Sophokles *Antigone*: *Nicht mitzuhassen, mitzulieben bin ich da,* aber in den 397 Seiten des Romans gibt es hundert kleine und große antisemitische Boshaftigkeiten. Eingangs geht es um zwei Mitschüler, einer christlich, einer jüdisch. Letzterer hat als Vater einen Trödelhändler in einem schmutzigen und dunklen Kellerladen mit ungeputzten Fensterscheiben, chaotisch eingerichtet. Dieser Mann ist schon viel in der Welt herumgekommen (soll andeuten: hat gar keine eigene Heimat, gehört nicht hierher). Sein Junge erreicht, hochintelligent und fleißig lernend, in der Schule beste Noten und schließt ab als Jahrgangsbester, wird aber als kaltherzig und nur auf materiellen Vorteil bedacht geschildert. Als sein Vater stirbt, ist er nicht imstande, zu trauern, sondern stöbert in Vaters Schubladen herum auf der Suche nach Goldmünzen.

Dieser Rassenwahn in seinen Konsequenzen lässt heute an die Universität Göttingen denken: In den 1920er Jahren weltweit führend, vor allem in Mathematik und Physik, zahlreiche spätere Träger von Nobelpreisen hervorbringend, aber auf Normalniveau zurückfallend, nachdem die jüdischen Professoren ausgesondert und abgeholt worden waren.

Wir fragten, ob die AfD eine Neuauflage der Nazis sei. Zumindest für das gesamte Gedankengebäude des Biologismus, der Wichtigkeit der Erbanlagen und der Abstammung und dem hieraus folgenden

Rassenwahn kann dies verneint werden. Diese Gedankenwelt ist tot, erledigt und begraben.

Etwas komplizierter ist es bei der Frage, ob die AfD ebenfalls antisemitisch sei. Eine umfangreiche Warnungs- und Alarmierungsliteratur versucht dies nachzuweisen. Dieses Thema werde zwar in der AfD gewöhnlich nicht offen ausgesprochen, aber es würden antisemitische Gedanken- und Sprachfiguren übernommen. Diese Warnungen erscheinen insofern als nicht plausibel, als jede populistische Partei darauf verwiesen ist, ober- und vor allem unterschwellige Ressentiments aufzugreifen, die im Volk lebendig sind, aber von den anderen Parteien nicht berücksichtigt werden. Diese Ressentiments gilt es dann aus populistischer Sicht anzusprechen, vergröbernd zu verstärken und auf dieser Welle zu reiten. Diese Strategie verspricht jedoch in Deutschland bei diesem Thema kaum Erfolg. Es gibt zwar eine unterschwellige antisemitische Strömung, aber die AfD hütet sich, diese aufzugreifen, denn damit wäre sie als Nazi-Partei erledigt. Im Gegenteil wendet sie sich dagegen, dass durch Einwanderer islamischer Herkunft, vor allem durch die Palästinenser, Antisemitismus nach Deutschland hereingetragen werde, und betont im Übrigen die Verbundenheit mit Israel, wie alle anderen Parteien.

Es gibt, wie leider in den meisten Nationen, einige Verschwörungsgläubige und Wirrköpfe, aber es wäre gesucht, hierfür die AfD verantwortlich zu machen.

Der AfD wird gern vorgeworfen, dass sie stattdessen einem sekundären Antisemitismus fröne, nämlich nicht einer Feindschaft gegen Juden, sondern gegen den andauernden Kult mit der Schuld. Die deutschen Offiziellen würden der heutigen Generation die Schuld an längst vergangenen Untaten ihrer Urgroßväter vorwerfen. Sie würden die ganze deutsche Geschichte auf den Nationalsozialismus und diesen auf den Holocaust verengen. Auf diese Weise würde Deutschland auf gestern, auf heute und auf immerdar als Schuld-Nation vorgestellt, also einseitig negativ, gleichsam deutsch-feindlich als nationaler Verrat. Mit dem Kult der Schuld müsse irgendwann Schluss sein.

Dieser Gedanke erscheint achtzig Jahre nach dem Geschehen als nicht ganz unplausibel. Es kann ein Trauerjahr geben, womöglich auch ein Trauerjahrzehnt, aber nicht ein Trauerjahrhundert. Bei der immerwährenden Berichterstattung in Funk, Fernsehen und Presse über die Naziherrschaft und den Völkermord kann jemand einmal, erstmalig, über das damalige Geschehen entsetzt sein, auch dreimal sich entsetzen, aber nicht 35-mal.

Die Forderung, diese allerheiligste schwarze deutsche Denkfigur endlich vom Altar zu nehmen und unten in der Krypta zu verstauen, wird dann den AfD-Leuten als Leugnung, Verkleinerung und Relativierung des Holocaust vorgeworfen. Stattdessen könnte eher von einer Normalisierung gesprochen werden. Es wird auf die jetzige Tagesordnung übergegangen, zum Beispiel auf die Frage, welche positive Identität für Deutschland statt der negativistischen Schuldbesessenheit entwickelt werden könnte, nämlich aus der positiven Entwicklung seit 1945. Der Judenmord und alle anderen Millionen Toten aus der ersten Hälfte des 20. Jahrhunderts werden dann nur noch als geschichtliche Geschehnisse gewusst, sind aber für den jetzigen Nachwuchs kein Anlass mehr, den Blick zu senken.

Ebenfalls insofern wäre also die AfD keine Wiederkehr der Nazizeit, sondern diese würde historisiert, in die Vergangenheit verwiesen.

Vom Kaiser zum Führer

Unsere Frage ist weiterhin, ob die AfD ein zweiter Aufguss der Nazizeit und ob sie daher durch erneute Hinweise auf die damaligen Massenmorde wirksam zu bekämpfen sei. Hierzu ist auch wichtig, wie die Führungsspitze organisiert ist und welchen Typ von Persönlichkeiten wir dort antreffen.

Das Publikum der 1920er Jahre, im Vorfeld der Nazizeit, und hierin besonders das gehobene Bürger- und Beamtentum, war noch weitgehend geprägt durch die wilhelminische Ära, die Herrschaft von Kaiser Wilhelm II. bis Ende des Ersten Weltkriegs. Er war gleichzeitig Oberhaupt der Evangelischen Kirche, trug den offiziellen Titel *Von Gottes Gnaden* und war ernsthaft der Meinung, nur Gott verantwortlich zu sein und nicht etwa dem Volk oder dem Gemeinwohl verpflichtet.

Am 8. September 1891 trug der Kaiser sich in das Gedenkbuch der Stadt München mit einem lateinischen Spruch ein, der allgemeine Verwunderung erregte:

*Suprema lex regis voluntas.*
*Zu Deutsch: Der Wille des Königs ist das höchste Gesetz.*

Nach seinem ganz persönlichen Willen (ergänze: und seinen Schrullen und Launen) sollte also das Reich regiert werden, wie auch der Reichskanzler nicht etwa vom Reichstag gewählt wurde. Sondern der Kaiser höchstpersönlich suchte nach Schluss der Ära Bismarck 1890 jeweils eine Persönlichkeit aus, die ihm als passend erschien. Weil der Kaiser in einem von ihm bevorzugten persönlichen Regiment alles und jedes an sich ziehen konnte, wird der Reichskanzler in zeitgenössischen Texten gelegentlich nur als oberster Berater des Kaisers betrachtet und war nur diesem verantwortlich. Der Kaiser war also nicht so klug wie seine Vettern in England, sich aus den Einzelheiten und Wirren der Tagespolitik herauszuhalten und sich auf repräsentative Aufgaben zu beschränken.

Die persönlichen Eingriffe ihrer Majestät waren nicht selten sachfremd und ungeschickt. Zum Beispiel verursachte der Kaiser in der Außenpolitik durch seine Neigung zu einem auftrumpfenden und zurechtweisenden Auftreten diverse Krisen. Außerdem betrachtete er sich als großen Kunstkenner und obersten Kunstwart der Nation. Er spendierte der Stadt Berlin als Ehrengeschenk eine Siegesallee mit vermeintlich klassisch gestalteten marmornen Fürstenfiguren von Personen, die die Geschichte Brandenburgs und Preußens geprägt hatten, und stellte fest:

*Eine Kunst, die sich über die von mir bezeichneten Gesetze und Schranken hinwegsetzt, ist keine Kunst mehr, ist Fabrikat, ist Gewerbe, und das darf die Kunst nie werden.*

Er entfesselte einen Feldzug gegen die damalige Moderne, zum Beispiel gegen die französischen Impressionisten. Sozial engagierte Kunst, so etwa die Werke von Käthe Kollwitz, wurden als *Rinnsteinkunst* geschmäht.

All dies, angefangen bei der Regel, dass das bloße Wort des obersten Kriegsherrn unmittelbare Gesetzeskraft hatte, und weiter bei dem Kampf gegen die später als *entartet* geschmähte moderne Kunst, erinnert penetrant an die nationalsozialistische Epoche. Dem gehobenen Bürgertum, dem Militär und den Kirchen, die alle in diesem Sinne großgeworden waren und in den Weimarer Jahren diesem Denken verhaftet blieben, kam also der Übergang 1933 nicht gar so abrupt und schrecklich vor wie uns heute.

Im Herzen vor allem vieler Frauen soll der Platz *unseres herrlichen Kaisers* ziemlich umstandslos vom Bilde *unseres herrlichen Führers* wiederbesetzt worden sein.

Die Kirchen, vor allem die evangelische, griffen nicht etwa als moralische Instanz korrigierend ein, sondern im Gegenteil hoben sie den Kaiser geradezu in den Himmel und neigten dazu, seine Autorität mit der Autorität Gottes zu identifizieren.

Beim viel gerühmten Augusterlebnis 1914, der allgemeinen, frohgemuten Begeisterung bei Beginn des Krieges, war mit Kreide auf die Militärwaggons gemalt: *Siegreich wollen wir Frankreich schlagen* oder *In sechs Wochen sind wir wieder daheim*. Lebhaft begrüßt, als gerade noch rechtzeitig begonnen, wurde der Krieg seitens der evangelischen Kirche. Dort meinte man, in den reichlich vier Jahrzehnten seit dem siegreichen Krieg gegen Frankreich 1870/71 habe das Materielle, Wirtschaft und Geldverdienen, allzu sehr im Vordergrund gestanden. Daher sei der Krieg ein geeignetes Mittel, das Volk angesichts der Todesgefahr für Väter und Söhne wieder zum Beten und zur Kirche zurückzuführen (Näheres hierzu in dem von Ulfried Weißer herausgegebenen Buch: *Dieser Krieg bessert unser Volk – Die evangelische Kirche im 1. Weltkrieg*, Verlag Frank & Timme, Berlin 2024).

Vom ganzen Denken und Gehabe, den damaligen Autoritäten und ihren Paladinen der wilhelminischen Zeit, dem Ersten Weltkrieg, der anschließenden Weimarer Zeit und dem Dritten Reich, ist heute, nach dem militärischen, politischen und moralischem allseitigen Zusammenbruch 1945 und dem Neubeginn unter dem Grundgesetz 1949, nichts übriggeblieben. Wir können es mehr oder minder befremdet nachlesen, aber nicht nachfühlen. Es hat sich alles zusammen erledigt, ist auf einem Kehrichthaufen gelandet und durch ganz andere politische und gedankliche Grundlagen ersetzt worden – in der ganzen Gesellschaft und natürlich auch in der AfD. Insofern wirkt es auf einen unbefangenen Betrachter bemüht und weit hergeholt, jetzt die AfD an diese unselige Tradition anhängen zu wollen.

Vielmehr bildet die AfD als heutige neue Partei eine Antwort auf die heutigen etablierten Parteien: Union, SPD, FDP, Grüne und Linke, und ist daher nur aus der heutigen Situation zu erklären und nicht als Wiederkehr eines Nachtgespenstes unserer Urgroßväter. Letztere Vermutung hat nur den Vorteil, dass sie leichter und eingängiger ist und an die jetzige eingefahrene Gewohnheit anknüpft, die deutsche Geschichte auf die Nazizeit und diesen auf den Holocaust zu reduzieren.

Nicht ganz fern liegt auch der Gedanke, der Aufstieg der AfD und des BSW könnte damit etwas zu tun haben, dass das Gebaren der Ampelregierung auf die Bürger nicht sonderlich überzeugend wirkt. *Sollten die Populisten in den ostdeutschen Landtagswahlen noch stärker abschneiden als bislang prognostiziert, dürften die Berliner Regierungsparteien auf der Suche nach den Ursachen in den Spiegel schauen*, meinte Gerald Braunberger am 19. August 2024 in einem Kommentar der Frankfurter Allgemeinen Zeitung mit dem düsteren Titel *Am Ende*. Die Regierung tut sich ungeheuer schwer damit, den Haushalt zu priorisieren, das heißt, die Ausgaben auf das Niveau der Einnahmen zurückzuschneiden und für diesen Zweck die wichtigsten Sachen nach vorn zu holen und die weniger wichtigen zurückzustellen. Insbesondere gilt es im überperfektionierten Sozialstaat als tabu, Soziales zu beschneiden, obwohl einige, die nicht arbeiten, vom Staat ungefähr ebenso viel Geld bekommen wie die Arbeitenden. In Kreisen der Sozialhängemattenlieger kann man also den Kindern erklären, sie wären schön dumm, wenn sie sich um Ausbildung und Arbeitsplatz bemühten.

Befremdlich mutete auch der Regierungsstil der Ampel-Koalition an, wenn nicht etwa die neuen Initiativen zunächst intern verschwiegen, interministeriell abgestimmt wurden und erst dann als fertiges Konzept in das Parlament und die Öffentlichkeit gingen, sondern die Minister sogleich ihre Kabinettskollegen öffentlich heftig kritisieren, sobald einer Piep oder Papp sagte. Die drei Regierungsparteien Rot, Grün und Gelb bemühten sich nicht etwa um eine harmonische Zusammenarbeit, sondern führten innerhalb der Regierung einen Wahlkampf. Der Kanzler Olaf Scholz vermochte keine Disziplin herzustellen, bis im November 2024 die ganze Kiste explodierte und Trümmerteile durch die Luft flogen. Der Fortgang mit langem Streit um den Termin von Neuwahlen des Bundestages erschien ebenfalls als gequält, ebenso wie die Auseinandersetzungen, ob nochmals Olaf Scholz oder der weit beliebtere Boris Pistorius als Kanzlerkandidaten zu präsentieren seien. Sollte es wirklich Scholz noch einmal versuchen, der doch gerade den Karren an die Wand gefahren hatte? Ohne es öffentlich groß auszusprechen, wurde befürchtet, dass dieses öffentliche Trauerspiel zu einem weiteren Anwachsen der AfD und des Bündnisses Sahra Wagenknecht führen könne.

# KAPITEL 2

## Die Wähler und die Themen

Auf die strukturellen Mehrheitsverhältnisse könnten die Ergebnisse einer Umfrage der Konrad-Adenauer-Stiftung vom Oktober 2024 zum Thema, wovor die Deutschen große oder sehr große Angst haben, hinweisen. 36% haben diese Angst vor einer Zuwanderung nach Deutschland. Weit mehr, nämlich 63%, haben demgegenüber Angst vor der Fremdenfeindlichkeit in Deutschland, und fast ebenso viele, 61%, befürchten, dass die AfD in Deutschland das Sagen bekommt. Mit anderen Worten: Es gibt ein fremdenfeindliches Publikum, aber mehrheitlich wird befürchtet, dass sich diese Einstellung mit entsprechenden radikalen politischen Konsequenzen durchsetzt.

Diese Furcht ist besonders unter Partei-Anhängern verbreitet und hat seit 2022/2023 bei der FDP, den Grünen und der CDU stark zugenommen. Es handelt sich mithin um ein akutes Problem, welches dadurch verschlimmert wird, dass keiner so recht weiß, wie dem hieraus folgendem Anwachsen der Wählerschaft der AfD entgegengetreten werden könne. Zu behaupten, dass es sich bei den 4,8 Millionen AfD-Wählern der Bundestagswahl 2021 um 4,8 Millionen Neonazis handele, wirkt etwas bemüht und kurzschlüssig. Ein bloßes Abstempeln hilft nicht weiter.

Das Institut für Generationenforschung befragte im Juli und August 2024 die Nachwuchsjahrgänge (16 bis 25 Jahre), vor welchen Parteien sie Angst haben. Mit weitem Abstand vor allen anderen Parteien flößt die AfD im Westen mit 74 und im Osten mit 65% den jungen Leuten Angst ein. Sie gilt als rechtsextrem, rückschrittlich und volksverhetzend. Es gibt aber auch eine deutliche Furcht vor den Grünen (im Westen 25, im Osten 30%). Bei ihnen wurden *zu viele Vorgaben* und *zu volksfern* als Gründe angegeben. Als etwas weniger Furcht einflößend gelten Die Linke und das Bündnis Sahra Wagenknecht (dieses wegen fehlender klarer Haltung, AfD-Ähnlichkeit und als neue Partei) sowie die CDU/CSU und die FDP.

Die Sozialdemokraten gelten als recht harmlos; vor ihnen haben nur 8% im Westen und 11% im Osten Angst. Das könnte ein gutes Zeichen für die SPD sein, könnte aber auch bedeuten, dass die SPD programmatisch so weit verblasst ist, dass sie und ihr Profil kaum noch wahrgenommen werden. In diese Richtung deuten ihre katastrophalen Wahlergebnisse bei den Landtagswahlen im Osten 2024. Die junge Generation, darunter viele Erstwähler, löst sich von traditionellen politischen Einordnungen und will Sicherheit und Klarheit in einer ungewissen Welt.

In der Nazizeit gab es eine ausgeprägte Feindschaft gegenüber diversen Minderheiten im eigenen Volk, aber mangels Masse nicht gegenüber Einwanderern aus dem islamischen Kulturkreis; dieses Problem und dieses Thema gab es gar nicht. Auch deswegen geht unsere These dahin, AfD und Nationalsozialismus seien ganz verschiedene Dinge, und deshalb sei es vergeblich, die AfD bekämpfen zu wollen, indem an die Untaten der Nazis erinnert werde. Hierzu stellte Wilhelm Heitmeyer, Universität Bielefeld, am 4. August 2023 im Bayerischen Rundfunk fest:

> *Die Hoffnung in der Öffentlichkeit oder auch in den demokratischen Parteien, die Einordnung der AfD als rechtsextrem würde abschreckend wirken, zieht offensichtlich für eine erhebliche Gruppe in der Bevölkerung nicht mehr. Und das ist eigentlich das besonders Bedrohliche. Denn dadurch kommt es verstärkt zu einer Normalisierung der AfD. Und alles, was als normal gilt, kann man nicht mehr problematisieren.*

In der Presse wird immer wieder darauf hingewiesen, das Bundesamt für Verfassungsschutz stufe die AfD oder einzelne ihrer Organisationen (Landesverbände oder die Jugendorganisation *Junge Alternative*) als Beobachtungsfall, als Verdachtsfall oder als gesichert rechtsextremistisch ein. Aber das scheint viele Wähler nicht, wie erhofft, zu erschrecken.

Klaus Hurrelmann, Professor an der Hertie School in Berlin, stellte, wie die FDP-nahe Friedrich-Naumann-Stiftung mitteilte, fest:

> *Wir beobachten bei den Erstwählern eine starke Themenorientierung ohne ideologische Vorprägung. Parteien werden nüchtern danach bewertet, wofür sie stehen und welche Themen sie in den Vordergrund stellen.*

Auch dies spricht dafür, dass – zumal bei den jungen Leuten – die Einstufung als rechtsextrem oder als Neonazi niemanden irritiert. Stattdessen wird einfach wie am kalten Büfett dasjenige ausgewählt, was den eigenen Neigungen am meisten entgegenkommt.

In der Tat ist der Prozess der Normalisierung inzwischen anscheinend weit fortgeschritten. Gegründet 2013 im Protest gegen die Euro-Rettungspolitik, also mit einem ganz anderen Anliegen als heute, gab es diverse Flügel- und Richtungskämpfe sowie personelle Querelen, wobei die Partei inhaltlich nach rechts oder rechts außen rückte. Demgegenüber verlief der Bundesparteitag am 29./30. Juni 2024 in Essen bemerkenswert gesittet, geordnet und pünktlich – ohne kontroverse Debatten und ohne Gegenkandidaturen gegen die beiden Vorsitzenden Alice Weidel und Tino Chrupalla. Diese wurden vielmehr beide mit hohen Mehrheiten im Amt bestätigt. Hier war also im zweiten Jahrzehnt des Bestehens dieser Partei eine gewisse Konsolidierung festzustellen, mit einer umsichtigen Koordination und Regie. Bei der Wahl zum Europäischen Parlament wurde ein respektables Ergebnis von 15,9% erreicht, was in der Presse etwas unterging, weil dort wie üblich vorwiegend über die Hindernisse und Zwischenfälle bei der AfD berichtet wurde.

Inzwischen hat die Partei rechts außen einen festen Stammplatz besetzt und auch ein gewisses Stammpublikum aufgebaut: einen Personenkreis, der immer die AfD wählt, ganz gleich ob Kommunal-, Landtags-, Bundestags- oder Europawahl. Daher wird auch zur Landtagswahl mit außenpolitischen Themen (Russland, Ukraine) geworben, und der Hinweis hilft nicht viel, dass hierfür die Bundespolitik und nicht das Bundesland zuständig seien.

Dass die *Alternative für Deutschland* inzwischen einen festen Platz im Parteiengefüge erworben hat, ist mit zwei Gründen relativ einfach zu erklären.

(1) In der Ära Angela Merkel ist die CDU deutlich von rechts in die Mitte gerückt. Ohne viel Ideologie oder gar christlichen Glauben wurden praktische Herausforderungen pragmatisch gelöst. In der F.A.Z. gab es Klagelieder von konservativ eingestellten früheren CDU-Mitgliedern, dass sie dort jetzt keine Heimat mehr hätten.

Rechts wurde also in der Ära Merkel ein Platz frei, der neu zu besetzen war. Längst war auch die SPD von links in die Mitte gerückt, und die FDP war schon immer dort. Diese drei Parteien sind in Programm, Auftreten und Werbe-Slogans heute kaum noch zu unterscheiden. Für das Publikum ergab sich der Eindruck, als hätten die Wähler gar keine andere Wahl als diese einheitliche Mitte. Daher mache es wenig Unterschied aus und werde wenig ändern, egal, welche von den drei Parteien man ankreuze. Hinzu kommt die wie immer gleichbleibend einheitlich linksliberale Presse, also ebenfalls ohne Auswahlmöglichkeit. Im Osten beklagt man sich darüber, dass in allen Zeitungen das Gleiche stehe, ähnlich wie zu DDR-Zeiten.

Die Linke hat sich als Alternative weitgehend erledigt, weil sich der Marxismus-Leninismus, seinerzeit als wissenschaftlich gesicherte Erkenntnisquelle ausgegeben, zu einer toten und sterilen Dogmatik verfestigt und weil der Freiheitskampf der Arbeiterklasse gegen die kapitalistische Ausbeutung zu einer Diktatur des Geheimdienstes geführt hatte, außerdem zu einem katastrophalen Wohlstandsgefälle gegenüber dem Westen. Die Partei Die Linke zerreibt sich in ewigen Flügelkämpfen: teils an der alten Dogmatik hängend, teils als weitere sozialpolitisch interessierte Partei ähnlich der SPD. Hier kämpft man für einen Systemwechsel vom Kapitalismus zu einem demokratischen Sozialismus. Ebendieser ist jedoch gescheitert.

Für eine nationalbewusste konservative Sammlung ermangelte es einer neuen Partei, und zwar als Alternative auf der rechten Seite. Mit den Grünen als einer Partei der moralischen Arroganz, des dogmatisierten Klimaschutzes, der Gegnerschaft gegen Kernkraftwerke, mit Sprachpolizei, Genderschreibweise und verbotenen Wörtern konnte man in der früheren DDR, aber zunehmend auch im Westen, nicht viel anfangen. Außerdem führt das korrekte Sprechen zu merkwürdigen Paradoxien:

*Jedermann weiß, dass in Afrika keine ... wohnen. Allerdings hat sich noch kein ... darüber beschwert, dass er als ... bezeichnet wurde, schon deshalb nicht, weil es ja dort gar keine ... gibt.*

(2) Die Alternative rechts außen wuchs auch, weil sie Themen aufgriff, die viele Menschen im Volk bedrückten, die aber von den etablierten Parteien entweder verschlafen oder zwar gesehen, aber aus Vorsicht nicht behandelt wurden. Denn diese Themen von rechts waren und sind für die Journalisten sehr gefährlich: Wer in journalistischen Kreisen einmal als rechts abgestempelt worden ist, dessen Karriere ist beendet, und für diese Abstempelung reicht ein kleiner Ausrutscher. Ähnlich ist es in den traditionellen Parteien: Niemand möchte als Rechtsausleger gelten und traut sich offen an die entsprechenden Themen heran, nämlich einer normalen selbstbewussten nationalen Identität, wie es bei allen anderen Nationen selbstverständlich ist.

Diese tabuisierten Themen und der frei gewordene Platz rechts außen waren und sind der natürliche Ort für die AfD. Neue Parteien ähnlicher rechtspopulistischer Art haben sich in zahlreichen anderen Ländern etabliert, so auch im Nachbarland Frankreich. Insofern kann sogar von einer Normalisierung Deutschlands gesprochen werden. Diese Länder haben kein Nazi-Holocaust-Schuldproblem, sondern wurden im Gegenteil von Deutschland besetzt, was ebenfalls für die Vermutung spricht, dass Nazi und AfD nicht viel miteinander zu tun haben. Denn andernfalls gäbe es nur in Deutschland und Österreich eine rechtspopulistische Partei als Wiedergänger des Nationalsozialismus.

Der Erfolg der AfD und hiermit korrespondierend der Misserfolg der Traditionsparteien wird von diesen nicht etwa naheliegend damit erklärt, dass man das Feld rechts der CDU habe brachliegen lassen, sodass es jetzt von anderen beackert wird. Sondern beliebt ist die Erklärung, man habe zwar die richtigen Inhalte, diese seien aber ungeschickt oder ungenügend kommuniziert und dem Publikum nahegebracht worden. Diese Ausrede hat den großen Vorteil, dass man sich inhaltlich gegenseitig bestätigen und auf eine große strategische Debatte verzichten kann. Ebenso erspart man sich eine Debatte über den Stil des Auftretens, das heißt, entweder arrogant oder sachlich-neutral oder volkstümlich. Gerade diese Stilfrage ist das Problem der Grünen: moralisierend, sektiererisch, Ungläubige ausgrenzend. Am 11. September 2024 erschien in der F.A.Z. der Kommentar *Gut ausgrenzen* von Reinhard Müller:

> *Ein gebührenfinanzierter Komiker schlug kürzlich vor, „Menschen von gestern" auszugrenzen, also solche, die keine im Wesentlichen grünen Positionen vertreten. Vorsicht, Satire, klar. Aber es gibt schon eine Tendenz selbst ernannter Gutbürger, den gar nicht so kleinen Rest der Gesellschaft für nicht ganz so ganz helle bis gefährlich zu halten und ihn das auch spüren zu lassen.*

Diese Gutbürger mit unheilbar gutem Gewissen sind vor allem bei den Grünen anzutreffen. Sie halten nahezu alle die AfD für gefährlich für unsere Demokratie und sich selbst für besonders intelligent und verantwortungsbewusst, sind aber nicht intelligent genug, zu erkennen, dass sie durch ihr eigenes arrogantes Verhalten wesentlich zur Stärke dieser von ihnen allen als gefährlich betrachteten Partei beitragen. In den USA wurde Trump vor allem von Arbeitern gewählt, die es satthatten, von den College-Absolventen verachtet zu werden.

Außerdem ist es ein Problem der Grünen und langweilt irgendwann die Leute, jahraus, jahrein nur ein einziges Thema, die Klimapolitik, zu präsentieren, noch dazu mit der Absicht, allen Leuten ein Schuldbewusstsein einzureden, die nicht vegan essen und die nicht ein Lastenfahrrad benutzen.

## Die sozialen Medien

Gern wird zum Erfolg der AfD auch darauf verwiesen, dass diese in den sozialen Medien außerordentlich umfangreich präsent sei und dort ihre Inhalte verbreite. Diesen Vorsprung müssten die traditionellen Parteien dringend aufholen und quantitativ mindestens gleichziehen. Sonst würden aus den sozialen Medien AfD-infizierte, asoziale Medien. Daher sei hier eine Faktenprüfung, natürlich nicht etwa eine Zensur, unumgänglich. Diese Aufrufe laufen allerdings gewöhnlich darauf hinaus, das nicht Genehme auszusondern und zu streichen.

Die Historikerin Christina Morina, Professorin der Universität Bielefeld, entwickelte gelegentlich der Feier zum 75-jährigen Bestehens des Bundestages eine merkwürdige Idee: Sie warnte, wie so viele, in ihrer Rede vor antidemokratischen Strömungen. Die Logik des populistischen und extremistischen Antiparlamentarismus habe durch die sozialen Medien eine größere Reichweite erlangt, als ihr an Wählerstimmen gemessen zukäme.

Was bitte soll denn das heißen? Sollen in den sozialen Medien den Parteien je nach Wählerstimmen bestimmte Sendequoten zugeteilt werden? Oder haben diese beiden Größen gar nichts miteinander zu tun? Kann nicht jede Partei im Rahmen der Pressefreiheit sich dort so heftig tummeln, wie sie möchte? Niemand hindert die traditionellen Parteien daran, sich in diesen Medien so häufig zu Wort zu melden wie die AfD.

Dieser Vorschlag, die traditionellen Parteien sollten in den entsprechenden Medien mit der AfD gleichziehen, verspricht jedoch wenig Erfolg, weil diese Medien für die neuen und für die alten Parteien eine völlig verschiedene Funktion haben. Die klassischen etablierten Medien berichten aus der AfD nur über Skandale, Pech und Streitereien, nicht aber über deren eigentliche Forderungen, weil man diesen, igitt, keine Bühne bieten will. Daher ist die AfD auf diese Medien, in denen sich jedermann nach Herzenslust und ohne Kontrolle austoben kann, überlebenswichtig. Nur dort kann sich der Außenstehende darüber informieren, was die AfD inhaltlich will.

Über die Forderungen der Altparteien hingegen wird in der üblichen Presse ausführlich und gewöhnlich voreingenommen im Sinne des von den Journalisten als richtig Betrachteten berichtet. Deren Inhalte außerdem in den sozialen Medien zu präsentieren, würde daher nicht allzu viel Interesse wecken, außer bei denjenigen jungen Konsumenten, die nur diese Medien nutzen und keine Zeitung lesen.

Im *junge-Politik-Lexikon* der *Bundeszentrale für politische Bildung* zeigt man sich besorgt: *Über soziale Medien können freie Wahlen beeinflusst und damit die Demokratie gefährdet werden.* Dort scheint man eine freie, unbefangene Debatte für sehr gefährlich zu halten, obwohl doch gerade sie erst die Demokratie ausmacht. Und immerhin heißt es ja in Artikel 3 des Grundgesetzes: *Jeder hat das Recht ... sich aus allgemein zugänglichen Quellen ungehindert zu unterrichten.* Der Grundgesetz-Kommentar von Münch/Kunig erläutert hierzu:

*Die Informationsfreiheit steht gleichwertig neben der Freiheit der Meinungsäußerung und ... dient der individuellen Entfaltung wie dem demokratischen Prinzip. Informationsquellen sind alle Träger von Informationen.* Die sozialen Medien gefährden also nicht die Demokratie, sondern tragen dazu bei, diese zu verwirklichen. Und natürlich können sie hiermit freie Wahlen beeinflussen, wie jede andere Debatte auch. Aber immerhin hat die Bundeszentrale für politische Bildung (bisher noch) nicht gefordert, die sozialen Medien streng daraufhin zu kontrollieren, ob dort andere als die bisher üblichen Meinungen aufscheinen.

Dass die AfD auf die sozialen Medien angewiesen ist, um sich überhaupt vernehmen zu lassen, resultiert also aus der entgegengesetzten Interessenlage:

Die etablierten Parteien sind mit den ebenfalls längst etablierten meinungsleitenden überregionalen Zeitungen engstens verknüpft, und beide bestätigen einander. Wie Thomas Meyer (*Mediokratie. Die Kolo-*

*nisierung der Politik durch die Medien,* Suhrkamp, Frankfurt am Main) schon 2001 darlegte, ist die traditionelle Vorstellung, Politik und Medien seien zwei getrennte Bereiche und die Presse berichte lediglich, was in der Politik beraten und beschlossen worden sei, sehr naiv. Vielmehr sind beide engstens miteinander verknüpft. Die Politik wird von vornherein mediengerecht inszeniert, indem aktuelle Anlässe gefunden werden, die Pressefotos erzeugen, und der Presse-Referent verteilt fertige, natürlich einseitige, Zeitungsartikel, die einfach übernommen werden können – sehr hilfreich bei dem ewigen Zeitdruck der Journalisten. Dies ist besonders hilfreich für die Opposition, die nach Herzenslust Forderungen stellen und Kritik üben kann, ohne durch eine Regierungsverantwortung gebunden zu sein.

Die AfD ist auf die sozialen Medien angewiesen, weil in den etablierten Medien ausschließlich negativ über sie berichtet wird: über interne Streitereien, Rivalitäten und Flügelkämpfe, über aus Protest ausgetretene Mitglieder und über die Bürgerschaftswahl in Bremen am 14. Mai 2023, zu der zwei verfeindete AfD-Gruppen zwei getrennte Wahlvorschläge einreichten mit dem Erfolg, dass der Landeswahlausschuss beide zurückwies und die AfD gar nicht an der Wahl teilnahm. Und immerfort sucht die Presse bei der AfD nach unbelehrbaren Altnazis, deren Mündern entsprechende Parolen entfleuchen oder die sich mit bekannten rechtsradikalen Größen aus der randständigen Politik oder mit den dortigen Verlegern fotografieren lassen. Die AfD hat offensichtlich allzu leicht jedermann als Mitglied aufgenommen oder gar als Wahlkandidaten präsentiert, angefangen bei Platz 1 bei der Europawahl 2024 für Maximilian Krah. Dieser hatte sich sinngemäß öffentlich geäußert, nicht jeder, der eine SS-Uniform getragen habe, sei automatisch ein Verbrecher gewesen. Es habe sicher einen hohen Prozentsatz von Kriminellen gegeben, aber nicht alle seien kriminell gewesen. Dieser Schwachsinn eines randständigen Unbelehrbaren wurde der AfD in der Presse zum wiederholtesten Male um die Ohren geschlagen, obwohl sie Krah sofort aus dem Bundesvorstand hinauswarf und ihm ein Auftrittsverbot im EU-Wahlkampf erteilte.

Neue Parteien wirken gewöhnlich als eine Art Fliegenfänger, die mit ihrem süßlichen Geruch allerlei Insekten anziehen, die dann in dem klebrigen Belag hängen bleiben. So kommen zu einer neuen Partei Mitglieder, die schon anderswo gescheitert sind, sowie Anhänger von Verschwörungstheorien oder Persönlichkeiten, die meinen, die Nazizeit hätte auch Gutes gebracht. Solche Leute in der AfD blamieren dann die ganze Innung. Diese Personen werden in der Presse gern herumgereicht, ebenso die notgedrungen etwas verlegen wirkenden Dementis der Parteileitung.

Daraus hat die andere neue Partei, das Bündnis Sahra Wagenknecht, offensichtlich gelernt: Hier werden nur einige wenige, handverlesene Personen als Mitglied zugelassen oder gar als Kandidaten aufgestellt, die einen bürgerlich-korrekten, womöglich ausgleichenden und zurückhaltenden Eindruck vermitteln und sich streng an die Vorgaben der Chefin halten. Sie sollen kein ausgesprochenes rhetorisches Talent haben, denn dann würden sie womöglich die Chefin überflügeln. Auf diese Weise hat es das Wagenknecht-Bündnis bisher jedenfalls fertiggebracht, spektakuläre Ausrutscher zu vermeiden. Die inhaltliche Botschaft wurde relativ klar und eingängig übermittelt, unter anderem, dass Deutschland keine weiteren Waffen an die Ukraine liefern solle, um einen langjährigen Stellungskrieg mit weiteren tausenden Toten zu vermeiden. Diese Botschaft ist, mit Blick auf den langen Ersten Weltkrieg, inhaltlich durchaus nachvollziehbar, wurde aber in der geschlossen einigen, empörten Presse sogleich vergröbert dahin, Wagenknecht wolle die Ukraine einfach an Russland ausliefern und würde diese zu einem Kotau vor Putin nötigen, das heißt zu einer Geste, die im chinesischen Kaiserreich üblich war: aus kniender Lage eine demütigende tiefe Verbeugung, bis die Stirn den Boden berührt.

Für Wagenknecht spricht die einfache Erkenntnis, dass jeder Krieg irgendwann einmal mit einem Friedensschluss beendet werden muss und es gefährlich sein könnte, einer Atommacht todesmutig zu provozieren. Diese Erwägung darf und kann es in einer deutschen Zeitungsredaktion nicht geben. Daher weicht der Wähler aus zu einem Platz, einer Partei, außerhalb der geschlossenen Zeitungsfront. Selbstverständlich kommt in der empörten Presse niemand auf den Gedanken, dass er womöglich durch sein eigenes völlig verständnisloses Verhalten viele Wähler zur AfD und zum Bündnis Sahra W. treibt.

## In Mitteldeutschland

Bei den Weltsichten und Bewusstseins-Zuständen, um derentwillen die AfD als Alternative gewählt wird, geht es vor allem um *Mitteldeutschland*, wie das Land zwischen Elbe und Oder bei der CDU bis zum Schluss (Zwei-plus-Vier-Vertrag 1990) genannt wurde, um den Anspruch auf die Gebiete jenseits von Oder und Neiße, also auf *Ostdeutschland*, aufrechtzuerhalten. Heute wird die Gegend zwischen Ostsee und Erzgebirge gern etwas verschämt als *die östlichen Bundesländer* bezeichnet, also nicht etwa als zusammenhängendes Territorium eigener Art.

Im *Bericht der Enquete-Kommission „Aufarbeitung von Geschichte und Folgen der SED-Diktatur in Deutschland"* (Bundestagsdrucksache 12/7820) vom 31. Mai 1994 wird hier vorausgesagt:

*Die Lasten der Vergangenheit werden noch lange schwer wiegen. Politische Unterdrückung, flächendeckende Überwachung, ideologische Indoktrination und ein auf den Konkurs programmiertes Wirtschaftssystem haben Spuren hinterlassen, die in ihrem ganzen Ausmaß erst allmählich zutage treten.*

*Zur Frage der Nachwirkungen* wird in diesem allumfassenden Bericht (300 Seiten) festgestellt:

- *Die parlamentarische Demokratie wird weiterhin als formal gekennzeichnet, die parteistaatlichen Auseinandersetzungen werden mit Distanz betrachtet oder gar abgelehnt.*

- *Der Staat wird weiterhin als Adressat für umfangreiche politische Wünsche, Ansprüche und Forderungen angesehen; das gesellschaftliche Engagement ist unterentwickelt.*
- *Erkennbar ist eine Sehnsucht nach monistischen Erklärungen, klaren Feindbildern und übersichtlichen Verhältnissen.*
- *Die Gewohnheit, sich an einer verbindlichen Meinung orientieren zu können, führt zu Orientierungsproblemen in der pluralistischen Gesellschaft mit ihrer Medienvielfalt, in der es verbindliche Wegweisung von oben nicht mehr geben kann.*
- *Die Schwierigkeiten der Gegenwart führen bei einzelnen dazu, sich erneut der Gewissheit der Vergangenheit zuzuwenden („DDR-Nostalgie").*
- *Bestimmte* **Denktraditionen**, *insbesondere des Westens, werden in den neuen Bundesländern erst nach und nach beachtet; die traditionelle deutsche politisch-kulturelle Besonderheit wird hingegen akzentuiert.*

Ob sich diese Traditionen des Denkens inzwischen, 34 Jahre nach dem Beitritt zur Bundesrepublik, verflüchtigt haben, scheint eher ungewiss. Eine vernichtende Kritik an der ostdeutschen Bevölkerung erschien im September 2024 im Verlag C. H. Beck mit dem Buch *Freiheitsschock* von Ilko-Sascha Kowalczuk. Er geht davon aus, dass der Nationalsozialismus in der DDR ungenügend oder gar nicht aufgearbeitet worden sei und dass daher viele für den Nationalsozialismus typische Einstellungen in der DDR überwintert hätten, namentlich der Nationalismus, der Rassismus und die Verachtung gegenüber Ausländern und Behinderten. Hinzu komme der von der SED verordnete Antiamerikanismus, der sich heute im Verständnis für Russlands Angriffskrieg gegen die Ukraine wiederfinde. Nebenbei räumt Kowalczuk mit der westdeutschen Illusion auf, 1989 habe es in der DDR eine demokratische, freiheitliche Revolution gegen. Eine Minderheit habe diese gewollt, die Masse aber habe sich nur für die D-Mark interessiert.

Kurz: Im Unterschied zum Westen hat vermeintlich die DDR-Bevölkerung ihre Hausaufgaben nicht erledigt und ist dumm geblieben.

Es wird zwar nicht ausgesprochen, aber der Gedanke wird nahegelegt, die dortige Bevölkerung sei politisch inkompetent und sollte besser an den Wahlen gar nicht teilnehmen oder nur unter westlicher Anleitung.

Es könnte sein, dass die DDR-Verhältnisse, als alles so übersichtlich und eindeutig war und der Staat in seiner allumfassenden Verteilungsgerechtigkeit für jeden einzelnen Vater und Mutter ersetzte, nachträglich verklärt werden. Das neue Grundprinzip, die Leistungsgerechtigkeit, der Leistungsdruck, der die Starken begünstigt und die Schwachen benachteiligt, erscheint demgegenüber als willkürlich und ungerecht. Mit der westlichen Meinungsfreiheit und dementsprechenden Vielfalt wusste und weiß man nicht viel anzufangen, denn nur eine Meinung kann doch richtig sein.

*Da denke ich auch an jene Ostdeutschen, die als 40-, 50-, 60-Jährige in den 1990er Jahren nach dem Beitritt der DDR zur BRD aus ihrer Lebensbahn geworfen wurden, bestenfalls in den vorzeitigen Ruhestand oder in die Arbeitslosigkeit, die sich in ihren Biografien entwertet sahen und das bis heute nicht verwinden. Wenn sich da manche einigeln in ohnmächtigem Groll ...* (Irmtraud Gutschke in: *der Freitag* vom 1. August 2024)

Wegen dieser von jeder einzelnen Persönlichkeit erlittenen Schocks reichte es nicht aus, in den neuen Bundesländern einfach nur Landesverbände der bundesdeutschen Altparteien zu bilden, die sich zudem in ihrem Programm (und der Finanzierung) an die erst Bonner und dann Berliner Bundesverbände der jeweiligen Partei zu halten hatten. Recht naiv meinte man im Westen, die Menschen im Osten, endlich befreit, würden sich uns, dem Westen, anschließen und werden wie wir. Davon konnte natürlich gar keine Rede sein, weil sich in den langen Jahrzehnten von 1933 bis 1989, also in zwei Generationen, viele Selbstverständlichkeiten herausgebildet hatten, die nicht einfach mit einem Schalter umzulegen waren. Insbesondere gilt dies für das Verhältnis vom Staat zum Bürger: entweder eine Autorität und ein Kollektiv, dem sich alle einzufügen haben, um die von oben kommenden Weisungen zu erfüllen, oder aber mit allerlei Freiheitsrechten ausgestattete selbstbewusste Bürger, die gegen staatliche Willkür geschützt werden und von denen eine eigene Initiative erwartet wird, wenn sie sich im allseits herrschenden freien Wettbewerb behaupten wollen. Es mag sein, dass vom westlichen System nur einzelne Aspekte begehrt waren: die Reisefreiheit, der Wohlstand, das Ende der Stasi-Überwachung. Vermutlich hat kaum einer daran gedacht, dass die DDR-Wirtschaft nun unerwartet dem weltweiten Wettbewerb ausgeliefert sein und daher wegen ihres hoffnungslosen Rückstands komplett zusammenbrechen werde. Die für jeden Westdeutschen selbstverständliche Tatsache, dass Produktion, Handel und Angebot sich an den schwankenden Kundenwünschen auszurichten haben und nicht an einem staatlichen Plan, war schwer zu verstehen und zu verinnerlichen. Es hat keinen Sinn, die Arbeitsplätze beim Trabant-Hersteller erhalten zu wollen, wenn sich niemand mehr einen Trabi kaufen will.

Es geht, unvermutet, um die maßlose und bodenlose Enttäuschung der Bevölkerung in der früheren DDR, gerade auch in der zweiten Generation, nach der im Westen sogenannten Wiedervereinigung. Dieser Schock war praktisch nur durch eine neue Partei aufzufangen, nicht einfach durch neue Landesverbände der Westparteien, zumal bei den Westlern, ausgesprochen oder nicht, immer wieder herauszuhören war, dass sie die DDR-Bevölkerung für unterentwickelt und rückständig hielten.

Hinzu kam die unglückliche Rolle der Blockparteien. In der DDR wurde die Illusion eines Mehrparteiensystems aufrechterhalten. Es gab eine Ost-CDU sowie eine Liberal-Demokratische und eine Nationaldemokratische Partei, außerdem eine Bauernpartei, um bestimmte Bevölkerungsgruppen speziell anzusprechen und in das System zu integrieren. Sie waren mit der SED und diversen anderen Organisationen in der nationalen Front zusammengeschlossen, also nicht etwa für sich allein wählbar. Bei den angeblichen Wahlen ging es nur darum, den Zettel zusammenzufalten und einzuwerfen. Auf diese Weise hatte möglichst jeder Bürger seine Zustimmung zum Staat zu demonstrieren. Die Blockparteien bildeten daher nur Zuträger zur SED, die tatsächlich die alleinige und mit den Moskauer Freunden abgestimmten Entscheidungen fällte. Die zahlreichen hauptamtlichen Funktionäre der Blockparteien wurden mit allerlei kleinen Privilegien und unwichtigen Pöstchen belohnt. An das System einer korrumpierten Politik-Illusion hatten sie sich in Jahrzehnten gewöhnt und taten sich 1989 schwer, erhobenen Hauptes aus dem Käfig herauszutreten.

Im Grundgesetz legte Artikel 23 in seiner bis zum 3. Oktober 1990 geltenden Fassung fest, dass das Grundgesetz *zunächst* nur für die damals zur Bundesrepublik gehörenden Gebiete gelten solle: *In anderen Teilen Deutschlands ist es nach deren Beitritt in Kraft zu setzen.* Praktische Bedeutung bekam dieser Artikel erstmalig, als die saarländische Bevölkerung sich per Volksentscheid 1955 für Deutschland ausgesprochen hatte und der dortige Landtag am 14. Dezember 1956 den Beitritt zur Bundesrepublik beschloss.

Beim Zusammenbruch des DDR-Regimes und dem grundsätzlichen Entscheid für den Westen gab es eine heftige Debatte darüber, ob die deutsche Vereinigung ebenfalls wie beim Saarland durch einen Beitritt nach Artikel 23 oder aber nach Artikel 146 des Grundgesetzes zu vollziehen sei. Dieser sah die Möglichkeit vor, über eine verfassungsgebende Versammlung mit anschließender Volksabstimmung eine neue Verfassung zu schaffen. In diesem Falle wäre die DDR beim gemeinsamen Erarbeiten der neuen Verfassung ein gleichberechtigter Partner gewesen. Hierzu kam es jedoch nicht, weil in der DDR alle staatlichen Strukturen wegbrachen und sich auflösten, also keine Zeit für lange Verhandlungen war. Es überstürzte sich alles. Außerdem meinten Kanzler Helmut Kohl und Innenminister Wolfgang Schäuble, das Grundgesetz habe sich bewährt; es könne so, in der damaligen Fassung, übernommen werden und sichere das Gelingen des Einigungsprozesses.

In diesem Sinne beschloss die frei gewählte Volkskammer der DDR am 23. August 1990 mit großer Mehrheit, die deutsche Einheit durch einen Beitritt nach Artikel 23 herbeizuführen, und zwar schon zum 3. Oktober 1990. Das bedeutete, dass lediglich der Geltungsbereich des Grundgesetzes (und damit der überaus zahlreichen sonstigen Gesetze) der Bundesrepublik auf das Gebiet der bisherigen DDR erweitert wurde und die DDR aufhörte zu existieren. Obwohl also die legitimierte Volksvertretung der DDR unter heftigem Beifall in diesem Sinne den Beitritt beschlossen hatte, überkam viele dortige Bewohner nachfolgend das unheimliche Gefühl, eine fremde und arrogante Besatzungsmacht habe ihnen unvermutet eine fremde Ordnung übergestülpt, mit der sie nichts anfangen konnten und deren Konsequenzen sie nicht übersahen.

Das Raus aus der DDR und rein in den Westen hatte gute und nachvollziehbare Gründe, beispielsweise für die Überwindung der ewigen Mangelwirtschaft:

*Eine Frau fragt im ersten Stock des Kaufhauses nach einer Bluse und bekommt zur Antwort: Hier oben haben wir nur keine Hosen. Keine Blusen gibt es im Erdgeschoss.*

Das tägliche Einkaufen über den Grundbedarf (Brot, Butter, Schweinebraten, Spirituosen) hinaus war ein ewiger Hürdenlauf. Es gab Gerüchte, wo es etwas Bestimmtes gebe. Dann hieß es, mit großer Vorratstasche dorthin zu sausen mit dem Ergebnis, dass gerade alles ausverkauft war. Im Westen hingegen war logischerweise mit Westgeld alles und jedes in bester Qualität zu bekommen, außerdem exotische Südfrüchte wie Apfelsinen und Bananen. Was sind eigentlich Avocados? Jedoch war alles schrecklich teuer, und das Einkommen reichte nur für den kleinsten Teil des Angebots aus, während es in der DDR einen Kaufkraftüberhang gegeben hatte: Geld blieb liegen, weil es nicht auszugeben war.

Weiterhin war die Preis-Struktur eine völlig andere, was die Umgewöhnung erschwerte. Im Osten war die Einheit von Wirtschafts- und Sozialpolitik Grundlage des ganzen wirtschaftlichen Prozesses. Das bedeutete, dass die Preise nach sozialen Gesichtspunkten bestimmt wurden und nicht etwa nach Kosten. Ein Brötchen kostete nur fünf Pfennig. Also wurden zehn Brötchen gekauft. Fünf wurden gegessen, fünf blieben ein paar Tage liegen, wurden hart und weggeworfen. Leitungswasser war kostenlos mit der Folge, dass die Hähne ewig liefen und die Talsperre vor der Zeit leer war. Die Heizung war kostenlos mit der Folge, dass jemand Pech haben konnte und eine Wohnung mit einem glühend heißen Rohr der Fernheizung erwischte, die nicht zu regulieren war und die Wohnung auch bei weit geöffnetem Fenster immer noch überhitzt. Der Energieverbrauch pro Kopf war höher als in den USA. Die Mieten waren sehr niedrig mit der Folge, dass kein Geld vorhanden war, den Bestand zu pflegen, die Häuser verfielen und es durchregnete. Die Fassaden blätterten ab, und oben in der Regenrinne wuchsen Birken. Alles war sozial abgestimmt, aber nicht mit kostendeckenden Preisen. Das umsonst Erhältliche wurde verschwendet, weil das Preissystem als Lenkungsmittel der Nachfrage fehlte.

Im westlichen System hingegen wird alles zu vollen Kosten berechnet, so auch die Nahrungsmittel, Leitungswasser und die genau zu regulierende Fernwärme. Für die Miete war plötzlich rund ein Drittel des Einkommens zu veranschlagen. Alles war sauber, gepflegt, aber teuer.

Weitere Gründe für die Malaise in der DDR waren die ewigen leeren Schlagworte, die erzwungenen Bekenntnisse zu Partei und Staat, die höchst einseitige und verlogene Presse sowie die allgegenwärtige Überwachung durch den Staatssicherheitsdienst. Im Westen hingegen lockte die Reisefreiheit anstatt des Aufenthalts hinter Mauer und Stacheldraht. Frühere DDR-Bewohner stellten erstaunt fest, dass man neuerdings nach Spanien fliegen konnte, ohne ein einziges Mal den Personalausweis vorzeigen zu müssen.

Es könnte sein, dass die Entscheidung für den Anschluss an den Westen ein grandioser Irrtum war, weil die Bewohner der DDR nicht wussten, worauf sie sich da einließen. Sie mussten annehmen, dass das ganze übrige Alltagsleben weitergehen werde wie bisher und in vier Jahrzehnten selbstverständlich geworden war. Die grundstürzenden Änderungen, die mit dem Beitritt eintraten, vom Arbeits- und Alltagsleben bis hin zu den philosophischen Grundlagen, hatte ihnen vorher niemand erläutert und sie waren im Westfernsehen nicht zu sehen gewesen.

Es begann damit, dass die DDR-Wirtschaft, voran die Industrie, komplett zusammenbrach, weil sie Jahrzehnte veraltet und im weltweiten Wettbewerb in hoffnungslosem Rückstand war. Sämtliche Betriebe waren jetzt nicht mehr nach Geheiß der Zentralen Plankommission tätig, sondern zum Erfüllen der Wünsche der Konsumenten. Was nicht mehr gekauft wird, wird nicht mehr produziert – und alle Mitarbeiter können nach Hause gehen. Dabei sind die westlichen Käufer bei hohem Wohlstandsniveau höchst launisch und kapriziös. Daher können Betriebe schließen müssen, die hohe Qualität herstellen, aber nicht der Mode des Augenblicks folgen. Arbeiter und Angestellte, die jahrzehntelang gut und pflichtbewusst tätig waren, werden ohne Schuld plötzlich arbeitslos. Im Westen gab und gibt es nicht die gusseiserne Stabilität wie in der DDR, sondern das Leben ist kontingent, es besteht aus einer unvorhersehbaren Kette von Zufällen, auf die jeweils improvisierend reagiert werden muss.

Weitere Betriebe im Osten waren wegen der katastrophalen Umweltschäden zu schließen. Luft, Gewässer und Landschaft waren vollkommen verschmutzt. Zu DDR-Zeiten durfte hierüber nicht diskutiert werden, aber jetzt stellte sich dies als untragbar heraus.

Außerdem hatte die Plankommission jeweils nur die Anzahl der herzustellenden Produkte vorgeschrieben, nicht die Qualität. Und die Anzahl war bei gleichbleibender Mindestqualität am einfachsten zu schaffen. Zwar war viel von Innovation die Rede, aber schon in der Schule konnte jedes Kind bemerken, dass neue Ideen oder gar kritische Nachfragen nicht gern gesehen wurden. Jegliches eigenständige Nachdenken galt als gefährlich, konnte es doch womöglich zu anderen als den bereits feststehenden Ergebnissen führen. Daher konnte es keine wirkliche, unbefangene Kreativität geben.

Ferner galt im Marxismus die Arbeitswerttheorie, wonach die Waren als geronnene Arbeit betrachtet werden und sich der Wert einer Sache nach der Anzahl der verwendeten Stunden bemisst. Dies führte zu grotesken Ergebnissen: Wenn zwei identische neue Fabrikhallen nebeneinanderstehen, wobei die eine in drei, die andere in sechs Monaten errichtet worden war, so war, allen Ernstes, die zweite doppelt so viel wert. Unter diesen Umständen gab es keinen besonderen Anlass zur Eile. Auf der Autobahn waren Baustellen zu sehen, wo die eine der beiden Fahrbahnen gesperrt war. In der Baustelle lag eine verrostete Schaufel neben einer Schubkarre, und drumherum wuchsen Gras und

Kraut. Anscheinend war diese Stelle nicht seit gestern gesperrt, sondern seit vergangenem Jahr.

Nach der Arbeitswerttheorie lässt sich ein höherer Ausstoß als bisher nur durch mehr Arbeit, durch Sonderschichten, erreichen. Im Westen war der Wohlstand womöglich doppelt so hoch wie im Osten, aber nicht etwa, weil im Westen doppelt so viel gearbeitet wurde, im Gegenteil. Sondern weil im Westen viel Arbeit durch Maschinen, durch Kapital und Automation, ersetzt wurde. Investitionen wurden in der DDR sträflich vernachlässigt. In der Hauptsache wurde der Kapitalstock aufgebraucht, der bei Kriegsende vorgefunden worden war, und dieser war eines Tages erschöpft.

Im Nachhinein fast gespenstisch mutet heute an, was (in korrekter Titulatur) der Generalsekretär des Zentralkomitees der Sozialistischen Einheitspartei der Deutschen Demokratischen Republik, Genosse Erich Honecker, auf der Beratung des Sekretariats des Zentralkomitees der Sozialistischen Einheitspartei mit den 1. Sekretären der Kreisleitungen am 1. Februar 1988 in Berlin vortrug. Nur ein Ausschnitt dieses Vortrags ist in einer Broschüre des Dietz Verlags Berlin 1988 festgehalten. Der Vortrag mit dem Titel

*Mit dem Volk und für das Volk realisieren wir die Generallinie unserer Partei zum Wohle der Menschen*

kann hier nicht in voller Länge (nicht weniger als 107 Seiten) wiedergegeben werden. Auf Seite 65 f. heißt es:

*In der Zusammenarbeit zwischen den Parteiorganisationen der wissenschaftlichen Institutionen und der Kombinate sollte noch stärker auf die weitere Gestaltung eines schöpferischen Arbeitsklimas orientiert werden, in dem Aufgeschlossenheit und Mut zum Neuen das Leistungsverhalten der Kollektive bestimmen.*
*Der Herausbildung von Spitzenkräften gebührt die Aufmerksamkeit der Parteileitungen.... Es verlangt neues Herangehen, die Be-*

*reitschaft, Altes zu überwinden, den Mut, unkonventionelle Wege zu beschreiten, also kämpferische Positionen und Haltungen.*

Ob dies ausgerechnet durch die Parteikader zu erreichen war? Die doch eher auf ideologische Disziplin statt auf schöpferisches Klima verpflichtet waren? Was passierte eigentlich mit Parteigenossen, die sich öfter mal durch den Mut zum Neuen hervortaten? Jeder beliebige neue Vorschlag, der über Detailverbesserungen hinausgeht und womöglich gar ins Grundsätzliche, weckt hüben wie drüben einen heftigen Innovationswiderstand, denn jedes Neue entwertet nicht nur das Alte, sondern diskreditiert auch dessen Vertreter. Und diese werden in der DDR kaum gezögert haben, den Träger der neuen Idee als Abweichler anzuschwärzen, der die eine wahre und richtige Lehre gefährde. Eine Gesellschaft, die im Prinzip auf dem Stand des Kommunistischen Manifests von 1848 stehen geblieben war, konnte nur noch Anwendungen und Auslegungen dieser „Heiligen Schrift" zulassen, ähnlich wie die mittelalterliche Scholastik.

Die Kirche des ausgehenden Mittelalters zeigt, wie ein Regime durch unwürdiges Gebaren seine Legitimation verlieren kann und trotz grausamer Gegenwehr schließlich unterliegt. Die Kirche wurde wegen ihres allzu weltlichen Gebarens durch Johannes Hus (1370 bis 1415) heftig kritisiert; sie solle nicht mehr den Papst, sondern nur noch Jesus Christus als ihren Herrn anerkennen. Deswegen wurde er 1415 auf dem Scheiterhaufen verbrannt. In Anspielung auf seinen Namen (tschechisch *Hus* heißt deutsch *Gans*) soll er, als er schon heiße Füße bekam und ihm der Rauch in die Nase stieg, gerufen haben: *Jetzt könnt ihr mich verbrennen wie eine Gans, aber in hundert Jahren kommt ein Schwan, den ihr nicht mehr verbrennen könnt!* Ziemlich genau hundert Jahre später, 1517, schlug Martin Luther seine Thesen an der Wittenberger Schlosskirche an. Auf dem Turm einzelner evangelischen Kirchen, so in Wittmund/Ostfriesland, thront ein goldener Schwan.

In der DDR gefährdete eine neue Idee die gewohnte Einheit und Einstimmigkeit. Es gab doch nur einheitliche Beschlusskörperschaften, und die Bildung von Fraktionen war streng verboten. Der Einzelne, der im Kollektiv mitbeschloss, hatte gar nicht das Bewusstsein, damit eine persönliche Verantwortung zu übernehmen. Denn die Partei hatte ja immer recht, und da hatte sich eben jeder einzufügen. Später in den Mauerschützenprozessen und ähnlichen Verfahren waren die einzelnen Angeklagten erstaunt, sich individuell rechtfertigen zu sollen: *Wieso? Das kam doch von der Partei! Das haben wir doch im Kollektiv beschlossen!*

Auf Seite 68 von Honeckers Vortrag wird deutlich, welch hochgestecktes Ziel die seinerzeitige DDR in der gesellschaftswissenschaftlichen Forschung verfolgte:

*Wir erwarten grundsätzliche und faktenreiche theoretische Beiträge zu den Antworten des Sozialismus auf die Fragen, die die Menschheit bewegen, und ein in Inhalt und Form überzeugendes Eingreifen in die geistigen Kämpfe unserer Zeit. So wird die Überzeugung gefestigt, dass die Klasseninteressen des Sozialismus als Gesellschaftsordnung mit den allgemein menschlichen Interessen voll übereinstimmen.*

Die wissenschaftliche Forschung sollte also nicht etwa zu neuen Erkenntnissen führen, was gemeinhin als Wissenschaft verstanden wird. Sondern sie sollte nur für feststehenden Wahrheiten neue Begründungen liefern.

Wegen dieser Identität von Klasseninteressen und allgemein menschlichen Interessen konnte es also ein Legitimationsdefizit des Staates und der Partei logischerweise gar nicht geben. Weil dann Arbeiterklasse, Gesellschaft, Partei, Staat und die ganze Menschheit miteinander identisch waren, konnte es nach der erfolgreichen sozialistischen Weltrevolution keine Klassengegensätze und auch keinen Streik mehr geben, denn die Arbeiter waren ja Eigentümer der Betriebe und konnten nicht gegen sich selbst streiken. So erklärt sich die völlige Rat- und Hilflosigkeit der Führungsorgane, als dann kurz darauf die Revolution losbrach. Der Staatssicherheitsdienst berichtete der Parteiführung in allen Einzelheiten, wo und wann die Protestmärsche stattgefunden hatten, aber die Parteiführung konnte mit Vorgängen, die es logischerweise gar nicht geben konnte, nichts anfangen. Als dann die Russen ihre Hilfe, wie im ähnlichen Fall am 17. Juni 1953 gewährt, diesmal verweigerten, war es aus. Die Hilfe soll auch deswegen verweigert worden sein, weil die deutschen Genossen den Russen durch ihre belehrende und rechthaberische Art schon lange auf die Nerven gegangen waren.

Zu den Glaubenssätzen gehörte auch, dass die Phasen der gesamten geschichtlichen Entwicklung entsprechend wissenschaftlich gesicherten Gesetzen verlaufen würden, die im Marxismus-Leninismus erkannt worden seien und denen die DDR folgte. Sie stand also vermeintlich auf der richtigen Seite der Geschichte. Tatsächlich, so stellte sich anschließend heraus, gibt es solche geschichtlichen Gesetze gar nicht. Sondern was übermorgen passiert, hängt davon ab, was heute beschlossen wird, und das kann immer so oder auch anders sein. Die Entwicklung ist also tatsächlich völlig offen, kontingent im Sinne einer Sammlung von Zufällen und hängt von uns allen ab.

Weil die DDR-Bevölkerung tagaus, tagein mit Floskeln der immer gleichen Art beträufelt wurde, war der Schock umso größer, als nach dem Beitritt alles dies, die gesamte vermeintlich wissenschaftlich begründete Ideologie, plötzlich als Unsinn galt. In den Stadtbibliotheken wurde die marxistisch-leninistische Literatur ausgesondert und geschreddert, an den Universitäten wurden die entsprechenden Lehrkräfte nicht übernommen. Ähnlich wie zum Ende der Nazizeit gab es einige (wie viele?) Selbstmorde der 150-prozentig Gläubigen, oder einige von ihnen versackten im Alkohol.

Für das allgemeine Volk war der abrupte Wechsel nicht leicht nachzuvollziehen. Zum Beispiel waren nach dem Beitritt plötzlich für alles und jedes, für Waren, Immobilien und bis hin zur Arbeitskraft aus Angebot und Nachfrage gebildete Marktpreise zu zahlen, überall verschieden und höchst unübersichtlich.

Das Grundgesetz der BRD sichert individuelle Freiheitsrechte zu, wie die freie Wahl des Arbeitsplatzes. Das bedeutete im Beitrittsgebiet, dass der Arbeitsplatz nicht mehr wie gewohnt zugewiesen wurde, sondern dass jeder für sich die Initiative ergreifen musste, sich irgendwo zu bewerben, mit ganz ungewissem Erfolg. Am endlich gefundenen Arbeitsplatz herrschte jetzt ein enormer Leistungsdruck. Pausen wegen Materialmangel oder gar zum Einkaufen gab es nicht mehr, sondern enge Ablieferungstermine.

Unvermutet war das Zeitalter der anheimelnden Kollektive beendet und alles durch einen rigorosen Wettbewerb lauter isolierter Individuen bestimmt. Jeder Einzelne hatte Verantwortung für seinen Bereich zu übernehmen, anstatt nur die einheitlichen Beschlüsse der Kollektivorgane mitzuvollziehen.

Charakteristisch für Entscheidungen aller Art war zuvor in der DDR die Wendung *Man hat beschlossen ...*, das heißt, jemand im Apparat, einem Kollektiv, das niemand kannte, hatte dies angesagt. Mit diesem *man* hat sich schon Martin Heidegger in *Sein und Zeit* kritisch beschäftigt: *Im Man steht das Selbst unter der Botmäßigkeit der anderen, die ihm das Sein abgenommen haben. Das Man, mit dem sich die Frage nach dem Wer des alltäglichen Daseins beantwortet, ist das Niemand, dem alles Dasein im Untereinandersein sich je schon ausgeliefert hat.* In Abkehr von diesem *Man hat ...* heißt es im Westen: *Ich habe ...*, was andeutet, dass ein Bestimmter selbstbewusst etwas entschieden hat, der hierfür die Verantwortung übernimmt.

Immer wieder wird darüber geklagt, dass in den leitenden Positionen des öffentlichen Dienstes der neuen Bundesländer vor allem Westdeutsche sitzen, die gebürtigen Ostdeutschen also unterrepräsentiert seien. Dementsprechend werden diese westdeutschen Chefs als Fremdkörper, als eine Art Besatzungsmacht gesehen. Dieses Problem ist allerdings auch darauf zurückzuführen, dass bei der öffentlichen Ausschreibung von Führungspositionen nur relativ wenige ostdeutsche Bewerbungen eingehen und viele von ihnen kurz vor dem Termin zum Bewerbungsgespräch ihre Bewerbung zurückziehen. Anscheinend trauen sie sich bei näherer Überlegung nicht mehr zu, individuell, eigenständig und -verantwortlich eine solche Position auszufüllen.

Die Ursache für dieses Verhalten könnte darin zu finden sein, dass die lokalen Behördenleiter im DDR-System und im jetzigen bundesdeutschen System vollständig unterschiedliche, gegensätzliche, Aufgaben hatten und haben. Im DDR-System kamen alle Weisungen von oben, aus der Berliner Zentrale, und die Verwaltungsleiter hatten die Aufgabe, die zentralen Vorgaben in ihrem örtlichen Bezirk durchzusetzen. Im bundesdeutschen System hingegen haben die örtlichen Ämter die Aufgabe, die vielen aus der Basis der Bevölkerung und von den Unternehmen kommenden Anträge und Anregungen anhand der gesetzlichen Regelungen zu überprüfen und die Antragsteller bei ihren Wünschen zu beraten. Im idealen Falle zeigen sich die Ämter als Dienstleistungsagenturen für die Bürger und werden gern als solche in Anspruch genommen.

Besonders deutlich wird dies in der kommunalen Selbstverwaltung. Etwas Entsprechendes gab es in der DDR nicht und ist von den dort aufgewachsenen Menschen, auch in der zweiten Generation, schwer zu verstehen. Nach westlichem Verständnis haben die Gemeinden einige behördliche Pflichtaufgeben; zum Beispiel, Personalausweise auszustellen, im Übrigen aber viele freiwillige Aufgaben. Bei diesen ist es ganz den Gemeinden, ihren Bürgermeistern und Beschlussorganen, überlassen, ob und wie sie diese Tätigkeiten übernehmen und in welcher Weise. Da handelt es sich beispielsweise um die Wirtschaftsförderung. Die Gemeinde kann sich frei entscheiden, ob sie sich primär als Landwirtschafts-, als Fremdenverkehrs- oder als Industriegemeinde profilieren will oder in welcher Richtung auch immer oder ob sie alles laufen lässt, wie es eben läuft. Im Rahmen dieser Entscheidung kann sie Betriebe anwerben und die entsprechende Infrastruktur bauen.

Wichtiges Instrument hierfür ist die Bauleitplanung: Es werden Flächennutzungspläne für das gesamte Gemeindegebiet aufgestellt, in denen dargestellt wird, wo Landwirtschaft, Industrie, Handel, Wohnen und diverse andere Nutzungen festgelegt sind, immer nach der Devise, dass eine bestimmte Fläche nur für eine Nutzung reserviert sein muss und damit alle anderen Nutzungen ausgeschlossen sind. Wo Industrie ausgewiesen ist, kann kein Hotel stehen und umgekehrt. Entsprechend dem Subsidiaritätsprinzip werden die übergeordneten Ebenen (Landkreise, Land) nur hilfsweise tätig. Überall ist erst einmal die Basis zuständig und gibt notfalls nach oben ab.

Es könnte sein, dass ein Ostdeutscher sich nicht auf den Posten des Stadtdirektors bewirbt, weil er sich bei dieser freien Beratung und beim kreativen Finden von Ideen, wie der beratene Zweck realisiert werden soll, schwertut. Im westlichen System kommt es immer darauf an, ob einem etwas einfällt. Übernimmt dann ein Westmensch den Posten, der vorher noch nie in dieser Gemeinde gewesen ist, so wird dies als Zumutung empfunden: Was will denn der hier? Der kennt uns doch gar nicht! Wieso soll der uns vor die Nase gesetzt werden? Tatsächlich kommen die neuen Ideen öfter von Außenstehenden, denen etwas auffällt, was die Einheimischen als selbstverständlich empfinden. Erst recht stoßen ausländische Betriebe, die sich in der Gemeinde ansiedeln wollen, auf starke Vorbehalte, weil die Globalisierung, der selbstverständliche Umgang mit Ausländern und fremden Kulturen, niemals eingeübt wurden. Stattdessen wird, wie in dem Enquete-Bericht festgestellt, das Traditionelle, eigene Deutsche herausgekehrt. Das zeigt in Richtung AfD, die sich beständig gegen Überfremdung wendet.

Alle diese Beschwerden und Ressentiments laufen in einem zentralen Problem zusammen: dass die Menschen in den neuen Bundesländern sich nicht respektiert, nicht gewürdigt und anerkannt fühlen. Das Grundgesetz geht davon aus, dass jeder Mensch die gleiche Würde habe. Diese Würde werde ihnen jedoch nicht in gleichem Maße zuerkannt, ihre Kenntnisse, Leistungen und überhaupt ihr ganzes Wirken werden nicht gewürdigt. Sie fühlen sich herablassend und als zurückgeblieben behandelt.

Dieses Grundgefühl der mangelnden Würde, des fehlenden Respekts und einer flächendeckenden Geringschätzung wurde von den etablierten Westparteien anscheinend nicht gesehen und jedenfalls nicht aufgefangen und repräsentiert. Daher wird jetzt die AfD gewählt. Der Schriftsteller Jan Kuhlbrodt teilt in der Zeitschrift „Der Spiegel" vom 10. August 2024 mit:

*Die Leute versuchen festzuhalten an einer Identität, die es nie gab. Das ist die Basis des sogenannten Rechtsrucks, der genauso versucht, etwas festzuhalten, eine Konsistenz zu retten, die es nicht gab – die gute alte Ordnung. Je weiter diese DDR verschwindet, desto fester werden die Narrative darüber. Sie verhärten sich von Generation zu Generation.*

Mit einer Wiederkehr des Nationalsozialismus hat dies rein gar nichts zu tun. Wird als Gegengift gegen die AfD an die massenhaften Gewaltverbrechen der Nazizeit erinnert, so werden die Ostdeutschen dies als nichtzutreffend zurückweisen oder als weiteren Beweis dafür werten, dass die Westmenschen gar nicht wissen, was im Osten ein Problem ist und was nicht.

Der Religionssoziologe Detlef Pollack, Universität Münster, veröffentliche am 22. August 2024 in der F.A.Z. einen beinahe ganzseitigen Artikel zum Thema: *Warum wählen im Osten so viel die AfD?* – Ergebnis einer umfassenden Studie in ausgewählten europäischen Ländern. Hier kommt nirgendwo ein Bezug zum Nationalsozialismus vor – weder positiv noch negativ. Damit hat das Problem offensichtlich überhaupt nichts zu tun. Vielmehr geht es immer um den mehr oder minder missglückten Übergang 1989, von der DDR zum Westen, die Zeit vorher und die Zeit seitdem. Das Ergebnis der Studie geht dahin, dass entscheidend für die Ausbildung rechtspopulistischer Neigungen ein Dreiersyndrom sei:

(1) Die Abwehr des Fremden: Die Politik mute den Menschen zu, Zuwanderung und die damit verbundene wachsende kulturelle und ethnische Diversität willkommen zu heißen. Sie erwarte von ihnen, sie sollten Migranten mit ihren Steuerzahlungen finanziell unterstützen, neue Geschlechterverhältnisse und alternative Lebensstile akzeptieren und ihren Stolz auf das eigene Land bezähmen.

(2) Wahrgenommene Nichtanerkennung: Die Menschen sehen sich in einer inferioren Position und erleben sich als benachteiligt, als nicht anerkannt und nicht beachtet. Auch hierfür machen sie die Politik verantwortlich.

(3) Misstrauen gegenüber Institutionen: das Gefühl, die Politik greife auf ihre gewohnte Lebenswelt über. Die Politik der Entmündigung, Bevormundung und staatlichen Regelung aller Lebensverhältnisse erinnert fatal an die DDR-Zeit.

Insgesamt ist aus diesen Gründen bei den Ostdeutschen das Vertrauen in die politischen Institutionen und die Regierung gering, ebenso die Zufriedenheit mit dem Funktionieren der Demokratie. In Ostdeutschland seien insgesamt etwa zwei Fünftel der Bevölkerung diesem Dreiersyndrom zuzuordnen, hat sich herausgestellt. Diese Haltung lässt sich offenbar, durch welche Maßnahmen auch immer, kaum beeinflussen. Nazi-Symbole und Skandale schaden der Partei nicht. Die Forscher stellen fest: *Es hat sich im Osten eine soziale Affektlage des Protests, der Empörung, des Gekränktseins und des Unmuts, der Erniedrigung und des Aufbegehrens herausgebildet, die sich allen Versuchen von Dialog, Verständigung und Aufklärung verweigert.* Dabei waren es die Westdeutschen, die die Ostdeutschen zu einer verachteten Gruppe gemacht hätten.

Fatal war allerdings auch, dass die in der Nachkriegszeit enteigneten Immobilien, deren frühere Eigentümer in den Westen entflohen waren und dort Karriere gemacht hatten, nach 1990 auf Druck der FDP diesen Alteigentümern zurückgegeben wurden. Die Einheimischen, die jahrzehntelang diese Immobilien mühsam gepflegt hatten, wurden übergangen. Überzeugender wäre es gewesen, jedem Einzelnen das Haus oder die Wohnung, wo er jetzt zu einem bestimmten Stichtag domizilierte, als Eigentum zuzusprechen.

Die Strategie, die AfD als Wiederkehr der Nazis vorzustellen und hiermit zu bekämpfen, prallte darüber hinaus an den nach Artikel 23 beigetretenen Menschen weitgehend aus einem weiteren einfachen Grund ab: Die Sozialdemokraten und Kommunisten waren nicht Täter der staatlichen Millionenmorde, sondern gehörten zu den Opfern. Deshalb sahen sie auch keinen Anlass zu einer Scham- und Schuldkultur, im Gegenteil: Sie hatten schon immer auf der richtigen Seite gestanden: gegen die Reaktionäre, gegen das Großkapital und gegen die Faschisten.

Der westliche Grundgedanke ging immer dahin, die nationalsozialistische Epoche der Verbrechensherrschaft müsse gründlich aufgearbeitet werden, um eine Wiederholung einer derartigen Entwicklung zu vermeiden. Leider habe man in der DDR diese Aufarbeitung in sträflicher Weise unterlassen. Dieser Vorwurf ging jedoch in der DDR ins Leere: Weil man vermeintlich auf der richtigen Seite der Geschichte stand und der Sozialismus absehbar weltweit siegen werde, konnte der Nationalsozialismus als abgetan und erledigt betrachtet werden, weil dann seine Wiederkehr nicht mehr zu befürchten war.

In der Gründungsphase der DDR gab es nicht wenige Idealisten, die sich für diesen Staat und daher gegen die Bundesrepublik entschieden, weil in der DDR von Anfang an der soziale Gedanke das Ganze trug, also auf einem moralisch höheren Niveau als der rein egoistische, auf privaten Gewinn ausgerichtete westliche Kapitalismus. In dieser Phase des Neubeginns nach dem verlorenen Krieg war noch nicht absehbar, dass sich die sozialistischen Länder unter Führung der Sowjetunion in den Nachkriegsjahrzehnten mit einem Sammelsurium leerer Schlagworte zu einer Gruppe von totalitären Geheimdienst-Staaten entwickeln würden.

Rosa Luxemburg (geboren 1871, ermordet 1919) soll die letzte Persönlichkeit gewesen sein, die über die Ideologie unabhängig nachgedacht und kritische Gesichtspunkte eingebracht hat, bevor alles erstarrte. Sie wollte keine Revolution von oben, weil sie Lenins Konzept einer Kaderpartei ablehnte. Auf die bolschewistische Diktatur gemünzt, schrieb sie 1918:

*Freiheit nur für die Anhänger der Regierung, nur für die Mitglieder einer Partei – mögen sie noch so zahlreich sein – ist keine Freiheit. Freiheit ist immer die Freiheit der Andersdenkenden.*

Dieser Ruf blieb vergeblich. Stattdessen gab es eine Kaderpartei, das heißt mit straff von oben geführter hauptamtlicher Kerntruppe, also in Richtung einer Diktatur. Dabei wurde alles und jedes aus einem einzigen grundlegenden Satz abgeleitet, nämlich aus dem *Manifest der kommunistischen Partei* von Karl Marx und Friedrich Engels, 1848:

> *Die Geschichte aller bisherigen Gesellschaft ist eine Geschichte von Klassenkämpfen.*
> *Unsere Epoche ... zeichnet sich dadurch aus, daß sie die Klassengegensätze vereinfacht hat. Die ganze Gesellschaft spaltet sich mehr und mehr in zwei große feindliche Lager ... Bourgeoisie und Proletariat.*

Dies war insofern eine grundlegende neue Idee, als in der bisherigen Geschichtsschreibung immer nur von den Kriegen und Siegen der Fürsten und Könige die Rede war, niemals vom einfachen Volk, das diese Tode, Lasten und Zerstörungen zu tragen hatte, wie auch Bertolt Brecht (*Fragen eines lesenden Arbeiters*) feststellte. In Sachen des Klassenkampfes bewahrheitete sich allerdings die alte Einsicht: Wenn versucht wird, das ganze geschichtliche Geschehen und überhaupt alles und jedes auf eine einzige Idee zurückzuführen, dann wird dies Krampf und Unsinn.

Die Zwei-Klassen-Gesellschaft von Ausbeutern und Ausgebeuteten, wie sie seit Jahrhunderten bestand, zeigt sich in ihrem abschließenden Verfallsstadium bei Theodor Fontane (*Der Stechlin*, 1889): Eine fest gefügte Gesellschaftsschicht von Junkern (landwirtschaftlichen Großgrundbesitzern östlich der Elbe) verplaudert ihre Zeit bei förmlichen Einladungen und aufwendigen Schmausereien. Die Frauen schmieden für ihre halb flüggen Töchter ehrgeizige Heiratspläne. Nur ist von Aussaat und Ernte, Getreidepreisen und Wetter niemals die Rede; die Führung des Gutes überließ man dem Verwalter. Die adlige Oberschicht lebte also im Grunde parasitär und ahnte dies auch. Im Gespräch scheint gelegentlich auf: *Im Grunde ginge es auch ohne uns.*

In der anlaufenden Industrialisierung in der zweiten Hälfte des 19. Jahrhunderts lebten die Arbeitermassen in dürftigsten Verhältnissen am Existenzminimum oder darunter und konnten, gelegen neben der Fabrik, die prunkvolle Villa des Fabrikanten bewundern. Als sie so kühn waren, sich politisch zu organisieren, beschloss der Reichstag 1878 das *Gesetz gegen die gemeingefährlichen Bestrebungen der Sozialdemokratie*. In den 1920er Jahren gab es im Reichstag den schroffen Gegensatz von Rechtsextremen und Linksextremen, wobei zu den Rechten auch die Kapitalisten gehörten, die befürchteten, die Linken würden einen bolschewistischen Staat errichten. Hitler verstand es, die Rechtsextremen zu hohen Geldspenden zu gewinnen, indem er ihnen versprach, bei den Linken kräftig aufzuräumen, was dann ab 1933 auch geschah – mit unzähligen Todesopfern. 1945 wurde das Dritte Reich mit millionenfachen Weltkriegs-Opfern endlich von der Sowjetunion besiegt, also von sozialistischer oder stalinistischer Seite. Insofern konnte die Gründergeneration der DDR mit einigem Recht behaupten, schon immer auf der richtigen Seite, nämlich gegen die Faschisten, gestanden zu haben. Hier galt der Faschismus in engem Zusammenhang mit der bürgerlichen Ordnung als höchstentwickelter Form des Monopolkapitalismus und offen terroristischer Herrschaft des Finanzkapitals.

Der millionenfache Mord an den Juden war in der DDR kein wesentliches Thema, weil der Rassenwahn nicht in das alles beherrschende Denkschema des Gegensatzes von Kapitalisten und Arbeiterschaft hineinpasste. Außerdem wurden zu Beginn der 1950er Jahre der Zionismus und die internationalen jüdischen Organisationen von Stalin als Werkzeuge des amerikanischen Imperialismus verdächtigt.

Überdies gab es ab Januar 1953 in der Sowjetunion eine große antisemitische Kampagne. Neun hochrangige Mediziner, darunter sechs Juden, wurden als *Bösartige Spione und Mörder unter der Maske von Professoren-Ärzten* (Tageszeitung „Prawda" am 13. Januar 1953) verhaftet. Diese angeblich terroristische Gruppe habe zum Ziel gehabt, das Leben der Führer der Sowjetunion durch medizinische Sabotage zu verkürzen. In einem solchen Klima schien es den Machthabern der DDR angezeigt, in den Gedenkstätten der Opfer des Faschismus die Juden nur am Rande zu erwähnen. Im Verlauf der DDR wurden die dortigen

Juden streng kontrolliert, mussten auf ihre Traditionen verzichten und sich gegenüber dem Ausland, insbesondere Israel, abschotten.

Diesen geschichtlichen Hintergrund berücksichtigend, muss der Ruf, die AfD heute sei eine Wiederkehr des Nationalsozialismus und der damaligen Massenverbrechen, im Gebiet der früheren DDR wirkungslos verhallen. Denn man hat schon immer auf der richtigen Seite, gegen die Kapitalisten und gegen die von ihnen bezahlten und beauftragten Nazis, die Faschisten, gestanden und daher mit deren Massenmorden nichts zu tun.

## Alles ist nur vorläufig

Noch weit schwieriger als die vollständige Umstellung des Alltagslebens und -denkens war es für die gelernten Bewohner der DDR, zu den philosophischen Grundlagen des westdeutschen Gemeinwesens vorzudringen, denn diese wurden ja nie annonciert oder ihnen anempfohlen. Es war den Übersiedlern und den Beigetretenen schwer möglich, sie und ihre Sicht erst einmal zu finden, zu verstehen oder gar zu verinnerlichen.

Da geht es vor allem um den bundesrepublikanischen Lieblingsphilosophen Karl Popper (1902 bis 1994), der sich von 1920 bis 1922 der Kirchenmusik widmete, 1924, für einen Philosophen eher ungewöhnlich, erfolgreich eine Tischlerlehre abschloss, dann eine Lehrerausbildung in Mathematik, Physik und Chemie. Seine Dissertation *Zur Methodenfrage der Denkphilosophie* kam seinem Lebensthema – wie Wissenschaft möglich sei – schon nahe. 1934 erschien sein Hauptwerk *Logik der Forschung*. Der Grundgedanke geht dahin, dass eine Theorie auch durch noch so viele entsprechende Beobachtungen nie endgültig bewiesen werden kann. Aber sie kann durch eine einzige Beobachtung widerlegt werden.

*Wenn ich auf hundert Schlossteichen nur weiße Schwäne sehe, ist dies kein Beweis dafür, dass alle Schwäne weiß sind. Denn der erste schwarze Schwan, den ich sehe, wirft meinen vermeintlichen Beweis um.*

Diesen Gedanken verallgemeinert Popper: Es gibt gar keine endgültige und überall richtige Theorie, denn jede beliebige Theorie kann morgen oder übermorgen durch entgegenstehende Beobachtungen widerlegt und durch einen anderen theoretischen Ansatz abgelöst werden. Mit anderen Worten: Alle Wissenschaft gilt nur vorläufig. Der Fortschritt der Wissenschaft kann nur darin bestehen, vorhandene Lehren zu widerlegen. Denn alles, was nur das Bisherige bestätigt, bringt die Erkenntnis nicht weiter. Insofern ist es Unsinn, jemanden als Wissenschaftsleugner zu verunglimpfen, wie es heute oft geschieht. Denn die Wissenschaft besteht ja gerade darin, bestehende Gewissheiten immer wieder zu überprüfen, und gelegentlich kommt einer mit einem ganz neuen Grundansatz, insofern ist er ein Leugner des Bisherigen. Der neue Grundansatz setzt sich späterhin durch, ersetzt den bisherigen oder auch nicht.

Angenommen, jemand behauptet, die jetzige Erderwärmung habe mit dem Gehalt an Kohlendioxid gar nichts zu tun, sondern schlägt etwas anderes als Ursache vor. Hier geht es um drei Sätze:

(1) Die Erdatmosphäre hat sich seit ... um ... Grad erwärmt.
(2) Der Gehalt an Kohlendioxid ist gleichzeitig um ... Prozent gestiegen.
(3) Der steigende Gehalt an Kohlendioxid ist Ursache der Erderwärmung.

Hierbei sind (1) und (2) messbare Tatsachen. (3) hingegen ist keine Tatsache, sondern eine Theorie, ein Erklärungsversuch. Dieser ursächliche Zusammenhang wird immer als selbstverständlich unterstellt, kann aber im Prinzip durch eine andere Theorie ersetzt werden, gilt also wie alle Theorien nur vorläufig und könnte durch eine andere Theorie abgelöst werden. Insofern ist es unangemessen, einen Zweifler als Klimaleugner oder Wissenschaftsleugner zu verunglimpfen, also mit den Holocaustleugnern in denselben Topf zu werfen.

Heute kann niemand mit absoluter Sicherheit sagen, dass eine bessere Theorie nie kommen werde. Die Debatte muss also immer offenbleiben, ohne jemanden zu beschimpfen. Verdächtig wirkt es immer, wenn die bisherige Lehre höchst dogmatisch und intolerant vertreten wird, denn dies deutet an, dass es durchaus ernsthafte Zweifel gibt.

Ebenso unhaltbar ist das Argument, die überwältigende Mehrheit der Klimaforscher weltweit spreche sich für die jetzige Lehre aus. Denn in der Wissenschaft geht es, anders als in der Politik, nicht um Mehrheiten, sondern um Wahrheiten. In jeder Wissenschaft kann es sein, dass die herrschende Meinung einfach nur die Meinung der Herrschenden ist, zumeist in den Sozialwissenschaften, weniger in den Naturwissenschaften.

Die Vorläufigkeit jeder Erkenntnis als Grundlage für den gesamten Wissenschaftsbetrieb nehmen zu sollen, ist für einen gelernten DDR-Forscher etwa ebenso bodenlos, als fiele er von einer festen gemauerten Brücke in einen reißenden Gebirgsbach. Denn in der wissenschaftsgläubigen Gesellschaft der DDR war alles darauf aufgebaut, dass die wesentlichen gesellschaftlichen, politischen und historischen Probleme endgültig erkannt und gelöst worden seien und dass der Fortschritt, insbesondere in der Wirtschaft, nur durch neue Produktionstechnik erzielbar sei, das heißt, ohne die gesellschaftswissenschaftliche Dogmatik zu berühren oder irgendein Naturgesetz zu bezweifeln.

Das allgemeine Prinzip, dass jede beliebige Feststellung nur als vorläufig gelten kann, gilt nach westlichem Verständnis auch in der Politik. Werden sachliche und inhaltliche Probleme aller Art durch Mehrheitsbeschlüsse entschieden, so können auch diese jederzeit wieder aufgehoben werden. *Eine Mehrheitsentscheidung darf nur so zustande kommen, daß ihr Inhalt als das rational motivierte, aber fehlbare Ergebnis einer unter Entscheidungsdruck vorläufig beendeten Diskussion über die richtige Lösung eines Problems gelten darf,* so stellt Jürgen Habermas in *Strukturwandel der Öffentlichkeit* fest: *Nach der diskurstheoretischen*

*Lesart muss die Mehrheitsentscheidung eine interne Beziehung zur Argumentationspraxis aufrechterhalten.* Die Diskurstheorie geht davon aus, dass aufgrund von Regeln des Verfahrens, insbesondere einer offenen und freien Debatte, darüber befunden werden kann, welche Behauptungen als wahr und welche Entscheidungen als richtig betrachtet werden können. So soll in der Gesellschaft ein Konsens hergestellt werden können.

Diese Theorie kann allerdings auch ihrerseits aus guten Gründen bezweifelt werden, denn den hier vorgestellten Idealfall einer ganz freien und unbefangenen Debatte gibt es in der Wirklichkeit eher selten, weil es gewöhnlich einige einflussreiche Stimmführer und eine herrschende Meinung gibt, denen schon wegen persönlicher Abhängigkeiten keiner zu widersprechen wagt. In jeder beliebigen Institution bleibt es daher eine ständige Aufgabe, die Debatte offenzuhalten und nicht nur den herrschenden Standpunkt bestätigen zu lassen.

Und was soll jemand, der in der DDR aufgewachsen ist und studiert hat, mit dem Buchtitel *Die offene Gesellschaft und ihre Feinde,* Poppers 1945 erschienenem zweitem Hauptwerk, anfangen? In einem eingemauerten, vom weltweiten Kultur- und Diskussionsprozess abgeschnittenem, geschlossenem Staat, der alle hineingesandten Bücher und Zeitschriften streng kontrollierte, um falsche, widersprechende und womöglich das Regime unterhöhlende Gedanken westlicher Provokateure gar nicht erst eindringen zu lassen?

Die westlichen Gesellschaften, so auch die Bundesrepublik, betrachten sich demgegenüber als offene Gesellschaften: offen für neue Ideen, neue Kunstrichtungen, offen für alle aus dem Ausland hereinströmenden Einflüsse – als Gesellschaft ohne eine verbindliche Wahrheit, nicht auf Bestätigung des Bestehenden aus, sondern mit einer gelegentlich etwas kurzatmigen Sucht und Suche nach dem Neuen, nie Dagewesenem. Hier ist alles im Fluss oder behauptet es zumindest. Hier kann angeblich über alles und jeden offen und kontrovers diskutiert werden.

Die prinzipielle Kritik am Bestehenden ist nicht neu, sondern war großen Geistern seit jeher geläufig:

*Es irrt der Mensch, solang er strebt.*
*Wer fertig ist, dem ist nichts recht zu machen;*
*ein Werdender wird immer dankbar sein.*
(Johann Wolfgang von Goethe)

In der Ausgabe *Die offene Gesellschaft und ihre Feinde* von Karl R. Popper, *Band II, Falsche Propheten – Hegel, Marx und die Folgen – 7. Auflage,* (Verlag J. C. Mohr Paul Siebeck, Tübingen 1992, Seite 177 f.) lesen wir aus dem Jahr 1945 eine Wegweisung in Richtung der wenig später einsetzenden Beratungen des Parlamentarischen Rates, der dann 1949 das Grundgesetz beschloss und verkündete, worauf jetzt der Staat *Bundesrepublik Deutschland* beruht. Popper machte 1945 deutlich, worum es gehen muss:

*Ich bin nicht in allen Fällen und unter allen Umständen gegen eine gewaltsame Revolution. Wie einige christliche Denker des Mittelalters und der Renaissance, die die Zulässigkeit des Tyrannenmordes lehrten, glaube auch ich, daß es in einer Tyrannei vielleicht wirklich keine andere Möglichkeit gibt und daß eine gewaltsame Revolution gerechtfertigt sein kann. Aber ich glaube auch, daß das einzige Ziel einer solchen Revolution die Errichtung einer Demokratie sein sollte: und unter einer Demokratie verstehe ich nicht etwas so Vages wie etwa die „Herrschaft des Volkes" oder die „Herrschaft der Majorität", sondern eine Reihe von Einrichtungen (unter ihnen vor allem allgemeine Wahlen, d. h., das Recht des Volkes, seine Regierung zu entlassen), die die öffentliche Kontrolle der Herrscher und ihre Absetzung durch die Beherrschten gestatten und die es den Beherrschten ermöglichen, Reformen ohne Gewaltanwendung und sogar gegen den Wunsch der Herrscher durchzuführen.*
*Der Begriff der Demokratie besteht darin, daß die Regierung streng an die demokratischen Gesetze gebunden ist.*

Ebenso ungewohnt für einen früheren DDR-Bürger ist der westliche Gedanke einer Wissenssoziologie, dass wissenschaftliche Erkenntnisse nicht einfach feststehen, sondern innerhalb eines sozialen Verbandes vereinbart und akzeptiert werden oder auch nicht. Einschlägig ist hier seit 1962 von Thomas S. Kuhn: *Die Struktur wissenschaftlicher Revolutionen,* Verlag Suhrkamp, Frankfurt am Main, 26.(!) Auflage 2020.

Der Grundgedanke geht dahin, dass die Wissenschaft nicht additiv wächst in dem Sinne, dass zu dem vorhandenen Vorrat an Wissen immer mehr hinzugefügt wird. Sondern die Wissenschaftsgeschichte zeigt, dass von Zeit zu Zeit große und bis dahin herrschende Theoriegebäude einstürzen, widerlegt werden, verschwinden und durch andere Gebäude ersetzt werden. So wird beispielsweise heute das für Jahrhunderte beherrschende geozentrische Weltbild, dass die Sonne um die Erde kreise, als erledigt betrachtet. Ähnlich ist es seit Albert Einstein mit dem Weltbild der klassischen Physik: dass einen einzigen, festen unveränderlichen dreidimensionalen Raum und unabhängig hiervon eine gleichförmig verlaufende Zeit gebe und dass Masse und Energie ganz verschiedene Dinge seien, die nichts miteinander zu tun haben. Für unsere Alltagswelt können wir hierbei bleiben, aber es reicht beispielsweise nicht aus, um die seit Millionen Jahren strahlende Kraft der Sonne zu erklären. Ebenso gilt die Rassenhygiene, in der Nazizeit als Wissenschaft betrachtet, heute als gemeingefährlicher Wahn. Und seit 1989 darf auch der wissenschaftliche Marxismus-Leninismus als erledigt betrachtet werden.

Charakteristisch ist, dass kein Wissenschaftsgebäude einfach so abgerissen und durch ein neues ersetzt wird, sondern dass jeweils seine Bewohner, die Professoren und sonstigen Vertreter, heftigen Widerstand leisten und das Bisherige zäh verteidigen: in der Politik, in ihren Publikationen und vor allem in der Personalpolitik, das heißt, bei den Berufungen und der Auswahl des Nachwuchses. Albert Einstein, der Physiker des Jahrhunderts, hatte große Schwierigkeiten, auch nur eine Stelle als Assistent zu bekommen. Von 1902 bis 1909 hatte er nur einen Brotberuf beim Patentamt in Bern. Das jeweils neue System setzt sich nicht so durch, dass die Vertreter des Alten bekehrt werden, sondern dadurch, dass sie aussterben und stattdessen eine neue Generation die Führung übernimmt. Jedes Mal wechselt das Paradigma, das heißt der allgemein akzeptierte Rahmen dafür, was überhaupt erforscht wird, von welchen Grundtatsachen ausgegangen wird und welche Methoden verwendet werden. Seit Kuhn werden diese Revolutionen als Paradigmenwechsel bezeichnet.

Mit anderen Worten: Nicht nur bei einzelnen Sätzen der Wissenschaft, sondern auch bei ganzen Gebäuden, ganzen Fakultäten, kann niemand sicher sein, dass sie nicht eines Tages eingerissen werden mit der Folge einer Ruine und einer Staubwolke. In der offenen Gesellschaft gibt es anscheinend nichts Festes, absolut Zuverlässiges, sondern in Wirtschaft und Wissenschaft sowie überhaupt überall nur *Schöpferische Zerstörung* (Joseph Schumpeter), indem Altes eingerissen und an seiner Stelle Neues gebaut wird.

Diese Seinsweise kann bei vielen Menschen, zumal wenn sie nicht damit aufgewachsen sind, zu Unbehagen und Verunsicherung führen. Es könnte sein, dass deswegen gern die AfD gewählt wird, weil sie Festes, Eindeutiges verspricht.

Gegen die vielen Zumutungen aus dem Westen könne es nur einen General-Protest geben, eine ganz grundsätzliche Alternative, so meint man dann. Nur die AfD habe die Herzensnöte des Volkes, insbesondere der früheren DDR-Bevölkerung, erkannt und würde endlich die Wahrheit aussprechen. Hat sich diese Grundhaltung erst einmal festgesetzt, so ist es für die Westparteien schwer, dagegenzuhalten. Auch wenn sie Verständnis zeigen, wird dies rasch als geheuchelt, nur taktisch bedingt durchschaut.

# KAPITEL 3

## Eine Sinnkrise

*Treffen sich ein Amerikaner und ein Chinese. Der Amerikaner erläutert ausführlich den Wert einer freiheitlichen Demokratie. Nur die freie Wahl durch das Volk könne der Regierung die notwendige Legitimation zur Ausübung der Macht geben.*
*Antwortet der Chinese: Ja, die Demokratie – Ist das die Staatsform, in der eine Persönlichkeit von der Art wie Donald Trump zum Staatspräsidenten gewählt wird?*

Hier wird ein Grundproblem eines jeden freiheitlichen, demokratischen Staates berührt. Wenn die Gründung von Parteien frei ist, außerdem sich jedermann um höhere Staatsposten bewerben kann und die Wahl ebenfalls frei, dann ist ja nicht automatisch gesichert, dass nur Persönlichkeiten untadeligen Charakters an die Spitze gelangen. Nach einem gescheiterten Putschversuch, dem Marsch auf die Feldherrnhalle vom 9. November 1923, wurde Hitler am 30. Januar 1933 ganz legal zum Reichskanzler ernannt, einfach deswegen, weil die Nationalsozialistische Deutsche Arbeiterpartei (NSDAP) bei den Wahlen zum Reichstag 1932 mit 37% die bei weitem stärkste Partei geworden war. Vor ihm und nach ihm gelangten weltweit in diversen freien Demokratien Männer an die Macht, die nicht das Gemeinwohl des Volkes im Auge hatten, sondern nur ihre eigene Macht, die sie für diverse Zwecke ge- und missbrauchten, zum Beispiel für militärische Abenteuer oder einfach, um sich eine protzige Villa mit goldenen Wasserhähnen bauen zu lassen.

Theoretisch wäre es naheliegend, durch einen perfektionierten Inlandsgeheimdienst rechtzeitig die falschen Parteien und falschen Personen auszusondern. Dadurch würde sich allerdings die freiheitliche Demokratie selbst aufheben. Außerdem stellt sich die Frage, in wessen

Auftrag der Geheimdienst arbeitet, welche Personen oder Parteien er aussondert und welche Legitimation dieser Geheimdienst seinerseits hat. Mit anderen Worten: Der freiheitliche Staat ist an Voraussetzungen gebunden, die er selbst nicht schaffen und garantieren kann. Auf dieses fundamentale Problem hat der Staatsrechtler Ernst-Wolfgang Böckenförde aufmerksam gemacht.

Es muss im vorpolitischen Raum allseits geteilte Werte geben, die eine rechtzeitige Auswahl erlauben, um rhetorisch begabte Verführer, Hochstapler und Verbrechernaturen am Griff nach der Macht zu hindern.

Ein ähnliches Grundlagenproblem hat der Rechtsphilosoph Gustav Radbruch thematisiert. Im Recht, so auch im Strafrecht, gilt zunächst einmal immer das geschriebene und im Gesetzblatt veröffentlichte Gesetz, genannt das positive Recht, unabhängig davon, aus welchen politischen Erwägungen es entstanden ist, also auch, wenn es dem Richter als ungerecht erscheint. Anders ist eine Rechtssicherheit in der Gesellschaft nicht zu erreichen. Außerdem gilt das Rückwirkungsverbot, das heißt, es gilt immer das Recht zur Zeit der Tat. Wenn jemand etwas Erlaubtes oder gar behördlich Angeordnetes tut, kann dies nicht später für verboten erklärt und bestraft werden.

Nun gibt es allerdings verbrecherische Gesetze und Befehle, zum Beispiel, als die Nazi-Massenmorde in gesetzliche Mäntelchen gehüllt wurden. Oder bei den Mauermorden in der DDR: Jemand wird erschossen, weil er ohne Dokumente das Land verlassen will. Hier ist das Unrecht so offensichtlich und unerträglich, dass Gesetz und Befehl nicht hätten befolgt werden dürfen und jetzt, trotz sonstigen Rückwirkungsverbots, die Täter bestraft werden müssen.

In der *Vorschule der Rechtsphilosophie*, Göttingen 1959, schreibt Radbruch: *Wo also Gerechtigkeit nicht einmal erstrebt wird, können die so geschaffenen Anordnungen nur Machtsprüche sein, niemals Rechtssätze. So ist das Gesetz, das gewissen Menschen die Menschenwürde verweigert, kein Rechtssatz. Hier ist also eine scharfe Grenze zwischen Recht und Nicht-Recht gegeben, während die Grenze zwischen gesetzlichem Unrecht und geltendem Recht nur eine Maßgrenze ist.*

Hier wird also vom Rechts-Anwender verlangt, dass er unterscheiden kann, wann das gesetzliche Unrecht ein solches Maß erreicht, dass es nicht mehr als geltendes Recht betrachtet werden kann, also nicht mehr anzuwenden ist. Dieses schwerwiegende Urteil ist nur möglich, wenn der Anwender auf einem festen Boden vorpolitischer Überzeugungen und Werte steht. Es geht, ähnlich wie bei Böckenförde, um überzeitliche Werte, die allgemein geteilt werden und die verhindern, dass Beliebiges getan wird und geschieht: eine Basis fester Glaubenssätze oder auch einer verbindlichen Tradition, die eine unabhängige Bewertung des Geschehens erlauben. Einen ersten Hinweis gibt die Formel *Im Bewusstsein seiner Verantwortung vor Gott und den Menschen* eingangs der Präambel des Grundgesetzes. Gemeint ist hier eine Mahnung zu Demut und Bescheidenheit: Staat und Politik können sich nicht in Allmachtsfantasien über jegliche Bedenken hinwegsetzen, sondern haben sich vor einer höheren, notwendigerweise transzendenten Macht zu verantworten, außerdem vor der Gesamtheit aller Menschen, und zwar, zumal in Sachen Umweltschutz, auch den künftigen Generationen.

Aber diese Formel in der Präambel reicht noch nicht aus, um ganz konkret zu beurteilen, welche Gesetze und Maßnahmen eine Demokratie scheitern lassen könnten oder welche Gesetze als unerträgliches Unrecht zu betrachten sind.

## Der Salvator

Woraus soll mithin eine praktisch handhabbare Basis des Urteils bestehen? Welche konkreten Werte werden denn allseits geglaubt? Einen zweiten Hinweis, außer der Präambel, gibt die Tatsache, dass Böckenförde das Problem 1964 in einem Aufsatz mit dem Titel *Die Entstehung des Staates als Vorgang der Säkularisation* veröffentlichte. Im Mittelalter und weit in die Neuzeit bildeten die christliche Lehre, die Bibel und beispielsweise die Zehn Gebote die selbstverständliche Basis des Urteils, so wie sie von der Kirche als Gottes Wort verkündet wurden. Das heißt nicht, dass jedermann oder jede Regierung sich tatsächlich an diese Gebote gehalten hätte. Nur allein Jesus war ohne Sünde, und von allen anderen Menschen im Volk der Gläubigen wurde realistisch vorausgesetzt, dass jeder und jede von Zeit zu Zeit fehlgeht und sich durch Sünden schuldig macht. Aber Jesus Christus war der Erlöser, der Salvator, der unsere Sünden auf sich nahm und hierfür am Kreuz gelitten hat. Wer ehrlich bereut und an Christus glaubt, konnte hoffen, dass ihm verziehen werde und ihn nach dem Tode keine Höllenstrafe mehr erwartet.

Diese Zeiten des christlichen Glaubens als eines festen Fundamentes unserer Urteile sind endgültig vorbei. *Salvator* ist heute der Name einer für ihr Starkbier bekannten Brauerei. Die Sitten haben sich stark gelockert. In alter Zeit wurde, wie bei Theodor Fontane (*Effi Briest*, 1894/95) der Ehebruch einer Frau strengstens geahndet, den Männern aber weitherzig zugestanden. Die Ursache für diese unterschiedliche Behandlung lag einfach darin, dass der Ehemann sich sicher sein wollte, dass die Kinder von ihm stammten und ihm nicht als Kuckuckseier ins Nest gelegt worden waren. Der Ehebruch des Mannes blieb insofern folgenlos, es sei denn, er hätte seinerseits einem anderen Ehemann das Kuckucksei ins Nest gelegt und dies wurde entdeckt.

> *Einem Vater ist schon lange aufgefallen, dass drei seiner vier Kinder sich im Aussehen und Charakter ganz ähnlich sind, einer hingegen, der Fritz, merkwürdig anders ausschaut und ungewohnte Talente mitbringt. So hat er einen Verdacht. Als seine Frau im Sterben liegt, fragt er: Liebe Frau, du wirst ja nun leider bald vor deinem ewigen Richter stehen. Du kannst es jetzt ja auch mir sagen: Der Fritz – ist der auch von mir? Die Frau antwortet mit letzter Kraft: Aber ja doch – gerade der, der ist von dir!*

In alter Zeit einer körperfeindlichen Religion war Sexualität ausschließlich in der Ehe gestattet und auch dort nur, um Kinder zu zeugen. So denkt heute niemand mehr. Stattdessen wird für einige Monate zusammengelebt, bis man sich wegen Nichtgefallens trennt, ebenso formlos wie man begonnen hat, oder es werden uneheliche Kinder gezeugt. Die Eheschließung kommt später, wenn es schon beginnt, langweilig zu werden. Ebenso wenig werden im privaten Leben alle anderen Regeln der Kirche beachtet, mehr noch: Die Kirche hat längst aufgegeben, solche strengen Regeln zu predigen; sie möchte nicht hoffnungslos hinter der Zeit zurückbleiben. Es gibt Gottesdienste, die zu Unrecht so heißen, weil das Wort *Gott* in ihnen gar nicht vorkommt.

In der *Frankfurter Allgemeinen Zeitung für Deutschland* erschien am 8. August 2024 ein Bericht mit dem Titel *Unterwegs*. Es ging um den Jakobsweg: rund 900 Kilometer zu Fuß an der nordspanischen Küste entlang von San Sebastián nach Santiago de Compostela, in deren Kathedrale die Überreste des Apostels Jakobus begraben liegen, die im 9. Jahrhundert wiederentdeckt wurden. Der F.A.Z.-Artikel schildert die Gespräche unter den Zufallsbekanntschaften am Abend in der Herberge: Da ist von tausend privaten Dingen und Sorgen die Rede, häufig auch, ob man sich diese sportliche Leistung noch zutraut und durchhält. Anscheinend ist jedoch niemand hier auf einem Pilgerweg zu einem Heiligtum. Der Autor berichtet: *Da fiel mir auf, dass auf dem Camino über fünf Wochen hinweg kaum von Gott die Rede gewesen war. Vielleicht dachten wir alle, das hätte zu weit geführt.*

Die Evangelische Kirche in Deutschland (EKD) meldete am 7. August 2024:

> *Der Friedensbeauftragte des Rates der EKD, Friedrich Kramer, hat zu mehr Einsatz für eine atomwaffenfreie Welt aufgerufen. Hiroshima und Nagasaki stünden für unendliches Leid und seien eine Verpflichtung für die Menschheit, „diese schrecklichen Massenvernichtungswaffen endlich zu ächten". Leider sei aktuell eine verstärkte Aufrüstung zu erleben. „Geist, Logik und Praxis einer atomaren Abschreckung führen zwangsläufig ins Verderben", warnte er.*

Diese Mahnung seitens der Evangelischen Kirche ist sicherlich richtig und nur allzu berechtigt. Sie wurde allerdings in der Öffentlichkeit nur am Rande zur Kenntnis genommen und wird leider vermutlich kein Umdenken bewirken. Hier wird ein Relevanzverlust der Kirchen sichtbar: Was von dort kommt, gilt inzwischen, heute, als weitgehend uninteressant, irrelevant und daher unwirksam.

Der Bedeutungsverlust von Religion und Kirchen wird daran deutlich, dass gegenwärtig 46% der Bevölkerung konfessionslos sind. Von den anderen 54% sind 24% katholisch und 22% evangelisch. Nur noch etwa 5% aller Mitglieder sind kirchlich aktiv, die große Mehrheit nur noch formal. Von der Gesamtheit aller Studierenden studierten 1979 noch 2,5% katholische oder evangelische Theologie. Dieser Anteil ging bis 2021 auf nur noch 0,7% zurück, und auch davon arbeitet nach dem Studium nur etwa die Hälfte im kirchlichen Dienst.

Die Religion ist als Agentur der Sinnvermittlung weitgehend an den Rand der Gesellschaft gerückt. Unser Problem ist, wie von Böckenförde festgestellt, dass die freiheitliche Demokratie sich nicht selbst garantieren kann, sondern auf Werte außerhalb ihrer angewiesen ist, die sie nicht selbst schaffen kann. Als diese feste Plattform vorpolitischer Werte ist die Kirche offensichtlich nicht mehr geeignet, weil sie nur noch so fest ist wie eine Eisscholle im Frühling bei sich allmählich erwärmendem Wasser.

Überdies stehen alle Glaubensrichtungen, Religionen, Werte und Institute aus der Zeit vor 1933 unter dem Generalverdacht, den Absturz in die Verbrechensherrschaft nicht verhindert zu haben und insofern unwirksam gewesen zu sein. Alles, was bis 1933 gedacht, geglaubt, geschrieben und gelehrt wurde, ist zu einer bloßen Vorgeschichte des Nationalsozialismus geworden und hat damit den Charakter des überzeitlich Gültigen, Absoluten verloren. Dies führte zu einer allgemeinen und grenzenlosen Relativierung: dass im Grunde jede Religion so gut sei wie jede andere oder gar keine. Dann gäbe es allerdings die von Böckenförde angemahnte feste vorpolitische Plattform gar nicht, auf die die freiheitliche Demokratie angewiesen ist. Es gäbe nur noch ganz pragmatisch die beruflichen und politischen Alltagsprobleme zu lösen, wie es dem Regierungsstil von Angela Merkel entsprach, also ohne erkennbaren Werte-Hintergrund und ohne auf die Frage einzugehen, was Deutschland als Nation eigentlich will und soll. Hinter der Legitimitätskrise, dass das herkömmliche Parteiensystem von einer bedeutenden Minderheit abgelehnt wird, stünde dann eine Sinnkrise: Wozu gibt es Deutschland insgesamt und mich und dich als Einzelpersonen überhaupt? Weshalb wird im Kreise von Personen mit weit überdurchschnittlichem Einkommen, die eigentlich mit ihrem Leben ganz zufrieden sein könnten, so viel genörgelt? Als Erfolg gilt gewöhnlich, wenn ein allgemein angestrebtes Ziel weitgehend erreicht worden ist. Aber was ist, wenn ein solches Ziel nicht sichtbar ist?

## Die humanistische Bildung

Wie sollen wir die Kinder erziehen?

Zu dieser jetzigen Sinnkrise hat die Tatsache wesentlich beigetragen, dass die Bildung an den Gymnasien und Universitäten vor 1933 offensichtlich nicht dazu geeignet war, die Absolventen gegen ein menschenverachtendes System zu wappnen. Auf diese Weise ist unsere gesamte Bildungs-Vergangenheit, angefangen bei der humanistischen Bildung mit Latein und Griechisch und aufgehört bei den deutschen Klassikern, diskreditiert als wertlos und nutzlos. Sie hat die Schüler – meist ging es nur um die Jungen, weniger um die Mädchen – mit den alten Sprachen in eine ferne Vergangenheit entführt, und auch dies nur sprachlich, mit Vokabeln und Grammatik, ohne inhaltliches Verstehen. Ebenso wurden die deutschen Klassiker als bewundernswert in den Himmel gehoben, aber auch als Werke der Vergangenheit. Die Schüler wurden also in ferne Zeiten entführt. Das war für die Lehrer einfacher, weil ja der Wert dieser Vergangenheit allgemein feststand, also hierzu keine Debatte zu befürchten war. Nur wurden die Schüler durch diese Vergangenheits-Fixierung unfähig, die Probleme ihrer Gegenwart zu sehen und zu beurteilen.

Heute haben wir ein ähnliches Problem: dass durch den ausschließlichen Blick auf die Nazi-Vergangenheit, deren Untaten immerhin 80 Jahre zurückliegen, die Gefahr entstehen könnte, den Blick auf die Gegenwart zu verfehlen. Diese Zeit von 1933 bis 1945 wird immer und immer wieder, in tausend Variationen, beleuchtet und behandelt. Auch die AfD wird der Einfachheit halber nur unter diesem Aspekt behandelt, obwohl doch die 4,8 Millionen Wählerinnen und Wähler, die sich bei der Bundestagswahl 2021 für die AfD entschieden haben, vermutlich keine 4,8 Millionen Neonazis waren.

Der Journalist und Bestseller-Autor Tim Pröse hat ein Buch über *Wir Kinder des 20. Juli* geschrieben und sich mit den Kindern der damaligen Verschwörer eingehend unterhalten. *Was wir brauchen, sind Zweitzeugen*, sagt er, denn die damaligen Akteure wurden seinerzeit gehängt oder sind inzwischen auf natürliche Weise gestorben. Also werden jetzt deren Kinder befragt, und in 30 Jahren deren Enkel und in 60 Jahren deren Urenkel.

Das hört nie auf. Hieraus ergibt sich zwanglos die Frage, für wie viele weitere Jahrzehnte sich Deutschland als Land mit gebrochenem Rückgrat betrachten und hiermit auch alle anderen Nationen irritieren will.

Besonders betont wird beim Holocaust stets, dass es sich um ein einmaliges, einzigartiges und unvergleichbares Verbrechen gehandelt habe. Nicht nur die Leugnung ist strafbar, sondern auch die Relativierung. Was hiermit gemeint sein könnte, ist für den einfachen Bürger schwer zu erkennen: Was heißt Relativierung? Gemeint sind Vergleiche mit anderen Massenverbrechen, wodurch eine moralische Gleichwertigkeit hergestellt werden könnte. Der Holocaust würde gleichsam entschuldigt oder verharmlost, wenn er nur als eines der vielen Massenverbrechen bezeichnet wird, die leider immer wieder vorkommen. So wird er zum Beispiel relativiert, wenn der Bombenangriff auf Dresden als *Bombenholocaust* bezeichnet wird oder wenn die beiderseitigen Opferzahlen gegeneinander aufgerechnet und hierdurch moralisch auf dieselbe Ebene gehoben werden. Für den Holocaust kann es nur eine einzige Ebene der Alleinstellung, die absolute Ebene, geben.

Tatsächlich ist allerdings der geplante Mord an Millionen Juden nicht geschichtlich einzigartig, sondern ähnliche Aktionen, auch mit vergleichbaren Zahlen von Opfern, gab es in jüngerer Zeit mehrfach, nur mit dem Unterschied, dass sie von der jeweiligen Täternation verschwiegen und verleugnet wurden:

- Als Kolumbus in Amerika landete, gab es dort rund 18 Millionen Menschen, die Indianerstämme. Die Ausrottung wurde zunächst informell betrieben, ab 1830 durch den *Indian Removel Act* systematisch auf gesetzlicher Grundlage. Ab Oktober 1863 gab es im US-Bundesstaat Minnesota hohe Jagdprämien (25 Dollar) für die Tötung eines männlichen Indianers, nachgewiesen durch die abgetrennte Kopfhaut, den Skalp. Im Jahr 1890 hatten nur noch etwa 250.000 Menschen von den 18 Millionen überlebt.
- Durch das Osmanische Reich wurden 1915/16 rund 1,5 Millionen Armenier vernichtet.
- Unter Stalin sind 1932/33 rund 6 bis 7 Millionen Menschen im Holodomor verhungert. Vor allem in der Ukraine wurden den Kornbauern unerfüllbar hohe Ablieferungspflichten auferlegt und notfalls mit Polizeigewalt vollzogen.

Mit Geschehnissen dieser Art darf also die Vernichtung der Juden nicht verglichen werden, um das einzigartige Verbrechen in seiner Alleinstellung nicht zu relativieren. Im geschichtlichen Verlauf war es allerdings eher die Regel als die Ausnahme, dass beim Erobern und Brandschatzen Menschen unerträgliches Leid zugefügt wurde.

Patrick Bahners schreibt dazu in der F.A.Z. vom 21. Oktober 2024:

*Das Anerkennen und Bekennen der singulären Schuld ... hat eine seltsame Blockade des nationalen politischen Denkens bewirkt: Aus Angst vor sogenannter Relativierung der deutschen Verbre-*

*chen hat man Hemmungen, übertragbare Lehren aus dem ganz besonders besonderen deutschen Fall zu ziehen. Die Prämisse einer klassischen historisch belehrten Staatskunst, dass man mit immer gleichen Abläufen rechnen muss, zumal wenn man es mit Tyrannen zu tun hat, ist uns fremd geworden.*

Noch in einer weiteren Beziehung ist Deutschland einzigartig und bezieht aus dieser weltweit rekordverdächtigen Einmaligkeit einen gewissen Dummstolz: Keine andere Nation hat die eigenen Verbrechen so gründlich aufgearbeitet wie wir. Zum Beispiel haben sich Generationen von Forschern mit der Frage gequält, ob der Völkermord von Hitler persönlich angeordnet worden sei – obwohl doch kein schriftlicher Befehl gefunden wurde. Weil einige Forscher nur schriftlich Belegbares glauben, meinte gar mancher, er habe nichts davon gewusst. Wer weiß? Wer weiß, wenn es keinen schriftlichen Beleg gibt?

Über der Dauerdebatte und -betrachtung der Nazizeit wird die naheliegende Gegenwartsfrage ganz vergessen: Ob die Erfolge der AfD und des Wagenknecht-Bündnisses damit etwas zu tun haben könnten, dass die etablierten Parteien in den jüngst vergangenen Jahren einige Themen verschlafen oder verleugnet haben, die aber im Volk rumoren? Bei den 2024er Landtagswahlen in der früheren DDR, die im Sinne der Ampel-Regierung in Berlin eine Katastrophe sondergleichen waren, kam von deren drei Parteien nirgendwo der Gedanke, dass man womöglich etwas versäumt habe, was jetzt die neuen Parteien aufgegriffen hätten. Stattdessen wurde zwei offiziell zugelassenen Parteien (AfD und Bündnis Sahra Wagenknecht) die moralische Legitimation verweigert oder es wurde schlicht den Wählern die Schuld an der Wahlkatastrophe gegeben, sie seien einfach zu dumm gewesen, oder jeder beschuldigte die jeweils anderen Parteien.

Anfang der 1980er Jahre kamen als neue Partei die zunächst belächelten Grünen auf, einfach deswegen, weil man sich im Volk viele Sorgen um die Kernkraftwerke und über den Umweltschutz machte, was CDU, SPD und FDP nicht bemerkt und verschlafen hatten. Vielleicht sind auch heute die Abgeordneten einfach zu fleißig, allzu sehr mit Detailfragen einzelner Vorhaben beschäftigt, sodass sie nicht bemerkten, dass sich draußen bei schwüler, stillstehender Luft und fernem Grummeln ein kräftiges Gewitter zusammengezogen hatte.

Die naheliegende Ausrede, nur die Dummen würden auf die Rechtsradikalen hereinfallen, traf ebenso wie jetzt auf die Nazizeit nicht zu. Die anscheinend in den Jahrzehnten vor 1933 vergangenheitsfixierten miss-ausgebildeten Studenten und Professoren haben sich schon frühzeitig und allzu bereitwillig zu dem neuen System bekannt.

Am 10. Mai 1933 gab es die große Bücherverbrennung, organisiert von den Studentenschaften, am 11. November 1933 das *Bekenntnis der Professoren an den deutschen Universitäten und Hochschulen zu Adolf Hitler* unter dem Titel *Mit Adolf Hitler für des deutschen Volkes Ehre, Freiheit und Recht* mit einer nicht enden wollenden langen Liste von Unterzeichnern.

Diese Persönlichkeiten hatten gewöhnlich die humanistische Bildung an den Gymnasien durchlaufen, das heißt den Unterricht in Latein und Griechisch. Dass hiermit etwas nicht stimmte, war schon anfangs des 20. Jahrhunderts einem damals führenden Pädagogen, Herbart, klar und ausgesprochen worden. In *Joh. Friedr. Herbarts – Pädagogische Schriften, siebente Auflage,* Verlag Hermann Beyer und Söhne, Langensalza 1903, erfahren wir auf Seite 417:

> *Die bloßen Sprachen für sich allein aber geben dem Knaben gar kein Bild weder von Zeiten noch von Menschen; sie sind ihm lediglich Aufgaben, womit ihn der Lehrer belästigt. Auch können weder goldne Sprüche, noch Fabeln und kurze Erzählungen daran etwas ändern; sie haben gegen die Unlust der Arbeit an Wortstämmen, die eingeprägt, Flexionen, die eingeübt, Konjunktionen, die zu Wegweisern in der Periode gebraucht werden müssen, kein bedeutendes Gewicht, selbst wenn sie übrigens der Jugend angemessen sind.*

Der Unterricht in den alten Sprachen war gewöhnlich auf das bloße Übersetzen, das heißt das Einpauken von Vokabeln und grammatischen

Formen, beschränkt. Wenn in dieser Art Caesars *De Bello Gallico* Satz für Satz entschlüsselt wurde, ging es um einzelne Truppenbewegungen und Gefechte, die inhaltlich, völlig zu Recht, niemanden interessierten. Im Unterricht im Griechischen wurden die Gymnasiasten mit den großen Epen wie der Odyssee und der Ilias bekannt gemacht und kannten schließlich die gesamte damalige Götterwelt mitsamt deren Irrungen und Wirrungen, was aber zum Verstehen und Bewältigen der hiesigen zeitgenössischen Welt nichts beitrug. Zum Beispiel wurde der Unterschied zwischen dem Alten und dem Neuen Testament, mit dem Unterschied von Judentum und Christentum, anscheinend nicht behandelt, was möglicherweise das gegenseitige Verständnis gefördert hätte. Im Gegenteil: Die Vertreter der humanistischen Bildung waren anscheinend stolz darauf, mit der aktuellen Alltagswelt oder gar Politik nichts zu tun zu haben und nahmen in Kauf, dass die Abiturienten nicht zu sagen wussten, was an der humanistischen Bildung eigentlich das Humanistische sei.

Eine wichtige Funktion dieses Unterrichts war hingegen, sich als Klasse der Gebildeten von den Handwerkern und Arbeitern abzuheben und durch gelegentlich eingestreute lateinische Zitate einen tiefen Unterschied zu markieren.

Nicht viel anders war es im Deutschunterricht, etwa mit den Weimarer Klassikern: viel kennen, viel auswendig lernen, viel im geselligen Kreis zitieren können, aber keine Schlussfolgerungen ziehen, nichts aktuell anwenden. Da wäre es doch naheliegend gewesen, beim Aufstieg Hitlers einmal Goethes Gedicht *Der Rattenfänger*. durchzunehmen:

*Ich bin der wohlbekannte Sänger,*
*Der vielgereis'te Rattenfänger,*
*Den diese altberühmte Stadt*
*Gewiß besonders nötig hat;*
*Und wären's Ratten noch so viele,*
*Und wären Wiesel mit im Spiele;*
*Von allen säubr' ich diesen Ort,*
*Sie müssen miteinander fort.*

*Dann ist der gutgelaunte Sänger*
*Mitunter auch ein Kinderfänger,*
*Der selbst die wildesten bezwingt,*
*Wenn er die goldnen Mährchen singt,*
*Und wären Knaben noch so trutzig,*
*Und wären Mädchen noch so stutzig,*
*In meine Saiten greif' ich ein,*
*Sie müssen alle hinter drein.*
*Dann ist der vielgewandte Sänger,*
*Gelegentlich ein Mädchenfänger;*
*In keinem Städtchen langt er an,*
*Wo er's nicht mancher angethan.*
*Und wären Mädchen noch so blöde,*
*Und wären Weiber noch so spröde;*
*Doch allen wird so liebebang*
*Bei Zauberseiten und Gesang.*
*(Von Anfang)*

Stattdessen ist es doch sehr viel gefälliger und vor allem harmloser, aus dem Drama *Faust – Der Tragödie erster Teil*, 5. Scene, von Johann Wolfgang von Goethe den Osterspaziergang zu deklamieren:

*Vom Eise befreit sind Strom und Bäche,*
*Durch des Frühlings holden, belebenden Blick,*
*Im Tale grünet Hoffnungs-Glück;*
*Der alte Winter, in seiner Schwäche,*
*Zog sich in rauhe Berge zurück.*
*…*
*Ich höre schon des Dorfs Getümmel,*
*Hier ist des Volkes wahrer Himmel,*
*Zufrieden jauchzet Groß und Klein:*
*Hier bin ich Mensch, hier darf ich's sein.*

Die politische Geschichte und die Kulturgeschichte Deutschlands bestehen zurzeit aus drei Phasen:

1. der Weg zur Nazizeit, die verhängnisvolle Vorgeschichte
2. die Nazizeit selbst, nämlich der Holocaust
3. die Nachgeschichte der Nazizeit, die Aufarbeitung, Folgerungen, Verhindern einer Wiederholung.

*Ich erkläre meinen heranwachsenden Kindern die Grundlagen des Strafrechts, speziell die Strafzwecke:*

1. *Durch die Strafe, die öffentliche Gerichtsverhandlung und den Bericht in der Presse sollen die Allgemeinheit und mögliche weitere Täter von der Tat abgeschreckt werden.*
2. *Der Täter selbst soll von einer ähnlichen Tat abgeschreckt werden.*
3. *Bei Mehrfach- und Wiederholungstätern soll die Allgemeinheit geschützt werden, indem er weggesperrt wird.*
4. *Für Jugendliche und junge Erwachsene, die sich noch in der Entwicklung befinden, steht der pädagogische Zweck im Vordergrund, die Strafe soll erziehend wirken.*

*Zum Beispiel steht eine schon sehr gebrechliche alte Frau von 97 Jahren vor Gericht wegen Beihilfe zum Mord in 10.000 Fällen. Als 17-Jährige hatte sie im Vernichtungslager geholfen, die Personenlisten zu führen. Sie zu bestrafen, hat also folgende Zwecke:*

1. *Die Allgemeinheit soll davon abgeschreckt werden, Ähnliches wieder einzurichten.*
2. *Sie selbst soll davon abgeschreckt werden, sich nochmals in dieser Art zu betätigen.*
3. *Weil sie nicht nur gewöhnliche Mehrfachtäterin ist, sondern 10.000-fache, soll die Allgemeinheit vor ihr geschützt werden.*

4. Weil sie zur Tatzeit erst 17 Jahre alt war, ist das Jugendstrafrecht anzuwenden, damit sie sich in ihrer Entwicklung charakterlich bessert.

## Verjährung und Neubeginn

Im Strafrecht gibt es aus guten Gründen die Verjährung. Jahre oder gar Jahrzehnte nach der Tat lässt das öffentliche Interesse nach, und die Abschreckungswirkung verblasst. Außerdem wird der Prozess erschwert. Zum Beispiel sind Zeugenaussagen nach vielen Jahren unzuverlässig. Und vor allem sollte irgendwann ein Rechtsfrieden einkehren.

Vielleicht war es doch keine gute Idee, dass der Bundestag am 3. Juli 1979 nach elfstündiger erregter Debatte mit 255 gegen 222 Stimmen beschloss, dass Mord nicht verjähren sollte. Vorher verjährte er nach zwanzig Jahren. In den beiden Jahrzehnten von 1945 bis 1965 war jedoch in der Verfolgung von NS-Verbrechen nicht viel unternommen worden. Es gab Freisprüche, und nur die Alliierten verhinderten eine allgemeine Amnestie.

Das Strafrecht ist immer auf einen kriminellen Einzeltäter mit einer individuell zurechenbaren Schuld abgestellt. Der Fall, dass der gesamte Staatsapparat als Verbrechensherrschaft etabliert wird, ist darin nicht vorgesehen. Es wirkt etwas gequält, das industriell arbeitsteilig organisierte gigantische Gesamtverbrechen auf einzelne Tätige herunterzubrechen, von denen jeder sagen kann: *Wieso...? Wir haben doch alle...! Es war doch so angeordnet worden!*

Die Verjährung aufzuheben, war eine rückwirkende Verschärfung – eigentlich ein Unding im Strafrecht.

Wie geht man nach einem Regimewechsel mit den Trägern des vorigen Regimes um? Naheliegend wäre eine Haltung in folgender Art: Die Vertreter des neuen Regimes stellen die leitenden Personen des alten kalt und heben deren Gesetze und Einrichtungen aller Art auf.

Dann stellen sie fest: Fast das ganze Volk oder jedenfalls unzählbar viele haben dem alten Regime gedient im guten Glauben, das wäre die rechtmäßige Regierung. Mehr oder minder das ganze Volk hat mitgemacht. Mit diesem Volk müssen wir nun weiterarbeiten, denn wir haben kein anderes. Alle damaligen Regimegegner und -kritiker sind auf die eine oder andere Art zum Schweigen gebracht worden. Es sind also praktisch nur die Mittäter übriggeblieben, und mit diesen müssen wir nun notgedrungen weitermachen. Ein anderes Volk haben wir nicht. Und wir können nicht zehntausende Mitmacher vor Gericht stellen, zumal dann die große Schuld des vorigen Systems aufgeteilt würde in zehntausendmal individuelle Schuld, was es ja nicht war. Also klappen wir die Bücher zu und bitten die Menschen, sich in das neue System einzubringen.

Diese Sicht wäre auch deswegen naheliegend gewesen, weil die Mörder und ihre Gehilfen sich in der Nachkriegszeit relativ unauffällig in biederen Berufen betätigten, oft mit dem Motto: *Ich bin einmal auf Politik hereingefallen, das passiert mir nie wieder!*

Diesen Weg der Verjährung und des Rechtsfriedens ging Deutschland nicht. Stattdessen wurde die Verjährung aufgehoben, Mord verjährt nicht. Rechtsfriede kehrt nicht ein. Die Zeichen wurden von *Zeitlich* auf *Ewig* umgestellt. Jetzt heißt es:

> *Irgendeinen Schlussstrich kann es nie geben, die Erinnerung muss wachgehalten werden, mit welchen Mitteln auch immer. Die Wunde, das Schuldbewusstsein, muss offenbleiben. Auch 80 Jahre nach der Tat ist die Nazizeit nicht Vergangenheit, Historie, sondern ewige Gegenwart.*
>
> *Zudem wollen wir in dieser Haltung Vorbild sein für alle anderen Nationen, die ihre historische Schuld bei weitem nicht so gründlich aufgearbeitet haben wie wir. In dieser Arbeit halten wir weltweit einen Rekord. Hieraus entwickelte sich ein merkwürdiger Schuld-Stolz: Wir sind weltweit am tiefsten gefallen, aber anschließend weltweit am höchsten gestiegen.*

Über diesen Punkt kommt das Land ganz einfach nicht hinweg, auch nicht acht Jahrzehnte nach dem Ende dieser Epoche und auch, wenn das Ganze mit jedem weiteren Jahrzehnt immer angestrengter, verkrampfter und gekünstelter wirkt und die alljährlichen Gedenkfeiern allmählich zu leeren Ritualen, bloßen Pflichtübungen werden.

Da liegt dann der Gedanke nicht ganz fern, mit dem jetzigen schuldfixierten Regime, den bisher etablierten Parteien und der folgsamen Presse wäre nichts mehr anzufangen, sondern eine ganz neue Alternative müsste her. Sie könnte feststellen, durch den ausschließlichen Blick nach rückwärts habe das Land eine negative Identität gewonnen: Wir wissen nur, was wir keineswegs wieder werden wollen, aber durch diese Fixierung auf die Vergangenheit sind wir unfähig geworden, nach vorn zu blicken und eine positive Identität zu entwickeln: Was wir wollen, was wir sein könnten. Da müsste es endlich um die gegenwärtigen nationalen Probleme geben, gerade auch, wenn niemand diese Probleme anzupacken wagt, weil das als rechts gilt.

Einprägsames Beispiel für diese Mentalität der Nazi-Fixierung sind die Wagner-Festspiele in Bayreuth. Wagner schrieb Pamphlete gegen jüdische Künstler. Hitler liebte seine Musik und war gut Freund mit der Familie Wagner, Wagners Sohn Siegfried und seiner Frau Winifred. Bis heute wird darüber gestritten, ob Wagners Musik antisemitisch war und ob es in seinen Opern Figuren gibt, die Juden karikieren. Dieser ganze Problemkreis ist längst bekannt und wird von niemandem geleugnet oder bestritten. Es wäre also möglich gewesen, es damit sein Bewenden haben zu lassen, zumal nicht allzu viele neue Argumente hinzukommen können.

Jetzt will jedoch die Stadt Bayreuth, wie am 21. Oktober 2022 bekanntgegeben wurde, die dunkle Vergangenheit in einem Dokumentationszentrum aufarbeiten. Hierzu wird erläutert:

*Die Geschichte der Bayreuther Festspiele spielt eine zentrale Rolle für das geplante NS-Dokumentationszentrum. Denn im Dunstkreis der Festspiele entwickelte sich ein Gerüst aus Rassismus, Antisemitismus und völkischer Ideologie, das die Nationalsozialisten sich zunutze machten. Adolf Hitler war glühender Verehrer der Werke Richard Wagners und oft in Bayreuth zu Gast – als Freund der Wagner-Familie.*

Hier wird allerdings aufgearbeitet, was schon ein Dutzend Mal durchgekaut wurde, was jeder Interessierte längst weiß, was niemals verleugnet wurde und was allseitig unbestritten ist. Hier wird entdeckt, dass zweimal zwei vier ist und nicht fünf oder drei.

Die Mentalität Deutschlands, alles und jedes auf nur einen einzigen Punkt und einen einzigen Zeitabschnitt zurückzuführen, wurde allerdings geadelt durch einen führenden Philosophen: Theodor Wiesengrund Adorno (1903 bis 1969). In der F.A.Z. vom 9. August 2024 wird er gewürdigt: *Als Soziologe, Philosoph, Musiktheoretiker und Musiker verband er die Rollen des kritischen Intellektuellen, des leicht hermetischen Philosophen und des schaffenden Künstlers in einer seit Nietzsche nicht mehr dagewesenen faszinierenden Aura.* Seine Stimme hat also Gewicht.

Von 1921 bis 1923 studierte Adorno Philosophie, Psychologie und Musiktheorie. 1924 promovierte er mit einer Dissertation über *Die Transzendenz des Dinglichen und Noematischen in Husserls Phänomenologie,* also in einer Höhe der Abstraktion, in der nicht jedermann mitreden kann. 1947 veröffentlicht er zusammen mit Max Horkheimer in den USA die *Dialektik der Aufklärung.* Hier geht es um die Frage, *warum die Menschheit, anstatt in einen wahrhaft menschlichen Zustand einzutreten, in eine neue Barbarei versinkt.* 1950 erschien seine Studie über den autoritären Charakter, nämlich den Zusammenhang zwischen Autoritätsgläubigkeit und Faschismus. 1966 veröffentlichte er die Schrift *Negative Dialektik.* Hier steigt er vom hohen Podium der Abstraktion nieder in die Tagespolitik: Aufgabe der Philosophie sei es, die gesellschaftlichen Probleme mit philosophischen Mitteln darzustellen.

In der *Negativen Dialektik* hat Adorno den „neuen kategorischen Imperativ" formuliert: Denken und Handeln so einzurichten, dass Auschwitz sich nicht wiederhole, nichts Ähnliches geschehe. Heute wird in der Presse festgestellt, der bereits wiederbelebte Antisemitismus zeige die fortdauernde Gültigkeit des Imperativs. Die Gefahr, dass Auschwitz sich wiederhole, ist allerdings bei Lichte betrachtet außerordentlich gering. Bei jeder Gelegenheit dieses Schreckensbild zu beschwören, blockiert den Zugang zur jetzigen Realität, beispielsweise zum Verhalten Israels im Gaza-Krieg. Problematisch wird es, wenn dieser Imperativ Adornos unsere einzige Richtschnur wird und deshalb keine andere entdeckt und zugelassen werden kann.

# KAPITEL 4

## Der Präsident

Wir sind immer noch bei dem von Ernst-Wolfgang Böckenförde benannten Problem, dass der freiheitliche, demokratische, säkularisierte Staat von Voraussetzungen lebt, die er nicht garantieren kann, weil er sich damit selbst aufgäbe. Die Freiheit ist also ein Wagnis; die Demokratie kann entgleisen, wie 1933 geschehen und wie es auch heute mit dem anscheinend unwiderstehlichen Anwachsen der AfD von nicht wenigen Deutschen befürchtet wird. Wir brauchen also eine feste vorpolitische Basis. Auf der Suche hiernach kann womöglich der Bundespräsident helfen.

Anders als in den USA und zahlreichen weiteren Staaten ist der Präsident in Deutschland nicht der Regierungschef und Befehlshaber der Streitkräfte, sondern der Bundespräsident hat entsprechend dem Grundgesetz (Artikel 54 ff.) vor allem nur einige repräsentative Aufgaben, die üblicherweise von einem Staatspräsidenten wahrgenommen werden, zum Beispiel den Staat nach außen hin zu repräsentieren, die Gesandten zu empfangen, Orden zu verleihen und leitende Personen zu ernennen.

Innerhalb des Landes hat der Bundespräsident nicht den Staat gegenüber der Bevölkerung zu repräsentieren, was einem obrigkeitlichen Verständnis des Amtes entspräche. Sondern er repräsentiert die Bevölkerung: Er spricht bei feierlichen Anlässen aus, was wir denken und wollen. Weil dies in den einzelnen Gruppen der Bevölkerung recht unterschiedlich ist, hat der Bundespräsident eine integrative Aufgabe: Er soll die Gruppen zusammenführen und das Gemeinsame betonen. Dabei kommt es ganz auf die Persönlichkeit an: das Einfühlungsvermögen, den Spürsinn auch für das Unausgesprochene, das rhetorische Talent. Und natürlich eine vorbildliche persönliche Lebensführung.

Dass man an diesem hohen Anspruch auch scheitern kann, zeigte sich am Beispiel des von Angela Merkel für dieses Amt vorgeschlagenen Christian Wulff, Bundespräsident von 2010 bis zum Rücktritt 2012. Als besonders gelungen und überzeugend gilt hingegen die Amtsführung seines Nachfolgers Joachim Gauck, des vormaligen Bundesbeauftragten für die Stasi-Unterlagen der 1990 gescheiterten und untergegangenen DDR. Er verdeutlichte, dass mit den Freiheitsrechten des Grundgesetzes nicht einfach nur die Freiheit gemeint ist, leicht infantil etwas Beliebiges zu tun und zu lassen, was einem gerade einfällt. Vielmehr: *Die Freiheit des Erwachsenen heißt Verantwortung.* Gauck forderte die in Deutschland lebenden Menschen – Einheimische ebenso wie Zugewanderte – auf, ihr Leben als Bürger zu gestalten und Verantwortung für sich und andere zu übernehmen. Und, gerade heute besonders aktuell: *Mögen Ängste uns auch begleiten: Wir lassen uns das Vertrauen zu uns selbst und zu unserer Demokratie nicht nehmen.*

Frank-Walter Steinmeier wurde 1956 als Sohn eines Tischlermeisters in Detmold im Kreis Lippe geboren, dem seit 1123 bestehenden Land Lippe, heute dem dritten Landesteil Nordrhein-Westfalens. Er bezeichnet sich als Ostwestfalen und Lipper. Aufgewachsen ist er im Dorf Brakelsiek, wo ansonsten nicht viel los ist, aber immerhin 16 Männer den Verein *LTG – Lipper Tun Gutes* bilden. Nach der juristischen Ausbildung promovierte Steinmeier mit dem Thema *Tradition und Perspektiven staatlicher Intervention zur Verhinderung und Beseitigung von Obdachlosigkeit.* Dem späteren SPD-Politiker ging es mithin nicht wie üblich um eine fachjuristische Haarspalterei, sondern um ein handfestes sozialpolitisches Problem.

Seit dem 19. März 2017 ist er Bundespräsident, am 13. Februar 2022 mit großer Mehrheit der aus dem Bundestag und einer ebenso hohen Zahl von Ländervertretern bestehenden Bundesversammlung wiedergewählt.

Aus seiner Ansprache zum Festakt „100 Jahre Weimarer Reichsverfassung" am 6. Februar 2019 ebendort ging hervor, dass ihm das obige Böckenförde-Problem natürlich gegenwärtig ist:

*Eine Demokratie, auch unsere, ist angewiesen auf Loyalität und Vertrauen, vor allem auf das Engagement derer, die in ihr leben. Sie ist angewiesen auf demokratische Patrioten. Demokratie ist und bleibt ein Wagnis, weil sie sich völlig ihren Bürgern anvertraut.*

Steinmeier bezieht sich auf den früheren Verfassungsrichter Udo Di Fabio: *Keine noch so kluge Verfassung kann vor dem Versagen der Demokratie, vor ihrer Selbstzerstörung schützen.* Steinmeier hat sich zum Ziel gesetzt, Menschen zurückzugewinnen, die sich von unserer Demokratie abgewandt haben.

Im idealen Falle identifizieren sich die Bürger mit ihrem Staat und sind stolz auf Land, Tradition, Kultur und Staat. Wichtig hierzu sind die Staatssymbole, allen voran die Nationalflagge als sichtbarer und vorgezeigter Ausdruck des Empfindens, das andernfalls nicht sichtbar würde.

Woher kommen unsere Farben Schwarz-Rot-Gold?

*Ein türkischer Einwanderer gibt in der Prüfung, um die deutsche Staatsangehörigkeit zu erlangen, die Auskunft: Früher hat Deutschland so viele Kriege geführt. Daher Schwarz für das Schießpulver und Rot für das vergossene Blut. Neuerdings ist Deutschland friedfertiger, hat sich mehr auf Wohlstand und Reichtum verlegt. Daher Gold.*

Das klingt niedlich, trifft es aber nicht. Die Unterscheidung von *Fahne* und *Flagge* ist nicht jedermann geläufig. Eine Fahne ist der Gegenstand: das flatternde Stück Stoff aus der Fahnenfabrik oder die Rauchfahne. Die Flagge hingegen ist das Hoheitssymbol, das Emblem eines bestimmten Staates, gleichgültig, ob aus Stoff, in Ölfarbe aufgetragen oder auch anders.

Nach Artikel 22, Absatz 2 des Grundgesetzes ist die Bundesflagge Schwarz-Rot-Gold. Diese Flagge wiederum hat zwei verschiedene eng miteinander verbundene Bedeutungen: Erstens ist sie einfach ein Unterscheidungsmerkmal wie etwa das nationale Trikot bei sportlichen Wettkämpfen oder die farbliche Kennzeichnung in Statistiken. Gleichzeitig ist sie aber auch Symbol einer bestimmten politischen Bewegung, eines Bekenntnisses. Seit dem Hambacher Fest im Jahre 1832 ist sie als Symbol der national-liberalen Bewegung bekannt. Unter dieser Flagge tagte 1848/49 die demokratische Revolution in der Frankfurter Paulskirche, konnte sich aber nicht für Deutschland durchsetzen.

Bei Theodor Fontane (*Der Stechlin*, 1898) wird über die Flagge auf einem alten märkischen Gut berichtet: Sie war schwarz-weiß, aber schon recht zerschlissen. Hiermit wollte der Dichter vermutlich andeuten, dass Preußen den Höhepunkt seiner Macht und Pracht womöglich schon überschritten habe. Weiter wird berichtet, der Gutsherr habe es abgelehnt, unter das Schwarz-Weiß einen roten Streifen zu nähen. Soll heißen: Die preußische Fahne (Schwarz-Weiß) sollte nicht zu einer Flagge des Kaiserreiches von 1870 (Schwarz-Weiß-Rot) erweitert werden. Sie war zusammengesetzt aus Schwarz-Weiß für Preußen und Weiß-Rot für die Hansestädte. In der Weimarer Republik gab es einen heftigen Streit zwischen den Anhängern dieser alten Reichsflagge und den Freunden der schwarz-rot-goldenen liberalen Demokratie. Diese Flagge wurde geschmäht als Schwarz-Rot-Mostrich (damalige Bezeichnung für Senf). In der Nazizeit wurde deren Hakenkreuzfahne zur Reichsflagge, und in der Gründungsphase der Bundesrepublik setzte man wieder, diesmal erfolgreich, auf Schwarz-Rot-Gold als Zeichen der liberalen Demokratie. Hier ging es um die Einheit in der Freiheit, die Verbindung von nationaler Einheit und freiheitlich-rechtsstaatlicher Demokratie. Die Flagge hat zudem eine wichtige integrative Wirkung: Wer sich unter dieser Flagge trifft, gehört dazu, gehört zu uns, was auch immer seine persönlichen Eigenschaften sonst sein mögen.

Und jetzt wird es heikel. Bei allem Respekt vor dem Amt des Bundespräsidenten möge ein kritischer Einwand erlaubt sein. Beim Festakt „100 Jahre Weimarer Reichsverfassung" in Weimar 2019 sagte Frank-Walter Steinmeier:

> *Ist es nicht historisch absurd, wenn diese schwarz-rot-goldene Fahne heute am auffälligsten ausgerechnet von denen geschwungen wird, die einen neuen nationalistischen Hass entfachen wollen?*

*Schwarz-Rot-Gold, das sind unsere Farben! Überlassen wir sie niemals den Verächtern unserer Freiheit!*

Mit diesem hier angesprochenen Personenkreis kann nur die *Alternative für Deutschland* gemeint sein, wer sonst? Und diese Sätze aus der Ansprache können nur so zu verstehen sein, als seien die AfD-Anhänger unwürdig, unter dieser Flagge zu tagen und sie zu führen. Das würde heißen: Sie sollen aus dem Kreis der deutschen Mitbürger ausgeschlossen werden. Das wäre selbst dann voreilig, wenn das Bundesverfassungsgericht eines Tages die AfD verbieten würde. Denn auch dadurch blieben deren Anhänger, wie falsch, populistisch und gefährlich ihre Ansichten auch immer sein mögen, immer noch unsere Mitbürger. Sie kurzerhand auszuschließen, könnte auch gegen Artikel 1 des Grundgesetzes (Schutz der Menschenwürde, unverletzliche Grundrechte) verstoßen. Und nach Artikel 16 darf die deutsche Staatsangehörigkeit nicht entzogen werden.

Würde wirklich ein Viertel bis ein Drittel der Einwohnerschaft als Verächter der Freiheit oder weshalb auch immer aus der Gemeinschaft ausgeschlossen, die sich unter der offiziellen staatlichen Flagge trifft, so hätte der Staat ein massives Repräsentations- und damit auch Legitimitätsproblem. Denn er würde einen beachtlichen Teil der Bevölkerung nicht mehr repräsentieren, und seine Macht würde nicht mehr vom ganzen Volk legitimiert, sondern nur noch von drei Vierteln oder zwei Dritteln desselben.

Ferner würden wir uns durch solch einen Ausschluss aus unserer Gemeinschaft der Mühe entheben zu erkunden, aus welchen Gründen sich so viele Millionen Mitbürger in den Wahlen für eine Partei entscheiden, die in den gängigen Medien sowie von fast allen nachdenklichen und verantwortungsvollen Leuten als falsch und die Demokratie gefährdend betrachtet wird. Irgendeinen nachvollziehbaren Grund muss es doch für dieses Verhalten geben, das gesamte herkömmliche Parteiensystem (Union, SPD, FDP, Grüne) und die daraus gebildete Regierung abzulehnen. Es gibt also keinen anderen Weg, als die Vertreter dieser Partei an unseren Tisch zu bitten und sie zu fragen, wo es nach ihrer Meinung brennt und drückt, und zu versuchen, diese (womöglich nur Schein-)Probleme zu bearbeiten. Stattdessen hat sich die Gewohnheit eingebürgert, diese Partei rasch abzustempeln und sich mit solchen Leuten nicht etwa an einen Tisch zu setzen. Diese Gewohnheit wird als arrogant empfunden und ruft eine nachhaltige Trotzreaktion hervor.

2024 veröffentliche Bundespräsident Frank-Walter Steinmeier ein Buch, für dessen Titel drei Buchstaben ausreichten: *Wir* (Suhrkamp Verlag, Berlin). Auch hier wird das Böckenförde-Problem angesprochen, wenn es über die junge Bundesrepublik heißt (Seite 74): *Regierung war Macht auf Zeit, die sich immer wieder rechtfertigen und neu legitimieren musste, wandlungsoffen und korrekturfähig.*

In Steinmeiers Buch geht es darum, *nach unserem Selbstverständnis zu fragen* (Seite 11). Schon im ersten Satz des Buches geht es um unsere Identität: *Wer sind wir? Diese Frage ist schwer zu beantworten.* Nun, wenn der Staatspräsident von *Wir* spricht, liegt die Antwort sehr nahe, dass hiermit das Volk, in diesem Falle das deutsche Volk, gemeint sein möge. Denn wen sonst soll denn der Bundespräsident als Staatsoberhaupt repräsentieren?

Für die Legitimation des Staates muss es eine Brücke des Vertrauens zwischen Staat und Volk geben, indem nicht 100%, aber doch eine beträchtliche Mehrheit den Staat, so wie er nun einmal ist, bejaht. Bei Steinmeier kommt jedoch der Passus *das deutsche Volk* nirgendwo vor, obwohl das Grundgesetz (Artikel 20) bestimmt, dass alle Staatsgewalt vom Volke ausgeht. Er nimmt also den einen Pfeiler dieser Vertrauensbrücke nicht zur Kenntnis. Vermutlich scheut er den Begriff des deutschen Volkes, weil diese Wendung in der Nazizeit heillos überstrapaziert wurde. Aber irgendwann, nach mehreren Generationen, muss es möglich sein, diesen in jedem anderen Land für das dortige Volk selbstverständlichen Begriff wieder aufzunehmen. Immerhin tagt ja der Bundestag im alten Reichstagsgebäude mit der Giebel-Inschrift DEM DEUTSCHEN VOLKE.

Ebenfalls überall, in jedem anderen Staat, selbstverständlich ist der Begriff der Nation, der jedoch bei Steinmeier ebenfalls auf große Bedenken trifft (Seite 102):

*Die Wirtschaftsleistung ist zum Kernbestandteil bundesdeutscher Identität geworden. Sie befriedigte das Bedürfnis nach einem positiven Selbstbild und verlieh Prestige, wo es der schwierige, durch die deutsche Teilung fast unmöglich gewordene politische Begriff der Nation nicht konnte.*

Dies vermag nicht recht zu überzeugen. Weshalb ist der Begriff der Nation durch die deutsche Teilung fast unmöglich geworden? Niemand hätte uns doch darin gehindert festzustellen, dass die alte Bundesrepublik und die DDR zusammen die seinerzeit unglücklicherweise geteilte deutsche Nation verkörpert haben. Dieser Begriff hätte also dazu beitragen können, die beiden deutschen Staaten miteinander zu verklammern und den Anspruch auf Wiedervereinigung zu unterstützen.

Anstatt auf das ganze Volk und die ganze Nation zu setzen, stützt Steinmeier hier die deutsche Identität fast ganz auf die Wirtschaftsleistung. Das würde genau genommen bedeuten, dass dieser Staat seine Existenzberechtigung verlöre, falls irgendwann durch eine Wirtschaftskatastrophe der Wohlstand verloren ginge. Die Identität wird auf Vergängliches, Materielles statt auf Bleibendes, Ideelles gestützt. Dies lässt an das 2. Buch Mose, Kapitel 32, Vers 7 f. denken:

*Der Herr sprach aber zu Mose: Geh, steig hinab: denn dein Volk... hat schändlich gehandelt... Sie haben sich ein gegossenes (goldenes) Kalb gemacht und haben's angebetet und ihm geopfert und ihm gesagt: Das ist dein Gott, Israel.*

Die Deutschen wären also eine Gesellschaft, die sich ausschließlich dem Wohlstand und Genuss sowie dem Erwerb von allerlei Konsumartikeln widmet. Nach welchem Prinzip diese Gesellschaft funktioniert, lässt sich am einfachsten an der Kosmetik-Industrie zeigen: Die Mädchen und Frauen werden systematisch hinsichtlich ihres Aussehens verunsichert und zum Beheben dieses vermeintlichen Mangels werden ihnen tausend völlig überflüssige Hautpflegemittel sowie Farben zum kunterbunten Anmalen verkauft, wobei für jedermann erkennbar ist: Je mehr geschminkt, desto unsicherer ist offensichtlich die Frau.

Es geht bei der Legitimation des Staates vor allem darum, unter welchen gemeinsam geteilten Werten sich die Bürgerschaft versammelt. Hierzu zitiert Steinmeier (Seite 117) den US-amerikanischen Anthropologen Clifford Geertz: Die Konzepte von Nation, Staat und Kultur hätten ihre gemeinschaftsstiftende Wirkung eingebüßt. Aber, so Steinmeier: ... *eine Diagnose zerfallender Ordnungen lässt die Frage offen, wie wir überhaupt politische Handlungskraft gewinnen oder zurückgewinnen.*

Ist das so? Gibt es nicht ein deutsches Volk mit einer gemeinsamen Sprache, Geschichte und Kultur, politisch gesehen eine Nation, mit einem Staat als ihrem Gehäuse, und dass dies unsere Gemeinschaft stiftet? Wieso soll denn hier eine zerfallende Ordnung diagnostiziert werden? Wäre es nicht Aufgabe des Staatsoberhauptes, ebendies zu repräsentieren als eben das, was uns ausmacht? Aber er beschwört nicht die eine Identität dieses Volkes und Staates, sondern sieht viele Identitäten, die nur durch Institutionen, Gesetze und einen äußerlichen organisatorischen Rahmen zusammengehalten werden:

*Wir brauchen gerade in einer Gesellschaft der vielen Identitäten die vereinende Kraft starker politischer Institutionen. Unsere Verfassung, das Grundgesetz der Bundesrepublik, hat diese Institutionen geschaffen.* Es habe die freie Auseinandersetzung zwischen den Verschiedenen in seiner Verfassung festgeschrieben, konstitutionalisiert und eben dadurch die Einheit gestiftet.

Allerdings nützen die Gesetze und die formal ordnungsgemäßen Verfahren nicht viel, wenn nicht die rechte Gesinnung, mit dem Herzen, dahintersteht. In der Nazizeit wurden die schlimmsten Untaten ebenfalls mit einem gesetzlichen Mäntelchen versehen und formal legalisiert. Verheerend wirkte sich damals die positivistische Rechtsphilosophie aus, die behauptet, jedes ordnungsgemäß im Gesetzblatt veröffentliche Gesetz werde eben hierdurch gültig, unabhängig von den dahinterstehenden politischen Absichten. Diese hätten den Juristen gar nicht zu interessieren.

Bei Steinmeier klingt öfter an, dass es gar nicht um geteilte inhaltliche Werte gehe, sondern um gemeinsam bejahte Verfahren. Dieser Gedanke, dass Legitimität aus korrekt durchgeführten Verfahren entsteht, ist für Juristen naheliegend. Er ist aber volksfern. Denn der unverbildete Mensch denkt doch immer inhaltlich: *Ich will X und lehne Y ab, weil X für uns alle das Beste ist und Y ganz ungeeignet.* Er will also seinen Wert X, was immer das jeweils sein möge, durchsetzen und realisieren, ganz gleich mit welchem Verfahren. Und hierbei bleibt er auch, wenn er im Verfahren unterlegen ist.

Um die Legitimität einer staatlichen Macht herzustellen, reicht also die Einigung auf ein korrektes Verfahren nicht aus, sondern eine gemeinsame inhaltliche Wertebasis ist notwendig, die am einfachsten aus der Kultur und Geschichte resultiert: *Meine Eltern haben mir beigebracht, worauf es im Leben ankommt, und damit bin ich bisher ganz gut zurechtgekommen.* Eben hierbei, dem Fortführen der familiären, regionalen oder nationalen Kultur und Geschichte, lässt Steinmeier uns jedoch im Stich, weil er die gesamte deutsche Geschichte auf den Holocaust und unsere unermessliche Schuld reduziert. *Die deutsche Geschichte ist eine gebrochene Geschichte, mit der Verantwortung für millionenfachen Mord und millionenfaches Leid* (Seite 138). Aus der gesamten deutschen Geschichte in ihrer unüberschaubaren Vielfalt ist dies der einzige Punkt, den Steinmeier erwähnt. Wir sind die Schuldigen und sonst nichts. Wir sind ins Bodenlose gefallen und fallen mit zunehmender Geschwindigkeit noch immer. Es gibt nur eine negative Identität, eine Gemeinschaft der Schuld, auch für unsere Kinder für die Schuld ihrer Urgroßväter. Mit jedem weiteren Jahrzehnt wirkt das Festhalten an dieser Idee künstlicher, verkrampfter, frevelhafter, weil jede positive ideelle Entwicklung blockierender.

Da kann es sein, dass die Bürger aus Verzweiflung überhaupt das ganze bisherige Regime und Verfahren ablehnen und ganz frontal, ohne Verfahren, ihre Anliegen realisieren wollen, auch wenn dies vom Verfassungsschutz als extremistisch verurteilt wird.

Es ist nicht sicher, ob es ausreicht, wenn Steinmeier aus dieser nationalen Sackgasse ausweicht nach Europa, denn die europäische

Einigung war immer ein Elitenprojekt. Soweit erkennbar, ist in allen Mitgliedstaaten der Europäischen Union die eigene Nation der primäre Bezugsrahmen und Brüssel weit weg.

Außerdem bringt das Ausweichen nach Europa ein neues Problem. Hierzu erklärt Steinmeier (Seite 7):

*Nach sieben Jahrzehnten der immer engeren Verbindung mit unseren europäischen Nachbarn betrachten viele von uns sich nicht länger nur als Deutsche, sondern selbstverständlich zugleich als Europäer. Die Frage nach dem „Wir", danach, wer wir sind und was uns als Bürgerinnen und Bürger oder als Menschen, die dauerhaft in diesem Land leben, gemeinsam ist, mag daher erst einmal Misstrauen zu wecken.*

Ist das so? Weshalb sollte die schlichte Frage, was uns gemeinsam ist, Misstrauen erwecken? Hat Steinmeiers Buch den Titel *Wir*, obwohl es dieses Wir gar nicht gibt und es überhaupt besser ist, hiernach gar nicht zu fragen? Würden wirklich Franzosen, Polen und die Bürger weiterer EU-Staaten misstrauisch, wenn wir unbefangen über dieses Thema nachdenken, wer wir sind und was uns ausmacht? Oder sind wir zu ängstlich, um im Kreise der Nationen deutlich zu sagen, was wir wollen, und entsprechende Forderungen anzumelden? Wollen wir stattdessen unauffällig bleiben und uns kleiner machen, als wir sind? Müssen wir weiterhin alle anderen von unserer Harmlosigkeit überzeugen?

In diese Richtung, ein eigenständiges Nationalbewusstsein eher zu verleugnen als zu pflegen, deutet auch eine weitere Passage von Steinmeiers Buch (Seite 17). Über die Verhandlungen zur Wiedervereinigung der beiden deutschen Staaten heißt es hier:

*Mit dem umsichtigen Handeln des geistesgegenwärtigen Europäers Helmut Kohl und den beruhigenden Worten des lebensweisen Willy Brandt waren die Gespenster eines deutschen Nationalismus rasch verscheucht. Die deutsche Frage war in der europäischen Einigung, die unumkehrbar sein sollte, aufgehoben und beantwortet.*

Deutsch sein, heißt immer von einem Extrem ins andere zu fallen, und das immer mit äußerster Konsequenz. Nachdem wir in einem Hyper-Nationalismus im Zweiten Weltkrieg ganz Europa verwüstet haben, müssen wir jetzt alle Gespenster eines deutschen Nationalismus rasch verscheuchen. Dazu kommt es uns gelegen und erleichtert uns, dass wir keine isolierte Nation mehr sind, sondern die deutsche Frage in der europäischen Einigung aufgehoben wurde, und zwar unumkehrbar. Das Wort *aufgehoben* wird bei Steinmeier, wie seit Hegel üblich, in allen drei Bedeutungen genutzt:

(1) Auf Dauer bewahrt: Wir haben den Schmuck unserer Großmutter gut aufgehoben.
(2) Für erledigt erklärt, beendet: Die Todesstrafe wurde bei uns schon lange aufgehoben.
(3) Hochgehoben: Ich habe eine Münze vom Bürgersteig aufgehoben.

Wenn Deutschland in der europäischen Einigung aufgehoben ist, so heißt das also:

(1) Auf Dauer bewahrt: Deutschland ist in der Europäischen Union auf Dauer gestellt, und zwar als Macht, die sich den EU-Regeln unterwirft.
(2) Für erledigt erklärt: Die deutsche Frage, was aus den beiden deutschen Staaten werden sollte, wer zum Osten und wer zum Westen gehören sollte und ob das Land, wie zuvor postuliert, in den Grenzen von 1937 weiter bestehe, also mit den Gebieten jenseits von Oder und Neiße, wurde mit der Wiedervereinigung beantwortet. Das Land bekam seine endgültige Gestalt. Oder meint Steinmeier, die ganze deutsche Identität sei in der Europäischen Union aufgehoben im Sinne von „erledigt"? Heißt hier *aufgehoben* so viel wie *aufgegangen*, ähnlich wie die Rheinprovinz, Westfalen und Lippe im heutigen Nordrhein-Westfalen aufgegangen sind?

(3) Hochgehoben: Die Vorbehalte, dass die vier Siegermächte für Deutschland als Ganzes zuständig seien, und damit die nur eingeschränkte Souveränität, wurden beendet und das Land zur vollen eigenen Souveränität emporgehoben, also gleichberechtigt im Kreise aller anderen EU-Mitglieder.

Aber auch, wenn Deutschland in der Europäischen Union gut aufgehoben ist, so gibt es doch innerhalb des Landes ein schwerwiegendes Problem, auf das Steinmeier immer wieder zurückkommt: das anscheinend schwer zu bremsende Wachsen der AfD. Diese wird wie üblich niemals namentlich genannt, aber unverkennbar als Gefahr angesprochen.

> Seite 8: *... noch immer gibt es politische Kräfte, die nationale Homogenität herbeiwünschen und sich davon die Lösung unserer Probleme versprechen. Einige wollen eine solche Homogenität sogar gewaltsam herstellen und Deutsche ausbürgern, die für sie nicht ins Bild passen.*

> Seite 12: *Wir leben in einer Zeit, in der die liberale Demokratie, manchmal aggressiv, oft verlogen und von einigen Rechtspopulisten gar mit kalter Siegermine angegriffen wird, die böse Erinnerungen wachruft.*

> Seite 12: *Wann genau uns der Optimismus ... entglitten ist ... und warum die Zweifel gewachsen sind, lässt sich gar nicht so einfach bestimmen.*

Hier wird, wie bei fast allen nachdenklichen Persönlichkeiten, eine gewisse Ratlosigkeit hinsichtlich der Frage spürbar, was denn die Ursachen für den Erfolg der AfD sein könnten. Die Bemerkung, dass böse Erinnerungen wachgerufen würden, bezieht sich natürlich auf die Nazizeit, die jetzt womöglich in ähnlicher Form wiederkehre.

> Seite 24: *Wieder stehen wir vor der Frage, ob Deutschland die Lehren aus dem Holocaust verinnerlicht hat und das „Nie wieder" nicht nur als Parole verkündet, sondern als politische und gesellschaftliche Realität verwirklicht.*

Dies entspricht der heutigen Gewohnheit, alles, was rechts der CDU als gangbar betrachtet wird, als Weg in den Abgrund, in einen neuen Nationalsozialismus und damit in einen weiteren Holocaust zu kennzeichnen und die gesamte Politik auf diesen einen Punkt zu reduzieren. Bei Friedrich Nietzsche (*Jenseits von Gut und Böse*) lesen wir: *Wenn du lange in einen Abgrund blickst, blickt der Abgrund auch in dich hinein.*

Will heißen: Wer sich allzu lange nur mit diesem einzigen Thema beschäftigt, tut sich nachher schwer mit allen anderen Themen. Bei unserem Vorgestern, Gestern, Heute und Morgen behalten wir stets diesen bleischweren Rucksack auf dem Rücken.

> Seite 10: *... unsere Verpflichtung gilt nicht allein dem Jetzt. Als Bürgerinnen und Bürger einer politischen Gemeinschaft reisen wir in der Zeit. Wir bezeugen Auschwitz.*

Mit Verlaub, Herr Bundespräsident, aber dies erscheint etwas bemüht, dem heutigen Verständnis fremd. Wird heute ein junger Erwachsener gefragt, ob er Auschwitz bezeuge, mag er antworten: *Wieso? Warum soll ich etwas bezeugen, mit dem ich nichts zu tun habe? Es kann sein, dass mein Urgroßvater damals in irgendeiner Form mitgemacht hat, aber darüber haben wir noch nie nachgegrübelt. Wir haben heute andere Sorgen.*

In dem kurzen eindringlichen Satz *Wir bezeugen Auschwitz* mutet darüber hinaus das Wort *bezeugen* etwas merkwürdig an. Dieses Wort bedeutet gemeinhin: mit einer weiteren Aussage die Wahrheit einer Schilderung bekräftigen. Aber das dürfte in diesem Fall nicht mehr notwendig sein, denn was dort geschehen ist, gilt als unstrittig. Gemeint ist offensichtlich: *Wir bezeugen unsere Schuld an Auschwitz.* Das würde verlangen, dass wir uns mit der Tätergeneration unserer Urgroßväter identifizieren. Das wäre etwas überanstrengt. Alle Eltern erleben mit, wie die Kinder im Heranwachsen ihre eigene Welt entdecken und sich für die Erlebnisse, die ihre Eltern früher belastet haben, wenig interessieren. Die seinerzeitigen Erlebnisse der Großeltern und Urgroßeltern werden mehr anekdotisch am Rande zur Kenntnis genommen. Mit dem Tode eines Menschen gerinnt seine erlebte Gegenwart, die ihn belastete und verpflichtete, zu Geschichte, die nur gewusst wird, aber nicht mehr belastet.

*Wie jede Blüte welkt und jede Jugend*
*Dem Alter weicht, blüht jede Lebensstufe,*
*Blüht jede Weisheit auch und jede Tugend*
*Zu ihrer Zeit und darf nicht dauern.*
(Hermann Hesse: Stufen, 1941)

Heute ist heute. Niemand kommt auf den eigentlich naheliegenden Gedanken, dass die jetzige AfD eine Antwort auf die jetzige aktuelle politische Situation und speziell auf eine Schwäche der bisher etablierten Parteien und der von ihnen gebildeten Regierung sein könnte. Mit dem Geschehen von vor achtzig Jahren hat sie womöglich gar nichts zu tun. Es geht ganz einfach um das Problem, dass viele Bürger sich durch die jetzigen alten Parteien nicht mehr verstanden und repräsentiert fühlen und daher meinen, neue Parteien müssten herbei, wie eben die AfD oder das Bündnis Sahra Wagenknecht.

Auf Seite 47 wendet sich Steinmeier an die Bevölkerung der früheren DDR:

*Wer niemals ... sich verankert wissen kann, sondern jederzeit mit dem Unerwarteten rechnen muss ..., der verliert sein Vertrauen in das Selbstverständlichste. Gerade in Ostdeutschland trifft diese gereizte Erschöpfung auf die lebendige Erinnerung an einen wirtschaftlichen Zusammenbruch.*

Seite 67: Er habe *gelernt. ... wie unangemessen es ist, Biografien von Millionen von Menschen pauschal abzuqualifizieren.* Insofern sind die Besser-Wessis nicht ganz unschuldig am dortigen Erfolg der AfD.

Seite 139: Der Bundespräsident wendet sich an die Einwanderer: *Wer Deutscher wird, tritt in das historische Erbe unseres Landes mit seiner Tätergeschichte ein.* Nach Steinmeier besteht *die schwierige Aufgabe darin, den Menschen zu vermitteln, „Auschwitz nicht nur als Menschheitsverbrechen, sondern als eigene Geschichte zu begreifen." Diesen Anspruch, davon bin ich fest überzeugt, müssen wir in Zukunft noch deutlicher formulieren: Wer in Deutschland lebt, muss Auschwitz kennen und die Verantwortung annehmen, die daraus für unser Land erwächst.*

Dieser Anspruch an alle, die jetzt Deutsche werden, erscheint gelinde gesagt als nicht plausibel. Wer im Bürgerkrieg in Syrien Familienangehörige verloren hat, unter Lebensgefahr in einem maroden Boot das Mittelmeer überquert und es schließlich bis nach Deutschland geschafft hat, bringt seine eigene Geschichte seiner grauenvollen Erlebnisse aus der Heimat und seiner lebensgefährlichen Flucht mit. Er ist froh, hier in Sicherheit zu sein, will arbeiten und sich eingewöhnen. In aller Regel wird er weder willens noch in der Lage sein, für Verbrechen, die hier vor 80 Jahren passierten, Verantwortung zu übernehmen – schon deswegen nicht, weil die meisten heutigen einheimischen Deutschen hierzu nicht bereit sind, und weil niemand den Einwanderer auf dieses Thema anspricht.

Kein Deutscher, der jetzt nach Amerika auswandert, übernimmt Verantwortung für den dortigen Bürgerkrieg von 1861 bis 1865 oder die seitdem andauernden rassistischen Auswüchse. Bei Interesse kann er sich mit der Geschichte seines neuen Heimatlandes beschäftigen, aber immer als Außenstehender, Neuhinzugekommener. Verantwortung übernimmt er nur für das, was er seit seiner Ankunft in den USA sagt und tut.

In seinem Buch *Wir* stellt Steinmeier fest:

Seite 13: *Es hat sich etwas verändert in unserer Republik, die heute mit Extremismus und Demokratieverachtung konfrontiert ist.*

Seite 26: *So erlebe ich unser Land in diesen Zeiten: auf der Suche nach neuer Sicherheit und Klarheit.*

Hier wird nochmals eine gewisse Ratlosigkeit deutlich. Steinmeier stellt auf Seite 90 über die heutigen Zeiten fest, dass ... *allerorten ein Gefühl der Ohnmacht grassiert, in denen Pessimismus die Menschen lähmt.* Es bleibt das Problem, weshalb neuerdings die Demokratie verachtet wird und vor allem, was hiergegen zu tun sein könnte. Es könnte allerdings sein, dass die Demokratie, wie seit Jahrzehnten praktiziert, keinerlei inhaltliche Werte vermittelt: weder Werte der Vergangenheit, auf die wir stolz sein könnten, noch künftige Ziele und Werte, denen wir uns heute gemeinsam verpflichtet fühlen könnten. Beides fehlt bei Steinmeier.

Nichts Positives aus der Geschichte wird erwähnt. Es hätte etwa nahegelegen zu erläutern, dass Deutschland eine regelgebundene Außenpolitik vertritt, das heißt, eine friedliche Ordnung unter der Herrschaft des Völkerrechts, und hierzu auf den Westfälischen Frieden von 1648 in Münster und Osnabrück zu verweisen. Damals wurde festgelegt, dass jeder Staat, unabhängig von seiner Stärke und Größe, dieselbe Souveränität und Existenzberechtigung hat und dass die verschiedenen Konfessionen (katholisch, protestantisch, reformiert) gleichberechtigt nebeneinander bestehen. Ebenso nahe hätte es gelegen, an Immanuel Kants *Zum ewigen Frieden* von 1795 zu erinnern – einen Entwurf, der in unserer Zeit durch die Gründung der Vereinten Nationen realisiert wurde. Und an tausend andere Dinge könnten wir erinnern, die wir, die Deutschen, der Welt geschenkt haben: aus Politik, Philosophie, Literatur, Musik, Malerei und so fort. Nichts davon findet sich in dem Buch des Bundespräsidenten. Die Deutschen sind einfach nur schuldig, und sonst nichts.

Der Gedanke, dass Gott, Kirche und Religion den Menschen einen Sinn, einen Wert und eine Moral vermitteln könnten oder zumindest für Jahrhunderte einen Sinn vermittelt haben, fehlt ebenfalls, obwohl doch die Idee einer für alle Menschen gleichen Menschenwürde aus dem Christentum stammt. Auf dieser Idee beruht unser Grundgesetz. Im Unterschied zum russisch-orthodoxen Glauben gehören wir zum westlichen christlichen Kulturkreis, früher bezeichnet als Abendland, und wurden hierdurch geprägt. Dies ins Gedächtnis zu rufen, wäre schon deshalb angebracht gewesen, weil sich diese Rolle der Kirchen inzwischen verflüchtigt hat und die früheren Stätten des Glaubens und des Gebets nur noch museale Funktion zum Besichtigen und zum Fotografieren haben.

Die *Deutsche Bodensee Tourismus GmbH* wirbt:

> **Highlights und Geheimtipps**
> *Begeben Sie sich auf Kulturreise an den Bodensee und entdecken Sie die zahlreichen Highlights, die einen Querschnitt durch die Stilgeschichte von Barock über das Rokoko bis zur Renaissance präsentieren. Zu den Juwelen gehören sicherlich die prunkvollen Kirchen, Klöster, Schlossanlagen und Dorfkirchen sowie die Oberschwäbische Barockstraße, die über 50 Erlebnisstationen miteinander verbindet und bekannt ist als eine der ältesten Kultur- und Ferienstraßen Deutschlands. Wir präsentieren Ihnen die sehenswerten Kapellen und Wallfahrtsorte.*

Anscheinend wird in den Dorfkirchen nicht mehr gebetet und zu den Wallfahrtsorten nicht mehr gewallfahrtet, sondern alles wird touristisch vermarktet. Wozu wird heute stattdessen gebetet und gewallfahrtet? Oder gar nicht? Denkt jeder nur an sein persönliches Wohlergehen – ohne ideellen Hintergrund? Jedenfalls wird bei Steinmeier kein solcher Hintergrund benannt, weder für die Gegenwart noch für die Zukunft – etwas, das uns zu einer gemeinsamen Anstrengung und damit überhaupt zu einer Gemeinschaft konstituieren könnte. Das Wort *deutsches Volk* wird sorgfältig vermieden, weil nazi-kontaminiert. Stattdessen heißt es in *Wir* (Seite 137):

> *… wird sich „Mehrheit" künftig nicht auf Ethnie, Religion und Kultur beziehen. Zugehörigkeit speist sich heute aus anderen Quellen, allen voran die Zustimmung zu den Regeln, die wir uns*

*in demokratischen Verfahren geben und die allein die gleichen Bedingungen zur freien Entfaltung garantieren.*

Das bedeutet: Jeder Wert ist ebenso gut wie jeder andere, sofern er nur nach den richtigen Regeln geltend gemacht wird. Steinmeier spricht (Seite 85) von einer *Individualisierung der Leidenschaften*. Wenn allerdings jedes Beliebige gilt, dann gilt gar nichts. Die verbreitete und von der AfD geschürte Furcht, dass eine starke muslimische Einwanderung dieses inhaltliche Vakuum ausfüllen könnte, erscheint daher als nicht gänzlich unberechtigt, wenn auch maßlos übertrieben.

Steinmeier sieht hier kein Problem und schreibt auf Seite 107:

*Wenn wir uns also fragen, wer wir geworden sind, was Deutschsein bedeutet, dann zählt das türkische, damit auch das muslimische Deutschsein dazu.*

Er verweist auf die polnische Einwanderung ins Ruhrgebiet vor 150 Jahren, die längst kein Problem mehr bildet, und bekräftigt:

*Als Deutsche heute „wir" zu sagen schließt nun seit langer Zeit mit gleichem Recht Bürger und Bürgerinnen ein, deren Eltern und Großeltern aus Istanbul, Izmir, Erzurum, Kars gekommen sind.*

Ganz so einfach ist es jedoch nicht, denn die hierher gekommenen Polen waren meist katholisch und daher einfacher zu integrieren als die Muslime. Das Problem beginnt meist mit der Stellung der Frau in der Gesellschaft. Die jungen Türken zeigen sich im Verwaltungsgericht höchst arrogant und nehmen es nicht ernst, wenn eine Frau als Richterin über ihren hiesigen Status entscheiden soll. Natürlich besteht die Gefahr, dass sich im Umkreis der Moscheen eine Parallelgesellschaft bildet, die mit der hiesigen Rechtsordnung nicht vereinbar ist.

Aber was soll denn nun ganz konkret gegen das Erstarken der AfD unternommen werden? Hier begibt sich Steinmeier auf einen sehr gefährlichen schmalen Pfad (Seite 45) und ist geradezu absturzgefährdet:

*Wir zitieren in der Bundesrepublik oft die Lehre, die Demokratie müsse wehrhaft sein und dürfe ihren Feinden nicht auch noch die Waffen in die Hand geben, mit denen Freiheit, Menschenwürde und Rechtsstaat zerstört werden. Dabei denken viele an das Verbot extremistischer Parteien. Die Wehrhaftigkeit der Demokratie findet jedoch heute ihren Anwendungsfall bereits dort, wo bei der Entwicklung, Programmierung und Anwendung digitaler Technologie unsere Grundrechte infrage stehen.*

Und jetzt kommt es:

*Wir brauchen eine klügere und auch durchgriffsschärfere Regulierung der sozialen Medien, die durch demokratische Verfahren legitimiert ist. Wir brauchen Anwendungen, die KI-generierte Inhalte identifizieren und markieren.*
*Was einmal programmiert wurde, kann neu programmiert werden. Wir sollten uns zutrauen, das Programm zu ändern.*

Hier kommt Steinmeier in bedenkliche Nähe zu der von Böckenförde beschworenen Gefahr, dass eine freiheitliche Ordnung sich selbst aufgeben könnte, indem sie nach und nach einzelne Freiheitsrechte aufhebt. Dass diese *durchgriffsschärfere Regulierung* demokratisch legitimiert werden müsse, macht hier keinen Unterschied: Wenn die etablierten alten Parteien gemeinsam ein entsprechendes Gesetz beschließen, ist dies immer noch eine verfassungswidrige Vorzensur, denn bestimmte Inhalte sollen identifiziert und markiert werden, offenkundig, um sie streichen. Natürlich würde die AfD beim Bundesverfassungsgericht gegen ein solches Gesetz klagen, und es könnte gut sein, dass sie damit Recht bekommt.

Im August 2024 hat das Bundesverwaltungsgericht das Verbot der rechtslastigen Zeitschrift *Compact* zunächst (bis zur Hauptverhandlung) als unverhältnismäßig aufgehoben. Zwar gebe es Bedenken, aber das Recht auf Pressefreiheit wiege in diesem Fall stärker. Da hat die rechte Szene natürlich triumphiert. In dieser Zeitschrift waren dem deutschen Panzergeneral Erwin Rommel Mut, Genie und Fairness zugesprochen worden. Na und? Dies galt als belastend und sollte mithelfen, das Verbot zu rechtfertigen. Diese Bewertung von Rommel muss nicht jeder teilen. Aber gefährdet sie unsere freiheitliche Ordnung und sollte deswegen verboten werden? Und gleich die ganze Zeitschrift, in der das steht? Die Ministerin Nancy Faeser hat sich womöglich ohne gründliche Prüfung von einem allgemeinen Widerwillen leiten lassen: Die ganze Richtung passt uns nicht.

Zu Artikel 5 des Grundgesetzes (*Jeder hat das Recht, seine Meinung in Wort, Schrift und Bild frei zu äußern und zu verbreiten ...*) stellt der Kommentar (von Münch/Kunig) fest: *Die Bedeutung der Grundrechte des Art. 5 ist evident. Das Grundrecht auf freie Meinungsäußerung ist „als unmittelbarster Ausdruck der menschlichen Persönlichkeit in der Gesellschaft eines der vornehmsten Menschenrechte", es ist „in gewissem Sinn die Grundlage jeder Freiheit überhaupt".* Die Frage, in welchem Medium die Meinung verbreitet wird (Zeitung, Flugblatt, Internet) ist hierfür ohne Belang.

Außerdem wäre eine solche Vorzensur, gegen die AfD gerichtet, auch strategisch sehr ungeschickt, denn hierdurch würde das ständige Argument der populistischen Parteien bestätigt, wir lebten nur scheinbar, nur angeblich, in einer freien Demokratie und in Wirklichkeit in einer Diktatur, in der abweichende Meinungen ebenso nicht zugelassen und verfolgt würden wie seinerzeit in der DDR oder im Naziregime.

Steinmeier führt auf Seite 97 seines Buches aus, wie er die Legitimation der Bundesrepublik und der Demokratie gesichert sieht. Er bemerkt über die ersten Jahre dieses Staates:

> *Die Integration Westdeutschlands in die europäischen Märkte ... geschah mit einem atemberaubenden Tempo. Der Zufluss von Kapital, Rohstoffen und Verbrauchsgütern, die Freigabe der Marktwirtschaft in Kombination mit der Leistungsfähigkeit der Unternehmen verbesserten rasch die Versorgung der Bevölkerung und stärkten die Legitimation des neu entstehenden Staates. Die Bundesrepublik war eben ganz wesentlich auch ein wirtschaft-*

*liches Erfolgsmodell, das Demokratie und Wohlstand verbinden wollte und konnte.*

Das Wort *Wohlstand* kommt in Steinmeiers Buch 15-mal vor, dieses scheint also essenziell zu sein. Die Wirtschaft habe großen Wohlstand erreicht (Seite 15), es gelang uns, auch in Wirtschaftskatastrophen Wohlstand zu bewahren (Seite 14), ein wachsender Wohlstand sollte zugleich die Demokratie weiter verbreiten und verwurzeln (Seite 16), die Marktwirtschaft versprach neuen Wohlstand (Seite 16), Deutschland ist stark nicht durch Waffen, sondern durch wirtschaftlichen Wohlstand (Seite 17), im Osten war der Glaube an Fortschritt von Freiheit und Wohlstand nicht zu erschüttern (Seite 18), die europäische Einbettung schuf stetig wachsenden Wohlstand (Seite 18), die Elektrizität hat Wohlstand in die Arbeiterstuben gebracht (Seite 30), Länder im Globalen Süden wurden in die Lage versetzt, ihren Wohlstand dem von Europa und Nordamerika anzunähern (Seite 30), bei den deutschen und den südeuropäischen Arbeitskräften trugen die einen zum Wohlstand der anderen bei (Seite 98) der gemeinsame europäische Markt versprach gemeinsamen Wohlstand (Seite 98), mit unserem Wohlstand profitieren wir von den globalen Märkten (Seite 103). Würden wir die Grenzen hochziehen, so würden wir ärmer an Wohlstand (Seite 104), der Kohlenbergbau hatte den Arbeitern wirtschaftlichen Wohlstand gebracht (Seite 106). Die Demokratie ist in unserer Gesellschaft tiefer verwurzelt als jemals zuvor in der deutschen Geschichte. Wohlstand und Sicherheit sind auf diesem Fundament gewachsen (Seite 122).

Auf Seite 102 kommt Steinmeier zum Kern deutscher Identität:

*Die Wirtschaftsleistung ist zum Kernbestandteil bundesdeutscher Identität geworden. Sie befriedigte das Bedürfnis nach einem positiven Selbstbild und verlieh Prestige, wo es der schwierige, durch die deutsche Teilung fast unmöglich gewordene politische Begriff der Nation nicht konnte.*

Es dürfte nicht viele Staatspräsidenten weltweit geben, die den Begriff *Nation* so einfach beiseiteschieben und die Identität ihres Staates stattdessen durch die Wirtschaftsleistung definieren, also rein materiell und nicht ideell.

Für unser Problem, weshalb so viele Bürger die AfD wählen, helfen diese Gedanken des Präsidenten nicht weiter, denn diese Partei wird nicht primär von den Armen, aus Mangel an Wohlstand, gewählt. Das Wohlstandsniveau als Garantie für Demokratie und als Legitimation des Staates anzusehen, ist heute aus einem einfachen Grunde völlig untauglich. In der Wirtschaftstheorie ist vom Gesetz des sinkenden Grenznutzens die Rede, was heißen soll: Der empfundene Nutzen einer zusätzlichen Einheit ist umso geringer, je mehr man schon hat. Eine Flüchtlingsfamilie, die gezwungen ist, in einem einzigen Zimmer zu wohnen, wird ein zweites als große Erleichterung empfinden, auch noch ein drittes. Aber wer eine Villa mit zwanzig Zimmern hat, wird ein zusätzliches Zimmer eher nur am Rande vermerken. Ein Rentner, dessen Rente von 500 auf 600 Euro pro Monat erhöht wird, ist endlich nicht mehr gar so knapp dran. Einer, der 5.000 Euro pro Monat verdient, wird hingegen eine Erhöhung um 100 Euro nicht zum Anlass zur Änderung seines Lebensstils nehmen.

Dieses Gesetz des sinkenden Grenznutzens gilt auch für die Gesellschaft insgesamt. Als nach der Währungsreform 1948 die damals so genannte schlechte Zeit vorbei war und ein seinerzeit ohne jede Ironie so genanntes Wirtschaftswunder einsetzte, wurde dies mit großem Aufatmen begrüßt. Man dankte es dem neuen Staat und konkret der CDU. Heute hingegen ist längst ein Massenwohlstand erreicht, und die Regierungsparteien werden nicht mehr danach gewählt, ob sie den Wohlstand noch ein weiteres bisschen vermehren. Im Gegenteil führt die allseits vollständige Ausstattung zu allerlei Problemen, zum Beispiel zu der Frage: Was soll man Euch noch zum Geburtstag schenken? Ihr habt doch schon alles! Unmengen von Textilien, kaum oder gar nicht benutzt, gehen in die Kleiderspende. Ist wegen eines Todesfalles ein Haushalt aufzulösen, so werden schöne alte Möbel, Tischlerarbeiten der Jahrhundertwende, zum Sperrmüll auf die Straße gestellt, und vieles

Gutes und Heiles geht in den Müllcontainer, weil jedermann die Regale schon voll hat.

Zudem macht ein weiteres Wachstum Unbehagen, weil immer mehr Rohstoffe und Regenwald verbraucht werden und die Emissionen weiter steigen. Der Wohlstand dient längst nicht mehr der Legitimation. Angesichts des Krieges in unserer Nachbarschaft wurde 2024 in der früheren DDR eher eine der beiden neuen Parteien gewählt, die versprechen, Frieden zu schaffen und daher eine weitere Lieferung von Waffen an die Ukraine ablehnen. Nach dem Wort *Frieden* hingegen muss man in Steinmeiers Buch lange suchen.

In Sachen des offensichtlich völkerrechtswidrigen und sich – aus russischer Sicht – unerwartet lang und zäh hinziehenden Krieges mit der Ukraine macht Steinmeier (Seite 20) auf einen bisher nicht beachteten Aspekt aufmerksam:

*Zu den Rückwirkungen gehört auch die moralische Katastrophe, in der sich die Russen wiederfinden. Der Krieg radikalisiert das Moskauer Unrechtsregime: Dieses verstrickt eine zum Teil fanatisierte, zum Teil paralysierte russische Gesellschaft in eine Schuld von historischen Ausmaßen.*

Ist das so? Finden sich Russen in dieser moralischen Katastrophe wieder? Oder meinen wir nur unsererseits, sie müssten sich dort wiederfinden?

Aus russischer Sicht ist es sehr enttäuschend, dass deren Einflussbereich nach 1945 zunächst bis zu uns, zur Elbe, reichte und sich nach und nach immer mehr mittelosteuropäische Staaten dem Westen zugewandt haben. Aus russischer Sicht ist die Ukraine kein souveräner Staat, sondern ein integraler Bestandteil Russlands. Vermeintlich versucht der Westen, auch noch diesen Bereich aus der russischen Sphäre herauszubrechen, und dagegen müsse Russland sich wehren.

Wer sich diese Sicht zu eigen macht, und dies tut entsprechend der dortigen Propaganda anscheinend die Mehrheit der Russen, findet sich wohl kaum in einer moralischen Katastrophe wieder. Eine solche findet sich eher bei uns.

Nach dem Verständnis unseres Bundespräsidenten Frank-Walter Steinmeier sind *Wir*, die Deutschen, nicht ein Volk oder eine Nation, sondern nur eine Gemeinschaft von Schuldigen, zusammengehalten und legitimiert nicht beispielsweise durch das Streben nach Frieden und Völkerrecht, sondern allein durch den Wohlstand, den Konsum. Ein über das rein Materielle hinausgehendes Ideal, ein Sinn oder eine positive Identität werden nicht genannt. Insofern wirkt es merkwürdig, wenn extremistischen Vereinigungen vorgeworfen wird, sie würden den Staat und seine Institutionen delegitimieren. Ebendies besorgt schon das Staatsoberhaupt.

# KAPITEL 5

## Das Lied der Deutschen

In einem normalen Staat legitimiert sich seine Führung, indem sie an eine ehrenvolle Geschichte anknüpft und diese fortführt. Dabei wird zugestanden, dass es auch Krisen, Umbrüche, verlorene Schlachten und schwache Herrscher gegeben habe, aber insgesamt habe das Gute, Brauchbare und vor allem Ehrenvolle gesiegt, und in diesem Geiste solle jetzt fortgefahren werden. Überall im Lande ist, zumal am Nationalfeiertag, die Flagge zu sehen. Es gibt Denkmäler der Nationalhelden, und bei den Feiern zum nationalen Feiertag werden die ehrenvollen Traditionen und ihre Helden ins Gedächtnis gerufen, deren respektvoll gedacht wird. Und die Hymne wird gesungen.

Mit der Suche nach einer Nationalhymne als eines einigenden Symbols des Landes hat sich der westliche Teil Deutschlands nach 1945, in der Besatzungszeit, allerdings sehr schwergetan. Die rund 2.000 unaufgefordert aus der Bevölkerung eingereichten Vorschläge erlauben einen tiefen Blick in die Gemütslage der Zeit: Mit welcher Melodie, mit welchen tiefsinnigen Grundgedanken wollen wir den neuen Staat beginnen?

Am 26. August 1841 hatte Hoffmann von Fallersleben (1798 bis 1874), in Deutschland als Linker verfolgt, sich auf die damals britische Insel Helgoland gerettet und dichtete dort das *Lied der Deutschen* als eines der damals üblichen Wein- und Trinklieder:

*Deutschland, Deutschland über alles,*
*Über alles in der Welt.*
*Wenn es stets zu Schutz und Trutze*
*Brüderlich zusammenhält.*
*Von der Maas bis an die Memel,*
*Von der Etsch bis an den Belt –*

*Deutschland, Deutschland über alles,*
*Über alles in der Welt!*

*Deutsche Frauen, deutsche Treue,*
*Deutscher Wein und deutscher Sang*
*Sollen in der Welt behalten*
*Ihren alten schönen Klang.*
*Uns zu edler Tat begeistern*
*Unser ganzes Leben lang –*
*Deutsche Frauen, deutsche Treue,*
*Deutscher Wein und deutscher Sang!*

*Einigkeit und Recht und Freiheit*
*Für das deutsche Vaterland!*
*Danach lasst uns alle streben*
*Brüderlich mit Herz und Hand!*
*Einigkeit und Recht und Freiheit*
*Sind des Glückes Unterpfand –*
*Blüh' im Glanze dieses Glückes,*
*Blühe, deutsches Vaterland!*

Dieser Text erregte den Unwillen der preußischen Obrigkeit, denn jetzt, zur Zeit des Deutschen Bundes, sollte nicht zur nationalen Einheit aufgerufen werden. Dieser von 1815 bis 1866 bestehende Bund ohne eigene Entscheidungsgewalt war nur ein loser Gesandtenkongress von 34 Mitgliedern, die alle auf ihre Souveränität pochten. Die geografischen Angaben (Maas, Memel, Etsch, Belt) beziehen sich auf die Außengrenzen des Deutschen Bunds. Außerdem wurde angeblich mit den Worten *Einigkeit und Recht und Freiheit* der Schlachtruf der Französischen Revolution (Freiheit, Gleichheit, Brüderlichkeit) aufgerufen. Noch schlimmer: Hier wurde demokratisch gedacht, nicht aristokratisch! Hoffmann wurde durch das preußische Kultusministerium aus dem Lehramt entfernt und aus diversen Städten ausgewiesen.

Sein Lied wurde 1922 von Reichspräsident Friedrich Ebert zur Nationalhymne erklärt. Nach dem Sieg der Alliierten 1945 wurde es verboten, weil die ersten beiden Zeilen (Deutschland, Deutschland über alles, über alles in der Welt) irrtümlich als Zeichen eines nationalen Größenwahns gedeutet wurde, als wolle Deutschland über alles die ganze Welt, herrschen. Tatsächlich sollte dies nur heißen: Wir lieben Deutschland über alles in der Welt. Außerdem verweisen die dritte und vierte Zeile (wir sollen zu unserem Schutz brüderlich zusammenhalten) eher auf einen defensiven Charakter. Aber die Nazis hatten vorweg das Horst-Wessel-Lied singen lassen, das mit den Zeilen anhebt:

*Die Fahne hoch!*
*Die Reihen fest dicht geschlossen!*
*SA marschiert*
*Mit ruhig festem Schritt*
*Kam'raden, die Rotfront und Reaktion erschossen,*
*Marschier'n im Geist*
*In unser'n Reihen mit.*

Rotfront war der 1924 gegründete Frontkämpferbund der Kommunistischen Partei. Als Reaktion galten Bestrebungen und Organisationen, die hinter einen bereits gesicherten Fortschritt zurückwollten, zum Beispiel zur aristokratischen Gesellschaft mit ihren streng getrennten Ständen und entsprechendem Standesbewusstsein und -dünkel. Dies beanspruchte der Nationalsozialismus aufgehoben zu haben: Es sollte nur noch Volksgenossen geben, natürlich ohne die Juden.

Nach dem Verbot von Hoffmanns Lied der Deutschen als Hymne war Deutschland bis 1952 ohne Nationalhymne, was zumal bei internationalen Kontakten, etwa Sportwettbewerben, zu Verlegenheiten führte, zumal die DDR längst eine Hymne (*Auferstanden aus Ruinen* mit dem Text von Johannes R. Becher) hatte. Der Vorsitzende des Parlamentarischen Rates, Konrad Adenauer, hatte ein altes Studentenlied vorgeschlagen, das bei der feierlichen Verabschiedung des Grundgesetzes gespielt wurde. Es wurde 1820 von Hans Ferdinand Massmann gedichtet und begann:

*Gelübde.*
*Nach der Weise eines Thüringischen Waldliedes.*

*Ich hab mich ergeben*
*Mit Herz und mit Hand,*
*Dir, Land voll Lieb' und Leben,*
*Mein teutsches Vaterland!*

Dies setzte sich jedoch nicht durch, zumal die erste Zeile zu sehr nach Resignation und Aufgabe klang. In der hymnenlosen Zeit der Bundesrepublik zwischen Spätsommer 1949 und Mai 1952 erreichten unaufgefordert fast 2.000 Vorschläge für eine neue Hymne die Bundeshauptstadt, meist an den Kanzler adressiert. Hier malte eine gefühlsstarke Gemeinschaft Panoramabilder einer vergangenen, heilen Welt. Darin waren die Menschen noch nah bei Gott und dieser bei ihnen. Die Memel war noch deutsch, die Kleinfamilie von Mann, Frau und Kind bildete den Kern der Gesellschaft. Der deutsche Wald war so geheimnisvoll wie zu Joseph von Eichendorffs Zeiten: die romantische Verklärung von Sehnsucht und Gefühl bei gleichzeitiger Flucht aus der politischen Wirklichkeit und den gesellschaftlichen Umbrüchen. Die Deutschen galten wie früher als naturwüchsiges und idealistisches Urvolk von weltgeschichtlicher Bedeutung.

Die Einsender von Vorschlägen zur Nationalhymne gaben sich als leidenschaftliche Antiquare, die unverdrossen historisch lange Linien zogen und dabei das ganze Spektrum der romantischen Farbpalette nutzten, um Vergangenes in Gegenwärtiges hineinragen zu lassen. Einen Aufbau konnte man sich daher nur als Wiederaufbau des Altbewährten vorstellen. Die Moderne wurde nicht zur Kenntnis genommen, alles war gefühlig und nicht intellektuell. Hier wurde auf alte Muster einer Sinnstiftung zurückgegriffen, die gedanklich in die aktuelle Realität verschleppt wurden.

Als die Debatte um die neue Hymne sich quälend lange hinzog, schlug Bundeskanzler Konrad Adenauer dem Bundespräsidenten Theodor Heuss mit Schreiben vom 29. April 1952 die dritte Strophe der früheren Hymne vor, und Heuss folge diesem Vorschlag mit Schreiben vom 2. Mai 1952. Damit war die Sache entschieden. Beide folgten den überraschend starken Beharrungskräften im Volk, und schließlich war das Lied von Reichspräsident Friedrich Ebert als Hymne auserwählt worden. Dieser einfache Schriftwechsel reichte aus. Ein Gesetz oder die Aufnahme ins Grundgesetz, wie bei der Flagge, war nicht notwendig.

Viele Einsender hatten bei ihren Vorschlägen daran gedacht, in der Hymne die Furcht vor einer Bedrohung aus dem Osten und durch den Kommunismus zum Thema zu machen, was aber nicht geschah. In den meisten Bevölkerungskreisen galt der Antikommunismus als Rahmen der gesamten Politik. Dies wirkte in Richtung einer Integration des ganzen Volkes und als Legitimationsgrundlage der jungen Republik. Anfangs forderte die DDR noch eine Wiedervereinigung des ganzen Volkes, natürlich unter ihrer Ideologie, das heißt als Diktat aus Moskau. Welcher von den beiden deutschen Staaten im Wettlauf siegen werde, war noch lange nicht absehbar. Adenauer, als listiger Fuchs bekannt, entwickelte jedoch schon damals ahnungsvoll eine Magnet-Theorie: Der westliche freiheitliche Staat, die Bundesrepublik, müsse eine solche Anziehungskraft entwickeln, dass zunächst lauter einzelne Leute und später der ganze östliche Staat herübergezogen würden.

## Ein Feiertag

In Deutschland sind Flagge und Hymne relativ selten zu sehen und zu hören. Der Feiertag, 3. Oktober, ist als Tag der Deutschen Einheit im Einigungsvertrag zwischen Bundesrepublik und DDR festgeschrieben, weil die Einheit am 3. Oktober 1990 in Kraft trat. Der Nationalfeiertag erinnert also nicht an eine nationale Tradition, sondern an ein einmaliges Ereignis. Vorher war der 17. Juni der Feiertag zur Erinnerung an den Volksaufstand in der DDR vom 17. Juni 1953 – insofern für den westlichen Teil Deutschlands ein etwas skurriler Feiertag, als das Ereignis gar nicht in Westdeutschland stattgefunden hatte, sondern in Ostdeutschland. Es war ebenfalls ein einmaliges Ereignis und begründete keine Tradition. Der Nationalfeiertag der DDR (Erinnerung an die Gründung am 7. Oktober 1949) hat sich durch die Auflösung des Staates erledigt.

Ebenfalls an ein einmaliges Ereignis, in diesem Falle den Einfall in ein fremdes Land und das nachfolgende Beiseitedrängen der seit Jahrtausenden einheimischen Bevölkerung, erinnert der Nationalfeiertag in Australien: Am 26. Januar 1788 landete das erste Schiff mit britischen Gefangenen.

In Frankreich hingegen wird an den 14. Juli 1789 erinnert: der Sturm auf die Bastille und damit der Beginn der großen Revolution mit den Schlagworten Freiheit, Gleichheit und Brüderlichkeit und dem Ende des Absolutismus, also ein Arrangement von Grundwerten, die bis heute tragen. Dieser Charakter eines Nationalfeiertages, die Proklamation von überzeitlichen Werten, ist in der Unabhängigkeitserklärung der USA noch stärker ausgeprägt. In einer zeitgenössischen Übersetzung:

*Im Congreß, den 4ten July, 1776.*

*Eine Erklärung durch die Repräsentanten der Vereinigten Staaten von America, im General-Congreß versammlet.*

*… Wir halten diese Wahrheiten für ausgemacht, daß alle Menschen gleich erschaffen worden, daß sie von ihrem Schöpfer mit gewissen unveräusserlichen Rechten begabt worden, worunter sind Leben, Freyheit und das Bestreben nach Glückseligkeit. Daß zur Versicherung dieser Rechte Regierungen unter den Menschen eingeführt worden sind, welche ihre gerechte Gewalt von der Einwilligung der Regierten herleiten; daß sobald eine Regierungsform diesen Endzwecken verderblich wird, es das Recht des Volks ist sie zu verändern oder abzuschaffen und eine neue Regierung einzusetzen, die auf solche Grundsätze gegründet …*

Genau hiervon ging auch der Parlamentarische Rat bei der Abfassung des Grundgesetzes aus: Den Ausgangspunkt bilden die Würde und die hieraus folgenden Grundrechte eines jeden Menschen. Der Staat hat keine eigene Würde, sondern ist nur eine zweckgerichtete Organisation, um allen Menschen die Entfaltung dieser Rechte zu ermöglichen. Nur hierauf beruht seine Legitimation, die sich in der Demokratie, in regelmäßigen Wahlen ausdrückt. Diese Legitimation kann ausdrücklich mit der Folge eines Regierungswechsels auch verfehlt werden.

Das augenblickliche Problem Deutschlands ist mithin nicht so sehr, dass aus dem Nichts plötzlich eine als rechtsextrem betrachtete, populistische Partei erstarkt, sondern dass womöglich die jetzt regierenden Parteien und damit der jetzige Staat in bedeutendem Umfang das Vertrauen des Volkes und damit ihre Legitimation verfehlt haben könnten. Die 2024er Landtagswahlen in Thüringen, Sachsen und Brandenburg waren Triumphe für die AfD und für das Bündnis Sahra Wagenknecht, jedoch ein Desaster, eine Katastrophe für die drei Parteien der Berliner Ampel-Regierung. Diese Wahlergebnisse hatten nicht nur landespolitische Bedeutung, sondern galten auch als Meinungsprobe für die Bundespolitik, zumal der Wahlkampf weitgehend mit Bundes-Themen, zumal der Außenpolitik und dem Ukraine-Krieg, geführt worden war. Nur eine kleine Minderheit hatte anscheinend Vertrauen in die Regierungsparteien. Die Partei des Bundeskanzlers, die SPD, hatte sogar befürchten müssen, unter die 5-Prozent-Grenze zu sinken. Die FDP, die Partei des Bundesfinanzministers Christian Lindner, landete mit 1 (einem!) Prozent unter den Sonstigen.

Unter diesen Umständen hätte ein Ruf nach einem Verbot der AfD wie der Hilferuf eines Ertrinkenden gewirkt. Denn bei einem solchen Verbot würde nur ein Zeichen für eine Grundlagenkrise, ein Symptom, bekämpft. Stattdessen müsste geklärt werden, warum so viele Bürger das Vertrauen in Staat und Politik verloren haben und wie eine überzeugende Legitimationsgrundlage aussehen könnte. Das hört sich nach einer gewaltigen Aufgabe an. Eine solche Debatte ist aber unvermeidlich. Die große Frage ist, von wem diese Grundsatz- und Generaldebatte ausgehen und wer sie führen sollte. Denn sie müsste ähnlich wie die

Kulturrevolution von 1968 alles kritisch infrage stellen, was bis dahin als festes Fundament galt, und alle bisherigen Selbstverständlichkeiten überprüfen.

## Eine Grundlagendebatte

Sollten die bestehenden Parteien, die jetzigen Staatsorgane und die intellektuelle Szene zu einer solchen Grundlagendebatte in der Lage sein oder sie wenigstens anstoßen können? Es scheint nicht so. Denn nach dem Wahldesaster der drei Regierungsparteien 2024 gab es bei diesen keinerlei kritische Besinnung, sondern es wurde einfach weitergemacht wie bisher, als sei nichts geschehen. Vielmehr wurde wie bisher fortgefahren, im Tagesbetrieb fleißig ein Vorhaben nach dem anderen abzuarbeiten.

Es steht daher zu befürchten, dass die unumgängliche Grundlagendebatte als Anstoßgeber, als Herausforderer die *Alternative für Deutschland* und das *Bündnis Sahra Wagenknecht* benötigt. Diese beiden Parteien werden allseits als Populisten beschimpft. Sie selbst betrachten sich als Demokraten, weil sie die Impulse aufnehmen und ansprechen, die offensichtlich das Volk bewegen. Wenn diese beiden Formationen die Generaldebatte anstoßen und führen sollten, stellt sich die Frage, ob wir ganz nach rechts wegkippen, wie allseits befürchtet, oder ob, wie nach der 1968er Kulturrevolution, die Neigung zu demokratischen und rechtsstaatlichen Formen stark genug ist, ein neues stabiles Gleichgewicht zu finden. Bei dieser Generaldebatte würde es um die Identität gehen: Wer wir sind, wer wir sein wollen, was wir für wertvoll halten, wohin wir die Kinder erziehen und wozu es die deutsche Nation überhaupt gibt – angefangen bei der Frage, ob wir das Wort *Nation* überhaupt in den Mund nehmen dürfen oder aus Furcht, die Nachbarn könnten einen neuen deutschen aggressiven Nationalismus aufziehen sehen, lieber vermeiden sollten.

Eine solche Debatte wird allerdings dadurch sehr erschwert, dass bei uns immer und immer wieder an den Holocaust und die Naziverbrechen erinnert wird, sodass wir uns und vor allem auch dem Ausland einreden, dergleichen liege in unserem Nationalcharakter, sei der Tiefe des deutschen Gemüts oder vielmehr Ungemüts eingeboren und könne deshalb jederzeit wieder passieren. Diese Schuldfixierung macht es uns zudem unmöglich, uns wirklich, von Herzen, mit dem Grundgesetz zu identifizieren, mit dem wir doch bisher 75 Jahre lang sehr gut gefahren sind. Denn einem, der sich als geborener Verbrecher betrachtet, kann dieses Gesetz nur als fremd, als aufgesetzt und als nur zeitweilig gültig erscheinen. Diese Fixierung macht auch eine unbefangene Debatte über nationale Interessen unmöglich.

Es heißt, ein Verbrecher habe oft den Drang, noch einmal an den Ort des Verbrechens zurückzukehren. Aber es gibt wohl kaum einen, der alljährlich mehrmals an diesen Ort zurückkehrt und dies auch von seinen Kindern, Enkeln und Urenkeln verlangt. Eines Tages fragt jemand, was das eigentlich jetzt noch soll und ob wir uns jetzt nicht endlich vernünftig unterhalten könnten.

Die bisherigen Wahlergebnisse von 2024 deuten mithin in die Richtung, dass den etablierten Kräften eine solche inzwischen unausbleibliche Tiefenbesinnung eher nicht zugetraut wird. Es müsste sich um eine fundamentale Selbstkritik handeln, und hierzu ist keiner bereit. Auf die verheerenden Wahlergebnisse wurde überwiegend einfach geantwortet: Fortfahren wie bisher, denn wir wissen ja, dass wir richtig liegen. Wir müssen lediglich unseren Standpunkt nachdrücklicher vertreten und verständlicher erklären! Und die Grünen sind selbstverständlich nicht bereit, vom hohen Ross ihrer moralischen und intellektuellen Überlegenheit, sprich Überheblichkeit, herunterzusteigen. Wenn das Volk zu dumm ist, die grünen Wahrheiten zu verinnerlichen – umso schlimmer für das Volk! Daher entschieden sich zahlreiche Wähler für die neuen Parteien mit der Gnade des unbefangenen Neuanfangs ohne die eingeschliffenen Redensarten und üblichen Worthülsen. In Thüringen zeigte man sich maßlos darüber erleichtert, dass die Grünen den

Wiedereinzug in den Landtag verpasst hatten, und in Sachsen waren sie immerhin von 8,6 auf 5,1% geschrumpft worden.

In einer solchen Grundsatzdebatte stellen sich mehrere Teilaufgaben, jede schwer genug zu bewältigen.

## Die Vergangenheit

In der Geschichtspolitik müsste es darum gehen, an die Stelle einer ausschließlich negativen Identität (Deutschlands Schuld am Holocaust) endlich eine positive Identität zu setzen, natürlich nicht im Sinne eines Schlussstrichs, sondern ergänzend und allmählich ersetzend. Das Dritte Reich und unsere namenlose Schuld wären dann aus einer verpflichtenden Gegenwart in eine abgeschlossene Vergangenheit zu versetzen – von der Zeitgeschichte, die gewöhnlich mit dem letzten noch lebenden Zeitzeugen endet, in die allgemeine Geschichte. Es gibt ein Trauerjahr, in schlimmsten Fällen auch ein Trauerjahrzehnt, aber nicht ein Trauerjahrhundert. Eines Tages müssen wir zum Normalbetrieb übergehen und uns dessen bewusstwerden und erinnern, was wir in den vor dem Dritten Reich vergangenen Jahrhunderten und nach dem Dritten Reich Positives entwickelt haben, vor allem in der Entwicklung in Richtung einer freiheitlichen Demokratie und eines Rechtsstaats.

Zum Nationalsozialismus gibt es eine außerordentlich umfangreiche Gedenkstättenkultur. Immer wieder und mit allen museumspädagogischen Mitteln werden die damaligen Gräueltaten warnend hergezeigt und in Erinnerung gerufen.

Auch die zeithistorische Forschung hat sich des Themas angenommen, wie der Nationalsozialismus an die Macht gelangen konnte und was damals im Einzelnen geschehen ist. Hierzu gibt es zahlreiche einschlägige Veröffentlichungen. Der Rowohlt Verlag stellte sein Buch *Der NS-Staat* von Ian Kershaw 2023 mit den Worten vor:

*Die Literatur zum Nationalsozialismus und zum Holocaust füllt ganze Bibliotheken, und selbst Fachleuten fällt es schwer, einen Überblick zu wahren. Diese unübersichtliche Situation stellt sich dank der Arbeit des britischen Sozialhistorikers und Hitler-Biografen Ian Kershaw verändert dar. Sein Buch ... ist ein Wegweiser durch das Bücherdickicht zum Ursprung und Wesen des Nationalsozialismus.*

Es gibt also so viele Bücher über diese Zeit, dass in weiteren Büchern ein Weg durch das Bücherdickicht gezeigt werden muss, um endlich zu dessen Wesen vorzudringen. Damit ist jedoch noch keineswegs der logische Endpunkt erreicht, sondern es ist damit zu rechnen (oder zu befürchten), dass noch unabsehbare viele weitere Bücher hierzu erscheinen, beispielsweise wenn in jeder einzelnen Region Deutschlands alle dort verfügbaren Quellen ausgewertet werden. 2024 erschien von dem Historiker Henning Müller das Werk *Die völkische Bewegung und der Aufstieg des Nationalsozialismus im Elbe-Weser-Raum (1918–1933)* mit einem Umfang von 1.424 Seiten mit 344 Abbildungen. Dr. Bernd Kappelhoff, ehemaliger Präsident des Niedersächsischen Landesarchivs, stellte fest: *Keine Region in Deutschland verfügt über ein derartiges Standardwerk. Der Elbe-Weser-Raum steht damit an der Spitze der Forschungstätigkeit zu diesem Bereich.* In dem Buch erkennt der Autor in der damaligen völkischen Bewegung den Nährboden für den Aufstieg der Nationalsozialisten. Ja, so war es wohl.

Demgegenüber wird die Gründungsgeschichte der Bundesrepublik so gut wie nirgendwo behandelt, obwohl wir auf das Grundgesetz und seine Vorgeschichte stolz sein könnten. Zum Beispiel gibt es eine umfangreiche Fremdenverkehrs- und Besichtigungswerbung für das Schloss Herrenchiemsee. Nirgendwo wird daran erinnert, dass hier vom 10. bis 23. August 1948 ein Verfassungskonvent stattfand, der die maßgeblichen Grundlagen für das spätere Grundgesetz schuf.

Das neue Buch über den Elbe-Weser-Raum ist sicherlich zur Heimatgeschichte sehr wertvoll und bietet umfassende Informationen, trägt allerdings wiederum dazu bei, die gesamte Geschichte dieser Region auf dieses ein Thema zu reduzieren. Nach dem Ende der NS-Zeit 1945 ist anscheinend nichts Bedeutendes mehr geschehen. Niemanden interessiert, ob und wie sich hier in diesem Bezirk die damals entscheidende Weichenstellung zwischen den beiden genau gleich großen Blöcken (bürgerlich oder sozialistisch) mit dem äußerst knappen Sieg der bürgerlichen Seite darstellte – obwohl dies doch die politische Grundlage und überhaupt die Lebensgrundlage der nachfolgenden Generationen wurde.

Es zählt allein die negative Erinnerung, die Warnung vor einem anscheinend jederzeit möglichen neuerlichen Absturz. Wir wissen vor lauter Schuldbewusstsein nicht mehr, was wir wert sind und worauf wir stolz sein können. Umso lebhafter ist die Furcht vor Einwanderern aus anderen Kulturkreisen, namentlich dem Islam, die mit einer festen Glaubensgrundlage zu uns kommen und womöglich in das hiesige Werte-Vakuum eindringen könnten. Es könnte sein, dass in der Kölner Zentral-Moschee inniger gebetet wird und mehr los ist als im Kölner Dom, wo mehr besichtigt und fotografiert als gebetet wird. Vielleicht gibt es ja inzwischen Jugendliche, die zwar das Gebäude von außen kennen, aber nicht mehr wissen, welchen Zwecken es einmal diente und die noch nicht einmal mit der Funktion einer Ambo-Anlage vertraut sind: der weit ins Publikum des Kirchenschiffs hineinreichenden Verkündungsplattform, ähnlich heute in den Rock- und Popkonzerten, bei denen ein Steg nach vorn ins Publikum gebaut wird.

Das Hauptproblem der deutschen Geschichte ist offensichtlich der mehrmalige abrupte Regimewechsel, der jedes Mal mit der Verkündung neuer ewiger Wahrheiten und dem Schreddern der vorigen Glaubensbücher verbunden war, im östlichen Teil Deutschlands noch einmal mehr als im westlichen, mit dem Erfolg, dass an gar nichts mehr geglaubt und stattdessen der Staat nur noch als Geldquelle betrachtet wird, als Milchkuh, die man melken kann, aber nicht als Gemeinschaft, der man sich verpflichtet weiß und für die man Opfer bringt. Die Einwohner sehen sich nur noch als Klienten des Staates, nehmen aber am Diskurs, dem gemeinsamen Räsonieren nicht mehr teil, sodass es keine funktionierende Öffentlichkeit mehr gibt, die in einer sozialstaatlichen

Massendemokratie notwendig wäre, um in einer Kontinuität eines liberalen Rechtsstaats zu stehen (Jürgen Habermas). In Frankreich gab es nur einen einzigen solchen Wechsel in einer großen Revolution, in England keinen vergleichbaren Wechsel, sondern ein kontinuierliches Fortschreiben, einen allmählichen Übergang der Macht von der Krone zum Parlament, aber immer mit Beibehaltung der Tradition mit ihren Ritualen und Symbolen.

Der erste Wechsel war allerdings dem gesamten Westen eigen, ist schon einige Zeit her und wird im Evangelium nach Matthäus beschrieben (Kapitel 5, Vers 2):

*Wenn eure Gerechtigkeit nicht besser ist als die der Schriftgelehrten und Pharisäer, so werdet ihr nicht in das Himmelreich kommen.*

Und dort Kapitel 12, Vers 11 und 12:

*Wer ist unter euch, der sein einziges Schaf, wenn es ihm am Sabbat in die Grube fällt, nicht ergreift und es herausholt? Wieviel mehr ist nun ein Mensch als ein Schaf! Darum darf man am Sabbat Gutes tun.*

Es geht nicht um das starre wortwörtliche Befolgen von Gesetzen, sondern vielmehr darum, dass jeder Mensch nach eigener Vernunft abwägt, welchen Werten er folgt.

Der zweite Wechsel kam durch einen allmählichen Glaubensverlust im Zuge der Aufklärung und durch den Wechsel zu einem empirischen Denken im Materialismus: Es sollte nur noch das als real gelten, was man sehen und anfassen kann. Zu diesem Glaubensverlust hat die Theologie maßgeblich beigetragen, indem sie im Wettbewerb mit den anderen Fakultäten der Universität ihre Wissenschaftlichkeit beweisen wollte, indem sie die biblischen Texte in philologischer Perfektion Wort für Wort aus den Herkunftssprachen (Aramäisch, Hebräisch, Griechisch, Latein) bis in die Luther-Übersetzung nachverfolgte. Durch diese philologische Buchstabenklauberei verloren die Texte ihren auffordernden, appellativen Charakter, ähnlich, als wenn bei einem lauten Aufruf mit Trompetensignal im Felde genau die Lautstärke, Tonlage und -höhe des Signals untersucht und darüber der Inhalt vergessen würde, wozu, zu welchem Handeln und Verhalten aufgerufen wurde.

Es liegt nahe, den Nationalsozialismus nicht mehr als verpflichtende Gegenwart, sondern als Geschichte, als abgeschlossenes Kapitel, zu betrachten. Die uns alle verpflichtende Zeitgeschichte würde dann ab 1945 rechnen, also mit der Besatzungsherrschaft und dann der Gründungsgeschichte der Bundesrepublik. Insofern liegt es nahe, die Geschichtsbetrachtung, zumal im schulischen Unterricht, mit dem Kriegsende 1945 zu beginnen: zunächst ein nationales Vakuum, dann in Abgrenzung vom Dritten Reich und im Versuch, in der Debatte zum Grundgesetz die Fehler der Weimarer Verfassung zu vermeiden, zum Beispiel, dass damals die Menschenrechte nur als Fernziel aufschienen anstatt wie jetzt zu Beginn und als ein einklagbares Recht. Die Schüler sollen erfahren und reflektieren, wie und warum das Regelwerk entstand, nach dem wir heute leben und das uns alle heute verpflichtet. Nur so können sie heute ihre Rolle als Staatsbürger sinn- und verantwortungsvoll ausfüllen. Dieses Regelwerk und damit der Entwurf des ganzen Staates waren alles andere als selbstverständlich, vielmehr heiß umstritten, und kluge Leute wie Carlo Schmid haben es entwickelt, teils unter Aufsicht der Amerikaner, teils aber auch auf nationale demokratische Traditionen zurückgreifend. Beim Nachzeichnen dieser Grundlagendebatte gibt es Überraschendes: dass über die Grundrechte kaum reflektiert wurde, sondern hauptsächlich darüber, ob der künftige Staat eher zentralistisch oder föderalistisch eingerichtet werden sollte. Die radikal Linken und die radikal Rechten setzten sich für ein zentralistisches Staatswesen ein: Was einmal richtig ist, ist für alle richtig. Die mittleren Kräfte unter den anwesenden Ländervertretern dachten eher föderal, dezentral, und Bayern lehnte sogar am Schluss das Grundgesetz als nicht genügend föderal ab. Ferner gab es Bedenken, ein verfestigter Staat im Westen werde eine baldige Wiedervereinigung mit dem östlichen Teil verhindern.

# Gegenwart und Zukunft

In der Grundlagendebatte müsste in der Tagespolitik jeweils verdeutlicht werden, wie weit die augenblicklichen Themen nicht nur im Dienste einer Geldverteilung und eines Interessenausgleichs bestehen (Wer am lautesten schreit, bekommt am meisten), sondern im Dienste übergeordneter Werte. Zum Beispiel geht es in der Haushaltspolitik um den Anteil von Investitionen, die auf lange Sicht zum allgemeinen Wohl beitragen, anstelle von Konsumausgaben, die in einer überperfektionierten Sozialpolitik sogleich verzehrt werden. In der Außenpolitik ginge es neben vielen anderen Themen auch darum, zumal gegenüber den USA und Israel, einen gewissen nationalen Aktionsradius zu gewinnen und sich weltweit, so auch gegenüber diesen beiden Staaten, im Sinne des Völkerrechts für ein regelbasiertes Zusammenleben der Völker einzusetzen.

Für die Zukunft sollte nicht ein Sammelsurium jeweils aktuell wechselnder Werte angegeben werden, sondern eine einzige übergeordnete Idee, die morgen und übermorgen ebenso gilt wie heute. Dabei kann es also nicht um Inhaltliches gehen, sondern nur um Verfahren, um Prinzipien des Zusammenlebens, auf deren Grundlage jeweils das Inhaltliche behandelt wird. Marksteine des zeitlos gültigen Verfahrens können nur Menschenwürde, Grundrechte, Demokratie und Rechtsstaat sein, also das Grundgesetz in seinen grundlegenden Prinzipien.

Im Sinne einer schon heute sichtbaren Gefahr für die Freiheit kann es nur darum gehen, die Verantwortung für sein Leben möglichst beim einzelnen Menschen zu lassen, auf dessen Vernunft zu vertrauen, sei sie nun vorhanden oder nicht. Es geht mithin nicht an, in Richtung auf einen totalitären Bevormundungsstaat alle Lebensbereiche umfassend ordnen und lenken zu wollen.

# Der Inlandsgeheimdienst

Eine große Aufgabe der Gesellschaft und der grundlegenden politischen Prinzipien besteht darin, den Staat vor seinen Beschützern zu schützen, also die Verfassung vor dem Verfassungsschutz und den Staat vor dem Staatsschutz. Die vielen Mitarbeiter beim Inlandsgeheimdienst wittern überall Feinde und horchen nach Äußerungsdelikten. Eine freiheitliche Gesellschaft muss es aushalten, dass es an ihren Rändern Irrungen und Wirrungen gibt, dass in einer Kneipe dumme Lieder gesungen werden oder ein dummer Arm erhoben wird, was als Hitlergruß gedeutet werden könnte. Die Sängerin Melanie Müller wurde deswegen Ende August 2024 zu einer Geldstrafe von 80.000 Euro verurteilt, weil sie einen Hitlergruß gezeigt habe. Auf derartige Albernheiten wird heute hypersensibel reagiert, als würde ein neues Drittes Reich eingeläutet, bloß weil irgendjemand irgendwo in missverständlicher Form seinen Freunden zum Abschied winkt. Um eine Strafe von 80.000 Euro einzufangen, müsste normalerweise jemand schon allerlei ernsthaften Schaden anrichten statt einer solchen Albernheit.

Eine Wiederkehr des Nationalsozialismus verhüten zu wollen, indem äußerliche Symbole, Gesten, Lieder, Redensarten und Abzeichen verboten werden, wirkt relativ hilflos und übertrieben.

International einmalig und bei einigem Nachdenken entbehrlich sind daher die Paragraphen 86 und 86a des Strafgesetzbuchs: Mit Freiheitsstrafe bis zu drei Jahren wird bestraft, wer Kennzeichen von ehemaligen nationalsozialistischen Organisationen verbreitet, namentlich Fahnen, Abzeichen, Uniformstücke, Parolen und Grußformen. Hier werden Polizei und Gerichte damit beschäftigt, Provokationen einiger randständiger Wirrköpfe zu ahnden, so als ob diese unsere staatliche Ordnung gefährden könnten. Es gibt am Rande einer Gesellschaft immer einige Menschen, die niemand ernst nehmen, aber auch niemand bestrafen muss. Da könnten wir viel mehr Gelassenheit zeigen und es damit bewenden lassen.

Als ausgesprochen gefährlich darf der neue § 90a des Strafgesetzbuchs gelten:

*Wer öffentlich ... die Bundesrepublik Deutschland ... oder ihre verfassungsmäßige Ordnung beschimpft ... wird mit einer Freiheitsstrafe bis zu drei Jahren ... bestraft.*

In der Bundestagsdrucksache 20/774 vom 17. Februar 2022 erläutert die Bundesregierung auf eine Kleine Anfrage von AfD-Abgeordneten, wie es zu dieser Strafbestimmung kam:

*... werden dadurch Bestrebungen erfasst, die durch ... Verächtlichmachung des auf der freiheitlichen demokratischen Grundordnung basierenden Staates ... geeignet sind, das Vertrauen der Bevölkerung in diese Grundordnung zu erschüttern.*

Bei einer weiten Auslegung dieser Bestimmung, wie in Diktaturen üblich, könnte hiermit jedwede Kritik unterbunden werden, etwa unter einer AfD-Regierung. Denn jede beliebige Kritik an der Grundordnung kann geeignet sein, das Vertrauen der Bevölkerung zu erschüttern. Mithin lässt sich jegliche Debatte um die Grundordnung verbieten. Die Freiheit würde nicht geschützt, sondern abgeschafft. Die allzu wehrhafte Demokratie hätte sich durch einen Rohrkrepierer selbst aufgehoben. Bei einem solchen handelt es sich um eine Granate, die nicht erst im Ziel, sondern schon im Kanonenrohr explodiert, was meist den Tod der Kanoniere zur Folge hat.

Bei allen Geheimdienstlern, aufrichtig um Stabilität Besorgten und den Vertretern einer wehrhaften Demokratie ist anscheinend die Meinung verbreitet, ein Mangel an Vertrauen der Bevölkerung, also an demokratischer Legitimation, ließe sich durch schärfere Gesetze und staatliche Zugriffsmöglichkeiten, durch engere Überwachung jedweder Kommunikation sowie durch Polizei und Gerichte ersetzen. Dabei beweist doch das Ende der DDR das Gegenteil. Der Staatssicherheitsdienst wusste alles über jeden, hat außer Ernsthaftem auch jede Menge von belanglosen Kleinigkeiten aktenmäßig erfasst und ist an dieser Überfülle von Informationen erstickt. Der Dienst wusste das im Dienstplan nicht Vorgesehene, den Zusammenbruch, nicht zu verhindern, sondern im Gegenteil trug die Allgegenwart der Stasi-Überwachung maßgeblich zur Verbitterung des Volkes bei. Die Ideologie war versteinert und steril geworden, weil mit allgegenwärtiger polizeilicher Perfektion jedwede Debatte um die Grundordnung seit Jahrzehnten untersagt und alle innerparteilichen Kritiker eliminiert worden waren.

Jegliches Versagen wurde hierbei personalisiert, das heißt, nicht etwa als systemischer Mangel, sondern als Versagen einzelner Personen dargestellt, mit der Folge, dass niemand mehr Verantwortung für Entscheidungen übernehmen wollte. Als sich zum Schluss eine drängende Volksmenge an den Grenzübergängen staute und Öffnung verlangte, war in der Zentrale in Berlin niemand zu erreichen.

Der Versuch, durch Verbote und Strafprozesse die Macht zu sichern, war schon in wilhelminischer Zeit gescheitert. Es gab zahlreiche Prozesse wegen Majestätsbeleidigung, und die satirische Zeitschrift *Simplicissimus* (Der Einfachste), erschienen ab 4. April 1896, zog führende Texter und Grafiker an und verstand es auch, Thomas Theodor zu gewinnen, der vorher bei der humoristischen Wochenschrift *Fliegende Blätter* als Dackelzeichner beschäftigt war. Der Simpl, wie man das Blatt damals liebevoll leichthin nannte, machte sich auf hohem künstlerischem Niveau gern über den zutiefst reaktionär eingestellten Kaiser und seine alleruntertänigste, kratzfußende Hofgesellschaft lustig und wurde immer wieder verboten, wurde aber durch jedes aufsehenerregende Verbot noch interessanter und wusste hierdurch seine Auflage zu steigern. Aber alle juristischen Hilfsmittel halfen nicht, als der Kaiser zum Ende des Ersten Weltkriegs das Vertrauen des Volkes verlor und abdanken musste.

Ob der jetzige Inlandsgeheimdienst ausreichen wird, den Vertrauensverlust des Publikums auszugleichen oder aber dazu beiträgt, diesen Fehl zu vermehren, steht dahin. Seine Neigung, auch kleinste belanglose Vorfälle und halbgare Äußerungen randständiger Personen aufzugreifen und aktenkundig zu machen, erweckt beinahe die Vermutung, dass er selbst der Stabilität unserer Ordnung nicht traut, wenn sie so einfach zu erschüttern wäre. Oder es handelt sich um einen pedantischen Perfektionismus.

Enttäuschend muss es für die vielen Staatsschützer sein, wenn sie eine Organisation wie die AfD als extremistisch einstufen, dies in der gesamten, einheitlich immer der bisherigen Ordnung verpflichteten Presse ausführlich berichtet wird, aber sich niemand hierdurch beeindrucken und abschrecken lässt. Im Einzelfall könnte sogar das Gegenteil bewirkt werden, wenn nämlich einer meint, die bisherige Ordnung sei so ausgelaugt und die politische Klasse sei so selbstbezogen, dass nur ein radikaler Bruch helfen würde. Bei einer Partei, die offiziell als extremistisch eingestuft worden ist, wähnt er sich daher an der richtigen Adresse, um endlich der Wahrheit und dem Volkswillen Geltung zu verschaffen.

## Die Mehrheitsmeinung in den Medien

Ein zentraler Vorwurf aus AfD-Kreisen geht dahin, die offiziell proklamierte Meinungsfreiheit sei tatsächlich nicht gegeben. Es gebe keine Vielfalt von Meinungen und Standpunkten, wie es in einer freiheitlichen Demokratie selbstverständlich sein sollte, sondern in allen wichtigen Fragen gebe es in allen Medien, den Zeitungen und dem Fernsehen, nur eine einzige, einheitliche Meinung, die dem Volk eingetrichtert werden solle. In den östlichen Bundesländern sieht man sich an die DDR-Verhältnisse erinnert: Es gab nur eine einzige herrschende Ideologie und zu allen in- und ausländischen Ereignissen nur einen einzigen Kommentar. Das Wort *Lügenpresse*, worunter diese Kritik läuft, ist dabei etwas irreführend: Es geht nicht um unzutreffende Tatsachenbehauptungen, also direkte Lügen, sondern darum, dass es zu jedem beliebigen Thema nur eine einzige politisch korrekte Meinung gebe. Die angebliche Vielfalt sei verlogen. Diese Einheitlichkeit, so meint man vor allem in den neuen Bundesländern, werde wie damals von der Regierung gesteuert.

2022 erschien im Verlag S. Fischer, Frankfurt am Main, von Richard David Precht und Harald Welzer das Buch *Die vierte Gewalt – Wie Mehrheitsmeinung gemacht wird, auch wenn sie keine ist.* Die Tatsache, dass dieses Buch auf der SPIEGEL-Bestsellerliste den Platz 1 errang, deutet an, dass hier von einem breiten Publikum ein fundamentales Problem unseres Zusammenlebens gesehen wird. In der Tat kommen gewöhnlich nicht verschiedene Meinungen und Standpunkte zu Wort, sondern nur ein einziger, und es wird suggeriert, nur dieser sei möglich und nur dieser werde von der Allgemeinheit geteilt. Als Beispiel erwähnen die Autoren die Frage, ob Deutschland mehr oder weniger Waffen an die Ukraine liefern solle, um sie im Krieg gegen Russland zu unterstützen. Bei Meinungsumfragen ergibt sich, dass es hier zwei etwa gleich starke Lager dafür und dagegen gibt. In der gesamten Presse gibt es jedoch nur die eine Meinung, dass eine weitere und stärkere Waffenlieferung notwendig sei. Die im Volk tatsächlich vorhandene Meinungsvielfalt wird also nicht abgebildet. Etwa die Hälfte der Zeitungsleser und des Fernseh-Publikums fühlt sich nicht repräsentiert, übergangen. Weil dies immer wieder passiert, ist das Zutrauen zu den Medien in den vergangenen Jahren stark gesunken. Es gibt eine grundlegende Vertrauenskrise. Aus diversen Umfragen wird deutlich, dass reichlich 40% der Bevölkerung die deutschen Medien für nicht glaubwürdig halten und meinen, der Journalismus sei in den vergangenen Jahren schlechter geworden. Die deutsche Berichterstattung über den Gaza-Krieg gilt rund der Hälfte der Bevölkerung als unglaubwürdig, weil sie einseitig israelfreundlich ist. In der Tat gehört für einen Journalisten einiger Mut dazu, israelische Kriegsverbrechen anzuprangern, denn der Vorwurf des Antisemitismus ist immer schnell bei der Hand.

Rund 45% der Bevölkerung geben bei Umfragen regelmäßig an, man dürfe seine Meinung nicht frei äußern, sondern müsse sich, zumal beim öffentlichen Reden, immer in Acht nehmen. Diese misstrauische Haltung strahlt auf den Staat aus, weil dieser vermeintlich die Medien zentral steuert. Gut 40% der Befragten meinen, dass es aus der Politik Vorgaben für die Medien gebe. Selbst wenn dies tatsächlich nicht stimmt, strahlt das Misstrauen in die Medien im Sinne eines Misstrauens gegenüber Staat, Politik und überhaupt dem ganzen System aus. Wenn etwa die Hälfte der Bevölkerung gegen weitere Waffenlieferungen an die Ukraine ist, sich aber in Presse und Politik nicht abgebildet findet, ist es recht naheliegend und nur allzu logisch, dass die AfD und das Bündnis Sahra Wagenknecht gewählt werden, weil diese die andere Hälfte des Meinungsspektrums aufnehmen, natürlich heftig bekämpft von den etablierten Medien und Parteien. Dort heißen sie Putin-Versteher und Russlandfreunde, die auf die dortige Propagandamaschine hereingefallen seien, während es sich in Wahrheit eher um Friedensfreunde handelt, die meinen, weitere Waffen würden den Krieg mit den vielen Todesopfern unnötig verlängern und verschärfen. Und Waffenlieferungen könnten eine weitere Eskalation, schlimmstenfalls den Einsatz von Atomwaffen, provozieren. Diese Befürchtung ist nachvollziehbar und wird offensichtlich auch vom Bundeskanzler geteilt, der sich hier in einem schwierigen Konflikt befindet, aber von der Presse im militaristischen Sinne bedrängt wird.

Im Journalismus gibt es einen grundlegenden Unterschied zwischen der lokalen und der überregionalen Berichterstattung. In der Lokalzeitung, beispielsweise den *Cuxhavener Nachrichten* in Cuxhaven, einer Kleinstadt mit rund 50.000 Einwohnern, muss ein Journalist stets damit rechnen, dass zumindest einige der Leser bei dem Ereignis, über das berichtet wird, selbst dabei waren. Sie können sich also aus eigenem Erleben ein Urteil bilden und dies mit dem Bericht in der Presse vergleichen. Wird einseitig berichtet, so hagelt es sogleich empörte Telefonanrufe oder Leserbriefe. Durch die stete Kontrolle seitens der anwesenden Betroffenen wirkt die Lokalzeitung relativ glaubwürdig und hat entsprechendes Vertrauen.

In den überregionalen Medien hingegen hat der Leser, zumal bei Berichten aus dem Ausland und in der Berichterstattung über die Kriege in der Ukraine und im Gaza-Streifen, gewöhnlich nicht die Möglichkeit, die Beiträge aus eigenem Erleben zu korrigieren. Er ist auf die Presse angewiesen und möchte dieser gern vertrauen. Die Demokratie besteht nicht nur darin, dass jedermann bei den regelmäßigen Wahlen sein Kreuzchen machen darf, wo es ihm gefällt. Sondern Demokratie ist nicht möglich, ohne eine funktionierende Öffentlichkeit, die den Einzelnen in die Lage versetzt, autonom zu entscheiden und zu handeln, so bemerkte es schon Thomas Meyer (*Mediokratie – Die Kolonisierung der Politik durch das Mediensystem,* Suhrkamp Verlag, 2001). Er entwirft ein Idealbild:

> *Das Leitbild des Beitrags der Massenmedien zur demokratischen Kommunikation ist eine umfassende und ausgewogene Berichterstattung, Sachlichkeit und gegenseitige Achtung, Wahrheitstreue in Inhalt, Stil und Formen der Wiedergabe sowie eine Präsentationsweise, die allen Bürgerinnen und Bürgern die Teilnahme an der öffentlichen Kommunikation ermöglicht.*

Die Medien sind für die Legitimation des Staates deshalb so wichtig, weil der Bürger sich nicht danach richten kann, was tatsächlich geschieht und weshalb, sondern nur danach, was ihm die Massenmedien hiervon berichten. Das Vertrauen zum Staat wird immer erst über ein Vertrauen zu den Medien vermittelt. Es ist, als sei ein großes Grundstück von einer hohen Mauer umgeben, sodass der einzelne Bürger keine Möglichkeit hat, das Geschehen drinnen zu beobachten und zu beurteilen. Nur einzelne Leute haben eine Leiter, schauen hinüber und berichten uns. Ihnen müssen wir notgedrungen vertrauen. Bricht dieses Vertrauen zusammen, weil wir die Beobachter als voreingenommen und einseitig parteilich erleben, so bricht auch das Vertrauen in die Personen, die in dem ummauerten Grundstück agieren, zusammen: Wir wissen nur, dass wir falsch informiert wurden, wissen aber nicht, was drinnen geschieht, und wenden uns enttäuscht von dem Ganzen ab. Wenn der Bürger meint, es habe wegen der Lügen keinen Sinn mehr, eine Zeitung aufzuschlagen, dann kann er nicht mehr sinnvoll am demokratischen Meinungsbildungsprozess teilnehmen und wählt eine Partei, die verspricht, ihm endlich die Wahrheit zu sagen.

In den medienbestimmten Gegenwartsgesellschaften stellt daher die Kommunikationsweise eine der dominanten Machtstrukturen dar, von der die bestimmenden Einflüsse auf alle übrigen gesellschaftlichen Strukturen und Abläufe ausgehen.

Am 31. August 2023 fand im Rahmen der Deutschen Nationalstiftung eines der jährlichen Weimarer Gespräche statt. Hier trafen sich Politiker, Medienvertreter und die Abteilungsleiterin für wehrhafte Demokratie aus dem Bundesinnenministerium. Wie Kai Unzicker berichtet,

*wurde auch die Frage aufgeworfen, inwieweit politische Eingriffe zur Gestaltung der Medienlandschaft sinnvoll sind. Dabei blieb die Frage offen, wie effektiv es für die Politik sein kann, insbesondere den digitalen öffentlichen Raum durch Regulierung zu kontrollieren.*

*Die Medienvertreter meinten, Journalismus sollte ernsthaft als Verantwortungsträger für die Demokratie, den Rechtsstaat und den gesellschaftlichen Zusammenhalt betrachtet werden.*

Es soll also nicht etwa im Rahmen der Meinungsfreiheit eine offene, unbefangene Debatte geben. Sondern Politik und Ministerium sollen die Debatte gestalten, regulieren und kontrollieren. Die Medienleute, das heißt die Journalisten, wollen nicht etwa neutral und objektiv berichten, sondern betrachten sich als Träger der Verantwortung für die Demokratie, das heißt, für diejenige Demokratie, wie sie gerade heute praktiziert wird und wehrhaft verteidigt werden soll. Insgesamt geht es um eine Volkserziehung: Die Bürger werden als unmündig und verführbar betrachtet und müssen daher immer auf dem richtigen Weg geführt werden.

Das Tragische ist, dass die Medienleute selbst zu der Krise des Vertrauens in die Presse und daher auch in die Politik beitragen, weil die eifrigen und eifernden Journalisten sich anscheinend nicht als Berichterstatter betrachten, sondern als für das Volkswohl Verantwortliche und durch ihre geschlossene, einheitliche Berichterstattung ihre Feinde selbst heranzüchten. Menschen haben jedoch keine Lust, sich von hochnäsigen Schlaubergern erziehen zu lassen. Sie haben längst bemerkt, dass die Zeitungen sich nicht etwa um Objektivität bemühen oder darum, bei kontroversen Fragen beide Seiten zu Wort kommen zu lassen. Stattdessen werden höchst einseitig und voreingenommen einzelne Themen ausgewählt, andere verschwiegen, und bei den ausgewählten Themen wird der Leser immer in eine bestimmte Richtung gedrängt.

Prominentestes Beispiel für eine einseitige Berichterstattung ist die meinungsführende Frankfurter Allgemeine. Hier wird seit Jahr und Tag ausschließlich negativ über die AfD berichtet: Wo es dort Streit gegeben hat, weshalb einer unter Protest ausgetreten ist und so fort. An einem einzigen Tag, 24. Oktober 2024, erschienen drei Negativberichte:

*Kritik an AfD-Antrag zu Bauhaus – Minister nennt Angriff auf Weltkulturerbe „schamlos"*

*Richterin vor Gericht unter Verschwörungsverdacht – Frühere AfD-Abgeordnete Malsack-Winkemann wird befragt*

*AfD-Landtagsabgeordneter Halemba darf in der AfD bleiben ... Dem 23 Jahre alten Landtagsabgeordneten wurde unter anderem vorgeworfen, bei der Listenaufstellung für die (bayerische, U.W.) Landtagswahl zu seinen Gunsten getrickst zu haben ... Der Bundesvorstand teilte nun mit, eine „Mittäterschaft" Halembas habe „nicht hinreichend" bewiesen werden können.*

In dem Antrag zum Bauhaus in Dessau, dessen 100-jähriges Jubiläum ins Haus steht, hatte die AfD die einseitige Glorifizierung des Bauhauses kritisiert, weil dieses zu einem globalen Einheitsbrei in der Architektur geführt habe. In der Tat hat sich weltweit ein einheitlicher Stil durchgesetzt, der streng funktional von seelenlosen, rechteckigen, weißen Würfeln ausgeht. Vorher war der Baustil nach Zeiten und Landschaften ganz unterschiedlich; jedermann konnte sich mit dem traditionellen Baustil seiner Region identifizieren. Es müsste also möglich sein, in

Ruhe darüber zu diskutieren, ob das Bauhaus letztlich verdienstvoll oder verhängnisvoll gewesen sei. Stattdessen wurde dieser Antrag vom Kulturminister als schamlos zurückgewiesen und ging in einer Empörungswelle unter, nicht ohne den Hinweis, dass das Bauhaus seinerzeit von den Nazis geschlossen worden sei. Auch in dieser Frage ist anscheinend, wie in so vielen anderen, nur einziger Standpunkt zulässig.

In dem Dauerfeuer der F.A.Z. gegen die AfD geht es wohlgemerkt nicht etwa um Lügen und Verleumdungen, sondern jeder einzelne Bericht entspricht weitestgehend den Tatsachen. Stattdessen geht es um die Auswahl: Von allem, was in der AfD gesagt wird und geschieht, wird nur die ungünstige Hälfte berichtet. Dementsprechend wird bei den Personen immer wieder auf Problemfiguren wie Maximilian Krah oder Björn Höcke verwiesen, nicht aber auf die Bundesvorsitzenden Alice Weidel und Tino Chrupalla. Weidel hat erfolgreich Volkswirtschaft und Betriebswirtschaft studiert, promoviert und hat mehrjährige Erfahrung in prominenten Unternehmen der Kapitalanlage im Ausland, mit Schwerpunkten in den USA und China. Tino Chrupalla entspricht eher dem Typ des biederen Handwerkers. Er ist Maler- und Lackiermeister, leitet einen entsprechenden kleinen Betrieb und setzt sich vor allem für die Interessen des Handwerks und Mittelstands ein. Von diesen beiden, die für die ganze AfD sprechen, wird seltener berichtet, weil es weniger gibt, über das man sich empören kann.

Die heutige Frankfurter Allgemeine fühlt sich dem Erbe der *Frankfurter Zeitung* verpflichtet, die in der nationalsozialistischen Ära tapfer gegen das Regime kämpfte, deswegen immer wieder drangsaliert und schließlich im August 1943 geschlossen wurde. Damals gehörte viel Mut hierzu, stets unter der persönlichen Gefahr, verhaftet und zum Schweigen gebracht zu werden, mit welchen Mitteln auch immer. Heute hingegen gehört keinerlei Mut dazu, sich gegen alles Rechte zu wenden, im Gegenteil: Es wäre allerlei Mut aufzubringen, an der AfD irgendetwas, und sei es noch so klein, Vernünftiges zu finden oder zu erklären, wieso ein halbwegs vernünftiger Mensch diese Partei wählen kann.

Für ihr Buch *Zeitung für Deutschland: Die Geschichte der F.A.Z.* wirbt ebendiese:

*Die Frankfurter Allgemeine Zeitung prägt seit jeder die großen politischen Debatten der Republik ... Die Zeitung wurde dabei bestimmt von einer steten Auseinandersetzung um die richtige Linie – konservativ oder liberal, avantgardistisch oder traditionsbewusst ...*

Es ging also nie darum, einfach einigermaßen objektiv zu berichten und bei den Kommentaren unterschiedliche Standpunkte zu Wort kommen zu lassen, um den Lesern zu ermöglichen, sich ein eigenes Urteil zu bilden. Sondern es ging immer um eine verpflichtende Linie. Nur diese war umstritten, nicht aber die Tatsache, dass überhaupt eine solche Linie vorgeschrieben war.

Immer wieder ist vom völkerrechtswidrigen Angriffskrieg Putins gegen die Ukraine die Rede. Recht selten war seinerzeit in der deutschen Presse zu lesen, dass die USA im Krieg gegen den Irak 2003 Hunderttausende Iraker getötet haben, dass 4.500 US-Soldaten starben und es für diesen Krieg keinerlei Begründung gab. Der Irak war völlig willkürlich ausgewählt worden, weil nach dem Anschlag auf das World Trade Center vom 11. September 2001 etwas geschehen musste, irgendetwas. Es gab keinen Beweis dafür, dass der Irak etwas mit diesem Anschlag zu tun gehabt hätte.

Die USA betrachteten sich als Weltmacht, kennen aber die anderen Länder der Welt gar nicht. Im Buch *Who are we* (Wer wir sind) von Samuel P. Huntington (Europaverlag Hamburg – Wien) 2004 wird deutlich, dass sie sich nicht nur für das führende und beste Land der Welt halten, sondern dass sie auch erwarten, dass alle anderen sich in ihrer Richtung entwickeln und daher als Noch-nicht-Amerika zu betrachten sind. Mithin ist es sinnlos, sich mit auswärtigen Kulturen und Mentalitäten zu befassen, denn dies sind nur Vorstufen zu den amerikanischen. Zudem obliegen die USA dem Wahn, mit Bomben und Granaten könne man in fernen Ländern fremder Kulturkreise die Demokratie einführen, auch wenn es dort keine entsprechende Tradition gibt und dieser Gedanke abprallt. Entsprechend dem Völkerrecht darf natürlich jedes Volk sich die Verfassung geben, die es für richtig hält. Stattdessen ging es für die US-Soldaten einfach nach dem Motto: Bombardieren, Einmarschieren, Verwüsten, Rausmarschieren und Verkaufsfähiges mitnehmen. Niemand glaubt ernsthaft, dass die USA hiermit sicherer geworden seien. Die meisten deutschen Journalisten kannten die Wahrheit, verabreichten sie aber mit Rücksicht auf unseren NATO-Bündnis-Partner nur häppchenweise.

Bei der AfD hingegen meinen viele Wähler, im Gegensatz zur hiesigen, von den Anhängern dieser Partei sogenannten Systempresse, in der neuen Partei würden endlich mal ungefilterte Wahrheiten ausgesprochen, anstatt ständig in dieselbe Richtung zu drängen.

Precht und Welzer legen in ihrem Buch dar, dass die Tendenz zur Vereinheitlichung der Presse nicht wie vermutet vom Staat kommt, sondern innerhalb der Medien erzeugt wird, weil sich jeder Journalist im Interesse seiner Berufslaufbahn genötigt sieht, sich an die in diesem Milieu herrschende linksliberale Mehrheit anzupassen. Diese hat einen intensiven Chorgeist entwickelt, der alle veranlasst, immer wieder die gleichen Lieder zu singen, und einen ebenso festen Korpsgeist all derer, die wissen, was für Volk und Staat gut ist und die mit unheilbar gutem Gewissen bei jedem Problem in die vermeintlich richtige Richtung deutet. In diesem Milieu kommt Deutsches, Nationalspezifisches gar nicht vor, sondern ist tabu. Nicht ganz zu Unrecht werden sie von den Rechten als antideutsch beschimpft. Während unverändert die Mehrheit aller Deutschen die Bundestagswahl für die wichtigste aller Wahlen hält, mithin der deutsche Staat und die Nation als die wichtigsten Bezugsrahmen, kommt diese im Wertesystem der Presse gar nicht vor, weil der Gedanke an eine eigenständige deutsche Nation als NS-verseucht gilt. Nicht nur in Einzelfragen, sondern insgesamt fühlen sich die Leser und Wähler alleingelassen und wählen dann rechts, obwohl dort angeblich oder wirklich die Dämonen der Vergangenheit umherschweben, jederzeit bereit, wieder in neue starke und gesunde Körper einzufahren. Je einseitiger und damit unglaubwürdiger die Presse berichtet und das Publikum gängelt, desto mehr weicht dieses dem linksliberalen regierungsnahen Gleichklang nach rechts aus.

Wegen der verbrieften Meinungsfreiheit kommt es für Außenstehende oder gar den Staat nicht in Betracht, den geschlossenen Fächer der vereinheitlichten Meinung aufzufalten, um etwas Luftzug fächeln zu können. Niemand kann die Journalisten an einer Selbst-Gleichschaltung hindern. Sie benehmen sich, als befänden sie sich in einer Diktatur, und legen daher für naive Gemüter die Annahme nahe, so wäre es.

Ein Auffalten der geschlossenen Meinungsfächer in dem Sinne, dass auch im Grundsätzlichen divergierende Standpunkte erscheinen könnten, ist von den vorhandenen Blättern und Sendern wegen des hohen internen Anpassungsdrucks kaum zu erwarten. Solches könnte allenfalls von den beiden neuen Parteien ins Werk gesetzt werden. Um den Anspruch zu verdeutlichen, dass die neuen Blätter den bisherigen meinungsführenden Organen auf gleicher Höhe gegenüberstehen, könnte die AfD-Tageszeitung *Erfurter Allgemeine, Zeitung für Deutschland* heißen und eine dickleibige in keinen Briefkasten passende Wochenzeitung des Bündnisses Sahra Wagenknecht hieße *DIE ZEIT mit Sahra*.

Wer sich im Kreise der Journalistenkollegen ein einziges Mal in einem Sinne äußert, der als rechts gilt, darf sich als erledigt betrachten. Mit dieser selbst erzeugten Einheitlichkeit treiben die Medien eher den Staat vor sich her als umgekehrt. In ihrem Bestseller drücken die beiden Autoren es so aus:

> *Die „Vierte Gewalt" begnügt sich ... nicht mehr mit einer umsichtigen Kontrollfunktion des politischen Journalismus. Die Politik, so scheint es, soll von den Leitmedien nicht schlichtweg kontrolliert, nein, sie soll oft genug mit Macht zu Entscheidungen getrieben werden. Nichtgewählte Journalisten wollen der Politik nicht nur auf die Finger schauen, sondern sie wollen sie machen. Und das Erstaunliche daran ist, es gelingt ihnen ziemlich gut!*

Das Wort *Leitmedien* bekommt hierbei eine ganz neue Bedeutung: Sie sind nicht nur leitend im Sinne einer besonders fundierten Berichterstattung, sondern wollen ihrerseits die Meinungsbildung dominieren. Dabei nutzen sie die Tatsache aus, dass die Politiker sehr viel mehr auf die Presse angewiesen sind als umgekehrt. Jeder Politiker ist im Interesse seiner Partei und noch viel stärker im eigenen Interesse darauf angewiesen, dass möglichst häufig über ihn berichtet wird, und zwar immer im positiven Sinne. Die Journalisten können also freiweg auswählen, ob sie jemanden steigen oder fallen lassen, ihn günstig hervorheben oder totschweigen oder im Text ungünstig über ihn berichten. Sie können Fotos auswählen, die ihn entweder strahlend fest entschlossen zeigen oder depressiv und langweilig, oder Fotos, die einen Politiker zusammen mit angesehenen oder mit nicht angesehenen Leuten zeigen.

Der Einfluss der Medien auf die Politik ist durch diese ungleiche Machtverteilung enorm gestiegen, allerdings ist der Preis, dass das Vertrauen in diese Medien dramatisch gesunken ist. Je einflussreicher die Leitmedien werden, desto misstrauischer werden ihre Konsumenten, so stellen Precht und Stelzer fest.

Die etablierten Parteien, der Bundestag mit den Regierungsparteien und der CDU-Opposition, der Inlandsgeheimdienst sowie die Medien werden auf diese Weise als ein miteinander verwobenes Ganzes wahrgenommen, das man nur insgesamt, als Ganzes, ablehnen könne, wenn man sich nicht unterwerfen lassen wolle. Es wird zu einer Frage der Selbstachtung, sich nicht zu jedem beliebigen Problem einer vorgeschriebenen Meinung zu beugen und diese nachzuplappern, wenn man es tatsächlich aus eigener Erfahrung besser weiß, oder einfach aus Opposition und aus Trotz.

Es gibt allerdings auch eine Zeitung, die sich nicht in die Einheitsfront eingefügt hat und auf ihre Unabhängigkeit stolz ist, nämlich die *Preußische Allgemeine Zeitung*. In ihrer Eigenwerbung verspricht sie: *Die PAZ ist ihrem Namen verpflichtet, sie vertritt die Werte Preußens.* Damit verrät sie allerlei Mut, denn dieses Land gibt es ja seit einiger Zeit nicht mehr. Aber die Werte sind unvergänglich, auch ohne den Staat. Es gibt nicht allzu viele Leute, die diese Zeitung kennen oder gar abonniert haben; gleichwohl verrät sie gern das Geheimnis ihres (relativen) Erfolgs:

*"Am meisten interessiert mich an der Preußischen Allgemeinen, was ich anderswo nicht erfahre"* – diese auf den ersten Blick triviale Aussage vieler Leser ist das wichtigste Erfolgsgeheimnis der PAZ. In einem immer stickigeren Meinungsklima, in dem große Medien über ganze Themenkomplexe kaum mehr berichten, eröffnet sich für eine vergleichsweise kleine, aber mit großem Engagement produzierte Zeitung eine große Chance: Die Redaktion der PAZ greift ohne Polemik, aber mit klarem Standpunkt all die Themen auf, an die sich die meisten anderen sich nicht mehr herantrauen.

Hier ist das Problem, das stickige Meinungsklima, richtig beschrieben. Ob gerade diese Zeitung hiergegen die richtige Lösung bietet, ist eine andere Frage. Nicht jedermann wird der Artikel interessieren:

*Auf der Mitgliederversammlung des Vereins Ostpreußisches Jagd- und Landesmuseum e.V. eskalieren Machtspiele.*

Aber in dieser Zeitung werden auch überregionale Themen behandelt:
*Astrophysik: Forscher rütteln am Tor zu den „unendlichen Weiten des Weltraums"* und *Ersatz für Pluto. Was verbirgt sich hinter Neptun?* Sowie: *Steuert Deutschland in eine Krise des politischen Systems?*
Aber kehren wir zurück zu der, wie sie von rechts außen geschmäht wird, deutschen Systempresse.

Zum Beispiel wissen jedermann und jedefrau, dass es Arbeitslose gibt, die ganz einfach keine Lust haben zu arbeiten, aber genau wissen, wie sie an auskömmliche Mengen öffentliche Unterstützung kommen, ergänzt durch gelegentliche kleinere Arbeiten gegen Bargeld. Einmal angenommen, jemand schreibt eine genaue und wahrheitsgemäße Reportage über ein halbes Dutzend dieser Menschen, und mehrere Mitarbeiterinnen aus dem Job-Center, die täglich mit diesem Publikum zu tun haben, bescheinigen ihm, dass er das Milieu genau getroffen habe. Diese Reportage, und sei sie handwerklich noch so gut geschrieben, wird mit Sicherheit in keiner deutschen Zeitung oder Zeitschrift gedruckt. Weil *man* dies nicht veröffentlichen kann. Und die mit dem

Milieu vertrauten Tatzeuginnen aus dem Job-Center wollen keinesfalls namentlich genannt werden, weil sie dann von ihren Vorgesetzten eine Standpauke befürchten müssen oder weil ihnen ein Stein ins Fenster fliegen könnte. Vielmehr muss in der Öffentlichkeit pflichtschuldig immer unterstellt werden, die Leute seien unverschuldet arbeitslos und hätten sich bemüht. Tatsächlich gibt es Arbeitslose mit multiplen Vermittlungshindernissen, wie das im Amtsdeutsch heißt. Zum Beispiel, wenn einer (1) Alkoholiker ist, (2) im Umgang laut und aggressiv, (3) nicht bereit ist, sich irgendwo ein- oder unterzuordnen. Es ist sinnlos, diesen Mann zu irgendeiner Firma zu schicken, die Arbeitskräfte sucht. Das bringt nur einen empörten Telefonanruf ein.

Manchmal genügt es für den Verlust des Vertrauens, wenn jemand ein einziges Mal in einem Bereich, der ihm unmittelbar bekannt und wichtig ist, bemerkt, dass öffentlich die Verhältnisse verleugnet und in Richtung einer politischen Korrektheit verbogen werden.

Oder nehmen wir die Agrarpolitik. Angenommen, jemand behaupte öffentlich, die Bauern seien volkswirtschaftlich gesehen Unternehmer wie alle anderen Unternehmer auch, und es gebe daher keinen Anlass, sie mit staatlichen Mitteln zu unterstützen. Zudem führe dies zu Fehlsteuerungen, die dann wiederum mit öffentlichen Mitteln ausgeglichen werden müssen. Nehmen wir einmal an, der Milchpreis sinke ab, weil mehr Milch produziert als getrunken und verbraucht wird. In der Industrie hätte dies zur Folge, dass einzelne Betriebe ausscheiden oder sich auf andere Produkte konzentrieren, woraufhin das ursprüngliche Warenangebot sinkt und die Preise sich erholen. In der Landwirtschaft hingegen werden alle Milchbetriebe unterstützt, es bleibt anhaltend zu viel Milch im Markt, die Preise sinken weiter und machen weitere staatliche Hilfen notwendig. Im Lauf der Jahrzehnte einer unterstützenden Agrarpolitik hat sich bei den Landwirten längst die Meinung festgesetzt, der Staat sei für ihr Wohlergehen zuständig. Von der CDU, im ländlichen Raum besonders stark, werden sie darin unterstützt.

Von Obstbauern aus dem Alten Land südlich von Hamburg kann man hören, bei Produkten wie Äpfeln und Kirschen, die von der Agrarpolitik nicht berührt werden, pendele sich alles ganz automatisch ein. Nur die Staatseingriffe brächten regelmäßig den Markt durcheinander.

Auch in diesem Fall gibt es Menschen, die hiermit beruflich befasst sind und die Mängel und Fehlsteuerungen ebenso sehen und beurteilen, aber natürlich nicht öffentlich mitteilen. Da wären viele Bauern verärgert.

In ähnlicher Form gibt es unzählige Lebensbereiche, in denen die Beteiligten wissen, was schiefläuft, und dies den Journalisten im vertraulichen Gespräch auch sagen, aber natürlich nicht zur Veröffentlichung. So wird eine heile Scheinwelt aufgebaut.

Ein ganz anderes Beispiel sind die sexuellen Minderheiten. Es gibt zahlreiche Menschen, die die männliche Homosexualität abstoßend finden und tief enttäuscht sind, wenn sich ihr Sohn als schwul outet. Die Eheschließung von zwei Männern empfinden sie als schlechten Witz, als Karikatur einer bürgerlichen Ehe. Für die Forderung, jedermann könne selbst entscheiden, welchem Geschlecht er sich zugehörig finde und je nach Neigung und Gelegenheit mal dort und mal dort auftauchen, fehlt vielen Leuten jedes Verständnis. Aber wehe, einer würde öffentlich so etwas sagen.

Die gesamte Presse und alle etablierten Parteien, immer voran die Grünen, kümmern sich um die sexuellen Minderheiten, die nicht diskriminiert werden sollen. Dies ist gut gemeint, hat aber zur Folge, dass die große Mehrheit der Heterosexuellen, die sich als die Normalen betrachten, in diesem Denken gar nicht mehr vorkommt, im Gegenteil: Wer als Mann mit einer hübschen und lieben Frau verheiratet ist und dies kundtut, gerät sogleich in den Verdacht, er wolle alle Minderheiten diskriminieren. Eine Partei wie die Grünen, die mit der Mehrheit der Wähler fremdelt, muss sich nicht wundern, wenn die Mehrheit sich gegen sie entscheidet und nach rechts rückt, wo die Normalen oder die sich als solche betrachten ihren Platz finden.

Kurz: Das öffentliche und zumal politische Reden ähnelt einem Trampelpfad durch ein dorniges Gebüsch: Immer schön in der Mitte bleiben, damit nicht eine blutende Verletzung entsteht. Darum machen die Reden unserer Politiker so einen bemüht korrekten, aufgesetzten und dadurch sterilen Eindruck. Sie wirken nicht authentisch. Man ist schließlich nicht in der Kneipe beim Stammtisch. Nur dort, wenn die Journalisten weit weg sind, kann man offen und von Herzen reden. Wenn jedoch ein AfD-Politiker etwas offen anspricht, was so in der Luft liegt, wird entsetzt festgestellt, dass die Grenzen des Sagbaren verschoben würden.

Jürgen Habermas (*Strukturwandel der Öffentlichkeit*) argumentiert, dass es in der westlichen Gesellschaft zwei große Systeme gibt, das Ganze zu steuern: einerseits die Wirtschaft, das Geld und die Märkte und andererseits die staatliche Macht der Verwaltungen. Gegen diese beiden Gewalten sollten sich die Lebenswelten der Bürger mit ihren Forderungen durchsetzen, die an Gebrauchswerten orientiert seien. Hierauf müsse eine radikaldemokratische Veränderung des Legitimationsprozesses abzielen. Will heißen: Die Bürger finden sich mit ihren Alltagssorgen und den Sorgen um ihre Zukunft im kapitalistischen System und in den bürokratischen Verwaltungen nicht wieder. Daher werden Parteien gewählt, die (vermeintlich) unsere Sorgen verstehen, statt uns mit vorgefertigten Prinzipien abzufertigen. Weder die Wirtschaft noch die Verwaltungen könnten von sich heraus demokratisch umgestaltet werden, weil sie dann nicht mehr funktionieren würden. Der zusammengebrochene Staatssozialismus habe dies bestätigt: Alles war angeblich demokratisch legitimiert, aber nichts funktionierte. Deshalb solle nicht das ganze System aus den Angeln gehoben werden, sondern lediglich die Übergriffe von Wirtschaft und Verwaltung in die lebensweltlichen Bereiche eingedämmt werden. Etwas einfacher ausgedrückt: Wir haben es satt, von der Wirtschaftswerbung, von Schlaubergern und vom Staat gepredigt und vorgeschrieben zu bekommen, wie wir leben sollen. Genau auf diesen Reflex zielt die AfD ab.

Zugleich hat sich, immer noch nach Habermas, eine verhängnisvolle Umkehr entwickelt. Der Staat wird nicht mehr als unsere Angelegenheit betrachtet, in die wir uns mit unserer Kraft einzubringen haben, sondern als Geldverteilungsmaschine, von der wir unseren Anteil fordern. Dabei geht es nicht nur um die Sozialpolitik, sondern der Staat gibt entweder Zuschüsse und Steuer-Erleichterungen für die unterschiedlichsten Zwecke, und wir werden seine Klienten und sind nicht mehr in der Rolle mündiger Staatsbürger.

Dabei lässt sich die Ideologie unseres Staates am einfachsten als Vulgär-Materialismus beschreiben: Als grundlegende Überzeugung, dass jedermann nur am Geld, an seinem Einkommen, interessiert sei und daher die Legitimation des Ganzen durch Geldverteilung und durch steuerliche Vergünstigungen zu erhalten sei. Probleme aller Art ließen sich mit Geld zuschütten. Nur durch finanzielle Anreize soll erwünschtes Verhalten gefördert, durch Bußgelder unerwünschtes zurückgedrängt werden, nicht etwa durch Appelle an die Vernunft oder gar durch ein Vertrauen auf die Bürger und deren freie Entscheidung.

## Politik und Recht

Es gibt in Deutschland als dem Land der Juristen (wo auch unter den Bundestagsabgeordneten und den leitenden Verantwortlichen von Regierung und Verwaltung zahlreiche Juristen zu finden sind) die merkwürdige Neigung, politische Probleme nicht als solche, sondern als rechtliche Probleme vor Gericht auszufechten. Das eigentlich Politische besteht gewöhnlich darin, mehrere divergierende Werte und Lösungsmöglichkeiten eines Problems gegeneinander abzuwägen und nach einer Debatte einer Lösungsmöglichkeit den Vorrang zu geben, während die anderen zurückstehen müssen. Stattdessen wird in Gesetzen nachgeschlagen und die bisherige Rechtsprechung untersucht. Das korrespondiert mit der Neigung, alle und jeden Lebensbereich gesetzlich zu ordnen und zu regeln. Damit werden nicht nur immer mehr Freiheitsrechte beschnitten, sondern daraus resultieren mehr Bürokratie und mehr Gerichtsverfahren. Dieses rechtliche, statt politische Denken findet sich auch im Falle der AfD: Es wird überlegt, ob ein Verbotsprozess beim Bundesverfassungsgericht aussichtsreich sei oder nicht, anstatt zu überlegen, wie und warum diese Partei entstanden ist und weshalb sie einen solchen Zulauf hat. Es werden eifrig Belege für ein Verfahren gesammelt, anstatt zu fragen, ob eine neue Partei ihre Ursache darin haben könnte, dass die bisherigen Parteien ein Problem verschlafen oder sich zu weit vom Volkswillen entfernt haben.

Der spätere Bundespräsident Gustav Heinemann sagte 1967 in einem Telefoninterview: *Wir haben doch Parteienfreiheit! Es bedarf die Gründung einer Partei keiner Genehmigung, keiner Konzessionen.* 1952 wurden die Sozialistische Reichspartei (SRP) und 1956 die Kommunistische Partei Deutschlands vom Bundesverfassungsgericht verboten, und zwar weil sie verfassungswidrig waren und das Grundgesetz sowie die darauf basierende Ordnung ablehnten. In der SRP sammelten sich unbelehrbare Nationalsozialisten (vor allem in Niedersachsen), in der KPD die revolutionär gesonnenen Kommunisten. Die Begründung des Gerichts legte jeweils dar, dass diese Parteien verfassungswidrig seien. Es war also verboten, die Verfassung infrage zu stellen, obwohl im Parlamentarischen Rat höchst unterschiedliche Modelle erörtert worden waren und obwohl Bayern in der Schlussabstimmung das Grundgesetz ablehnte. Im Bayerischen Landtag wurde es nie ratifiziert. Konsequenterweise hätte man deshalb auch das Land Bayern als verfassungswidrig verbieten und auflösen müssen. Seit der Verabschiedung ist das Grundgesetz viele Male geändert worden, ist also nicht in Stein gemeißelt. Insofern sind Artikel 18 (Verwirkung von Grundrechten) und Artikel 21, Absatz 2 (Parteienverbot) in einer Gesellschaft, die sich als frei und offen betrachtet, als Denk- und Gesinnungsverbote streng genommen systemwidrig. In den westlichen demokratischen Ländern ist Deutschland mit seinen Parteiverboten die absolute Ausnahme. In den USA wäre dies undenkbar, weil es mit dem freiheitlichen System unvereinbar ist. Hier vertraut man darauf, dass die Bürger intelligent genug seien, derartige Parteien nicht zu wählen. Einzig in Spanien gibt es Parteiverbote, und auch dort nur, um baskischen separatistischen Bestrebungen entgegenzutreten. In Deutschland hingegen besteht immer die Gefahr, dass die Freiheit so perfekt und flächendeckend geschützt wird, dass sie bei dieser Gelegenheit abgeschafft wird.

Ein Freund kommt nach mehrjährigem Aufenthalt aus Russland zurück mit der merkwürdigen Nachricht, dort herrsche mehr Freiheit als hier. Solange sich einer strikt aus allem Politischen heraushalte, könne jeder machen, was er will. Wer sich etwa ein Haus bauen wolle, könne einfach irgendwo anfangen. Das interessiere niemanden. In Deutschland ist dies bekanntlich nicht so einfach, sondern es gibt einen Wust von Vorschriften, die alle zu beachten sind. Der Trend zur Überregulierung und zu Eingriffen in das Leben jeden einzelnen Bürgers geht ungehemmt weiter.

Wir hatten gefragt, wie es kommt, dass in der früheren DDR rund 30% und in der alten Bundesrepublik zwischen 10 und 20% der Bevölkerung das ganze Regierungssystem ablehnen, wodurch eine gravierende Repräsentationslücke entstanden ist und wie diese Lücke zu schließen sein könnte, indem möglichst das Vertrauen der gesamten Bevölkerung wieder gewonnen wird. Es ginge in internationaler Sicht um einen Normalisierungsprozess Deutschlands, das heißt eine Angleichung an das in den meisten Staaten in je eigentümlicher Weise Übliche.

Wie soeben aufgezählt, könnte es um folgende Teilaspekte gehen:

(1) Eine positive Sicht der Vergangenheit, ohne Fixierung auf den Holocaust.
(2) Die Tagesprobleme auf einen Grundwert oder mehrere Grundwerte zu beziehen.
(3) Aus der Sicht der Vergangenheit und der Gegenwart eine eindeutige Richtung, eine Werte-Grundlage, für die Zukunft zu errichten.
(4) Den Staat zu schützen vor den Staatsschützern.
(5) Den Meinungsfächer zu öffnen und die Presse auf die im Volk tatsächlich vorhandene Vielfalt zu verweisen.
(6) Politisch statt rechtlich vorzugehen.

Es ist leider nicht zu erwarten, dass Derartiges mit den jetzt seit Jahrzehnten vorhandenen politischen Parteien zu bewerkstelligen ist. Dazu wirken sie zu ausgelaugt. Ihr jeweiliger ursprünglicher Auftrag, wegen dessen sie gegründet wurden, hat sich entweder voll durchgesetzt, ist zur Selbstverständlichkeit geworden, wie im Falle einer bürgerlichen freiheitlichen Verfassung mit sozialer Marktwirtschaft, oder der Gründungsauftrag ist endgültig gescheitert und erledigt wie im diktatorischen Sozialismus.

Hierdurch haben diese Parteien unserer Altvorderen ihr jeweiliges Stammpublikum verloren. Die alten Parteien, CDU, SPD und FDP, richten sich mit Gemeinplätzen der Werbung an alle Wähler und sind kaum noch unterscheidbar. Im Bund und in den Ländern sind die unterschiedlichsten Koalitionen realisiert. Es scheint also ziemlich egal zu sein, wer regiert. Wir gehen nur noch aus Pflichtbewusstsein zur Wahl.

Und vor allem scheinen die Traditionsparteien an den tatsächlichen Problemen des Volkes wenig Interesse zu haben, sondern treiben eine moralgetränkte Gesinnungspolitik, womit die Grünen seit ihrer Gründung Anfang der 1980er Jahre begonnen haben: *Wir haben die Moral in die Politik gebracht*, worauf sie noch heute stolz sind. Es kommt also nicht auf Realität und Realisierbarkeit an und auch nicht darauf, was die überwiegende Mehrheit des Volkes anscheinend will, sondern auf die penetrant lauteren Absichten einer Schicht großstädtischer, materiell saturierter Intellektueller: Wir sitzen beim Glas Rotwein gemütlich in der warmen Stube, plaudern über die künftigen Katastrophen, die die ganze Welt betreffen, und beschließen, künftig nur noch vegan zu essen. Würden alle uns nacheifern, so wären wir ein gutes Stück weiter, aber hierzu muss noch der vegane Schweinebraten entwickelt werden und sich durchsetzen. Wir können nur bedauern, dass so viele Leute dies nicht begreifen können. Entweder sind sie zu dumm, oder sie wollen es einfach nicht. Eigentlich müsste Schweinebraten verboten werden, schon wegen des Fettgehalts und natürlich wegen des Tierschutzes.

Daniel Deckers meinte in einem Kommentar in der F.A.Z. vom 29. August 2024 unter dem Titel *Hypermoral und (noch?) kein Ende*:

> *… noch mehr wäre erreicht, wenn in Berlin endlich die Landes- und die Kommunalpolitiker auch nur aus den eigenen Reihen ernst genommen würden, die mit ihren erfahrungsgesättigten*

*Warnungen vor einer realitätsblinden Gesinnungspolitik seit Jahren immer wieder vor die Pumpe laufen* (Soll heißen: abgelehnt werden, scheitern, nicht ernst genommen werden).

…

*Solange jede Tugend zur Rechtspflicht erklärt wird, solange stiftet Politik im Namen einer Hypermoral selbst jenen Unfrieden, den sie wortreich beklagt. An diesem Punkt nicht locker zu lassen ist nicht nur die Chance der Union, sondern wäre ein Gewinn für die ganze Gesellschaft.*

Sehen wir uns die Altparteien einmal daraufhin an, ob von ihnen die Lösung wenigstens für eines der oben genannten Probleme zu erwarten sei. Dabei fällt auf den ersten Blick auf, dass es zurzeit in Deutschland zwei völlig verschiedene Arten von Parteien gibt:

- Einerseits die Parteien der Mitte, nämlich CDU, SPD und FDP, die versuchen, ohne Extreme, ohne penetrante Ideologie und ohne thematischen oder regionalen Schwerpunkt als Volksparteien möglichst alle Wähler anzusprechen.
- Zweitens die Ein-Punkt-Parteien, nämlich CSU, Grüne, AfD und Bündnis Sahra Wagenknecht (BSW), die sich entweder auf einen regionalen Schwerpunkt konzentrieren (CSU in Bayern) oder auf ein bestimmtes Thema wie die Grünen (Klimapolitik), AfD (gegen massenhafte Immigration) oder BSW (gegen Waffen für die Ukraine).

Um Wahlen zu gewinnen, braucht es eine bestimmte Strategie des Vorgehens. Hierzu hat die FDP-nahe Friedrich-Naumann-Stiftung für die Freiheit ein grundlegendes Werk herausgegeben: *Politische Strategien* von Peter Schröder. In diesem Werk finden sich einige kernige Sätze:

- *In einer Strategie gilt es, große Menschenmassen in der Gesellschaft zielgerichtet auf ein Ziel zu führen.* Nun ja, in den 2024er Wahlen in Brandenburg, Sachsen und Thüringen hat die FDP

immerhin Menschenmassen zum Ziel von rund 1 (einem!) Prozent der Wähler geführt.
- *Man kann nicht jedermanns Liebling sein.* Da sollten die drei Parteien der Mitte aufhorchen, die weitgehend übereinstimmend allen alles bieten wollen und bei jedem beliebigen Problem sowohl dafür als auch dagegen sind. Aber jeder Waldarbeiter weiß, dass man sich bei einer Weggabelung entweder rechts oder links halten muss. In der Mitte zu bleiben, geht nicht, weil dort lauter Bäume stehen.
- *Die Durchsetzung einer Idee hat wenig mit Vernunft und Einsicht zu tun, sondern nur mit Macht und Einfluss.* Hier werden wir Zeugen eines historischen Ereignisses. Zum ersten Mal, seitdem Immanuel Kant in der Berlinischen Monatsschrift vom Dezember 1784 die Frage *Was ist Aufklärung?* beantwortete, setzt sich hier jemand, zudem noch der FDP nahe stehend, ausdrücklich gegen den Gebrauch der Vernunft ein. Dass es auf diese nicht ankomme, sondern nur auf Macht und Einfluss, hört sich eher nach einem Putin-Versteher an.
- *Der Schwerpunkt des Krieges entscheidet über den Ausgang des Krieges.* Da hat der Autor vermutlich recht. Der Ausgang eines Seekrieges entscheidet sich im Schwerpunkt auf dem Wasser. Merkwürdig ist nur, dass sich der Autor eines Buches über Parteienstrategie ständig auf die führenden klassischen Militärtheoretiker bezieht. Er betrachtet den Wahlkampf ganz wörtlich als Kampf, als Krieg. Sehr viel näher hätte es gelegen, sich von den Werbestrategien der Markenartikel-Hersteller inspirieren zu lassen: Wie spreche ich mit bestimmten Produkten bestimmte Kundengruppen an?

Betrachten wir die einzelnen Parteien nochmals etwas näher daraufhin, ob die oben angemahnte grundsätzliche Neubesinnung und daher das Schließen einer Legitimitätslücke von ihnen zu erwarten sind.

# Die Christlich Demokratische Union: „Wir schaffen das!"

Die Unionsparteien haben ganz konsequent und jahrzehntelang erfolgreich auf die Strategie einer für jedermann wählbaren Volkspartei gesetzt. Hierzu gibt es eine Anzahl von Vereinigungen und Sonderorganisationen, in denen sich einzelne Gruppen des Volkes aufgehoben und heimisch fühlen können: Die Jungen und die Senioren, Arbeitnehmerschaft, Mittelstand und Unternehmer, Kommunalpolitiker, Ost- und Mitteldeutsche, Vertriebene und Flüchtlinge, Frauen, Evangelische, Studenten, Lesben und Schwule.

Es fehlen allerdings Sonderorganisationen für die mittleren Altersgruppen, für Landes- und Bundespolitiker, Westdeutsche, Katholiken, Männer und Heterosexuelle, vielleicht weil diese Gruppen ohnehin überwiegen. Die Evangelischen mussten sich gesondert organisieren, weil das Schwergewicht traditionell bei den Katholiken lag.

Der Grundgedanke der Volkspartei stammt von ihrem Gründervater. *Wir mußten bei dem künftigen Wiederaufbau Deutschlands bemüht sein, das ganze Volk zu Verantwortungsbewußtsein und zu selbständigem politischen Denken zu erziehen,* berichtet Konrad Adenauer, Altvater der Republik, in seinen *Erinnerungen 1945–1953* (Deutsche Verlags-Anstalt, Stuttgart 1963), gewidmet *Meinem Vaterland*. Aus dem Bestreben, das gesamte deutsche Volk zu umfassen, resultierte eingangs der Gedanke, das Zentrum als Partei des politischen Katholizismus nicht wieder aufleben zu lassen, wie seinerzeit vielfach gefordert, sondern beide große Konfessionen zusammenzuführen zu einer Union, daher der Name. *Die Besprechungen, die unter Mitgliedern des früheren Zentrums über das Problem einer neuen christlichen Partei geführt wurden, waren oft sehr hart und schmerzlich.* Aber von Mitgliedern des Zentrums, die sich nicht überzeugen ließen, war eine Trennung unvermeidlich, so berichtet Adenauer.

Das Bestreben, in einer Volkspartei alle Gegensätze zusammenzuführen, birgt allerdings immer die Gefahr der Beliebigkeit: Dass diese

Partei bei jedem Problem sowohl dafür als auch dagegen ist, immer nur ausgleichend laviert und allen alles bietet, aber immer nur lauwarm und nicht heiß oder kalt. Hier bietet sich der Vergleich mit dem Einzelhandel an. Die Zeiten des Warenhauses mit mittelprächtigen Angeboten für die breite bürgerliche Mittelschicht scheinen sich überlebt zu haben. Stattdessen gibt es eindeutige Schwerpunkte für bestimmte Kundengruppen. Beim Lebensmittel-Einzelhandel, den Discountern, ist es der Preis, mit dem geworben wird. Beim Handwerk ist es die fachliche Qualität. Bei der Luxusgruppe, den hohen Einkommen, ist es ebenfalls der Preis, aber der hohe und nicht der niedrige. Hier locken das Exklusive, die international bekannte Marke. Kein Handwerker und kein Juwelier werben damit, dass es bei ihnen besonders billig sei. Es gilt also, die ganz unterschiedlichen Gruppen mit verschiedenen, gegensätzlichen, Argumenten anzusprechen. Dieser Strategie folgen die Volksparteien im Gegensatz zu den Ein-Punkt-Parteien, die sich auf ein Kernthema und eine bestimmte Zielgruppe konzentrieren.

Die CDU hatte als Grundkonsens immer die Ablehnung einer sozialistischen Gesellschaftsordnung, der Roten, der Linken. In der Tat war dies in der Gründungsphase der Bundesrepublik das alles entscheidende Problem, mit zwei fast genau gleich starken beiden Seiten, bürgerlich und sozialistisch. Viele Menschen betrachteten es als selbstverständlich, dass nach dem totalen Scheitern der Rechten jetzt die Linken am Zuge seien. Stattdessen siegte die CDU äußerst knapp und hatte nachfolgend vor allem mit ihrer Wirtschaftspolitik großen Erfolg. Die SPD hingegen zog nach den enttäuschenden Ergebnissen mehrerer Bundestagswahlen im November 1959 mit dem Godesberger Programm die Konsequenzen: Sie verzichtete auf Karl Marx, freundete sich mit der sozialen Marktwirtschaft und dem Privateigentum an Produktionsmitteln an, ebenso mit den Kirchen, der Bundeswehr und der NATO. Nur so konnte sie koalitions- und regierungsfähig werden. Im Prinzip war der CDU damit ihr Lieblingsgegner abhandengekommen, aber aus Gewohnheit kämpfte sie weiter gegen „die roten Socken". Außerdem ließ sich dies immer mit dem Hinweis auf die abschreckenden Verhältnisse in *der Zone* und in Russland verbinden. Mit der Wendung gegen Russland ließ sich sogar zwanglos an die Nazizeit anknüpfen. Insofern konnte die CDU immer behaupten, auf der richtigen Seite zu stehen. Seitdem der Sozialismus endgültig gescheitert ist und wegen des Ukraine-Krieges alle etablierten Parteien gegen Russland sind, hat die CDU die wichtigsten Alleinstellungsmerkmale verloren.

Ähnlich ging es der CDU bei ihrem weiteren Profilthema, der Deutschlandpolitik. Sie hat immer die Flüchtlinge aus den Ostgebieten als wichtige Wählergruppe betrachtet und daher den Anspruch auf die Gebiete jenseits von Oder und Neiße nie aufgegeben. Ferner forderte sie immer eine Wiedervereinigung Deutschlands in Freiheit, ohne allerdings zu sagen, dass es sich um eine Vereinigung mit der DDR (mit wem sonst?) handeln müsse und es ein notwendiger Schritt in diese Richtung sein könnte, zunächst einmal die DDR als existent anzuerkennen. Das durfte auf keinen Fall passieren. Die Forderung nach einer Wiedervereinigung in Freiheit blieb eine leere Floskel, weil nichts in diese Richtung unternommen wurde. Zum Schluss hieß es ganz vage, dies sei eine Angelegenheit der kommenden Generationen.

Als dann überraschend und von keinem Geheimdienst, weder hüben noch drüben vorausgesehen, die DDR zusammenbrach, war nichts vorbereitet. Aber Bundeskanzler Helmut Kohl griff wild entschlossen zu, als die Tür der Weltgeschichte für fünf Minuten offenstand, und dann überschlug sich alles.

Das deutschlandpolitische Problem ist mithin seit 1990 zumindest staatsrechtlich, weniger im Herzen, überraschend gelöst. Hiermit verlor die CDU ihre zweite starke Säule.

Seitdem hat die CDU keinen harten Kern mehr, zu schweigen vom C, dem Christlichen. Sie verfolgt stattdessen eine Politik für alles und jeden ohne tragende Idee für das Ganze. Die Herrschaft von Angela Merkel lief im Normalbetrieb darauf hinaus, rein pragmatisch und ohne erkennbares Gesamtkonzept aktuelle Einzelprobleme zu lösen, gern auch mit Anleihen bei anderen Parteien, und diese Lösungen als alternativlos vorzustellen. Auf diese Weise gelang es ihr, die Gesellschaft zu entpolitisieren, um nicht zu sagen: einzuschläfern.

Einmal jedoch wuchs sie über sich hinaus, und zwar ohne taktische oder strategische Überlegungen ganz aus dem Herzen: als sie in der Nacht vom 4. auf 5. September 2015 spontan entschied, die unübersehbar vielen aus Richtung Ungarn und Österreich ankommenden Flüchtlinge in Deutschland aufzunehmen. Diese wurden am Münchner Hauptbahnhof überaus herzlich empfangen. Für das Jahr 2015 war die unvorstellbare Zahl von 800.000 Flüchtlingen avisiert. Aus dieser Zeit ist ihr legendärer Ausspruch *Wir schaffen das!* überliefert, mit dem ihre Persönlichkeit vermutlich auf Dauer verbunden bleiben wird. Sie wurde danach dafür gescholten, dass sie die ganze Welt eingeladen und damit das AfD-Problem mitverursacht habe. Auf Vorwürfe dieser Art antwortete sie kühl: *Wenn man sich dafür entschuldigen muss, in der Flüchtlingskrise ein freundliches Gesicht gezeigt zu haben, dann ist das nicht mein Land.* Auf die Frage, wer mit dem *Wir* gemeint sei, antwortete sie: die Bundeskanzlerin, Ehrenamtliche, Hilfsorganisationen, die Wirtschaft, die übrige Gesellschaft, letztlich wir alle, und sogar auch alle Menschen in den Regionen, aus denen die Flüchtlinge kommen.

## Die Christlich-Soziale Union: Bayern als Subjekt des Völkerrechts

Ob sich die CDU-Politiker jemals wieder zu solcher moralischen Höhe aufschwingen werden, steht dahin. Einziges heiß diskutiertes Thema ist dort immer die K-Frage, also wer ihr Kanzlerkandidat werden soll. Dabei spielt traditionell, seit den Zeiten von Konrad Adenauer und Franz-Josef Strauß, die Christlich-Soziale Union (CSU) als bayerische Staatspartei eine wichtige Rolle, nämlich in der K-Frage stets mitzureden, Vorbehalte anzumelden, eventuell selbst einen Kandidaten zu präsentieren und im Übrigen gegen die CDU zu stänkern, deren Vorsitzenden das Leben schwer zu machen und gar einen Wahlsieg der Unionsparteien zu vermasseln, wie 2021 geschehen.

Die Christlich-Soziale Union (CSU) ist die traditionelle Staatspartei Bayerns und tritt nur in diesem Bundesland anstelle der dort fehlenden CDU auf. Auch hier wurde von Anfang an vom Gedanken einer alle Gruppen, Berufe und Stände umfassenden Volkspartei ausgegangen. Am 12. September 1945 wurden im Münchner Rathaus der Name *Bayerische Christlich-Soziale Union* und ein erstes Grundlagenpapier beschlossen:

**Die zehn Punkte der Christlich-Sozialen Union**

*Eingedenk der unheilvollen parteipolitischen Zersplitterung der Vergangenheit haben sich Männer und Frauen aller Berufsstände aus einst getrennten politischen Lagern zu einer machtvollen Sammelbewegung zusammengeschlossen, deren Ziel es ist, die aus tausend Wunden blutende Heimat im Geiste des Christentums und einer wahren sozialen Gesinnung wiederaufzurichten.*
...
*Unser Ruf ergeht an alle, die guten Willens sind.*

Dabei betonte die CSU immer die Sonderrolle, Eigenstaatlichkeit und Autonomie Bayerns nicht nur innerhalb der Bundesrepublik, sondern in neuerer Zeit auch innerhalb des Europäischen Parlaments. Auffallend sind die kirchliche Bindung, womit gewöhnlich die katholische Kirche gemeint ist, sowie die schon im Parteinamen zum Ausdruck kommende soziale Bindung, wodurch die Bedeutung der SPD relativiert wird. Außerdem ist viel von der Liebe zur Heimat die Rede. Jahrzehntelang regierte die CSU allein, als Staatspartei. Erst in jüngerer Zeit sah sie sich zu Koalitionen genötigt. Sie hat frühzeitig und erfolgreich den Umbau vom Agrar- zum Industriestaat eingeleitet und dafür gesorgt, dass Bayern bei bundesweiten Leistungsvergleichen gewöhnlich an erster Stelle steht, gefolgt von Baden-Württemberg und Sachsen. Beim finanziellen Länder-Finanzausgleich ist inzwischen Bayern längst der größte Zahler, Berlin (mit seiner schwachen Verwaltung) der größte Empfänger geworden. Gern wird darüber gelästert, dass das starke Bayern die lahme und schwache Hauptstadt mit durchschleppen müsse. Kollegen aus anderen Bundesländern bekommen gern den Rat: *Macht es doch einfach wie wir, dann seht ihr doch, wie es geht.* Das Erfolgsgeheimnis scheint zu einem Gutteil darin zu bestehen, dass Modernisierung und Fortschritt nicht von der Basis erwartet, sondern von einer kraftvollen Münchner Zentralregierung durchgesetzt werden. Bestes historisches Beispiel ist die Säkularisation 1802/03, als kurzerhand die vielen Klöster aufgelöst und ihre Landesflächen, die beinahe die Hälfte des Staates ausmachten, versteigert wurden. Die Mönche verzehrten die Nahrungsmittel, die von den hart arbeitenden Bauern erwirtschaftet wurden und abzuliefern waren, und tranken dazu das Bier aus den vielen Klosterbrauereien. Es soll sich eher um arbeitsscheue Leute als um göttlich Berufene gehandelt zu haben, oder um abgeschobene Mädchen, die Schande über die Familie gebracht hatten.

In Bayern wird zwar wie in Österreich und einem Teil der Schweiz ebenfalls Deutsch gesprochen, es handelt sich im Südosten Deutschlands aber immer um ein Sondergebiet eigener Art, traditionell immer gegen die Preußen und Berlin eingestellt. Eingangs der Verfassung lesen wir:

*Die Grundlagen des Bayerischen Staates*
*Bayern ist ein Freistaat.*
*Bayern ist ein Volksstaat. Träger der Staatsgewalt ist das Volk.*

In Artikel 8 geht es um die *bayerischen Staatsangehörigen,* in Artikel 13 ist vom *bayerischen Volk* die Rede, in Artikel 17 von der *Staatsregierung,* in Artikel 43 von den *Staatsministern.* Nach Artikel 99 ist der Schutz der Einwohner gegen Angriffe von außen gewährleistet durch das Völkerrecht. Wenn Bayern das Völkerrecht für sich in Anspruch nimmt, muss es wohl selbst ein Subjekt des Völkerrechts sein. Artikel 181 regelt das Recht des Bayerischen Staates, Staatsverträge abzuschließen. Nur von einem Staat namens *Bundesrepublik Deutschland* ist nirgendwo die Rede.

Würden die Unionsparteien wirklich einen bayerischen Ministerpräsidenten als Kandidaten für das Amt des Bundeskanzlers präsentieren, dürfte die Wahl mit einiger Sicherheit scheitern, weil bekannt ist, dass Bayern die Bundespolitik und speziell den Bundeshaushalt ausschließlich nach dem eigenen Profit beurteilt. Absehbar würde sich ein bayerischer Bundeskanzler kaum ernsthaft für Glück oder Malaisen außerhalb Bayern interessieren, beispielsweise für die Lage der Ostseehäfen. Aber er fliegt nach China und erweckt dort den Eindruck, als handele es sich bei Bayern um einen souveränen Staat wie andere auch.

Debatten um Werte und Grundsätze werden in Bayern eher funktional, nach Brauchbarkeit für Propaganda oder als Munitionskisten für Sticheleien, geführt. An unseren vorhin zitierten langfristigen Identitätsproblemen Deutschlands dürfte hier keinerlei Interesse bestehen.

Hinzu kommt für die Unionsparteien insgesamt, dass Wähler und Mitglieder stark überaltert sind und dass die Unionsparteien ihren Schwerpunkt in den ländlichen Gebieten haben. Da werden sie kaum mit neuen Grundgedanken eine Meinungsführerschaft erreichen oder anstreben. Stattdessen vertreten sie durchaus erfolgreich ganz pragmatisch einen betont unideologischen, konservativen Stil: dass das Meiste sich in der bisherigen Form bewährt habe und nur bei Problemen ein Handwerker oder Spezialist zur Reparatur zu bitten sei, damit alles im bisherigen Stil weitergehen könne.

Dass von den Unionsparteien die oben angemahnte Neubesinnung und umfassendere Legitimation des deutschen Staates ausgehen könnten, erscheint völlig ausgeschlossen, schon weil beide jahrzehntelang alles in allem erfolgreich regiert und weit überwiegend den Kanzler gestellt haben. Die Fehler können aus dieser Sicht nur bei den anderen Parteien liegen. Die Notwendigkeit eines grundsätzlichen Neuanfangs dürfte in Bayern kaum zu vermitteln sein: Wozu neu anfangen, wenn es doch bisher alles bestens läuft?

# KAPITEL 6

## Sozialdemokratische Partei Deutschlands: Die Programmpartei

Das SPD-Programm zur Reichstagswahl im Dezember 1924, schon der zweiten Wahl in jenem Jahr, lässt erkennen, wo die SPD vor einhundert Jahren stand.

> *Sozialdemokratische Partei Deutschlands*
> *Hauptgeschäftsstelle: Berlin SW 68, Lindenstraße 3*
> *Fernsprecher: Dönhoff 740/41*
> *Vorsitzende: O. Wels, M.d.R., H. Müller, M.d.R., A. Crispien, M.d.R.*
> *Geschäftsführer: Fr. Bartels, Berlin SW 68, Lindenstr. 3*
> *Reichstagswahl 7. 12. 24, abgegebene Stimmen: 7.880.058*
>
> *Programm: Der Gang der geschichtlichen Entwicklung zeigt, daß der Kapitalismus der Welt Friede, Arbeit und Brot nicht zu bringen vermag. Immer zwingender wird die Erkenntnis, daß die Menschheit nur durch den Sozialismus zu Freiheit und Wohlfahrt gelangen kann. In dem Streben, alle Kräfte des Proletariats zur Erringung der politischen Macht, zur Beseitigung der Klassenherrschaft und zur Verwirklichung des*
> *Sozialismus einheitlich einheitlich* (steht hier wirklich zweimal, U.W.) *in Klassenkampf zusammenzufassen, stellt die sozialdemokratische Partei Deutschlands, ausgehend von den Grundsätzen des wissenschaftlichen Sozialismus, folgende Kampfziele in den Vordergrund:*

*I. Schutz der Republik*
*In der Erkenntnis, daß die demokratische Republik für den Kampf des arbeitenden Volkes den weitesten Spielraum, die sicherste Grundlage und den Ausgangspunkt für die Verwirklichung des Sozialismus bietet, fordert die Sozialdemokratische Partei Deutschlands den schärfsten und rücksichtslosen Kampf gegen alle Bestrebungen zur Wiederherstellung der Monarchie, Ausgestaltung der Reichswehr zu einer zuverlässigen Verteidigungswaffe der Republik, Festigung der Reichseinheit, Ausbau der Republik zum organisch gegliederten Einheitsstaat.*
*Diese Politik fordert in den Ländern die Reinigung des Polizei- und Beamtenkörpers von den Anhängern der Monarchie, umfassende Demokratisierung der gesamten Verwaltung, Selbstverwaltung der Gemeinden und Gemeindeverbände, Bekämpfung der partikularistisch-reaktionären Bestrebungen.*

*II. Kampf gegen die Klassenjustiz*
*Umgestaltung des gesamten Rechtswesens nach sozialistischen Grundsätzen. Zusammensetzung der Richterkollegien aus allen Volksschichten.*

Zu den drei hier genannten Vorsitzenden:

- Otto Wels hielt am 23. März 1933 im Reichstag die flammende Rede gegen das Ermächtigungsgesetz: *Freiheit und Leben kann man uns nehmen, die Ehre nicht!*
- Hermann Müller war Reichskanzler.
- Arthur Crispien war Außenbeauftragter der USPD (Unabhängige SPD, eine linke Abspaltung) und verhandelte im Sommer 1920 in Moskau über eine Vereinigung von USPD und KPD im Rahmen der Komintern, der Kommunistischen Internationale.

Auf den Wahlplakaten der SPD waren häufig die Farben Schwarz, Rot und Gold der Republik zu sehen. Allerdings fällt in dem Programm auf, dass die Republik nicht um ihrer selbst geliebt, sondern rein instrumentell betrachtet wird, nämlich als geeignete Startbahn für den Flug zum Sozialismus. Dieser geht offensichtlich nicht von einer Gewaltenteilung aus, sondern auch die Verwaltung, bis hin zur kommunalen Selbstverwaltung und der Rechtsprechung, sollen im sozialistischen Sinne demokratisiert werden. Ausdrücke wie *schärfster und rücksichtsloser Kampf* und *Reinigung des Polizei- und Beamtenkörpers* deuten ein autoritäres Staatsverständnis an. Von Grundrechten des Einzelnen oder gar von der Notwendigkeit, den Bürger vor staatlicher Willkür zu schützen, ist nicht die Rede. Insgesamt war offenbar ein Staat von der Art der späteren DDR gemeint. Hierzu gehört auch die Überzeugung, dass der Gang der geschichtlichen Entwicklung wissenschaftlich beweisbar sei und daher diese Partei auf der richtigen Seite der Geschichte stehe. Dies soll für die ganze Menschheit gelten. Die Wahlplakate zeigen eine eindeutige Zielgruppe: *Arbeiter! Wählt Sozialdemokraten!*

Nach dieser Reichstagswahl wurde heftig diskutiert, ob die Mittellage, das Zentrum, nach links oder nach rechts geöffnet werden solle, wobei die Entscheidung für eine Öffnung nach rechts fiel. Dort waren noch viele schwarz-weiß-rote Fahnen zu sehen, ein Zeichen, dass von einer Wiederherstellung des Kaiserreichs geträumt wurde. Die SPD ging aus dieser Reichstagswahl mit 23% als stärkste Partei hervor, konnte aber wegen der Öffnung nach rechts statt nach links nicht den Kanzler stellen.

Eine 5-Prozent-Klausel gab es seinerzeit nicht. Zeitweise gab es im Reichstag bis zu 15 Parteien, eine viel beklagte Zersplitterung. Die NSDAP war bei dieser zweiten Wahl 1924 mit 3% im Reichstag vertreten. Die Gefahr wurde gleichwohl schon erkannt. Ein SPD-Plakat zeigt einen kräftigen Arbeiter mit nacktem Oberkörper, der mit einem starken Hammer ein Hakenkreuz-Symbol zertrümmert.

In weiten Teilen der Bevölkerung herrschte damals eine tief verwurzelte, antidemokratische und antirepublikanische Grundeinstellung. Daher wurde die gesamte Weimarer Republik abgelehnt. Für das Wählervolk gab es, außer beim Zentrum, nur die Alternative zwischen rechtsautoritär oder linksautoritär, bis schließlich die Extreme, KPD und NSDAP, 1932 gemeinsam eine destruktive Mehrheit bildeten.

Die damalige politische Landschaft ist mit der heutigen deutschen Situation nicht im Geringsten zu vergleichen, zumal heute eher umgekehrt das Problem besteht, dass die drei Traditionsparteien CDU, SPD und FDP alle die Mitte besetzen: insbesondere auch bei der SPD ohne eindeutige Ziele, ohne bestimmbare Zielgruppen, ohne Ecken und Kanten.

Einige Texte auf den SPD-Wahlplakaten 2023 und 2024 lauteten:

*Respekt für Dich, Olaf Scholz.*
*Für Alt und Jung und gutes Klima*
*Jetzt 12 Euro Mindestlohn wählen.*
*Kanzler für Deutschland.*
*SPD – soziale Partei für Dich*
*Es geht um Brandenburg*
*Dietmar Woidke, unser Ministerpräsident*
*Die Richtige für mehr Lehrer.*
*Gegen Hass und Hetze*
*Deutschlands stärkste Stimme für Europa*
*Gebt der Jugend das Kommando!*
*Für Stadt, Land und Wir-Gefühl*
*Rechtsruck stoppen!*
*Gegen Steuer-Oasen – für mehr Gerechtigkeit*
*Gegen den Egoismus. Den Zusammenhalt stärken*
*Für Mainz-Bingen. Für dich.*

Wohlgemerkt waren die Wörter *Arbeiter, Arbeiterschaft* oder auch *Gewerkschaft* auf keinem einzigen Plakat zu sehen, ganz zu schweigen von so einem hässlichen Wort wie *Arbeiterklasse*. In Deutschland gibt es zurzeit etwa 16,6 Millionen Arbeiter und Arbeiterinnen. Dieses Millionenheer wird aber in der SPD nicht mehr als Zielgruppe zur Kenntnis genommen und nirgendwo angesprochen. Wenn alle diese Wahlbürger sich vernachlässigt oder gar zurückgestoßen fühlen, muss die Parteileitung der Sozialdemokraten sich nicht wundern, wenn viele von ihnen, heimatlos, aus Protest die AfD wählen.

In der SPD-Wahlwerbung wird stattdessen ein lauwarmes Wir-Gefühl versprochen, das in gleicher Form von jeder beliebigen anderen Gruppe ebenfalls erzeugt werden könnte. In der 2024er Landtagswahl im Freistaat Thüringen errang die SPD mit 6,1% der Zweitstimmen kärgliche 6 von 88 Sitzen im Landtag. Eines Tages wird deutlich werden, dass diese traditionsreiche Partei keine Ewigkeitsgarantie besitzt, sondern eines Tages aufhören könnte zu existieren. Sigmar Gabriel, ihr Vorsitzender 2013 bis 2017, beschreibt in der F.A.Z. vom 16. Oktober 2024 unter dem Titel *Die besondere Wirklichkeit der SPD* ein womöglich tödliches Problem:

*Das Vertrauen großer Teile der deutschen Wahlbevölkerung in die Glaubwürdigkeit der Politik ist inzwischen so beschädigt, dass aus Politikverdrossenheit längst eine Politikerverachtung geworden ist. Sie ist das Spiegelbild jener Verachtung, die sich hinter der Vermutung von Parteien verbirgt, die Wähler seien letztlich zu dumm, um die Kulissenschieberei ihrer Wahlkämpfe zu verstehen. Nichts entfremdet die demokratische Politik so sehr von ihren einstigen Wählerinnen und Wählern wie eine Wählerverachtung. Beteiligt sich die SPD daran, wird es ihren Niedergang beschleunigen und nicht aufhalten.*

Wohlgemerkt spricht Gabriel hier von einem grundlegenden Problem, das die Gesamtbevölkerung mit der Gesamtheit der aktuellen etablierten Parteien hat, und nennt die SPD nur als ein Beispiel hierfür. Wenn dies wirklich für das Gesamtsystem zutreffen sollte, braucht sich niemand zu wundern, wenn neue Parteien aus dem Rasen sprießen wie Pilze nach einem warmen Regen. Die neuen Parteien wirken authentisch und hatten noch keine Gelegenheit, arrogant zu werden.

Eine SPD ohne Bezug zur Arbeiterschaft und ohne klar in ihrer Werbung präsentierte Ziele wirkt wie eine Partei, die vergessen hat, wozu sie da ist. Der organisatorische Apparat ist noch da und arbeitet, aber die Mühle drischt inzwischen leeres Korn. Eine große Neubesinnung Deutschlands, wie oben eingefordert, oder überhaupt eine Besinnung angesichts der aktuellen Legitimationskrise ist von der SPD nicht zu erwarten.

Dabei hat diese Partei eine Persönlichkeit aufzuweisen, die als Jahrhundertfigur zu bezeichnen womöglich nicht zu hoch gegriffen ist: Willy Brandt. Er wurde 1913 in Lübeck geboren, und zwar, wie er in seinen *Erinnerungen* (Propyläen Verlag, Frankfurt am Main 1989) berichtet, als unehelicher Sohn einer Konsum-Verkäuferin. Er kam ähnlich wie sein späterer Kollege Gerhard Schröder aus der Unterschicht. In Deutschland gibt es nicht, wie in vielen anderen Ländern, einen mehr oder minder geschlossenen Kreis führender Familien in der Hauptstadt, woraus die prominenten Politiker hervorgehen, meist verbunden mit exklusiven Vereinigungen oder Hochschulen.

Das ist einerseits schön, weil es zeigt, dass hierzulande jeder eine Chance hat und es keine Privilegien gibt. Andererseits gibt es auch kein festes Herkunftsmilieu mit einer bestimmten Sicht auf die Welt und bestimmten Regeln des alltäglichen Verhaltens. Stattdessen ist jeder Politiker auf seine eigene Persönlichkeit zurückgeworfen. Hieraus resultiert ein Mangel an festen Traditionen, etwas Unstetes und Unvorhersehbares.

Der junge Frahm, wie Willy Brandt damals noch hieß, hatte immerhin seinen festen Platz in der Arbeiterjugend. Das war großartig, aber es fehlte in der Weimarer Zeit der Wille zu einer gründlichen demokratischen Erneuerung. In seinen Erinnerungen fragt er: *Wo wäre der gewesen, der mir beizeiten nahegebracht hätte, daß Demokratie nicht Mittel, sondern Ziel ist?* 1933 floh er nach Norwegen. Die politischen Erfahrungen in Skandinavien prägten ihn ein Leben lang:

> *Das neue norwegische Programm, das in Vorbereitung war und 1939 verabschiedet wurde, begrüßte ich nun ohne Wenn und Aber; der Marxismus war nicht mehr bindend, keine Klassenpartei mehr stellte sich vor, sondern eine große, demokratische Reformpartei. Nach den Monaten in Berlin und Barcelona fühlte ich mich meiner Sache sicher und war nicht länger ein Suchender.*

*In der schwedischen Sozialdemokratie bekam ich, drastischer noch als in der norwegischen, eine undogmatische und freiheitliche, eine volkstümliche und machtbewußte Bewegung vorgeführt.*

Willy Brandt war 1945 nach Kriegsende Korrespondent norwegischer Zeitungen in Deutschland. Als solcher wurde er als Kriegskorrespondenz für Nürnberg akkreditiert und berichtete über die dortigen Kriegsverbrecher-Prozesse bis hin zum Urteil vom 1. Oktober 1946. Wegen des überfüllten Saales saß er hinten auf der Fensterbank und schrieb fleißig mit. Im Saal hat vermutlich niemand geahnt, dass der künftige Regierungschef eines künftigen deutschen West-Staates anwesend war, am wenigsten Brandt selbst.

Verstießen diese Prozesse gegen das Rückwirkungsverbot im Strafrecht, dass jemand durch ein später erlassenes Gesetz nicht für Taten bestraft werden darf, die zur Zeit der Tat nicht strafbar waren?

In der Zeitungsbeilage *Das Weltgericht in Nürnberg* vom 16. Oktober 1946 (Druck und Verlag: Lüneburger Landeszeitung, Lüneburg. Veröffentlicht unter Zulassung Nr. 3 der Militär-Regierung) erfahren wir hierzu, was unverändert aktuell sein dürfte:

*Das Gericht stellte fest, daß das Völkerrecht sowohl Einzelpersonen wie Staaten Pflichten und Verbindlichkeiten auferlege: „Verbrechen gegen das Völkerrecht werden von Menschen und nicht von abstrakten Wesen begangen und nur durch Bestrafung jener Einzelpersonen, die solche Verbrechen begangen haben, kann den Bestimmungen des Völkerrechts Geltung verschafft werden."*
*„Derjenige, der das Völkerrecht verletzt, kann nicht Straffreiheit deswegen erlangen, weil er auf Grund der Staatshoheit handelte, wenn der Staat Handlungen gutheißt, die sich außerhalb der Schranken des Völkerrechts bewegen."*

Am 7. Dezember 1970 legte Bundeskanzler Willy Brandt in Warschau vor dem Mahnmal zum Gedenken an den jüdischen Ghetto-Aufstand von 1943 einen Kranz nieder und sank auf die Knie. Mit diesem Kniefall bat er stellvertretend für sein Land um Vergebung für die Verbrechen der Deutschen im Zweiten Weltkrieg. Die Geste war spontan, ungeplant, aber dafür umso intensiver. Sie kam aus dem Herzen, ähnlich wie Angela Merkels Öffnung der Grenzen für die Flüchtlinge.

Brandt war an den Verbrechen nicht beteiligt gewesen. Trotzdem oder gerade deswegen konnte er stellvertretend die Schuld auf sich nehmen. Im persönlichen Leben kein Kind von Traurigkeit, erinnert er insofern entfernt an Jesus, der, selbst ohne Sünden, die Sünden der Welt auf sich nahm.

Am 20. Oktober 1971 verlieh ihm das Nobelpreis-Komitee in Oslo den Friedensnobelpreis. Damit würdigte es Brandts Bemühen, durch eine neue Ostpolitik die Verständigung Deutschlands mit ihren östlichen Nachbarn herbeizuführen und den Frieden in Europa sicherer zu machen. Als diese Nachricht in die Sitzung des Bundestages hineinplatzte, erhoben sich die Abgeordneten der SPD und der FDP zu anhaltendem, herzlichem Applaus, während die CDU/CSU-Vertreter mehrheitlich sitzen blieben. Wie Egon Bahr später beim Presse-Club Cuxhaven berichtete, hatten die Unionsleute jeden einzelnen Schritt Brandts in diese Richtung mit erbittertem Widerstand begleitet. Die schlichte Realität, dass die DDR existierte und die Gebiete jenseits von Oder und Neiße verloren waren, wurde nicht akzeptiert.

Die drei Buchstaben SPD, heute gern aufgelöst als Soziale Politik für Dich, deuten an, dass die Partei in der Sozialpolitik ihr angestammtes Heimatgebiet sieht. Insgesamt aber sieht sie sich als Partei mit moralischem Anspruch. Bei der CDU ist die Rede verbreitet: *Erstmal müssen wir die Mehrheit erreichen, die Macht. Was wir dann inhaltlich machen, können wir dann immer noch sehen.*

Demgegenüber versteht sich die SPD als *Programmpartei* und präsentiert sich demgemäß:

*In diesem Begriff bündelt sich der besondere politische Anspruch der SPD. Die Sozialdemokratie wollte in ihrer langen Geschichte stets mehr sein als ein Kanzlerwahlverein. Regierungsmacht war und ist für die SPD Mittel zum Zweck. An ihren Programmen lässt sich das „Wofür" sozialdemokratischer Politik ablesen. Willy Brandt schrieb dazu 1978: „Das ‚Wofür' ist die ethische Rechtfertigung für die Frage nach dem ‚Wie': Wie an die Macht kommen, wie an der Macht bleiben?"*

Es geht der SPD mithin nicht darum, die im Volk lebendigen Meinungen und Strömungen widerzuspiegeln und auf diesen Wellen zu surfen, sondern es geht ihr um die Realisierung vorgegebener absoluter Werte. Das ist zwar ehrenwert, bildet aber einen strukturellen Nachteil gegenüber populistischen Parteien, die von den im Volk vorhandenen Meinungen und Ressentiments ausgehen, diese akzentuieren und verschärfen.

Die Sozialdemokratie vertritt auch nicht die Interessen bestimmter Bevölkerungsgruppen, etwa der Arbeiter, der Rentner, der Jugend oder wessen auch immer, sondern es geht in der SPD beinahe ähnlich zu wie in einer weltlichen Kirche mit verbindlichem Bekenntnis:

*Ihre Grundsatzprogramme haben den Sozialdemokrat\*innen stets die moralische Rechtfertigung für ihre Politik geliefert. Ihre Grundwerte waren der Maßstab für die Diskussion der eigenen politischen Erfahrungen. Dieses Wechselverhältnis zwischen grundsätzlicher Wertorientierung und steter Reflexion der eigenen politischen Praxis sorgt für die Lebendigkeit der ältesten demokratischen Partei Deutschlands.*

Daraus folgen dann

*Unsere Ziele in der Regierung:*
- *Eine Gesellschaft des Respekts*
- *Kinder fördern, Familien stärken*
- *Gesundheit und gute Pflege*
- *Bezahlbar Wohnen*
- *Klimaschutz, der Arbeit schafft*
- *Digitalisierung – der moderne Staat*
- *Stabile Renten.*

Das ist alles gut, wichtig und richtig, wird aber in ähnlicher Form auch von anderen Parteien und von jedermann gefordert, begründet also keinen Alleinstellungsanspruch, kein eindeutiges Merkmal, fast als hätte sich die Partei als Wahlspruch gewählt: Für das Gute – gegen das Schlechte. So begann mangels einer klaren Identität ein Prozess des Verblassens und des Verfalls, der noch anhält.

# KAPITEL 7

## Die Freie Demokratische Partei: Unzuständig prescht voraus

Zur Wahl des Europäischen Parlaments am 9. Juni 2024 plakatierte die FDP ein großes rosarotes Plakat mit der Parole:

*Weniger von der Leyen, mehr von Freiheit*

Dies wirkt schon rein sprachlich ungeschickt: Kann man denn von einem bestimmten Menschen mehr oder weniger bekommen? Inhaltlich wurde hier ein Negativ-Rekord erreicht: Weder wird eine bestimmte Wählergruppe angesprochen, noch versteht der gemeine Bürger den Sinn dieser Forderung. Soll denn die EU-Chefin Ursula von der Leyen eine Bedrohung der Freiheit sein? Wieso?? Das Volk, von dem doch in der Demokratie alle Macht ausgeht und das durch sein Vertrauen die Legitimität der Regierung herstellen soll, wird durch eine Werbung dieser Art nicht erreicht und anscheinend gar nicht zu erreichen versucht.

Vermutlich haben sich nur weniger Bürger die Mühe gemacht, nachzufragen und nachzuschlagen. Es ging um drei Forderungen der FDP:

- Keine europäischen Gemeinschaftsschulden
- Bessere Kontrolle der Migration
- Kein Verbot des Verbrennermotors ab 2025.

Etwas konkreter wäre der Slogan *Auch nach 2025 mit Benzin und Diesel* gewesen. Außerdem dürfe sich Frau von der Leyen bei ihrer Wiederwahl nicht von Rechts-außen-Parteien unterstützen lassen, forderte die FDP. Nicht viel intelligenter war die FDP-Werbung mit dem Motto:

*Es ist nicht egal. Es ist Europa.*

Ja, und? Ist dies eine Werbung, überhaupt an der Wahl teilzunehmen? Und für welche Partei? Weitere Plakattexte waren:

*Streitbar für Europa.*

Wird hier eine EU-Armee gefordert? Marie Agnes Strack-Zimmermann, FDP-Spitzenkandidatin für die Wahl zum Europaparlament, stellte fest:

*Unsere liberale Wirtschafts- und Friedensgemeinschaft wird massiv durch Destabilisierungsversuche extremistischer Kräfte von innen und außen bedroht.*

Hier wird das Aufkommen der AfD (als extremistische Kraft von innen) auf dieselbe Stufe gestellt wie der Angriff Russlands auf die Ukraine (Bedrohung von außen) gestellt, obwohl die AfD sich völlig legal innerhalb des demokratischen Rahmens bewegt, während der russische Angriff auf die Ukraine offenkundig völkerrechtswidrig ist.

Strack-Zimmermann war bis zur Europawahl Vorsitzende des Verteidigungsausschusses des Deutschen Bundestages und forderte immer wieder nachdrücklich eine stärkere militärische Unterstützung der Ukraine im Krieg gegen Russland. Die Ukraine solle mehr Entscheidungsspielraum beim Einsatz dieser Waffen bekommen. Außerdem forderte sie die Aktivierung von 900.000 Bundeswehr-Reservisten. Mit ihren ständigen Forderungen nach mehr und stärkeren Waffen für die Ukraine ging sie den Mitgliedern der Bundesregierung, vor allem Kanzler Scholz, auf die Nerven. Ihn wollte sie gar vor den Verteidigungsausschuss zitieren, was Scholz zurückwies. Anscheinend war in Berlin mancher erleichtert, als sie in Richtung Brüssel oder Straßburg, dem Sitz des EU-Parlaments, entschwand.

In den Bundesländern der früheren DDR gibt es generell und traditionell mehr Verständnis für russische Vorstellungen. Hier wird mancher den aggressiven militärischen Kurs von Strack-Zimmermann als unverantwortlich betrachtet haben, zumal bei einer weiteren Aufrüstung der Ukraine natürlich mit entsprechender Aufrüstung Russlands zu rechnen ist. Das kann zu einer Ausweitung und Verlängerung des Krieges führen und zugleich schwindet die Aussicht auf Friedensgespräche weiter. Jeglicher Selbstzweifel in dem Sinne, dass sie, Strack-Zimmermann, durch ihr aggressives militaristisches Auftreten einmal an einem großen Krieg mitschuldig werden könne, ist dieser Scharfmacherin fremd. So wurde sie manchem unheimlich.

Vor den 2024er Landtagswahlen in Thüringen, Sachsen und Brandenburg wird sich mancher gemerkt haben, aus welcher Partei diese Töne kamen. Da lag es nahe, sich für AfD oder BSW zu entscheiden, die eine militärische Hilfe für die Ukraine ablehnen. So landete die FDP bei diesen Wahlen bei nur noch einem Prozent und damit in der Bedeutungslosigkeit.

Strack-Zimmermann, die sich gern als Eurofighterin bezeichnet, stellte fest: *Es ist ein Hammer, dass so viele Menschen AfD wählen, obwohl diese mit Kandidaten angetreten ist, die nicht für dieses Land da sind, sondern für ihren eigenen Geldbeutel.* Angesichts einer solchen, relativ albernen, pauschalen Unterstellung ist von ihr eine Besinnung darauf, wie es zu der jetzigen Legitimationskrise kommen konnte, nicht zu erwarten – und ebenso wenig von der FDP, die sie und ihre Persönlichkeit kannte und sie gleichwohl auf den Schild der Spitzenkandidatin gehoben hat.

In einem Artikel *Über mich* erläutert sie ihr Verständnis von Liberalismus: *Ich bin Jahrgang 1958 ... Seit Jahrzehnten bin ich eine Freundin der Freiheit: Seit fast 50 Jahren als Motorradfahrerin ...* Nun, man kann den Begriff der Freiheit eben ganz unterschiedlich definieren und konkretisieren.

Es ist geradezu ein Labsal, aus diesen aktuellen Niederungen der FDP zurückzuschauen auf die großen Persönlichkeiten, die diese Partei einmal hervorgebracht hat. In dem Sammelband *Theodor Heuss – Politiker und Publizist* (Rainer Wunderlich Verlag, Tübingen 1984) ist seine

Rede im Parlamentarischen Rat vom 8. Mai 1949 wiedergegeben. Da sagt Heuss zum künftigen Grundgesetz:

*Wir müssen trachten, die Rechtsformen so zu schaffen, daß sie in sich die moralisch-sachliche Qualität gegenüber der Macht besitzen und, wenn diese dem Mißbrauch ausgesetzt ist, ihre eigene innere Kraft wahren.*

Ist dies gelungen? Hat das Grundgesetz heute, nach 75 Jahren der Bewährung, die nötige innere Kraft gewonnen? Man kann nur staunen, mit welcher Verzagtheit gegenwärtig ernsthaft befürchtet wird, eine in Wahlen siegreiche AfD könne mal einfach das Grundgesetz zugunsten eines autoritären Führerstaats abschaffen. Haben wir wirklich so wenig Zutrauen zu unserer Ordnung?

Wir müssen hier unterscheiden zwischen Struktur und Inhalt: Die Struktur, das ganze große Gerüst des Grundgesetzes – mit den Menschenrechten, dem Rechtsstaat, der Gewaltenteilung und so fort – könnte erhalten bleiben, aber teils mit anderen Inhalten als bisher gefüllt werden. Die Kulturrevolution 1968 und der Machtwechsel von der CDU zur SPD 1969 brachten ganz neue politische Schwerpunkte, aber der gesetzliche Rahmen, das Grundgesetz, blieb dasselbe. Ähnlich könnte es – im glücklichen Falle – verlaufen, wenn die AfD an der Regierung beteiligt würde. Aber natürlich kann heute niemand sagen, an welchen Schrauben dann womöglich gedreht würde. Wir wissen nur, dass es hierzu keinen Zwang, keine Automatik gibt, sondern dass dies vom Verhalten von uns allen abhängt.

Am 12. September 1949 wurde Theodor Heuss zum ersten Bundespräsidenten der jungen Republik gewählt. In seiner dankenden Ansprache sagte er unter anderem, *dass die Nation nur leben kann, wenn sie von der Liebe der Massen des Volkes getragen wird.* Dies ist anscheinend zurzeit nicht der Fall. Das ist unser Problem.

Den Bezug zur Vergangenheit sah Heuss hier ganz nüchtern und realistisch:

*Es ist eine Gnade des Schicksals beim Einzelmenschen, dass er vergessen kann. Wie könnten wir als einzelne leben, wenn all das, was uns an Leid, Enttäuschungen und Trauer im Leben begegnet ist, uns immer gegenwärtig sein würde! Und auch für die Völker ist es eine Gnade, vergessen zu können.*

Hier geht es anscheinend nicht um ein Vergessen im wörtlichen Sinne, dass ein Text wie im Computer gelöscht und nicht mehr auffindbar ist. Sondern, dass er noch gewusst wird, aber nicht jederzeit das Denken beherrscht und blockiert.

Heuss sah seinerzeit im Neubeginn eine Aufgabe, die bis heute nicht befriedigend gelöst ist:

*Wir stehen vor der großen Aufgabe, ein neues Nationalgefühl zu bilden. Eine sehr schwere erzieherische und erlebnismäßige Aufgabe, daß wir nicht versinken und steckenbleiben in dem Ressentiment, in das das Unglück des Staates viele gestürzt hat.*
*Wir haben die Aufgabe im politischen Raum, uns zum Maß, zum Gemäßen zurückzufinden und in ihm unsere Würde neu zu bilden, die wir im Innern der Seele nie verloren.*

Diese Aufgabe, mit innerer Würde ein neues Nationalgefühl zu bilden, gilt heute als *rechts* und ist daher tabuisiert. Tatsächlich handelt es sich um eine selbstverständliche Aufgabe einer jeden Nation, die nicht in Selbstverleugnung verharren will.

Der klassische Liberalismus betont vorrangig die Freiheit eines jeden einzelnen Bürgers, das Selbstbestimmungsrecht aufgrund von Vernunft und Einsicht sowie seine Freuden, seine kleinen oder großen Leidenschaften: Jedem Tierchen sein Pläsierchen. Wir sind nun einmal alle verschieden. Diese Freiheit zu verteidigen, wäre heute reichlich Anlass vorhanden – zum Beispiel gegen die allgemeine Regulierungswut, wo immer der Staat meint, der Vernünftigere zu sein und die Menschen vor ihren unvernünftigen und ungesunden Ideen beschützen zu müssen: Gegen Rauchen (aber für Freigabe von Cannabis), gegen Schnaps trinken, gegen zu viel Fett und Zucker, gegen Ölheizungen. Die Freiheit gilt vor allem als Konsumfreiheit, als Auswahl zwischen unübersehbar vielen Varianten.

Entsprechend dem Lieferkettengesetz sind alle Betriebe zu meiden, die nicht im deutschen Sinne ordentlich geführt werden. Ob hiermit den im Ausland Beschäftigten geholfen wird, ist eine andere Frage. Streng genommen müssten alle Betriebe gemieden werden, die keinen Betriebsrat nach deutschem Muster haben. Das wären weltweit alle außer uns. Wir könnten aber allen erklären, weshalb sie werden müssten wie wir.

Hinzu kommt eine allgegenwärtige Sprachpolizei, die bestimmte Ausdrücke wie *Flüchtlinge* verbietet und nach der es *Geflüchtete* heißen muss, weil angeblich *Flüchtling* ein diskriminierendes Wort ist. Bisher soll sich jedoch noch kein Flüchtling über dieses Wort beschwert haben. So werden immer weitere Gruppen gefunden, die vor vermeintlicher Diskriminierung geschützt werden sollen.

Die FDP als liberale Partei hätte ein großes Publikum, weil sich viele Mitbürger über diesen Bevormundungswahn ärgern. Das wäre die klassische liberale Idee. Von ihr ist jedoch in dieser Partei wenig zu sehen. Ähnlich wie die SPD hat sie vergessen, wozu sie da ist.

Die Zeitschrift *Gala* erläutert in ihrem Starporträt zu Christian Lindner, FDP-Vorsitzender und früherer Inhaber einer Werbeagentur:

> *Lindner treibt seit 2011 den Umbruch der FDP mutig voran und versucht, ihr neoliberales und angestaubtes Image aus den Köpfen der Menschen zu vertreiben.*

An die Stelle der zeitlosen und immer gültigen liberalen Idee treten dann Werbesprüche folgender Art:

> *Nie gab es mehr zu tun* (Ein Kalenderspruch, passt eigentlich immer.)

Oder aber:

*Emissionshandel schnellstmöglich auf alle Emissionen ausweiten*

und:

*EU-Investitionskontrolle für ausländische Direktinvestitionen verschärfen*

Bei so speziellen fachlichen Forderungen weiß nun wiederum mancher nicht, worum es geht. Es ist anscheinend nicht einfach, eine möglichst konkrete Forderung zu formulieren, die gleichwohl jedermann versteht. Früher war die FDP die Partei des gewerblichen Mittelstandes und der Freien Berufe. Diese Zielgruppe hat die FDP aus den Augen verloren. Stattdessen richtet sich die Werbung an alle und damit an gar keinen.

Aktuell kommt hinzu, dass für das Scheitern der Bundesregierung Anfang November 2024 nach Meinungsumfragen in der Bevölkerung hauptsächlich die FDP die Schuld trägt, weil Finanzminister Christian Lindner allzu starr an der Schuldenbremse festhielt und zudem die Zusammenarbeit mit den Kollegen, den anderen Bundesministern, aufkündigte.

Am 4. November 2024 stellte Christian Lindner das Papier *Wirtschaftswende Deutschland – Konzept für Wachstum und Generationengerechtigkeit* der Öffentlichkeit vor. Es umfasste zahlreiche Vorschläge, um die deutsche Wirtschaft nachhaltig zu stärken und auf zukünftige Herausforderungen vorzubereiten.

Mit Blick auf die koalitionsinternen Reaktionen auf sein Papier betonte Lindner: *Jetzt werden wir sehen, was die SPD vorschlägt*. FDP-Generalsekretär Bijan Djir-Sarai unterstrich: *Christian Lindner hat konkrete und durchgerechnete Vorschläge gemacht, wie man den Haushalt beschließen und das Wachstum anschieben kann. Wir wollen jetzt wissen, was der zuständige Wirtschaftsminister vorschlägt.*

Abgesehen vom Inhalt des Papiers ist dies innerhalb einer Koalitionsregierung ein völlig unmögliches Verfahren: Der unzuständige Minister schlägt nachdrücklich und ausführlich ausgearbeitet öffentlich etwas vor, ohne sich mit dem zuständigen Kollegen abzustimmen, und wartet dann ab, wie dieser auf die Herausforderung reagiert. Unter diesen Umständen war eine Weiterarbeit der Ampel-Regierung nicht mehr möglich. Für die oben eingeforderte große Besinnung anlässlich der jetzigen Legitimitätskrise ist von der Freien Demokratischen Partei wenig zu erwarten, weil anscheinend die eigene Profilierung auf Kosten der Kollegen im Vordergrund steht.

# KAPITEL 8

## Das Bündnis 90/Die Grünen: Die alleinige Deutungshoheit

In der Wahl zum Deutschen Bundestag 2021 wurde der Wahlkreis Nummer Eins (Flensburg–Schleswig) von Dr. Robert Habeck vom Bündnis 90/Die Grünen gewonnen. In der Regierung Scholz ist er Bundesminister für Wirtschaft und Klimaschutz, außerdem entsprechend Artikel 69 des Grundgesetzes Stellvertreter des Bundeskanzlers. Daheim, privat, ist er insofern etwas exotisch, als in der Familie nicht etwa Deutsch, sondern Dänisch gesprochen wird. Bei seiner Doktorarbeit, der Dissertation mit einem Umfang von 263 Seiten, ging es um *Die Natur der Literatur – Zur gattungstheoretischen Begründung literarischer Ästhetizität*. Es handelt sich also um einen philosophischen Kopf. In der Wahlwerbung heißt es: *Robert Habeck setzt auf Ruhe und hört zu. – Ich will nicht hinnehmen, dass Angst und Zorn uns aufzehren. Wir dürfen nicht davon ausgehen, unsere liberale Demokratie sei auf ewig garantiert. Wir müssen für die Demokratie kämpfen.*

In der Frankfurter Allgemeinen Zeitung erschien am 21. November 2021 der Artikel *Nicht die schlimmste Beleidigung – Ein Rentner bezeichnete Robert Habeck als Schwachkopf*. Hier erfahren wir:

> *Ein 64-jähriger Rentner aus Bayern lädt vor rund einem halben Jahr ein Bild auf seinem X-Account hoch. Darauf zu sehen: ein Porträt von Robert Habeck (Grüne), darunter der Schriftzug „Schwachkopf Professional". Die Bayerische Polizei weist den Vizekanzler auf den Beitrag hin, der stellt Strafantrag wegen Beleidigung. In einer Pressemitteilung bestätigte die Staatsanwaltschaft die Ermittlungen wegen der mutmaßlichen Habeck-Beleidigung.*

*Der Vorfall wirft Fragen auf. Haben es die Ermittlungsbehörden im Kampf gegen Hass im Internet zu weit getrieben? Juristisch sind aus mehreren Gründen Zweifel angebracht. So ist bereits fraglich, ob die vermeintlich banale Bezeichnung als „Schwachkopf" überhaupt strafbar oder als zulässige Meinungsäußerung zu werten ist. Dabei ist zudem die Rechtsprechung des Bundesverfassungsgerichts zu berücksichtigen. In einer Reihe von Entscheidungen betonte das Gericht, dass Politiker grundsätzlich mehr aushalten müssen als Privatpersonen. Vor dem Hintergrund könnte die Bezeichnung Habecks als „Schwachkopf" möglicherweise an der unteren Grenze der Strafbarkeit liegen.*

Weiter erfahren wir aus der F.A.Z., es gehe um Habecks Umgang mit vermeintlich harmlosen Beleidigungen im Netz. *Seit Beginn der Legislaturperiode bis zum August 2024 soll der Vizekanzler 805 Strafanzeigen gestellt haben.* Dazu teilt er mit, er habe sich am Anfang der Legislatur entschieden, Beleidigungen und Bedrohungen zur Anzeige zu bringen.

Hier stellt sich die Frage, ob die Staatsanwaltschaft nichts Wichtigeres zu tun hat, als dem Minister mitzuteilen, dass jemand ihn im Netz als Schwachkopf bezeichnet hat. Jeder Politiker, zumal in einem herausgehobenen Amt, ist daran gewöhnt, von diverser Seite teils heftig, teils deftig kritisiert oder beschimpft zu werden, einfach deshalb, weil es unmöglich ist, es allen recht zu machen, und weil es immer einige Leute gibt, die sich auf die Füße getreten fühlen. Für die meisten Politiker ist dies eine Art Hintergrundrauschen, das sie nur am Rande zur Kenntnis nehmen.

Wenn sich demgegenüber Habeck entschieden hat, jede Beleidigung bei der Staatsanwaltschaft anzuzeigen, so erinnert dies penetrant an die vielen Prozesse wegen Majestätsbeleidigung in wilhelminischer Zeit, an die DDR oder an die jetzigen Verhältnisse in Russland. Zu Artikel 5 des Grundgesetzes (Meinungsfreiheit) erfahren wir im Kommentar (von Münch/Kunig): *Das Grundrecht auf freie Meinungsäußerung ist als unmittelbarster Ausdruck der menschlichen Persönlichkeit ... die Grundlage jeder Freiheit überhaupt. Es ist für die freiheitliche demo-*

*kratische Staatsordnung des Grundgesetzes, deren Lebenselement diese Auseinandersetzung ist, schlechthin konstituierend.* Dabei geht es nicht um Tatsachenbehauptungen, sondern gerade die Subjektivität einer Wertung ist geschützt. Die Meinungsfreiheit bedeutet die Freiheit von staatlicher Lenkung, Behinderung oder sonstiger Beeinträchtigung.

Habeck meint, wir müssten für die Demokratie kämpfen. Ja sicher. Aber bei allem philosophischen Tiefsinn bemerkt er gar nicht, dass er durch seine Null-Toleranz-Politik ein Stück Demokratie abschafft.

Hierbei ist nicht nur Robert Habeck persönlich hypersensibel gegen jegliche Kritik. Vielmehr legte Wolfgang Kubicki seitens der FDP dar, dass die Zahl der sogenannten Äußerungsdelikte von 231 im Jahr 2020 auf 947 Fälle im Jahr 2023 gestiegen sei. Im Jahr 2023 hätte allein die grüne Außenministerin 277 Anzeigen gestellt. Der FDP-Vizevorsitzende kritisierte dieses Vorgehen scharf: *Die Grünen haben sich einen eigenen politischen Debattenraum geschaffen, in dem allein sie die Deutungshoheit haben. ... Wer hinterfragt, ist wahlweise ein Feind der Demokratie oder rechtsradikal.*

Seiner Ansicht nach ist die Debatte um Gewalt gegen Politiker aus den Fugen geraten und Beleidigungsdelikte würden von den Politikern bewusst eingesetzt, um den Meinungskorridor zu verengen. Kubicki schreibt: *Zur Wahrheit gehört: Die Grünen machen mit Beleidigungen gegen sie Politik – sie schaffen dadurch ein Klima der Einschüchterung, das dem politischen Diskurs massiv schadet.*

Insgesamt stellen die Mitglieder der Bundesregierung zahlreiche Strafanzeigen, wie in Bundestagsdrucksache 20/12694 vom 22. August 2024 (Durch die Mitglieder der Bundesregierung erstattete Strafanzeigen) als Antwort auf eine AfD-Anfrage festgehalten wurde. Jemand hatte in Bierlaune Landwirtschaftsminister Cem Özdemir als *Drecksack* bezeichnet. Der Minister klagte erfolgreich auf 600 Euro Schmerzensgeld.

Ein anderer hatte ihn in Bierlaune als *Dreckspieser* (?) und *Ausländerdreck* bezeichnet. Das setzte wegen Volksverhetzung und Beleidigung sechs Monate Haftstrafe. Ein Polizist hatte das Gesicht von Claudia

Roth mit einem Pferdehintern verglichen: Geldstrafe 4.400 Euro plus Disziplinarverfahren.

Es ist allerdings nicht eine exklusive Gewohnheit der Grünen, auch kleinste Beleidigungen, irgendwo in der Kneipe ausgesprochen, staatsanwaltlich verfolgen zu lassen. Einen gewissen Rekord dürfte Marie-Agnes Strack-Zimmermann halten, die Vorsitzende des Verteidigungsausschusses des Europa-Parlaments. Sie bestätigte, seit Februar 2023 nicht weniger als 1.894 Sachverhalte angezeigt zu haben. Sie gehört zur FDP, also zur Freien Demokratischen Partei, und beweist auf diese Weise ihre liberale Gesinnung.

Fast entsteht der Eindruck, als säßen die Offiziellen in einem Bunker mit kleinen Schießscharten, und auf jeden, der draußen im Volk herumkrakeelt, würde scharf geschossen. Von einer Brücke des Vertrauens zwischen Volk und Regierung, das heißt von einer im Herzen gefühlten Legitimation, ist nicht mehr die Rede, sondern im Gegenteil wird das Volk mit rechtlichen Mitteln systematisch verunsichert und gewinnt den Eindruck, es sei höchst gefährlich, sich mit den Würdenträgern anzulegen oder offen seine Meinung über dieselben zu sagen.

Franziska Brantner ist bei den Grünen nicht irgendjemand. Vielmehr bereitete sie sich Anfang Oktober 2024 auf den Vorsitz der Partei vor. Sie wurde in der Region Heidelberg direkt in den Bundestag gewählt, war seinerzeit parlamentarische Staatssekretärin im Bundesministerium für Wirtschaft und Klimaschutz, promovierte mit einer Arbeit über die Vereinten Nationen, ist international vernetzt und hat auch Erfahrungen aus dem Europa-Parlament.

In der Zeitschrift *Der Spiegel* vom 5. 10. 2024 wurde sie gefragt, wie es bei den Wahlen in den drei östlichen Bundesländern zu einem Absturz bei den Grünen gekommen sei. Sie antwortete:

*Warum werden in der politischen Debatte nur noch jene gehört, die am lautesten schreien?*
*Ein Grund ist, dass wir diese leise Mehrheit der Verantwortlichen und Vernünftigen zu selten direkt angesprochen haben. Dabei sind wir doch ihr natürlicher Verbündeter.*

Hier wurde endlich von einer führenden Sprecherin der Partei deutlich ausgesprochen, was sonst nur im Hintergrund zu ahnen ist: Dass nämlich diese Partei sich als Gemeinschaft der Verantwortlichen und Vernünftigen betrachtet. Alle anderen werden für unverantwortlich und unvernünftig gehalten und entsprechend verächtlich behandelt.

Frau Brantner bemerkt gar nicht, dass es ebendiese bodenlose Arroganz und Selbstgerechtigkeit sind, die ihre Partei so verhasst machen und in den Wahlen abstürzen lassen. Insbesondere in der früheren DDR fühlen sich die Bürger allzu oft als Menschen zweiter Klasse behandelt und sind auf diesem Gebiet sehr sensibel. Die Frage, weshalb die AfD so viele Stimmen gewinnt, wird in diesen grünen Kreisen sehr einfach beantwortet: Die Leute seien halt zu dumm und würden deshalb auf die populistischen Parolen hereinfallen.

In der Politik sind Stilfragen nach der Art, wie wir miteinander umgehen, oft wichtiger als die immer wieder herangezogenen Zahlen über Arbeitsplätze, Arbeitslosigkeit und Lohnlücke. In einem kurzschlüssigen Vulgär-Materialismus wird gedacht, die Leute seien hauptsächlich an Geld und Wohlstand interessiert und würden hiernach die Parteien beurteilen. Nein, es geht oft eher um das, was man in Zeiten unserer Großväter als die Ehre bezeichnete, nämlich der Anspruch, mit Achtung und Respekt behandelt zu werden. Woran mag es denn liegen, dass das Buch *Die Selbstgerechten* von Sahra Wagenknecht (Campus-Verlag Frankfurt/New York 2022) sofort so erfolgreich war und in kürzester Zeit zum Spiegel-Bestseller aufstieg? *Dieses Buch ist ein Plädoyer für eine liberale, tolerante Linke,* erläutert sie. Eingangs wird hier als zentraler Gegenstand des Buches die Denkströmung des modernen Linksliberalismus angekündigt, *die Linkssein in erster Linie über Lifestyle-Fragen und moralische Haltungsnoten definiert und dabei die Privilegien gut situierter Großstadtakademiker mit persönlichen Tugenden verwechselt.* Wagenknecht erwähnt die Partei der Grünen nicht, aber jeder Leser bemerkt schnell, welche Partei vor allem gemeint ist.

Deshalb dürfte das Vorhaben Robert Habecks, die Grünen als Volkspartei zu etablieren, schwierig werden: Aus einem elitären Kreis wird kaum eine Volkspartei, wenn immer wieder zu spüren ist, dass er das

Volk verachtet. Im Gegensatz zur restlichen Welt hat die Gruppe der Grünen nicht nur einen vermeintlich exklusiven Zugang zur Wahrheit und darüber hinaus zu den wirklichen Notwendigkeiten, mithin wertvollere, höhere Ziele als das als Hammelherde betrachtete gemeine Volk. Ihre Mitglieder bewahren und beleben diese Überzeugungen und betrachten sich deswegen als eine Elite. Das verleiht ihnen die eingebildete besondere Macht, das Böse und Falsche zu überwinden und damit die Welt und sich selbst zu retten.

Das in Deutschland an elf Standorten vertretene *Forschungsinstitut gesellschaftlicher Zusammenhalt* berichtete 2023, die deutsche Gesellschaft sei in geschlossene Blasen und Milieus zerfallen, von denen die abgeschlossensten die Wähler der Grünen seien. Diese Großgruppe der akademischen Mittel- und Oberschicht müsse mehr Verantwortung für den Zusammenhalt der Gesellschaft übernehmen. Sie müsste an der Fähigkeit arbeiten, auch die Bedürfnisse anderer sozialer Milieus anzuerkennen. Das wird nicht leicht sein. Denn für jede Sekte ist es kennzeichnend, dass sie sich als Insel der Wissenden von dem unwissenden Rest der Gesellschaft abgrenzt.

Das Jahr 2024 brachte für die Partei der Grünen einen herben Rückschlag.

In der Bundestagswahl 2021 hatten sie sich noch gegenüber der 2017er Wahl von 8,9 auf 14,8% verbessert und zogen in die Bundesregierung ein. Aber dann ging es abwärts:

- In der Europawahl 2024 fielen sie – immer gegenüber der entsprechenden vorigen Wahl – von 20,2 auf 11,9%.

Bei den 2024er Landtagswahlen in drei östlichen Bundesländern wurde es dunkel:

- In Thüringen fielen die Grünen von 5,2 auf 3,2%, waren also nicht mehr im Landtag vertreten.
- In Sachsen fielen sie von 8,9 auf 5,1%, schafften also nur knapp den Einzug in den Landtag.

- In Brandenburg fielen sie von 10,8 auf 4,1%, verfehlten also ebenfalls den Einzug in den Landtag.

Angesichts dieser Enttäuschungen erklärten die beiden Vorsitzenden Ricarda Lang und Omid Nouripour am 24. September 2024 den Rücktritt des gesamten Parteivorstands. Ricarda Lang kennzeichnete zum Wahlausgang ein allgemeines Problem des ganzen Landes: Viele Menschen fühlten sich von der Politik nicht mehr gehört. Da müssten auch die Grünen im Bund und im Land näher an die Lebensrealität heranrücken, insbesondere an die der Menschen im Osten. *Wir brauchen ein klares, nach vorne gerichtetes Angebot der demokratischen Parteien. Das ist uns bisher nicht gelungen.*

Dies legt die Frage nahe, womit sich die Grünen seit Ende der 1970er Jahre, ihrer Gründungszeit, beschäftigt haben, wenn sie bisher nicht in der Lage waren, ein solches Angebot zu entwickeln. Oder gibt es erst neuerdings diese Verlegenheit?

Es könnte sein, dass die Grünen irrelevant und überflüssig geworden sind. Sie entstanden Ende der1970er Jahre aus der Friedens-, der Umwelt- und der Anti-Atomkraft-Bewegung.

- Von der Friedensbewegung ist seit dem Einmarsch der russischen Streitkräfte in die Ukraine am 24. Februar 2022 nicht mehr viel übriggeblieben. Seitdem geht es immer nur um die Frage, wie viele und welche Waffen an die Ukraine geliefert werden sollen, um ihr und damit indirekt auch den anderen westlichen europäischen Staaten eine wirksame Verteidigung zu ermöglichen. Dagegen steht immer das Bedenken, dass weitere Waffen den Krieg verlängern und die beiderseitige Rüstung hochschaukeln könnten. Es wird kaum möglich sein, eine Atommacht wie Russland endgültig zu besiegen. – Die Grünen sind hier längst nicht mehr Friedensmacht, sondern immer ganz vorn beim Zähnezeigen. Wer gegen Waffenlieferungen an die Ukraine ist, wählt AfD oder BSW.

- Die Umweltbewegung ist inzwischen längst keine Spezialität der Grünen mehr, sondern Gemeingut. Alle Parteien sind für Naturschutz, Artenschutz, saubere Umwelt und Verminderung des Ausschusses von Kohlendioxid, das als Ursache für die allgemeine Klima-Erwärmung betrachtet wird.
- Die Anti-Atomkraft-Bewegung hat ihr Ziel erreicht, seitdem am 15. April 2023 in Deutschland die letzten Reaktoren abgeschaltet wurden. Die Kernkraftwerks-Katastrophen von Tschernobyl 1986 und Fukushima 2011 überzeugten in Deutschland – in dieser Hinsicht weltweit ein irregulärer Sonderfall in Hysterie – viele davon, dass diese Energiequelle nicht beherrschbar sei. In Deutschland bricht Panik aus, obwohl ein Tsunami, der in Japan die Katastrophe auslöste, an der Nordsee recht selten ist. Hunderttausende demonstrierten, und bei der Landtagswahl in Baden-Württemberg am 27. März 2011, knapp zwei Wochen nach dem Seebeben im Pazifik und der Katastrophe in Fukushima, kommt es zu einem politischen Erdbeben im Südwesten: Die Grünen erzielen in der baden-württembergischen Landtagswahl sensationelle 24,2% und bilden mit der SPD (23,1%) die Landesregierung. Angela Merkel als CDU-Kanzlerin kommt nicht umhin, das allgemeine Atom-Aus beschließen zu lassen, zumal in dieser Wahl die CDU von 44,2 auf 39% gefallen war.

Die erbitterte Gegnerschaft gegen Kernkraftwerke, die sich in gewaltigen Demonstrationen in Wyhl, Brokdorf, Wackersdorf und Gorleben entlud, ist eine deutsche Spezialität. Zurzeit, 2024, gibt es weltweit 17 Länder, in denen neue Kernkraftwerke geplant werden, darunter China 41, Russland 14 und Indien 12. In allen diesen Ländern und schon bei unserem Nachbarn Frankreich wird natürlich davon ausgegangen, dass diese Technik beherrschbar sei.

Jede Großtechnik führt in Einzelfällen zu Groß-Katastrophen. Beim Untergang der Titanic am 14. April 1912 gab es 1.500 Tote, beim Eisenbahn-Unglück in Eschede am 3. Juni 1998 waren es 101 Tote. Aber niemand kam auf den Gedanken, nach diesen Unglücken die Hochsee-Passagierschifffahrt oder den Intercity-Eisenbahnverkehr einzustellen.

Niemand kann sagen, welche ganz konkreten Risiken jetzt oder in den nächsten Jahrtausenden entstehen würden, wenn der gesamte Atommüll in den Salzstöcken in Gorleben endgelagert werde. Das Steinsalz reagiert in langen Zeiträumen plastisch und würde diese Behälter allseitig umschließen.

Jedoch ist die Neigung zur Atom-Panik in Deutschland seit der Planung der ersten Kernkraftwerke nun einmal vorhanden, rational oder irrational, und musste als politische Realität behandelt werden. Ebendies hat inzwischen seinen Schlusspunkt gefunden.

Nachdem Friedens-, Umwelt- und Antiatombewegung sich jede auf ihre Weise erledigt haben, fehlt den Grünen ein zündendes Thema. Stattdessen sind sie bei jedem beliebigen Großvorhaben, sei es beim Bau einer neuen Autobahn oder sei es die geplante Erdgas-Förderung westlich der Nordseeinsel Borkum, zusammen mit den Naturschutzverbänden erst einmal dagegen. Irgendeine bedrohte und seltene Art von Fledermäusen findet sich auch auf hoher See. So zerren die Grünen und die Naturschutzbünde die Planungen jahrelang durch die Verwaltungsgerichte. Auf diese Art und Weise wird alles und jedes Vorhaben verschleppt oder verhindert.

Eine grundlegende Neubesinnung angesichts der jetzigen Legitimitätskrise des ganzen Staates Bundesrepublik Deutschland ist von den Grünen nicht zu erwarten, zumal sich auf lange Sicht die Frage nach der Existenzberechtigung dieser Partei stellt, wenn sie sich weiterhin als arrogante, moralinsaure Verbots-, Verhinderungs- und Bevormundungspartei darstellt.

# KAPITEL 9

## Eine andere Mehrheit: AfD plus BSW?

Was passiert eigentlich, wenn die AfD plus das Bündnis Sahra Wagenknecht eines Tages die Mehrheit im Deutschen Bundestag erringen und Dr. Alice Weidel zur Kanzlerin oder, nicht gerade Tino Chrupalla, sondern einen würdevollen, älteren Herren mit gutbürgerlichem Hintergrund und reiner Weste zum Kanzler wählen?

Da kann jedermann laut rufen: *Unmöglich! Katastrophe! Kein neues 1933! Naziregierung! Müssen wieder alle Juden fliehen? Sofort verbieten! Polizei! Verfassungsschutz!*

Auch nachdenkliche Stimmen der Art: *Was ist doch Wahnsinn! Das kann doch kein vernünftiger Mensch wollen!* Das würde ebenso wenig helfen wie eine Verdammung der dummen Wähler, die leider Volksverführern, Populisten und Extremisten auf den Leim gegangen seien.

*Deutschland muss aufgerüttelt werden* – Diesen Ratschlag aus Schweden präsentierte die F.A.Z. am 12. November 2024. Und zwar meinte die *Göteborgs-Posten,* Trumps Sieg in den USA werde sowohl direkte als auch indirekte Auswirkungen auf Europa und dessen größtes Land Deutschland haben. *Möglicherweise kann das ein zunehmend steifes Deutschland aufrütteln, und möglicherweise wird das nicht nur schädlich sein.* Mit dem Wort *steif* ist hier gemeint, Deutschland verlasse sich allzu starr auf die bisherigen etablierten Parteien und versuche, so zu tun, als gäbe es die Protestparteien nicht. *Die Folge ist, dass die etablierten Parteien gezwungen sind, zusammen in unheiligen Bündnissen zu regieren und damit ihr eigenes Vertrauen weiter zu untergraben – während die Populisten an Stimmen gewinnen.* Das heißt: Wenn Koalitionsverhandlungen ausschließlich mit dem Ziel geführt werden, die AfD und Sahra Wagenknecht draußen zu halten, müssen sich Parteien zusammentun, die unterschiedliche, teils sich widersprechende Positionen vertreten, oder gar solche, die man vor der Wahl als Koalitionspartner ausgeschlossen hat. Je größer die Protestparteien werden und je energischer sie von der Regierung ausgeschlossen werden, desto mehr verringert sich die Legitimation der Regierung, die sich weigert, einen großen Teil des Volkes und dessen Wünsche und Kritik zur Kenntnis zu nehmen. Dies könnte den Protest weiter verstärken. Die Neuen einfach zu verbieten, weil sie die Alten stören, ist mit einer freiheitlichen Demokratie unvereinbar.

Ein Parteiverbot der AfD dürfte insbesondere dann schwierig werden, wenn diese Partei, wie bereits angekündigt, eine Personalpolitik übernimmt, die sich bei dem BSW als erfolgreich erwiesen hat. Die AfD könnte eine Personal-Auswahl-Kommission, eine Kaderabteilung (oder wie immer dieses Gremium auch heißen mag) ins Leben rufen, die alle Mitwirkenden überprüft und alle hinauswirft, die durch Nazisprüche auffallen, die vorbestraft sind oder die zu Pöbeleien und ungehobeltem Auftreten neigen. Ferner alle, die sich lange Jahre in Russland oder China aufgehalten und dort womöglich Freundschaften geschlossen haben. Allen diesen Problemfiguren könnte bedeutet werden, dass sie nicht erwünscht sind und keinesfalls mit der Wahl in irgendein Gremium der Partei und schon gar nicht mit einer Aufstellung als Kandidat zu Wahlen rechnen können. Langwierige Ausschlussverfahren, womöglich durch mehrere Instanzen, könnte die Partei vermeiden, weil dies viel öffentliche Aufmerksamkeit erregt. Viele von den Unerwünschten würden sich vermutlich enttäuscht abwenden.

Wegen der großen Anzahl der Mitglieder müssten diese Kommissionen für Europa, Bund, jedes Bundesland und dort für jeden Kreisverband, mit Vertrauensleuten in jedem Ortsverband, aufgestellt werden. Dann würden massenhaft Fragebögen verteilt und viele Prüfgespräche geführt.

Die AfD würde in diesen Verfahren alle Mitglieder mit Sperrvermerk versehen, von denen sie befürchtet, blamiert zu werden. Außerdem könnte sie peinlich darauf achten, dass in ihrem Parteiprogramm, in den öffentlichen Ansprachen und in der Plakatwerbung alles im grundgesetzlichen Rahmen bleibt. Wird der Prozess der Verbürgerlichung gründlich und einigermaßen erfolgreich durchgezogen, so könnte ein Verbotsverfahren sehr schwierig bis aussichtslos werden.

Wie sind die Aussichten, dass AfD und BSW zusammen eine absolute Mehrheit erlangen und den Ministerpräsidenten eines Bundeslandes oder im Bund den Kanzler stellen können? Hier ist zunächst daran zu erinnern, dass es hierzu nicht notwendig ist, 51% der Wähler zu gewinnen, sondern 51% der gewählten Abgeordneten im Parlament, also ohne alle Parteien, die unter 5% geblieben sind. Falls beispielsweise insgesamt 10% der Wähler, die Sonstigen, unter dieser Schwelle bleiben und daher nicht im Parlament vertreten sind, so repräsentiert dieses Haus nur 90% der Wähler. Für die absolute Mehrheit reichen dann 46%.

Sehen wir uns hieraufhin einmal die Ergebnisse der Landtagswahl im Freistaat Thüringen vom 1. September 2024 an, nur die Zweitstimmen in Prozent und die Anzahl der Mandate. Dabei bezeichnen wir die etablierten, langjährig bewährten Parteien als die Herausgeforderten, die beiden neuen Parteien als die Herausforderer.

| Im Landtag vertreten | Prozente | Sitze |
| --- | --- | --- |
| CDU | 23,6% | 23 Mandate |
| SPD | 6,1% | 6 Mandate |
| Die Linke | 13,1% | 12 Mandate |
| Herausgeforderte gesamt | 42,8% | 41 Mandate |
| | | |
| AfD | 32,8% | 32 Mandate |
| BSW | 15,8% | 15 Mandate |
| Herausforderer gesamt | 48,6% | 47 Mandate |
| | | |
| insgesamt | 91,4% | 88 Mandate |
| | | |
| Absolute Mehrheit | 45,7% | 45 Mandate |
| | | |
| **Im Landtag nicht vertreten** | | |
| Grüne | 3,2% | 0 Mandate |
| FDP | 1,1% | 0 Mandate |
| Sonstige | 4,3% | 0 Mandate |
| Nicht vertreten insgesamt | 8,6% | 0 Mandate |

Der Landtag vertritt nur 91,4% der Wähler. Daher genügt die Hälfte hiervon, also 45,7%, für die Mehrheit. Die beiden Herausforderer, AfD und BSW, verfügen über eine solche Mehrheit, nämlich 48,6%.

Dies wird bei der Zahl der Abgeordneten, der Sitze, deutlich. Der Landtag insgesamt hat 88 Sitze. Die Herausforderer, AfD plus BSW, haben 47 Sitze, also zwei mehr als die 45 Sitze, die zur absoluten Mehrheit notwendig sind. Dementsprechend haben die Herausgeforderten nur 41 Sitze, sind also in der Minderheit. AfD und BSW könnten sich also zusammentun und regieren. Die alten Parteien hätten das Nachsehen.

Könnten sich zukünftig auf Bundesebene ähnliche Verhältnisse ergeben? Wir erleben, dass die drei Parteien der ehemaligen Ampelregierung, SPD, Grüne und FDP, dramatisch an Zustimmung verloren haben. Anderseits gewinnen AfD und BSW an Bedeutung.

# KAPITEL 10

## Die Alternative für Deutschland: Ein Verbot der Opposition?

In Cuxhaven fließt die Elbe in die Nordsee. Die Stadt ist nicht nur größtes Nordseeheilbad, sondern hier werden auch die Radnaben, die Maschinenhäuser der küstennahen Windkraftanlagen hergestellt und verladen. Sie haben die Ausmaße eines Zweifamilienhauses und können daher nicht über Autobahn oder Eisenbahn transportiert werden, sondern werden unmittelbar am Meer hergestellt und verladen.

In Cuxhaven wird wie überall über die *Alternative für Deutschland* nicht nachgedacht, nicht diskutiert, denn das Urteil steht bereits fest. Notfalls wird an Schreckfiguren wie Björn Höcke erinnert, und dieser wird unversehens in einen Plural versetzt: Es wird imaginiert, wie die Höckes schlimmstenfalls triumphieren könnten. Sich über eine bloße Ablehnung hinaus näher mit dieser Partei zu beschäftigen, wird auch deswegen vermieden, weil sie dann als eine normale, wählbare Partei erscheinen könnte, mit nachvollziehbaren Motiven. Stattdessen wird sie wie eine Art von Epidemie betrachtet, bei der ebenfalls nicht über die Gründe des Auftretens gegrübelt wird, sondern nur über die Möglichkeiten ihrer Bekämpfung. Das Problem ist nur: Wenn niemand weiß, weshalb es so viele Leute gibt, die diese schreckliche Partei wählen, so ist es auch schwer, über die bloße Verurteilung hinaus ein Gegengift zu erfinden, weil niemand weiß, wo dieses anzusetzen wäre. So ist eine gewisse Hilflosigkeit der Etablierten nicht zu übersehen.

Am 12. Oktober 2024 erschien in der Lokalzeitung *Cuxhavener Nachrichten* ein Interview mit den beiden dortigen Bundestagsabgeordneten Daniel Schneider und Enak Ferlemann. Eine der Fragen lautete: *Was denken Sie, sollte gegen die Zunahme der Wähler der AfD, vor allem bei den jungen Erwachsenen getan werden?*

Daniel Schneider, SPD, ist örtlich bekannt als Organisator des Deichbrand-Festivals, das alljährlich einige zehntausend Teilnehmer nach Wanhöden, Landkreis Cuxhaven, zieht.

Schneider gewann 2021 diesen Wahlkreis erstmalig für die SPD als Direktkandidat, das heißt über die Erststimmen. Auf die Frage nach Maßnahmen gegen die AfD antwortete er: *Wir müssen alle gemeinsam in allen Bereichen mehr über Politik reden. Und statt immer direkt eine Meinung zu haben, sollten wir vielmehr den politischen Diskurs in den Alltag bringen und auch im Idealfall den Prozess der Meinungsbildung mehr wertschätzen.*

Diese Antwort lässt erkennen: Der Abgeordnete ist ratlos angesichts der Tatsache, dass kurz zuvor die AfD zusammen mit dem Bündnis Sahra Wagenknecht eine bequeme Mehrheit in Thüringen erreicht hatte, sodass sie einfach die Regierung des Freistaates hätten übernehmen können, falls gewollt.

Sein Cuxhavener Kollege Enak Ferlemann, CDU, zog 2021 über die niedersächsische Landesliste in den Bundestag ein. Diesem gehört er seit 2002 an und gewann dreimal den Wahlkreis direkt, über die Erststimme. Jahrelang war er Staatssekretär beim Bundesminister für Verkehr. Zur Frage nach Maßnahmen gegen die AfD antwortete er:

*Die Ampelkoalition hat in den vergangenen Jahren viel Vertrauen verspielt. Vor allem durch ihre Art, Politik zu machen, aber auch wir haben das Vertrauen bisher nicht wieder erhalten. Das heißt, die Menschen suchen jetzt nach einem Ventil, um ihre Unzufriedenheit zum Ausdruck zu bringen. Und das ist eben im Wesentlichen die Wahl der AfD. Die Parteien der Mitte müssen die Themen lösen, sonst wird es noch schwieriger werden. Ich hoffe, dass die Politik das lernt.*

Auch diese Antwort will nicht recht überzeugen. Wenn *die Politik* das Thema lösen soll – wer soll das sein? Er ist doch als Bundestagsabgeordneter ein Repräsentant der Politik. Wenn es vor allem an der Art,

Politik zu machen, gelegen hat: Welche Art war es denn? Und welche sollte es sein?

Anscheinend haben die Parteien der Mitte die aus ihrer Sicht katastrophalen 2024er Wahlergebnisse in Thüringen, Sachsen und Brandenburg nicht aufgearbeitet, nicht diskutiert und in der Folgezeit auch keine Konsequenzen hieraus gezogen. Falls eines Tages wirklich die AfD die Bundesregierung stellen und die Demokratie gefährdet sein sollten, brauchen die Vertreter der Mitte-Parteien auf der Suche nach den Schuldigen nur in den Spiegel zu schauen.

Die AfD wird gewöhnlich als rechtsaußen verortet, und dort saßen und sitzen die Nazis und Neonazis. Das ist insofern zu kurz gedacht, als das zentrale Thema des Nationalsozialismus die mörderische Judenfeindschaft war. In der AfD hingegen wird jeglicher Antisemitismus sorgfältig vermieden. Vielmehr beklagt man sich darüber, dass durch die vielen Palästinenser und Einwanderer aus islamischen Staaten ein Antisemitismus nach Deutschland hineingetragen werde. In einem Streitgespräch Anfang Oktober 2024 im Sender Welt-TV warf Sahra Wagenknecht der AfD vor, sie stelle sich beim Krieg in Nahost einseitig an die Seite der israelischen Regierung. Alice Weidel betonte, jedes Land habe ein Recht auf Selbstverteidigung. Es wird von ihr also nicht bemerkt, dass die Aktionen des israelischen Militärs weit über dieses Recht hinausgehen.

Zahlreiche Einzelpersonen, Vereinigungen und Abgeordnete des Deutschen Bundestages fordern, die AfD entsprechend Artikel 21 des Grundgesetzes verbieten zu lassen, weil sie darauf abziele, die freiheitliche demokratische Grundordnung zu beeinträchtigen oder zu beseitigen. Aus der Politik, der Fachwissenschaft und der Bevölkerung gibt es allerdings auch schwerwiegende Bedenken gegen einen solchen Verbotsantrag. Beide Meinungen sind in etwa gleich stark vertreten, allerdings recht unterschiedlich bei den Anhängern der verschiedenen Parteien. Weitaus am stärksten für ein Verbot sind die Grünen entsprechend der dortigen Neigung, lieber zu verbieten als zu diskutieren. Selbstverständlich kommt bei den Grünen niemand auf den Gedanken, dass ihr eigenes Verhalten, die moralische Arroganz, zum Wachstum der

AfD beigetragen haben könnte. Leicht überwiegend sind auch SPD-Anhänger für ein Verbot. Bei der CDU sind beide Lager etwa gleich stark. Beim Bündnis Sahra Wagenknecht hält man leicht überwiegend einen Verbotsantrag für unangemessen, und bei der AfD selbst ist man natürlich dagegen.

Meist wird die Debatte nur unter dem Gesichtspunkt geführt, ob dem Verfassungsschutz ausreichendes Material gegen die AfD vorliege und daher ein Verbotsantrag beim Bundesverfassungsgericht Aussichten auf Erfolg hätte.

Zu Artikel 20 des Grundgesetzes (*Alle Staatsgewalt geht vom Volke aus. Sie wird von Volke in Wahlen ... ausgeübt.*) sagt der Kommentar (von Münch/Kunig):

> *Ein Mehrparteiensystem, das Institut der Opposition und das Prinzip der Mehrheitsentscheidung müssen dem Aktivbürger die Möglichkeit geben, einer politischen Gruppe die Legitimation zur Herrschaft zu versagen und eine andere Gruppe mit politischen Führungsaufgaben zu betrauen. Die damit angesprochene Chance von Minderheiten, Mehrheiten zu werden, wird weiter durch die Gründungsfreiheit und die Chancengleichheit politischer Parteien gewährleistet.*

Diese nicht nur national, sondern vor allem auch international in allen freiheitlichen Staaten selbstverständlichen Grundsätze würden verletzt, wenn in Deutschland einer bestimmten Gruppe von vornherein die Teilnahme an Wahlen verboten würde, obwohl diese Gruppe nichts Strafbares getan oder verlangt hätte. Die neue Gruppe AfD ist lediglich den bisher regierenden Gruppen lästig geworden. Nur in diktatorischen Staaten wie Russland oder China ist es üblich, oppositionelle Gruppen von der Wahl auszuschließen.

Die Nachricht von einem solchen Parteiverbot würde daher weltweit vollständig verständnislos aufgenommen und Deutschland zu einem demokratischen Problemfall erklärt werden, ähnlich wie Ungarn oder Polen bis 2023 unter dem Regiment der Partei für Recht und Gerechtigkeit (PiS).

Falls der Verbotsantrag abgelehnt würde, könnte die AfD triumphieren.

Sehr viel schwerwiegender wären die nationalen und vor allem internationalen Folgen, wenn die AfD tatsächlich verboten würde. Bleiben wir zunächst auf der juristischen (nicht auf der politischen) Ebene, so würde die AfD vermutlich entsprechend Artikel 11 der Europäischen Konvention zum Schutz der Menschenrechte und Grundfreiheiten Beschwerde beim Europäischen Gerichtshof für Menschenrechte einlegen. In Artikel 11 heißt es:

*Jede Person hat das Recht …, sich frei mit anderen zusammenzuschließen. Die Ausübung dieser Rechte darf nur Einschränkungen unterworfen werden, die in … einer demokratischen Gesellschaft notwendig sind für die nationale oder öffentliche Sicherheit, zur Aufrechterhaltung der Ordnung oder zur Verhütung von Straftaten … oder zum Schutz der Rechte und Freiheiten anderer.*

Demnach müsste der Gerichtshof darüber entscheiden, ob das Verbot der AfD notwendig sei

- für die nationale oder öffentliche Sicherheit
- zur Aufrechterhaltung der Ordnung
- zur Verhütung von Straftaten
- zum Schutz der Rechte und Freiheiten anderer.

Trifft eine dieser Voraussetzungen eines Verbotes für die AfD zu? Gefährdet sie die nationale oder öffentliche Sicherheit, womit nur eine Sicherheit vor organisierter Gewalt und nicht Gewalt von Einzeltätern gemeint sein kann? Ist das Verbot notwendig zur Aufrechterhaltung der Ordnung? Hier ist vermutlich nicht die politische und institutionelle Grundordnung gemeint, sondern vielmehr eine äußerliche Ordnung: der Schutz vor Krawallen und Anschlägen, das Funktionieren der Infrastruktur. Wo und wie gefährdet diese Partei eine so verstandene Ordnung? Ist das AfD-Verbot notwendig zur Verhütung von Straftaten? Wohl kaum. Jedenfalls können beim Europäischen Gerichtshof wohl kaum solche Straftaten wie der Hitlergruß oder das Schwenken von Hakenkreuzfahnen angeführt werden, womit sich die deutsche Anklagebehörde lächerlich machen würde. Ebenso ist nicht ersichtlich, weshalb ein AfD-Verbot zum Schutz der Rechte und Freiheiten anderer notwendig sei, denn sie greift nicht in die Rechte anderer ein.

Wohl kaum wird der Europäische Gerichtshof das Verbot einer Partei bestätigen, die brav und korrekt auftritt und lediglich andere Meinungen als die etablierten Parteien äußert und andere Prioritäten setzen will. Auf den ersten Blick könnte es also gut sein, dass dieser Gerichtshof das deutsche AfD-Verbot aufhebt.

Die Vertreter der AfD könnten sich auch an alle in Deutschland akkreditierten ausländischen Staaten mit der Bitte wenden, bei den Vereinten Nationen über eine Rüge für Deutschland abstimmen zu lassen. In der Allgemeinen Erklärung der Menschenrechte, verabschiedet von der Generalversammlung der Vereinten Nationen am 10. Dezember 1948, heißt es:

Artikel 20: *Alle Menschen haben das Recht; sich friedlich zu versammeln und zu Vereinigungen zusammenzuschließen.*

Artikel 21: *Jeder hat das Recht, an der Gestaltung der öffentlichen Angelegenheiten seines Landes unmittelbar oder durch frei gewählte Vertreter mitzuwirken.* Ferner wird hier von *allgemeinen* Wahlen ausgegangen, das heißt mit Teilnahme aller Staatsbürger.

Was wäre, falls in der Generalversammlung Deutschland auf Antrag von Russland und China verurteilt würde – mit großer Mehrheit auch der freiheitlichen Demokratien? Und als Prügelknabe vollständig isoliert dastehen würde?

Durch einen solchen Verlauf des Verfahrens würde sowohl innen- als auch außenpolitisch ein unermesslicher Schaden für das Ansehen der deutschen Regierung und überhaupt des ganzen Landes entstehen. Innenpolitisch sähe es aus, als seien die bisherigen Parteien nicht imstande, sich mit der AfD politisch auseinanderzusetzen, sondern flüchteten sich in geheimdienstliche Überwachung und ein gerichtliches Verbot als Zeichen ihrer Hilflosigkeit.

Im Ausland würde dieser Verlauf großes Erstaunen hervorrufen, weil außer Deutschland kein anderer westlicher freiheitlicher Staat das Instrument eines Parteiverbots kennt. Deutschland erschiene nicht als Staat, der eine autoritäre Gefahr beseitigt hätte, sondern im Gegenteil selbst als autoritärer Staat, in dem der Staatsgerichtshof dazu missbraucht wird, eine missliebige neue Partei, die Opposition, aus dem Felde zu schlagen. Die AfD-Vertreter würden alle ausländischen Botschaften und Journalisten mit detailliertem Material versorgen, und weltweit würden Presseartikel mit dem Tenor erscheinen, in Deutschland sei nach dem Naziregime und der DDR-Diktatur eine dritte Diktatur mit Parteiverbot ausgebrochen. Deutschlands Ruf als freiheitliche Demokratie würde also ernstlich gefährdet.

Dabei genießt das Land zurzeit international einen guten Ruf. Beim Ipsos Global Leadership Survey 2024 wurden 23.800 Erwachsene in 31 Ländern danach befragt, ob bestimmte Länder ihren Einfluss eher für Gutes oder für Schlechtes einsetzen. Ein Ergebnis ist, dass sich der Ruf Russlands gegenüber 2019 dramatisch verschlechtert hat. Und zwar meinten damals 26% und jetzt 48% der Befragten, dass Russland seinen Einfluss überwiegend für Schlechtes einsetzt. Nur noch 9% meinen, Russland setze sich überwiegend für Gutes ein. Russland gilt jetzt als Schurkenstaat.

Demgegenüber sind jetzt 28% der Meinung, Deutschland setze sich überwiegend für Gutes ein. Die gegenteilige Meinung, Deutschland setze seinen Einfluss überwiegend für Schlechtes ein, hat sich auf niedrigem Niveau von 7% auf 10% erhöht, weshalb auch immer. Der gute Ruf ist also keineswegs stabil und selbstverständlich. Er würde durch das Verbot der größten Oppositionspartei vermutlich stark leiden.

Nicht zuletzt könnten sich alle Diktaturen und Ein-Parteienstaaten der Welt auf das deutsche Beispiel berufen: Wenn es in einem führenden Staat der sogenannten freien Welt ebenfalls Parteiverbote gäbe, müsse dies auch in allen anderen Staaten zum Schutz der jeweils amtierenden Herrschaft erlaubt sein.

Der frühere allseits Respekt und Achtung genießende Bundespräsident Joachim Gauck sagte Anfang Oktober 2024: *Mein Bauchgefühl würde der Partei das Verbot herzlich gönnen. Aber in der Politik darf man nicht nur fühlen.* Gauck zeigte sich überzeugt, dass man mit einem Verbotsverfahren die Wählerschaft der Partei nicht abschaffen würde. *Vielmehr würden wir noch mehr Wut und noch mehr Radikalität erzeugen, und das wäre politisch schädlich.* Nach Ansicht Gaucks würden verunsicherte konservative Bürger, die AfD wählten, bei einem Verbot der Partei den Staat als Feind erleben. *Wir sollten deshalb weniger auf staatliche Eingriffe setzen, sondern unsere eigenen Fähigkeiten, die Demokratie zu verteidigen, stärken.*

Am 27. September 2024 kam es bei der ersten Sitzung des neugewählten Landtags des Freistaates Thüringen zu einem stundenlangen, lautstarken Chaos, sodass schließlich die Sitzung abgebrochen und das Landesverfassungsgericht angerufen wurde. Innenminister Georg Maier von der SPD sprach sich daraufhin für ein Verbotsverfahren für die AfD aus, deren Alterspräsident die Sitzung rechtswidrig geleitet habe. Wer diese Geschichte jedem beliebigen Ausländer erzählt, muss sich auf lautes Lachen gefasst machen. In jedem Parlament gibt es gelegentlich ein lautstarkes Durcheinander, und nachher findet man sich wieder zusammen. Weltweit kommt niemand auf die Idee, die Partei, deren Mitglied das Durcheinander angeblich verursacht hat, zu verbieten.

Und was würden die Wähler und Mitglieder der AfD zu einem solchen Verbot sagen? In der Bundestagswahl 2021 erzielte die AfD genau 4.809.233 Zweitstimmen und 4.699.926 Erststimmen. Sie hat bisher rund 48.000 Mitglieder und bereitet sich jetzt (Oktober 2024) auf die Feier des 50.000. Mitglieds vor.

Würden all diese Wähler und Mitglieder ein Verbot ihrer Partei resignierend ertragen oder in der einen oder anderen Form aufbegehren? Zum Beispiel könnte hier jemand an Artikel 20 des Grundgesetzes denken:

*Alle Staatsgewalt geht vom Volke aus. Sie wird vom Volke in Wahlen ... ausgeübt.*
*Gegen jeden, der es unternimmt, diese Ordnung zu beseitigen, haben alle Deutschen das Recht zum Widerstand, wenn andere Abhilfe nicht möglich ist.*

Hier könnte ein AfD-Vertreter argumentieren: Der Satz, dass die Staatsgewalt vom Volke in Wahlen ausgeübt werde, sei durch das Parteiverbot schwerwiegend verletzt worden, weil ein bedeutender Teil des Volkes von den Wahlen ausgeschlossen werde. Eine Abhilfe gegen einen Entscheid des Bundesverfassungsgerichts sei nicht möglich. Mithin sei ein Recht zum Widerstand gegeben. Der Kommentar zum Grundgesetz (von Münch/Kunig) stellt hierzu fest:

*Das Widerstandsrecht ist gegen jeden, das heißt sowohl gegen staatliche Organwalter („Staatsstreich von oben") als auch gegen gesellschaftliche Kräfte („Staatsstreich von unten") gegeben.*

Die AfD, eine neue Partei, die lediglich andere Meinungen als die bisherigen vertritt, zu verbieten, um die etablierten Parteien vor einer neuen Wettbewerberin zu schützen, sei in diesem Sinne ein Staatsstreich von oben. Damit sei das Recht zum Widerstand gegeben, könnte die AfD feststellen.

Das bei weitem wichtigste Recht eines jeden Staatsangehörigen ist das Wahlrecht. Durch das AfD-Verbot werde einer großen Gruppe von Staatsangehörigen dieses Recht verweigert. Dies sei schon nach Artikel 16 des Grundgesetzes unzulässig: *Die deutsche Staatsangehörigkeit darf nicht entzogen werden.* Das AfD-Verbot laufe praktisch darauf hinaus, deren Anhänger verbotenerweise auszubürgern, so könnten diese argumentieren.

Wie könnte es nach einem Verbot weitergehen? Die Mitglieder und Wähler könnten sagen: Wenn der Staat von uns nichts wissen will, uns das Bürgerrecht zur Teilnahme an den Wahlen untersagt und uns alle als Feinde betrachtet, machen wir auch unsererseits nicht mehr mit. Zum Beispiel könnten die Vertreter der verbotenen AfD zu einem generellen Streik gegen jegliche Staatsgewalt aufrufen – nicht mit Waffen, sondern etwa einfach dadurch, dass dazu aufgefordert wird, jeglichen Behördenbrief, insbesondere vom Finanzamt, mit dem Vermerk *Empfänger unbekannt verzogen* zu versehen und ungeöffnet zurückzusenden. Angenommen, jeder zehnte AfD-Wähler würde dies tun, so würden 480.000 unzustellbare Briefe bei den Ämtern eintreffen.

Die AfD könnte ferner dazu aufrufen, sich beim Umzug nicht bei der bisherigen Gemeinde ab- und bei der neuen Gemeinde anzumelden, sondern schlicht unterzutauchen und die neue Adresse nur einigen engen Freunden mitzuteilen. Hiermit ergäben sich rasch viele weitere Tausend unzustellbare Bescheide. Für die Behörden wäre es vollständig aussichtslos, alle diese Fälle aufklären zu wollen. Selbst wenn ein Offizieller an der Haustür erscheint, könnte er eine nichtssagende Antwort bekommen in dem Sinne: *Ja, diese Leute haben hier mal gewohnt, aber wo die jetzt stecken, wissen wir nicht.* Ginge dies für einige Jahre so fort, so würde den Behörden die Registrierung der Einwohnerschaft allmählich entgleiten. Zahlreiche weitere Leute würden sich anschließen, die mit der AfD nichts zu tun, aber bemerkt haben, dass man sich auf diese Weise der Steuerzahlung entziehen kann. Das Ganze würde sich auf die Höhe der staatlichen Einnahmen auswirken und zu einer Haushaltskrise führen.

Oder die AfD könnte dazu auffordern, unbedingt an Bundestags- und Landtagswahlen teilzunehmen, aber immer den ganzen Wahlzettel durchzustreichen. Später bei der Auszählung würde die große Zahl ungültiger Stimmen auffallen – als stiller Protest der ihrer Mitwirkungsrechte beraubten Unterdrückten.

Und wenn die AfD zu großen Protestmärschen aufriefe, in der Tradition der friedlichen Revolution von 1989: Wir sind das Volk! Oder zu Kundgebungen, auf denen betont würde, dass nicht die AfD eine Gefahr für die Demokratie sei, sondern die bisherigen Parteien und ihre Regierung, die eine Position verbieten, die ihnen lästig wird? Oder wenn solche Demonstrationen in Brüssel stattfänden, mit der Bitte, die

Europäische Union möge Deutschland auf den rechten Weg zurückführen? Oder gar am Sitz der Vereinten Nationen in New York?

Wer jetzt nach einem AfD-Verbot ruft, hat vermutlich nicht darüber nachgedacht, welche verheerenden Folgen gerade ein erfolgreiches Verbot haben könnte.

Es gibt historische Beispiele dafür, dass ein Verbot nicht geeignet ist, eine neue, von großen Gruppen des Volkes gewollte Veränderung zu verhindern. Am 19. Oktober 1878 wurde die Sozialdemokratie verboten. Reichskanzler Otto von Bismarck wollte deren reichsfeindliche Bestrebungen, wie es damals hieß, ein für alle Mal unterbinden. Gleichwohl wurde die SPD 1890 zur stimmenstärksten Partei im Reichstag, und das Sozialistengesetz wurde nicht verlängert.

Am 16. August 1956 wurde die Kommunistische Partei Deutschlands (KPD) verboten. Sie hatte bei der Bundestagswahl 1953 nur 2,2% der Zweitstimmen erreicht. War dieses Verbot mit dem dadurch gegebenen Verlust an Wahlfreiheit wirklich notwendig? Oder wäre es klüger gewesen, dem Volk und insbesondere der DDR zu zeigen, dass der Kommunismus im Westen Deutschlands keine ernsthafte Chance hatte? Hätten die wenigen Kommunisten ganz einfach am Rande mitlaufen können? So großzügig war man damals nicht, so viel Vertrauen zum Wählervolk war nicht verbreitet. Stattdessen wurde mit dem Hammer regiert, das KPD-Vermögen eingezogen, wurden Funktionäre verhaftet.

In der jungen Bundesrepublik wurden die demokratischen Wahlrechte beschnitten, weil man sich anscheinend nicht zutraute, die Kommunisten rein politisch zurückzudrängen – zu einer Zeit des Wirtschaftswunders, als die CDU strahlende Erfolge erreichte. Auch hier herrschte ähnlich wie heute der Perfektionismus eines Saubermanns, der meint, zunächst das Feld der wählbaren Parteien bereinigen und sterilisieren zu müssen, bevor das unmündige Volk einen Kontakt mit einem Reichs- oder Verfassungsfeind aufnimmt.

Vom 18. Februar 1972 datiert der Erlass über die *„Beschäftigung von rechts- und linksradikalen Personen im öffentlichen Dienst"*, heute meist als *Radikalenerlass* bezeichnet und häufig mit dem Adjektiv *unglückselig* versehen. Der Erlass richtete sich vor allem gegen linksradikale

*Verfassungsfeinde*, wie das damals hieß, zumal linke Lehrerinnen und Lehrer, für die er einem Berufsverbot gleichkam. Dieser Beschluss des Bundes und der Länder setzte eine riesige Überprüfungs- und Überwachungsmaschinerie in Gang, wurde zunehmend als lästig und unverhältnismäßig empfunden und schließlich stückweise aufgehoben, zuletzt in Bayern 1991.

1995 rehabilitierte der Europäische Gerichtshof eine Lehrerin, die aufgrund ihrer DKP-Mitgliedschaft entlassen worden war. Diese Kündigung zeigt, dass es niemanden geben sollte, der in Grundsatzfragen anderer Meinung ist.

Solche behördlichen Maßnahmen sind eher geeignet, die Demokratie zu gefährden und die garantierten Grundrechte unglaubwürdig zu machen, als es einige Dutzend linksradikaler Lehrerinnen könnten.

Weshalb wird die AfD von so vielen gewählt? Wodurch ist sie so attraktiv? Was bietet sie ihren Anhängern, was alle anderen Parteien ihnen nicht bieten? Hat sie ein Alleinstellungsmerkmal, das einlädt, sich mit ihr zu identifizieren?

Ja, das hat sie. Sie hat den Nimbus des Skandalösen, des Exotischen und Tabuisierten und bietet daher jedermann die Chance, sich aus dem Alltagsgewimmel aller Mitmenschen herauszuheben, zu provozieren und sich als etwas Besonderes zu inszenieren.

Jeder Mensch ist etwas Besonderes. Aber dies gilt für alle Menschen und ist insofern nichts Besonderes. Jeder Mensch hat lebenslang den Konflikt auszuhalten, sich entweder anzupassen an das Übliche und Normale, also unauffällig mitzuschwimmen, oder aber sich durch eine Besonderheit hervorzuheben und auf sich aufmerksam zu machen, womöglich zu provozieren. Dieser Konflikt ist insbesondere im Lebensalter von etwa 15 bis 20 Jahren schwierig zu meistern, in der Adoleszenz, bei der Suche nach einer eigenen Identität in Abgrenzung zu den Eltern, Lehrern und sonstigen erzieherischen Instanzen. In dieser Phase, ebenso im späteren Erwachsenenleben, geht es teils darum, sich anzupassen und einzufügen. Da werden gegebene Dinge und Meinungen gesucht und übernommen, mit denen man sich identifizieren kann. Andererseits geht es auch darum, immer wieder etwas Anderes und Neues zu suchen, zunächst Ungewohntes und Irritierendes, sich hierauf einzulassen und sich hiermit als etwas Besonderes zu profilieren.

In der Kunstgeschichte und ebenso in der Politik wurde dieser Konflikt zwischen Anpassung und Widerstand zu verschiedenen Zeiten ganz unterschiedlich gelöst: auf ruhige Zeiten mit Bewahrung des Bewährten folgen revolutionäre Umbrüche mit neuen leitenden Ideen. Die Kunst, vor allem Malerei und Bildhauerei, hatte bis zur Zeit von Kaiser Wilhelm II. die ganz selbstverständliche Aufgabe, das jeweils aktuelle Regime in möglichst prachtvoller Form zu repräsentieren, angefangen mit den großformatigen Ölgemälden des herrschaftsgewaltigen Fürsten in passender Pose, angetan mit Schleppsäbel und zahlreichen Orden. Nach Abgang des Kaisers folgte in den 1920er Jahren eine förmliche Explosion verschiedener Kunststile und -ismen, die eines gemeinsam hatten: dass die Kunst nicht mehr dem herrschenden Regime zu dienen hatte, sondern autark wurde. Sie folgte eigenen Gesetzen und verlangte vom Betrachter, sich auf Ungewohntes einzulassen.

Und wo stehen wir heute? An die Stelle des fürstlichen Auftraggebers ist heute das Volk getreten: die Käufer, die Sammler, die Museen und vor allem die Millionenschar, die Postkarten und Reproduktionen kauft. Sie gibt Auskunft darüber, was heute gefragt ist. Bevorzugen sie eher das Bewährte, mit dem sich fast jeder identifizieren kann, oder wiederum das irritierende Neue?

Einen Hinweis könnte die Tatsache geben, dass heute anscheinend der Frühromantiker Caspar David Friedrich (1774 bis 1840) Liebling des Publikums ist. Mit den Rückenporträts, mit Blicken in die weite, entweder heitere oder verdüsterte Landschaft können sich viele identifizieren. Diese Grundstimmung könnte einen relativ konservativen, bewahrenden Zeitgeist andeuten, der Grundlagenkritik abweist und auf einen Rechtsruck hypersensibel reagiert. Alles, was sich rechts der CDU bewegt, wird von den meinungsführenden Kreisen als Marsch in den Abgrund betrachtet und daher empört abgelehnt. Dies weckt nicht nur einen ebensolchen empörten Widerstand, sondern ermuntert hierüber hinaus zahlreiche Provokateure, die sich effektvoll in Szene versetzen möchten.

Von Wolfgang Ullrich ist 2024 im Berliner Klaus Wagenbach Verlag das Buch *Identifikation und Empowerment. Kunst für den Ernst des Lebens* erschienen. Mit Identifikation ist hier gemeint: Ich suche altbekannte Bilder, die mich in Inhalt und Ausdruck ansprechen, und möchte nicht durch Neues aus einer autonomen Kunstszene irritiert werden.

Das heutige Modewort *Empowerment* (von englisch power, Macht) kommt ursprünglich aus dem Bereich der amerikanischen Bürgerrechtsbewegung und meint so viel wie: sich auf die eigenen Stärken besinnen, mehr Macht für die Gestaltung der eigenen Lebensumstände entwickeln, indem jeder für sich mehr Autonomie und Lebenssouveränität gewinnt. In der psychosozialen Arbeit wird jeder ermutigt, er selbst zu bleiben, keine Hemmschwellen zu entwickeln und nicht etwa das Gefühl aufkommen zu lassen, man selbst sei nicht klug genug oder man wisse zu wenig über die aktuelle Situation. In der Kunst heißt das: Innerhalb des konservativen Rahmens kann jeder mit gestärktem Selbstbewusstsein ganz persönlich entscheiden, was ihm liegt oder nicht.

Die Alternative für Deutschland zeichnet sich parallel hierzu ebenfalls dadurch aus, dass sie den Einzelnen dazu ermutigt zu sein, was er ist und sein will, seine Urteile und Meinungen höchst unbefangen zum Besten zu geben, gern auch als Provokation, abweichend von den allgemeinen Erwartungen der Korrektheit. Die Menschen sollen sich selbst ermächtigen, als starke Minderheit und gegebenenfalls als Verfolgte des Regimes aufzutreten. Sie sollen den Mut entwickeln, sich vom Erwarteten abzugrenzen. Erst recht sollen sie gegen eine geschlossene Ablehnungsfront Widerstand üben, auch in grober oder provokativer Form.

Dies würde erklären, weshalb die Erstwähler, im suchenden Übergang zum Erwachsenenalter, so gern die AfD wählen. Sie suchen eine eigene Identität und Autonomie, indem sie sich deutlich und ärgerlich von den Eltern, Lehrern und der allgemeinen politischen Korrektheit abwenden, in der es für jedes beliebige politische Problem nur eine einzige zugelassene Äußerung gibt. Gerade für die äußerst verständnisvollen Eltern, die ihren Kindern jede Freiheit gewähren wollen, ist dies ein Problem: Je stärker das Verständnis der Eltern, desto schwerer muss das Kaliber sein, sie noch zu provozieren. Mit einem lauthals vorgetragenen Bekenntnis zur AfD gelingt dies mühelos.

Auch für die Erwachsenen gelingt dieser Prozess der abgrenzenden Selbstermächtigung am besten, indem alles bezweifelt oder abgelehnt wird, was jeder sich als verantwortungsvoll dünkende Mensch als unbezweifelbare Verpflichtung sieht. Zum Beispiel kann man sich gegen die (angebliche) allgemeine Klima-Hysterie wenden und behaupten, Klimaschwankungen habe es schon immer gegeben und der Zusammenhang mit dem Kohlendioxid sei nirgendwo bewiesen, er werde immer nur vorausgesetzt. Das Potsdam-Institut für Klimafolgenforschung (wohlgemerkt nicht für Klimaursachenforschung) habe eine riesige Presseabteilung und veröffentliche zahllose Artikel, ausschließlich auf Englisch, in den Fachblättern, bringe es aber nicht fertig, in einer deutschsprachigen Broschüre die Mechanik des Treibhauseffekts zu erläutern, zum Beispiel, ob diese in der Sandwüste ebenso funktioniere wie in der Eiswüste. Wer dergleichen nachfragt und die offiziöse Lehre bezweifelt, kann sich als Mitglied einer (vermeintlich) wissenden und jedenfalls aufsehenerregenden Minderheit betrachten. Daher wendet sich die AfD in ihrem Programm gegen die angebliche Klima-Hysterie.

Zu diesem Prozess der Selbstermächtigung, gerade auch entgegen dem guten Ton, passt die Neigung zum Pöbeln und zu beleidigenden Zwischenrufen im Bundestag.

Wirkungsvoll ist es immer, eine Gegenmeinung zur angeblich gleichgeschalteten Presse zu bringen, so etwa, militärische Hilfe an die Ukraine abzulehnen, weil diese Hilfe den Krieg verlängere, unnötig weitere tausende Tote verursache und das Risiko einer Eskalation in Richtung von Atomwaffen-Einsätzen berge. Oder Putins Gedanken und Bestrebungen für nachvollziehbar zu erklären: Er träumt ähnlich wie seine Amtsvorgänger, die Zaren, von einem russischen Großreich, hält den Zusammenbruch der Sowjetunion für die größte Katastrophe der Geschichte und ist darüber enttäuscht, dass die russische Einflusssphäre, die in den ersten Jahrzehnten nach 1945 bis zur Elbe reichte, zusammengeschmolzen ist, weil sich immer mehr ostmitteleuropäische

Staaten nach Westen orientierten. Jetzt will der Westen auch noch die Ukraine, einen integralen Teil Russlands, aus dessen Sphäre herausbrechen. Da ist Notwehr angesagt.

Dies lauthals zu erklären, bringt zuverlässig Empörung hervor. Die AfD und das Bündnis Sahra Wagenknecht provozieren in diesem Sinne. dagegen fallen dann harte Worte: Putin-Versteher, Kotau vor Putin, neostalinistisch oder, etwas gesucht: neoleninistisch.

Das Bedenken, dass der Staat Israel im Gaza-Streifen und gegenüber dem Libanon rücksichtslos und mit unnötiger Brutalität vorgehe, ist inzwischen so weitverbreitet, dass eine derartige Ansicht zu äußern nicht mehr zu entsetzten Gegenreaktionen führt. Selbst in den USA als treuestem Freund Israels scheint es inzwischen Besorgnis zu geben. Neuerdings (November 2024) gibt es gar einen internationalen Haftbefehl gegen Ministerpräsident Netanyahu.

Umso zuverlässiger funktioniert die Provokation überall in Deutschland mit einzelnen Versatzstücken aus der Nazizeit: Kleidung, Gesänge, Redensarten oder Kleinsymbole von damals rufen regelmäßig Entsetzen und Polizeieinsatz hervor.

Damals hieß es: *Du bist nichts – Dein Volk ist alles.* Die Ideologie ging also dahin, das Individuum, den einzelnen Menschen mit seinen Rechten zum Verschwinden zu bringen und in der großen einheitlichen Masse aufgehen zu lassen. In der jetzigen Kunst, in der psychosozialen Erziehung zur persönlichen Autonomie und auch in der AfD erleben wir das genaue Gegenteil: Im Prozess des Empowerments geht es nicht um das Verschwinden des Individuums, sondern im Gegenteil um seine Stärkung, Selbstermächtigung, gern auch im Widerstand gegen das soziale Umfeld. Das ist mit einzelnen Nazi-Kleinsymbolen sehr einfach zu haben.

Aus diesen Überlegungen, dem Spiel mit Aufreizen und Empören, folgt sehr einfach, wie der AfD wirkungsvoll zu begegnen sei: nicht jedes Mal über das hingehaltene Stöckchen zu springen, sich nicht durch abweichende Ansichten oder dumme Fähnchen provozieren zu lassen sowie bei Äußerungsdelikten gar nicht hinzuhören.

Hierzu würde auch gehören, der AfD keine Gelegenheit zu geben, sich in der Rolle eines verfolgten Opfers zu profilieren. Das hieße, auf die Cancel Culture zu verzichten: die Vertreter der AfD stattdessen einfach einzuladen wie alle Vertreter der anderen Parteien und nicht auf Krampf die Regeln zu ändern, um sie vom Amt eines Landtagspräsidenten oder von diversen anderen Ämtern fernzuhalten. Auch im Sport ist es nicht üblich, während eines laufenden Wettkampfes die Regeln zu ändern.

Bei der AfD handelt es sich inzwischen längst um eine etablierte Partei, die heutigentags einfach dazu gehört und mit der wir uns vermutlich noch einige Zeit auseinandersetzen müssen. Wenn sich 20 bis 30% der Bevölkerung für sie aussprechen, können wir nicht vorgeben, es handele sich um ein versprengtes Häufchen von Wirrköpfen. Wir könnten vielmehr die AfD ganz einfach mitmachen lassen ohne den Versuch, sie in einen Käfig eigens hierfür ersonnener Gesetzesänderungen zu sperren. Beim Mitmachen wird sie entweder Brauchbares oder Unbrauchbares beisteuern, und darüber können wir uns dann ja immer noch unterhalten.

Recht ungeschickt war die Erfindung der Brandmauer seitens der CDU. Erstens ist es in der Politik immer heikel, NIEMALS! zu rufen, denn man weiß nie, mit wem man übermorgen notgedrungen zusammenarbeiten muss. Zweitens spricht hier ein schlechthinniges Denken: Die AfD wird als schlechthin böse betrachtet. Damit werden kurzerhand einige Millionen Wähler abgeurteilt. Auch unter diesen gibt es womöglich einige nachdenkliche und verantwortungsvolle Persönlichkeiten. Wenn beispielsweise jemand meint, die besonderen Interessen der deutschen Politik würden bisher zu wenig beachtet, und deshalb AfD wählt, kann man diese Ansicht teilen oder auch nicht, aber sie ist nicht schlechthin böse.

Ferner wird durch die Brandmauer jedermann genötigt, entweder auf dieser oder auf jener Seite der Mauer zu domizilieren, das heißt sich anzumelden, einzurichten und niederzulassen. Diese Brandmauer lässt an den Betrunkenen denken, der immer wieder um eine Litfaßsäule herumtappt und schließlich resignierend stehen bleibt: *Hat keinen Zweck! Bin eingemauert!*

Ebenso einfältig ist es, unbesehen alle Vorschläge abzulehnen, die von der AfD kommen. Vielmehr kann man sich über diese Vorschläge sachlich unterhalten und ihnen zustimmen, wenn sie überzeugend begründet werden.

Als Beispiel diene die Bundestagsdrucksache 20/12968 *Abwanderung der deutschen Industrie ins Ausland stoppen.* Da wird in der Tat das ernste Problem angesprochen, dass Deutschland als Industriestandort an Attraktivität verliert. Hierzu werden einige nachdenkenswerte Vorschläge unterbreitet. Es wirkt etwas beschränkt, diese sofort und automatisch abzulehnen, nur weil sie von der AfD kommen. Wir lassen, das ist mein Vorschlag, diese Partei einfach mitspielen, und dadurch verliert sie ihren Nimbus des Tabuisierten, mit dem jedermann sich kostenlos als etwas Besonderes in Szene setzen kann.

Am 9. Oktober 2024 trat in der Universität Luzern die Vereinigung der Deutschen Staatsrechtslehrer zusammen. Ihr gehören 800 Professoren des Verfassungsrechts aus Deutschland, der Schweiz und Österreich an. Acht von ihnen hatten vorher beantragt, die Mitgliederversammlung möge sich von dem Kollegen Ulrich Vosgerau distanzieren, weil dieser seine Expertise jenen Kräften zur Verfügung stelle, die dieses Wissen dazu nutzten, die freiheitlich-demokratische Verfassungsordnung im rechtsextremen Sinne zu unterminieren. Weitere 120 Mitglieder unterstützen das Anliegen. Es läuft darauf hinaus, Vosgerau zum Austritt aus dieser Vereinigung aufzufordern.

Er ist als Rechtsanwalt unter anderem für die AfD tätig und hat diese auch in dem Verfahren über die Stiftungsfinanzierung vor dem Bundesverfassungsgericht vertreten. In zahlreichen Veröffentlichungen vertritt er AfD-nahe Standpunkte, zum Beispiel, um die Herrschaft des Unrechts zu beenden, müssten die Grenzen geschlossen werden.

Aus der Vereinigung der Staatsrechtslehrer auszutreten, lehnt er ab, weil diese Vereinigung bisher überparteilich nur der Wissenschaftsfreiheit verpflichtet sei.

Entsprechend der Vereinssatzung kann hier ein Mitglied ausgeschlossen werden, wenn es in grober Weise gegen die Vereinsinteressen verstoßen hat. Diese Interessen gehen gemäß der Satzung primär dahin, *wissenschaftliche und Gesetzgebungsverfahren aus dem Gebiet des öffentlichen Rechts durch Aussprache in Versammlungen der Mitglieder zu klären.* Es könnte sein, dass ein Versuch, Vosgerau auszuschließen, entsprechend dieser Satzung scheitern würde.

Die F.A.Z. vom 2. Oktober 2024 meinte in dem Artikel *Wehrhafte Staatslehre* von Jochen Zenthöfer: *Somit bleibt der Vereinigung wohl nur, zunächst die Satzung zu ändern und zu einem späteren Zeitpunkt das Mitglied auszuschließen.*

Wir erleben hier ein Musterbeispiel der Cancel Culture, nämlich sich mit einer anderen Meinung nicht etwa inhaltlich auseinanderzusetzen oder sie in souveräner Großzügigkeit am Rande mitlaufen zu lassen, sondern einen Abweichler auszusondern, vom Dialog auszuschließen und hierzu notfalls Gesetze und Satzungen zu ändern. Vosgerau beschwerte sich: *Wer aus dem Elitenkonsens austritt, wird von den anderen nicht mehr als Elite anerkannt.* Die Mitglieder dieser Vereinigung, die sich der Freiheit der Wissenschaft verpflichtet fühlen, können es augenscheinlich nicht ertragen, wenn einer von ihnen als Andersdenkender auffällt. Hier gilt die Forschungsfreiheit, aber natürlich nur, solange sich einer im Rahmen des allgemeinen Konsenses bewegt – genau genommen das Gegenteil von Wissenschaft, weil diese immer davon lebt, einen bisherigen einhelligen Konsens zu bezweifeln, manchmal mit dem Erfolg eines Paradigmenwechsels (Thomas S. Kuhn).

Fast sieht es aus, als würde die Demokratie durch einen gewaltsam hergestellten Konsens eher gefährdet als durch einen isolierten Rechtsaußen. Es würde einer Vereinigung von 800 Mitgliedern gut anstehen, in ihren Reihen auch einige Spinner, Sonderlinge, Abweichler und sogar Systemgegner zu tolerieren. Mehr als ein schwaches Dutzend dürfte es kaum sein. Eine solche Haltung würde Toleranz, Sicherheit und Legitimität signalisieren – jedenfalls eher, als die Satzung zu ändern, um einen Abweichler hinauswerfen zu können. Denn dies sähe aus, als fürchte sie eine Infektion und müsste daher einen Seuchenträger schnellstens isolieren, indem eine sterile Sauberkeit und ein hundertprozentiger Konsens erzwungen werden.

Besonders bitter ist es festzustellen, dass diese Cancel-Culture-Mentalität anscheinend auch in diesem erlauchten Kreis von Staatsrechtsprofessoren um sich greift, die sich hauptberuflich mit Fragen der Legitimität von Macht beschäftigen. Auch ein erfolgreiches Jurastudium, eine Promotion und eine Habilitation schützen nicht vor einem kurzschlüssigen Denken nach dem Motto: Der passt uns nicht! Rauswerfen! Ebenso schlicht ist die verbreitete Gewohnheit, der AfD bei diversen Veranstaltungen die Teilnahme zu verbieten oder sie von den Einladungslisten zu streichen. Durch diese Gesprächsverweigerung erfahren die Etablierten nicht, weshalb die AfD gewählt wird, sondern sie nehmen dies nur fassungslos zur Kenntnis. Wer diese Gründe nicht kennt und sich weigert, hierüber zu sprechen oder nachzudenken, sieht nur ein rätselhaftes Anwachsen der Bedeutung dieser Partei ähnlich wie einer Seuche, gegen die es keine Impfung gibt. Da bleibt dann nur die Forderung nach vermehrten Fahrten von Schulklassen nach Auschwitz, wobei aber den Schülern kaum zu vermitteln ist, was dieser Völkermord mit der AfD zu tun haben soll.

Würde die AfD, statt sie überall isolieren und ausschließen zu wollen, proportional entsprechend ihrem Stimmenanteil, den gesetzlichen Regelungen und den Satzungen wie gemeinhin üblich in die Gremien einziehen, so wäre es möglich, dass sie in der praktischen Bewährung aus dem Habitus der bloßen Kritik herausfindet und sich verbürgerlicht.

Außerdem würde durch eine regelgemäße Beteiligung an der Macht eine bisherige Repräsentationslücke und damit auch Legitimitätslücke geschlossen. Der merkwürdige Zustand würde beendet, dass einem Viertel bis einem Drittel der Bevölkerung die Repräsentation verweigert mit der Begründung wird, die von ihnen gewählte Partei sei mehr oder minder extremistisch – obwohl dieser Begriff des Extremismus nirgendwo gesetzlich definiert wird, es sich also um eine bloße Redensart handelt. Aus diesem bloßen *Man versteht unter…* kann es im Rechtsstaat, in der gesetzlichen Bindung hoheitlicher Gewalt, unmöglich so schwerwiegende Folgen geben.

Ebenso schlicht ist es, der AfD die Adjektive *antidemokratisch* und *populistisch* anzuheften. Ihre Abgeordneten können darauf verweisen, dass sie in ganz normalen Verfahren demokratisch gewählt und daher legitimiert seien. Und was soll daran populistisch sein, wenn eine Partei eine weitverbreitete Sorge des Volkes aufnimmt und Abhilfe verspricht?

Es könnte passieren, dass sich in der Bundestagswahl 2025 oder der dann folgenden Wahl vollendet, was sich in den ostdeutschen Landtagswahlen 2024 enthüllt hat: dass sich die Ampelparteien SPD, Grüne und FDP als mehr oder minder ausgelaugt und erledigt herausstellen. So könnten Grüne und FDP 2025 unter 5% bleiben, also nicht mehr in den Bundestag einziehen, und von der SPD bei mickrigen 10% nicht viel mehr als ein Häufchen Elend übrigbleiben. Einmal angenommen, CDU, AfD und BSW würden sich etwa gleich stark die restlichen 90% teilen. Wegen der Brandmauer-Mentalität der CDU müsste diese in der Opposition bleiben. AfD und BSW würden die Regierung bilden und Alice Weidel zur Kanzlerin wählen. Was dann?

Natürlich würde in der Öffentlichkeit und der bisher regimetreuen einheitlichen Presse ein ungeheures Wehgeschrei einsetzen und ein neues 1933 beschworen.

Es könnte sich allerdings herausstellen, dass diese neue Regierung nicht etwa ein Ermächtigungsgesetz oder eine diktatorische Regierung anstrebt, sondern sich streng im Rahmen des Grundgesetzes hält. Dann würde weiterhin gelten, was Friedrich Wilhelm Joseph Schelling (1775 bis 1854) sagte, der sich mit der Geschichtlichkeit der Freiheit befasste und für seine Zeit die Prognose abgab,

> *das Ende der gegenwärtigen Welt-Krise werde es sein, daß der Staat wieder an seine wahre Stelle – als Bedingung, als Voraussetzung, nicht als Gegenstand und Zweck der individuellen Freiheit gesetzt werde.*
> 
> *Der Staat ist historisch notwendig; zugleich sind Grenzen seiner Wirksamkeit zu beachten. Er, der weder zu stark noch zu schwach sein darf, hat sich auf das notwendig zu Regulierende zu beschränken; er ist nicht mehr und nicht weniger als die Bedingung der*

*Möglichkeit einer freien, durch das Recht limitierten Entfaltung des Individuums.* (Artikel Schelling von Hans Jörg Sandkühler in: Metzler Philosophen Lexikon, Verlag J. B. Metzler, Stuttgart, Weimar 2003).

Oder, wie man im Treffen von rund 30 Experten aus Justiz und Politik vom 10. bis 23. August 1948 auf Schloss Herrenchiemsee sagte, wo die Grundlagen einer künftigen Verfassung ersonnen wurden: *Der Staat ist um des Menschen will da, nicht der Mensch um des Staates willen.*

Aber auch innerhalb des unveränderten grundgesetzlichen Rahmens könnte die neue Regierung einige neue Akzente setzen, etwa den Zuzug von Ausländern und den Erwerb der deutschen Staatsangehörigkeit erschweren. Oder die militärische Unterstützung der Ukraine einstellen. Oder den Gedanken, die Sicherheit Israels gehöre zur deutschen Staatsräson, aufzukündigen und stattdessen eine neutrale Haltung zwischen Israel und seinen Nachbarn einzunehmen. Oder dass die deutsche Nation international selbstbewusster als bisher auftritt oder gar eine Führungsrolle beansprucht, falls die USA sich weitgehend aus der allgemeinen Weltpolitik zurückziehen und sich ganz auf den Systemwettbewerb mit China konzentrieren.

Kurz: Im Falle eines solchen Machtwechsels könnten alle bisherigen Gewohnheiten und Gewissheiten kritisch überprüft und neu bewertet werden. Die Jahre vom Beitritt der DDR 1990 bis 2024 könnten dann als Zeitalter der Stagnation betrachtet werden, weil nur das Bestehende verwaltet wurde, aber keine neuen Ideen entwickelt worden seien.

Äußeres Kennzeichen dieser Stagnation könnte die Tatsache sein, dass die Bundesrepublik es in einem Zeitraum von 35 Jahren nicht geschafft hat, ein nationales Denkmal zur Wiedervereinigung des Landes zu errichten. Der Bau verzögerte sich, weil im bereits fertiggestellten Sockel seltene Wasserfledermäuse (Myotis daubentonii) eingezogen waren, die erst umgesiedelt werden mussten. Vor dem Berliner Stadtschloss, am geplanten Standort, herrscht eine anhaltende Leere. Bei dem Denkmal soll es sich um eine riesige begehbare Wippe handeln, die sich bewegen lässt, indem alle Besucher von der einen zur anderen

Seite gehen. Aber nach endlosen Debatten um Konzept, Baugenehmigung und -finanzierung ist jetzt die Stahlfirma pleite, die das weitläufige Werk großenteils schon fertiggestellt hatte. Vorerst bewegt und wippt sich nichts mehr – insofern ist dieses Vorhaben eher ein Denkmal der nationalen Stagnation als der Wiedervereinigung. Einige meinen gar, jetzt, 2024, sei kein Wiedervereinigungsdenkmal mehr angesagt. Und weshalb sollen wir an die Wiedervereinigung denken, wenn wir eine große stählerne Schale durch Herumlaufen zum Schaukeln bringen? Ist es so schwierig für einen kreativen Künstler oder Architekten, den Gedanken *Etwas bisher Zweigeteiltes wird vereinigt* in Marmor oder Sandstein umzusetzen?

Denkbar wäre es gewesen, mit einem Denkmal nicht an den formalen staatsrechtlichen Akt der Wiedervereinigung vom 3. Oktober 1990 zu erinnern, sondern an den heroischen Akt der waffenlosen Revolution zuvor. Die Teilnehmer konnten nicht wissen, ob es ihnen ähnlich ergehen würde wie den Aufständischen vom 17. Juni 1953 – mit sowjetischer Hilfe niedergeschlagen und nachfolgend Jahre im Gefängnis. Dieses Risiko haben sie auf sich genommen. Ein Denkmal hierfür hätte so aussehen können, dass ein Stück Straße, wo damals marschiert und demonstriert wurde, abgesperrt wird und dass in den Boden hunderte verschiedener Fußabdrücke aus Messing eingelegt worden wären – dazwischen wiederholt die Losung WIR SIND DAS VOLK! und schließlich WIR SIND EIN VOLK!

Aber bis zu einer Kanzlerin Alice Weidel, Gott behüte, ist noch ein weiter Weg, falls es überhaupt hierzu, der allseitig befürchteten Berliner Großkatastrophe und dem alles in Trümmer legenden Erdbeben, kommen wird. Einstweilen beschränkt sich die *Frankfurter Allgemeine* am 27. September 2024 auf die Denunziation einzelner AfD-Abgeordneter in den frisch gewählten Landtagen in Erfurt und Dresden. Unter der Überschrift *Auch in der zweiten Reihe wimmelt es von Skandalen* erfahren wir von Ungeheuerlichkeiten auch jenseits der ersten Reihe, den Landesvorsitzenden Björn Höcke und Jörg Urban. Nämlich:

*Die 38 Jahre alte Juristin Wiebke Mühsal erschien 2016 in einem Niqab im Parlament, um „gegen die Entwürdigung der Frau durch die*

*Vollverschleierung" zu protestieren, wie sie erklärte.* Das war er schon, der Skandal. Hätte eine Grünen-Frau dasselbe getan, wäre es vermutlich kein Skandal gewesen.

Über Wiebke Mühsal berichtet die F.A.Z. weiter aus dem Skandal-Gewimmel: *Sie postet viel auf TikTok und Instagram und richtet ihre politischen Botschaften so auch an ein jüngeres Publikum.* Na und?

Über den frisch gewählten Jörg Prophet erfahren wir, dass er sich bürgerlich-konservativ gebe und der Verfassungsschutz ihm vorwerfe, ein geschlossenes geschichtsrevisionistisches Weltbild zu bedienen. Nun ist es allerdings keine Straftat, mit entsprechenden Folgen ein bestimmtes Weltbild zu haben und zu bedienen, und sei es auch ein absonderliches.

Über Torsten Czuppon im Thüringer Landtag erfahren wir in der F.A.Z., dass er 2017 bei einer Veranstaltung in der Gedenkstätte Buchenwald ein T-Shirt mit der Marke „Thor Steinar" getragen habe, die der rechtsextremen Szene zugerechnet werde. Die Gedenkstätte erstattete Anzeige wegen Hausfriedensbruchs. Allerdings ist nach § 123 des Strafgesetzbuchs nur strafbar, widerrechtlich in eine Wohnung einzudringen und sich auf Aufforderung des Berechtigten nicht zu entfernen. Die Anzeige erscheint etwas bemüht.

Über den Thüringer Landtagsabgeordneten Dieter Laudenbach erfahren wir in der F.A.Z., 2020 seien Vorwürfe lautgeworden, er habe zu DDR-Zeiten mit der Stasi zusammengearbeitet. Er bestreitet dies. Ja und? Wird jetzt zum Skandal erklärt, was vor 1989 mehr oder minder der Normalfall war?

Zum Gewimmel von Skandalen gehört auch, dass der Dresdener Landtagsabgeordnete Lars Kuppi, Polizist, im Treppenhaus des Polizeireviers gerufen hatte: „Das wird das Schwein nicht überleben." Gemeint war ein Kollege, der mit Kuppis früherer Lebensgefährtin eine Beziehung begonnen hatte. Da war einer aus gegebenem Anlass wütend und hat herumgeschrien, was aber folgenlos blieb. Ein Skandal?

Ein weiterer Skandal betrifft den Abgeordneten Arthur Österle. Er hat erklärt, im Landtag wolle er dem Volk eine Stimme geben, denn *das*

*Kartell der Altparteien und ihre Handlanger plündern uns und unsere Heimat aus.* Ja und? Wenn er das meint und sagt? Schlimm? Skandal?

Über den sächsischen Landtagsabgeordneten Sebastian Wippel erfahren wir in der F.A.Z., dass er im Mai 2023 eine kleine Anfrage an die sächsische Staatsregierung stellte, ob diese Erkenntnisse über Chemtrails vorlägen. Bei den Chemtrails geht es um die Kondensstreifen von Flugzeugen, die meteorologisch leicht zu erklären sind. Weltweit gibt es hundertfach widerlegte Gerüchte, hier würden Chemikalien versprüht, um die Menschheit zu vergiften. Womöglich hat der Abgeordnete nur deshalb gefragt, um eine negative Antwort zu erhalten und den recht albernen Gerüchten entgegentreten zu können.

Insgesamt ergibt sich der Eindruck, dass es der Redaktion der F.A.Z. nicht etwa um eine halbwegs neutrale Berichterstattung geht, sondern dass sie äußerst voreingenommen dem Kampf gegen die AfD nachgeht und sich hierbei nicht zu schade ist, im Dorfschlamm lange nach Vorfällen zu gründeln, die sich dann mit einiger Mühe zum Skandal aufpusten lassen.

Am 29. September 2024 gedachte Bundespräsident Frank-Walter Steinmeier gemeinsam mit dem italienischen Staatspräsidenten Sergio Mattarella in Marzabotto der rund 770 Zivilisten, darunter mehr als 200 Kinder, die dort vor 80 Jahren von Angehörigen einer SS-Division und der Wehrmacht ermordet worden waren. Steinmeier sagte, er empfinden nur Trauer und Scham, und bat um Vergebung.

Im April 2002 hatte Bundespräsident Johannes Rau auf Einladung des italienischen Präsidenten Carlo Azeglio Ciampi ebenfalls Marzabotto besucht und dort um Vergebung gebeten. Wenn nun Steinmeier an gleicher Stelle aus gleichem Anlass nochmals um Vergebung bittet, wirkt dies überflüssig. Wenn ein Staatsoberhaupt sich einmal in Demutshaltung begeben hat, gilt dies für alle Zeit und wird entwertet, wenn der Amtsnachfolger noch einmal dasselbe tut. Wie oft soll dies noch geschehen oder gar zur Gewohnheit werden? Jetzt, beim zweiten Mal, hätte es ausgereicht, den deutschen Botschafter zu schicken, der auf das Jahr 2002 und Bundespräsident Rau verwiesen hätte. Dieser hatte seinerzeit seine Ansprache geschlossen mit den Worten:

*Was hier geschehen ist, das Schreckliche, ist Teil unserer gemeinsamen Geschichte. Aber daraus erwächst ein Auftrag für eine gemeinsame, friedliche Zukunft.*

Dieser Ausblick auf die Zukunft könnte verfehlt werden, wenn immer wieder nur fixiert auf die grauenhafte Vergangenheit gesehen wird. Gerade für uns Deutsche sei es unsere Verantwortung vor der Geschichte, die Erinnerung an die Verbrechen der Nationalsozialisten wachzuhalten, bekräftigte Steinmeier weiter. Diese Verantwortung kenne keinen Schlussstrich.

Ist das so? Wenn diese Verantwortung keinen Schlussstrich kennt, denn werden also Gedenktage dieser Art in den nächsten Jahrzehnten noch weitergehen und immer wieder bei dem jeweiligen einen Tag des Massenverbrechens einhaken. Es ist allerdings problematisch, die Geschichte gleichsam an einem bestimmten Tag anhalten zu wollen, weil darüber versäumt werden könnte, zu betrachten und zu würdigen, was in den folgenden acht Jahrzehnten gewachsen ist, insbesondere jenseits der Gräber die längst selbstverständliche freundschaftliche Gemeinschaft zwischen Deutschland und Italien in der Europäischen Union.

Gleichzeitig warnte Steinmeier vor extremistischen Kräften. Befürchtet er denn ernsthaft, dass die AfD eine massenhafte Erschießung von Zivilisten plane oder sich in diese Richtung entwickeln könne?

Die deutsche Scham- und Gedenkkultur steckt in einer Sackgasse fest, die verhindert, unbefangen darüber zu sprechen, was Deutschland kann, will und ist.

Weil von den bisherigen etablierten Parteien kein Sinneswandel in dieser Frage zu erwarten ist, kann womöglich nur ein Regimewechsel mit neuen Parteien und neuen Gesichtern diese Fragen neu bewerten – etwa in dem Sinne, dass die Naziverbrechen von der Schublade *Verpflichtende Gegenwart* in die Schublade *Abgeschlossene Geschichte* verlegt wird. Dabei soll natürlich nichts verdrängt, geleugnet, relativiert oder vergessen werden. Bloß berührt es uns nicht mehr, ähnlich wie die Gräuel im Ersten Weltkrieg und den vielen Kriegen zuvor.

Deutschland hat in dieser Frage eine einsame Alleinstellung. Wohl kaum ein Präsident einer anderen Nation käme auf den Gedanken, nach 80 Jahren als Wiederholer eines Amtsvorgängers für die Untaten der Urgroßväter um Vergebung zu bitten. Insofern läuft Steinmeier Gefahr, den Bogen zu überspannen oder, noch schlimmer, das Volk zu langweilen und die Sehnsucht nach einem grundsätzlichen Regimewechsel zu nähren.

Dass dergleichen möglich ist, zeigte sich nicht zuletzt bei der österreichischen Wahl des Nationalrats, des dortigen Parlaments, am 29. September 2024, als die rechtspopulistische Freiheitliche Partei Österreichs unter Führung von Herbert Kickl mit 29,2% mit Abstand stärkste Partei wurde. Sie hatte mit dem Motto *Festung Österreich – Festung Freiheit* für eine extrem restriktive Migrationspolitik geworben.

# KAPITEL 11

## Das Bündnis Sahra Wagenknecht: Elegant und pazifistisch

Die deutsche Politik, speziell das Verhältnis der Bürger zu ihrem Staat, ist von Grund auf befangen, verkrampft. Dass ein leitender Politiker seinen Memoirenband mit der Widmung *Meinem Vaterland* versieht, wie bei Konrad Adenauer geschehen, wäre heute undenkbar. Vom Vaterland ist schon lange nicht mehr die Rede, und dass jemand sich ganz einfach zur Liebe zu diesem Land bekennt, erst recht. Alles, was nur im Entferntesten nach national klingt, unterfällt sofort dem Tabu des Nationalismus und dem Verdacht, in finsterste Zeiten zurückführen zu wollen oder aus diesen nichts gelernt zu haben. Auf diesem Gebiet sind wir hypersensibel. Jeder öffentlich gesprochene dumme kleine Witz über Minderheiten löst sofort Großalarm aus. Am besten sollten alle überhaupt nur greifbaren Minderheiten im Grundgesetz einen gesonderten Schutz vor Diskriminierung genießen, soweit sie in der Nazizeit verfolgt wurden. Diese bildet noch heute den Referenzrahmen, nur mit umgekehrtem Vorzeichen.

Aus der antinationalen Verkrampfung und deutschen Selbstverleugnung folgten einige hiesige Besonderheiten, die es anderswo, in anderen Staaten, in dieser Form nicht gibt:

- Erstens, der Kult um die zahlreichen Gedenkstätten, die alle mahnen, die Erinnerung wachzuhalten, obwohl doch ohnehin ständig von dieser Erinnerung die Rede ist und ihr niemand entkommen kann. Das Problem ist vielmehr, dass die gesamte Vergangenheit auf ein einziges Thema fokussiert und alles Vorher und Nachher ausgeblendet wird. Der Negativkult um diese zwölf Jahre hat inzwischen pathologische Züge, soweit es sich nicht um pflichtmäßige Routinen handelt, an denen man halt teilnehmen muss, aber nur mit halbem Ohr hinhört, weil in etwa dasselbe gesagt wird wie im vergangenen Jahr. Die Mahnung *Nie wieder!* angesichts des zunehmenden Antisemitismus und Rechtsextremismus klingt etwas hohl, weil es außer einigen herumstreunenden Wirrköpfen niemanden, natürlich auch nicht in der AfD, gibt, der die Massenverbrechen bestreitet oder gar neue fordert.

Das Wort *Verdrängen* hat den unangenehmen Beiklang von Verleugnen, Nicht-wahrhaben-Wollen, Fortlügen. In der Psychologie gilt jedoch das Verleugnen als legitimer und notwendiger Abwehrmechanismus: als Fähigkeit, belastende, schmerzliche und unangenehme Erinnerungen aus dem Bewusstsein zu verbannen, auszublenden und ins Unbewusste abzuschieben. Wir verdrängen, was das Zeug hält: eine verlorene Liebe, eine verpasste Gelegenheit, eine bittere Kränkung, das erlittene Unrecht und das namenlose Leid der Welt, denn mit solchem Gedanken- und Gefühlsgepäck würde das Laufen mühsam. Besser weg damit, wegpacken, verstauen, einfach nicht mehr daran denken.

Niemand wird auf den Gedanken kommen, den heutigen Russen die massenhaften Verbrechen der Stalinzeit vorzuwerfen, und sie selbst natürlich ebenfalls nicht. Kaum jemand kommt heute in Spanien auf den Gedanken zu mahnen, so etwas wie der Bürgerkrieg von 1936 bis 1939 dürfe sich nicht wiederholen.

Bei den vielen Gedenkstätten in Deutschland wird nicht so recht deutlich, welchem konkreten Zweck sie eigentlich dienen. Ursprünglich, in den 1950er und 1960er Jahren, wurde hier bezeugt, was tatsächlich geschehen war, aber bestritten wurde. Dies ist inzwischen erledigt, weil niemand mehr das Geschehene bestreitet. Inzwischen geht es eher darum, den vielen Toten, den Opfern, ein ehrendes Gedenken zu bewahren, ähnlich wie auf einem Soldatenfriedhof. Aber die Gedenkstätten gehen weit darüber hinaus. Im Lager Sandbostel (Kreis Rotenburg/Wümme, Niedersachsen) wurden mit viel Sorgfalt die verfallenen Baracken wieder aufgebaut, das in Jahrzehnten durch Regen verfaulte Holz durch neues ersetzt. Sie wirken heute unnatürlich frisch. Der Leichnam wird immer wieder neu geschminkt und darf nicht zu Erde werden.

- Zweitens führt die antinationale Verkrampfung zu einer Flucht in die Globalisierung und Internationalisierung. Die deutsche Sprache wird bereitwillig aufgegeben zugunsten des Englischen. Philosophie und Fachwissenschaften werden aus dem englischen Sprachraum übernommen. Eine akademische Karriere ist nur noch über Veröffentlichungen in englischsprachigen Publikationen möglich. Seit der Besatzungszeit kommt die Musik aus den USA. Alles in den Jahrhunderten deutscher Geschichte Erdachte, so auch die Pioniertaten zur Entwicklung der Demokratie, wurde verdrängt oder vergessen.
Die Globalisierung ist in Deutschland verbunden mit einem entsprechend höheren Verlust nationaler Souveränität, vor allem an die Europäische Union und die Vereinigten Staaten von Amerika, aber auch an die NATO und die Vereinten Nationen. Das wird nicht nur hier, sondern in jeweiliger nationaler Ausprägung in fast allen europäischen Ländern schmerzhaft empfunden, weil die eigene Nation, *wir* als das jeweilige Volk und sein besonderer geschichtlich gewachsener Staat eigener Kultur, als übliche Bezugsrahmen des politischen Denkens empfunden und betrachtet werden. Die meisten Deutschen präsentieren sich allenfalls dann zuerst als Europäer anstatt als Deutsche, wenn sie in einem anderen Erdteil nach ihrer Herkunft gefragt werden. Manès Weisskircher, Politikwissenschaftler an der Technischen Universität Dresden, veröffentlichte am 19. August 2024 in der F.A.Z. eine ausführliche Analyse unter dem Titel *Internationaler Rechtsruck – Kein Sonderweg: An der Wahlurne ist der AfD wählende Ostdeutsche ein europäischer*

*Normalfall*. Weisskircher stellt fest, viele Autoren würden die dortigen Wahlerfolge entweder im autoritären Erbe der DDR oder in deren neoliberaler Transformation sehen. Beiden Erklärungsansätzen gemein sei die deutsche Nabelschau. Der Erfolg von Rechtsaußen-Parteien sei jedoch keineswegs primär ein ostdeutsches Phänomen, sondern gehe mit allgemeinen und langfristigen parteipolitischen Veränderungen in Westeuropa und darüber hinaus einher. Er nennt Frankreich, Italien und Österreich mit starken regionalen Identitäten, aber auch mit Deklassierungserfahrungen wie in Ostdeutschland. *An der Wahlurne ist der AfD wählende Ostdeutsche ein europäischer Normalfall*, so Weisskircher. Als Ursache nennt er die Globalisierungsprozesse, verbunden mit nationalen Souveränitätsverlusten und den politischen Auseinandersetzungen um die Migration.

Ebenso fehl geht die Annahme, die AfD-Erfolge seien auf Armut, auf geringes Einkommen, zurückzuführen. Hiergegen sprechen ihre Erfolge in Bayern und Baden-Württemberg, nicht gerade den Armenhäusern der Nation. Insgesamt sei hier eine internationale Sicht erforderlich, anstatt die ostdeutschen Länder zu exotisieren.

- Drittens: Deutschland zieht es vor, sich nicht als Kulturnation zu präsentieren. Von einer speziellen deutschen Kultur spricht niemand mehr. Am 2. Oktober 2024 berichtete Katharina E. Meyer in der F.A.Z., bei der Eröffnungsfeier der Olympischen Spiele in Paris sei es gelungen, durch das Zusammenspiel der Kreativen aus Kunst, Theater, Literatur, Mode und Film eine energiegeladene positive Welle in Bewegung zu setzen. *Könnte man sich Vergleichbares derzeit in Deutschland vorstellen? Eher nicht, und nicht aus Mangel an kreativen Köpfen und Händen, sondern weil das kulturelle Selbstverständnis hierzulande kränkelt. Es gibt mehr zu tun, als vor laufenden Kameras demokratiebeschwörende Reden zu halten.*

Jeden Monat erscheint als Beilage zur Frankfurter Allgemeinen ein *magazin*. Dies ist nicht nur ein Journal des Luxus und der Moden, finanziert durch eine Reihe ganzseitiger Anzeigen von Anbietern exquisitester Konsumartikel mit teuersten Marken, mit denen die Zielgruppe ihre soziale Stellung dokumentieren kann, sondern auch mit ernsthaften Beiträgen, zum Beispiel *Was ich am liebsten lese* im Oktoberheft 2024. Da wurden Prominente nach ihrem Lieblingsbuch befragt. Sabine Leutheusser-Schnarrenberger, langjährige Bundesministerin der Justiz, nennt hier *Versuche, dein Leben zu machen* von Margot Friedländer, einer Überlebenden des Holocaust, und Malin Schwerdtfeger. Leutheusser-Schnarrenberger resümiert: *Margot Friedländer schildert ... wie sich das Gift des nationalsozialistischen und rassistischen Antisemitismus verbreitet ... hat. Ihr Überlebenswille und ihre Botschaft, dass man Menschen nie pauschal verurteilen darf, machen dieses Buch so einzigartig und zu etwas, das Bestand haben wird.* Das ist alles gut, richtig und berechtigt. Nur ist dieses Buch nicht einzigartig, sondern Teil einer unübersehbaren Holocaust-Literatur. Jeder kleinste Teilaspekt ist gründlich erforscht, dokumentiert und vielfach publiziert. Die frühere Justizministerin und die zahlreichen Erforscher der Zeitgeschichte kommen also nicht etwa auf den Gedanken, sich mit der Gründungsgeschichte der Bundesrepublik zu befassen, obwohl es da hoch herging, auch im Grundsätzlichen, und obwohl dies ja die Basis bildete, auf der wir jetzt alle leben. Es ist, als hätte unser Staat in acht Jahrzehnten keine eigene Identität gebildet und als ob sich nicht lohne, sich mit seiner Entstehung zu befassen.

Zuzugeben ist allerdings, dass ausgerechnet in dieser Ausgabe des F.A.Z.-magazins in einem breitflächig angelegten Artikel ein Jahrhundert-Thema der deutschen Kulturgeschichte behandelt wird:

*Was jedoch bis heute fehlte: Wie war Goethe in Italien gekleidet? Was ist bis heute erhalten geblieben? Wie funktionierte die Kleidungsbeschaffung und deren Pflege?*

- Viertens: Zur Selbstverleugnung gehört auch, nationale Symbole möglichst zu vermeiden. Bei internationalen Wettkämpfen im Sport singen die Spieler oftmals die Nationalhymne nicht mit, sondern schauen verlegen oder gelangweilt drein.

- Fünftens: Weil nationale Gefühle oder gar ein Überschwang derselben leicht in den Abgrund führen könnten, wurde die Politik streng entemotionalisiert, versachlicht. Anscheinend träumt keiner unserer Politiker davon, vom Volk geliebt zu werden. Wenn wirklich einer allgemein beliebt ist und Respekt genießt wie Verteidigungsminister Boris Pistorius, kommt die SPD trotz höchster Not in allen Umfragen und Wahlen nicht auf die Idee, ihn anstelle des etwas brav und langweilig wirkenden Olaf Scholz als Kanzlerkandidaten zu benennen. Dass Politik auch etwas mit Gefühlen zu tun haben könnte, wird verleugnet. Niemand will einen Saal zum Kochen bringen oder auch nur Begeisterung wecken. Wer weiß, wo das hinführt. Jedes Gefühl kann missbraucht werden: aufgeputscht zur Hysterie und grenzenloser Aggressivität. Aber niemand kann als bloßer Sach-Automat existieren. Das heutige Problem ist die Über-Informiertheit. Von allen Seiten stürzen Nachrichten über uns herein, und was wir nicht wissen, können wir im Internet rasch finden. Aber Information ist nicht Wissen. *Und dann ist da die Weisheit. Um Weisheit zu erlangen, müssen wir Herz in unsere Arbeit und unsere Gespräche einbringen. Wir müssen emotionale Intelligenz aufbauen. Wir brauchen Empathie* (Elif Shafak auf der Frankfurter Buchmesse 2024). Aber statt Gefühle zu wecken, wird in Regierung und Parlament so getan, als seien alle politischen Probleme nur Sachprobleme, die von den zuständigen sachverständigen Sachwaltern auf sachliche, fachliche Art gelöst werden könnten. *In der Politik regiert seit Jahren die ideenlose Verwaltung von Sachzwängen. Die AfD* (ergänze: und das BSW) *nutzt diese Leerstelle, bietet eine rechte Erzählung an und räumt damit ab. Das müsste nicht sein. Aber repräsentative Demokratie verspricht mehr zu sein als die Verwaltung von Sachzwängen. In der Ära Merkel begann die Entpolitisierung, die dem Zwang zu gegenwartsbezogener Alltagsbewältigung entspricht und an Zukunftsentwürfe in diesen Krisenzeiten schon gar nicht mehr glaubt: Wer will schon an echte Veränderung denken, wenn die x-te Einigung über einen irgendwie zusammengeschusterten Bundeshaushalt wie das höchste der erreichbaren Gefühle erscheint? Verantwortlich sind eben auch diejenigen Parteien, die sich einst als fortschrittlich verstanden und sich nun im zukunftsarmen Verwalten der Gegenwart verlieren* (Stephan Hebel in: der Freitag vom 22. August 2024).

Dabei werden politische gern in juristische Probleme umgewandelt, was der Tatsache entgegenkommt, dass die Juristen im Bundestag stark vertreten sind und weil gegen Gerichtsurteile irgendwann keine Berufung mehr möglich ist. Streitigkeiten aller Art werden vor das Verwaltungsgericht oder das Verfassungsgericht getragen. Oder aber die politischen Probleme werden übersetzt in Finanzprobleme, in Schachern um weitere Komplikationen des Steuerrechts oder die anschließende Finanzverteilung.

Dabei wird der Eindruck erweckt, als gebe es für jedes Problem nur eine einzige richtige Lösung. Es wird ausgeblendet, dass es in der Politik immer um das Abwägen zwischen unterschiedlichen Werten und Prioritäten geht, wobei jedem Einzelnen entweder dieses oder jenes am Herzen liegt. Durch die strenge Versachlichung wirkt die Politik gefühlskalt und steril. Die Gefahr liegt nahe, dass an den Gefühlen des Volkes vorbei regiert wird. Die gefundene Lösung wird verabschiedet und veröffentlicht, ohne dass sich jemand dafür interessiert, ob sich die betroffenen Gruppen des Volkes mit dieser Lösung identifizieren können.

Weil alle etablierten Parteien diesem Grundmuster folgten und von ihnen keine grundsätzliche Besinnung auf den Willen des Volkes zu erwarten war, wurde es Zeit für neue, alternative Parteien wie die *Alternative für Deutschland* oder eine saubere Alternative zu dieser im Bodensatz etwas unrein wirkenden anderen Alternative AfD, nämlich das BSW.

Am 8. Januar 2024 gab das *Bündnis Sahra Wagenknecht – für Vernunft und Gerechtigkeit* (BSW) in der Bundespressekonferenz bekannt, nach dem vorbereitenden Verein nun offiziell als Partei gegründet worden zu sein. Hierzu sagte die Gründerin Sahra Wagenknecht, es sei ein *bisschen auch ein historischer Tag, dass wir den Grundstein für eine Politik legen, die das Potenzial hat, das bundesdeutsche Parteienspektrum grundlegend zu verändern und vor allem die Politik in unserem Land grundsätzlich zu verändern.*

*Unser Land ist in keiner guten Verfassung. Seit Jahren wird an den Wünschen der Mehrheit vorbei regiert*, heißt es eingangs des Parteiprogramms. *Viele Menschen haben das Vertrauen in den Staat verloren und fühlen sich durch keine der vorhandenen Parteien mehr vertreten.*

Die Jugendwahlstudie 2024 des Augsburger Instituts für Generationenforschung ergab, dass sich der große Zuspruch für die AfD und das Bündnis Sahra Wagenknecht nur schwer mit „Protestwahlen" erklären lässt. Drei Viertel der Befragten gaben an, sie würden ihre bevorzugte Partei wegen der inhaltlichen Positionen wählen und nur 16 % als Denkzettel. 41 % stimmten der Aussage zu, dass einfache Menschen der Regierung egal seien. 32 % glaubten sogar, dass die Regierung gegen das eigene Volk arbeitet. Es gibt also in der jungen Generation eine tiefgreifende Vertrauenskrise zwischen Bevölkerung und Regierung. Hinzu kommt als kritischer Faktor eine große Perspektivlosigkeit unter jungen Menschen. 56 % der Erstwähler hätten nichts nennen können, was ihnen Zuversicht gibt. Offensichtlich sind die übergeordneten Instanzen von Staat und Gesellschaft nicht in der Lage, ein lohnendes Ziel des Ganzen zu präsentieren.

In den Landtagswahlen des Jahres 2024 erzielte das Bündnis Sahra Wagenknecht (BSW) in

- Thüringen 15,8%
- Sachsen 11,8%
- Brandenburg 13,5%

der Zweitstimmen. Weil die Parteien der Bundesregierung (Rot, Gelb, Grün) in diesen Wahlen arg gebeutelt wurden, nur die oppositionelle CDU sich einigermaßen wacker behauptete und niemand mit der als etwas unheimlich erscheinenden AfD regieren möchte, war anschließend die neue Partei als Koalitions- und Regierungspartner in Verhandlungen. Die Voraussage der Chefin, das BSW werde das bundesdeutsche Parteienspektrum grundlegend verändern, ist also verblüffend schnell eingetreten.

Eine Ursache dieses überraschenden Erfolges wird aus der Shell-Jugendstudie 2024 deutlich, einer repräsentativen Umfrage unter den 12- bis 25-Jährigen. An der Spitze aller abgefragten Ängste steht hier die Angst vor einem Krieg in Europa. Nur 50% der Jugendlichen wollen, dass Deutschland weiterhin die Ukraine mit Waffen unterstützt. Je 30% betonen die besondere Verantwortung Deutschlands für Israel, ebenso viele lehnen diese ab. Gleichzeitig ist das politische Interesse stark gestiegen, wird aber enttäuscht. Denn vielen Jugendlichen dürfte aufgefallen sein, dass ihre durch Kriegsangst bedingte Skepsis gegenüber den Waffenlieferungen an die Ukraine und gegenüber der Sonderverpflichtung für Israel von den etablierten Parteien und der wie immer geschlossenen Presse nicht aufgenommen wird. Daher wenden sie sich der AfD und dem BSW zu. Insofern kann von einem Rechtsruck keine Rede sein, wenn es eher ein pazifistischer Ruck ist. Auch insgesamt stellt die Jugendstudie keinen Rechtsruck fest; wie bisher würden sich etwa gleich viele Jugendliche ganz rechts oder ganz links einordnen.

Der immer wieder zu hörende Ratschlag, gegen die AfD brauche es eine bessere politische Bildung in den Schulen, hilft anscheinend nicht viel weiter, denn die Jugendlichen zeigten sich schon jetzt stärker als früher interessiert und informiert.

Die Wendung nach rechts dürfte weniger mit einem Mangel an Information zu tun haben als im Gegenteil an einer höheren Sensibilität angesichts der geschlossenen linksliberalen Front.

Ein Grund für den Erfolg der beiden neuen Parteien, in der Jugend ebenso wie bei Erwachsenen, dürfte sein, dass es relativ viele Mitbürger gibt, die sich etwas anderes wünschen als die bisher alt-etablieren Parteien, weil sie sich von diesen nicht vertreten fühlen und ihnen diese als ausgelaugt, als bloße Verwalter des Bestehenden und überhaupt als ziemlich langweilig und öde erscheinen. Wer in diesem Sinne einen Neuanfang sucht, fühlt sich allerdings häufig von der AfD abgestoßen, weil diese allzu primitiv an ausländerfeindliche Ressentiments appelliert und rechtsradikale Schreihälse in ihren Reihen duldet. Die AfD wird besonders von Personen mit niedrigem Bildungsstand gewählt. Demgegenüber erscheint das Bündnis Sahra Wagenknecht als sauber, als skandalfrei, seriös, respektabel und für gutbürgerliche, gebildete und akademische Kreise wählbar.

Dies hat längst Großalarm bei der CDU ausgelöst. Dort gilt das Bündnis Sahra Wagenknecht schlicht als Zerstörerin von Parteien, zumal der CDU, falls sie einmal deren Platz einnehmen sollte. In der Tat könnte dieses Bündnis Totengräberin der CDU sein, weil es das gehobene städtische und großstädtische intellektuelle, pazifistische und USA-kritische Publikum anspricht, mit dem sich die CDU traditionell schwertut. In der Stadt Köln als kulturellem Zentrum erreichte die CDU in der Bundestagswahl 2021 nur 19,3% der Zweitstimmen. Gegenüber der Wahl von 2017 verlor sie ein Viertel ihrer Wählerschaft. Am schlechtesten schnitt sie in den bevölkerungsreichen, innenstadtnahen Bezirken ab. In Göttingen, einer reinen Universitätsstadt, erreichte die CDU 2021 nur 21,6%, die Grünen 20,2%. Von diesem Großstadt- und Intellektuellenproblem der CDU haben bisher meist die Grünen profitiert, die neuerdings aber wieder an Wählergunst verlieren. Es könnte sein, dass sich dieses Publikum verstärkt dem Bündnis Sahra Wagenknecht zuwendet.

Die CDU hat demgegenüber traditionell ihre Heimat und ihren Wählerschwerpunkt in der katholischen Landbevölkerung, wie dem Emsland im äußersten Nordwesten Deutschlands entlang der Grenze zu den Niederlanden. In der Samtgemeinde Freren erreichte sie z.B. 47,3%. Die Säkularisierung und Entkirchlichung schreiten jedoch stetig und unaufhaltsam voran. Der Teich, in dem die CDU fischt, trocknet aus.

Hinzu kommt bei der alten Tante CDU, dass dort streitige Debatten und Gegenkandidaturen bei Wahlen ungern gesehen werden: Alles soll am Vortag im Vorstand entschieden werden, sodass die große Versammlung nur noch zuzustimmen braucht, per Akklamation. Großstädtischen Intellektuellen ist es aber zu dumm, einfach nur als Stimmvieh behandelt zu werden.

Aus der Sicht der CDU ist es das große Problem beim BSW, dass man diesem Bündnis anders als bei der AFD keine Äußerungen und keine Mitglieder nachweisen kann, für die der Verfassungsschutz eine Akte anlegen müsste. Irgendwelche Nazigesten oder -schreihälse gibt es dort ganz einfach nicht und sie sind auch bei böswilliger Suche nicht zu entdecken. Einen Ruf nach Verbot kann es demgemäß sinnvollerweise nicht geben.

Der nordrhein-westfälische Christdemokrat Frank Sarfeld stellte fassungslos fest:

*Wagenknecht widerspricht allem, wofür die Unionsparteien seit Gründung der Bundesrepublik Deutschland stehen: klare Westbindung, ein vereintes Europa und Mitgliedschaft in der NATO als dem größten Friedensprojekt der Geschichte.*

Nach dem triumphalen Wahlsieg Donald Trumps beeilten sich alle Bundestagsparteien, sich trotzdem – obwohl also die Wahl anders ausgegangen war als in Berlin erhofft – zur transatlantischen Partnerschaft zu bekennen. Der AfD-Abgeordnete Matthias Moosdorf begrüßte sogar Trumps Wahlsieg ausdrücklich. Deutlicher Widerspruch kam nur vom Bündnis Sahra Wagenknecht. Sie wandte sich gegen eine transatlantische Vasallentreue zu den USA und rief Deutschland und Europa zu einer eigenständigen Handelspolitik auf.

Sarfeld fordert deshalb (wie eine Gruppe von etwa 40 Bundestagsabgeordneten der CDU) einen Unvereinbarkeitsbeschluss gegenüber dem BSW, wie er schon gegenüber der AfD und der Linkspartei gilt. *Eine formalisierte Zusammenarbeit mit der stalinistischen Kaderpartei BSW würde die Union zerreißen,* fürchtet auch der CDU-Europaabgeordnete Dennis Radtke. Eine neue Partei als stalinistische Kaderpartei zu bezeichnen, weil sie sorgfältig prüft, wer Mitglied werden darf, wirkt etwas weit hergeholt.

In dieser Debatte wird wiederum deutlich, dass es der CDU nicht etwa darum geht, wichtige Wählerwünsche widerzuspiegeln, wie es in einer Demokratie, wo alle Macht vom Volk ausgehen soll, naheliegend wäre. Stattdessen gibt es in der CDU einen Katalog von festen unveränderlichen Sätzen wie in einem Glaubensbekenntnis, über die in der Gemeinde üblicherweise nicht diskutiert wird. Zudem ist in der CDU gern von deren DNA (Desoxyribonukleinsäure), dem Erbgut, die Rede, in das nicht eingegriffen werden kann. Es wird erwartet, dass die Wähler diesen Kernbestand, weil er nun einmal gut und richtig ist, unverändert übernehmen. Falls nicht, wird eine Unvereinbarkeit beschlossen. Wenn allerdings die CDU keinerlei Aussicht auf eine absolute Mehrheit hat, mithin auf Koalitionspartner angewiesen ist und rundherum Brandmauern errichtet, könnte es passieren, dass sie dauerhaft auf Regierungsmacht verzichten müsste.

Zum Erfolg des Bündnisses Wagenknecht dürfte auch die Tatsache beigetragen haben, dass die Chefin in der Öffentlichkeit stets als sorgfältig gepflegt und mit ausgewählter Eleganz auftritt. Nicht jeder Frau gelingt es, so würdevoll die Treppe hinunterzugehen. Sie teilt nicht die Neigung vieler Kolleginnen und Kollegen anderer Parteien, durch lockere Alltagskleidung Volksnähe zu demonstrieren. Geboren am 16. Juli 1969 in Jena, schloss sie ihr Studium 1996 in Groningen mit einer Arbeit über Hegel und Marx ab. Von 2004 bis 2009 gehörte sie dem Europaparlament an, seit 2009 dem Bundestag, wo sie allerdings eher selten zu sehen ist. Parallel lief ihre Kariere in der Sozialistischen

Einheitspartei Deutschlands, in der Partei des Demokratischen Sozialismus, der Linken und der Kommunistischen Plattform, einer Verbindung richtiggläubiger (orthodoxer) Kommunisten. Sie hat sich jedoch mehrmals gehäutet, wobei die verlassene Haut links liegen blieb und sie mit neuer Haut zur Mitte wanderte.

Den guten Ruf erwarb sich ihre Partei vor allem durch eine neu erfundene Strategie, die zuvor noch nie eine Partei angewandt hatte, und zwar durch ein sehr strenges Prüfungsverfahren bei der Aufnahme neuer Mitglieder. Bei den anderen Parteien ist es üblich, dass die Basis, der Orts- oder der Kreisverband, über die Aufnahme entscheidet. Da freut man sich über jeden und jede, die mitmachen wollen. Denn das ist ein weiterer Beitragszahler, und außerdem will die Partei möglichst breit in der ganzen Gesellschaft vertreten sein. Da wird dann ohne lange Debatte unbesehen jeder aufgenommen, der bisher nicht als Wirrkopf oder Problemvogel aufgefallen ist.

Beim Bündnis Sahra Wagenknecht hingegen ist der Aufnahme-Antrag an den Bundesvorstand zu richten, und dort wird, womöglich von der Chefin höchstpersönlich oder von Ehemann Oskar Lafontaine, streng gesiebt. Bis Anfang Juni 2024 gab es rund 650 Mitglieder, aber viele Tausend Aufnahmeanträge. *Wir passen nur auf, dass keiner reinkommt, der unsere Programmatik nicht teilt oder destruktiv und chaotisch wirken würde,* erläutert Wagenknecht. Und natürlich soll die neue Partei nicht etwa von AfD-Leuten unterwandert werden.

In Thüringen startete die Partei mit nur 47 Mitgliedern in den Wahlkampf zur Wahl des Landtags. In Sachsen und Brandenburg war es ähnlich. Das hat zur Folge, dass nach der Wahl und eventuell der Beteiligung an einer Regierungskoalition fast jedes Mitglied eine offizielle Stellung erreichen kann: als Abgeordneter, Minister, Staatssekretär oder sonst im Apparat. Fast keiner von ihnen hat zuvor eine Stellung dieser Art ausgefüllt. Das gibt, wie von den meisten BSW-Wählern gewünscht, einen wirklichen Neuanfang ohne Fortführung von Routinen. *Jedem Anfang wohnt ein Zauber inne,* heißt es bei Hermann Hesse (*Stufen*).

Nur wenige edle und spurtreue Menschen können Mitglied werden, aber jeder kann Geld spenden für das BSW. Schatzmeister Ralph

Suikat, Unternehmer aus Karlsruhe, gab bei der Gründung bekannt, dass 1,4 Millionen Euro als Startkapital gesammelt worden seien. Davon stammte rund eine Million von den Eheleuten Lotte Salingré und Thomas Stanger, Unternehmer aus dem Ostseebad Wohlenberg nahe Wismar. Die Friedenspolitik und die Steuerpolitik hätten den Ausschlag für diese Spende gegeben, berichten sie. Alle anderen Parteien würden auf Waffenlieferungen setzen.

Über die weiteren Geldquellen gibt ein Schreiben der WPC GmbH Wirtschaftsprüfungsgesellschaft, Berlin, vom 23. September 2024 Auskunft. Die WPC war vom BSW für die Partei und den vorbereitenden Verein mit einer Finanzprüfung entsprechend dem Parteiengesetz beauftragt worden. Die Wirtschaftsprüfer berichten:

> *Zuwendungen aus dem Drittland (Australien, Chile, Indien, Israel, Japan, Mexiko, Montenegro, Schweiz, Serbien, Südafrika, Thailand, Türkei, Ukraine, Vereinigte Staaten, Zypern, Großbritannien und Nordirland) wurden an den Verein lediglich im Rahmen der gesetzlich zulässigen Grenzen gespendet. Keine der geleisteten Zuwendungen überstieg die Grenze von 1.000 Euro.*

Was soll das bedeuten? Wie sollen wir das verstehen? Ist dieses Bündnis soweit weltweit vernetzt, dass aus exotischen Ländern allerlei Kleinspenden eingehen? Diese kamen anscheinend von selbst, nicht etwa auf Bitte oder Anfrage. Denn die Wirtschaftsprüfer berichten weiter:

> *In meiner Anschlussprüfung ... habe ich keine Tatsachen über eine Einwerbung von Spenden ... festgestellt.*

Das galt auch für Spenden aus der näheren Nachbarschaft:

> *Weitere Spenden wurden an den Verein von außerhalb des Geltungsbereiches entsprechend dem Parteiengesetz geleistet, jedoch betreffen diese Zuwendungsgeber der EU-Staaten: Österreich, Bel-*

*gien, Spanien, Finnland, Frankreich, Griechenland, Irland, Italien, Litauen, Luxemburg, Niederlande, Portugal und Schweden.*

Diese beiden Länder-Spenderlisten könnten Anlass zu allerlei Spekulationen und Verschwörungstheorien geben: Wer steckt eigentlich hinter dem Bündnis Sahra Wagenknecht? In wessen Auftrag tritt man dort auf? Immerhin ist Russland in der Spenderliste nicht genannt. Weil sich das Bündnis gegen Waffenlieferungen an die Ukraine wendet, wird gern unterstellt, es werde von Russland finanziert. Allerdings will die Tatsache, dass Russland nicht ausdrücklich genannt wird, nicht viel besagen. Die russischen Hilfen könnten über Montenegro gekommen sein. Oder über Indien. Oder über Zypern. Falls es solche Spenden aus Moskau überhaupt geben sollte. Wer außer dem Schatzmeister kann das wissen?

Daneben weist der Prüfungsbericht von WPC noch sechs Einzelspender mit Spenden von mehr als 20.000 Euro aus. Außer dem schon genannten Ehepaar Stanger/Salingré sind dies:

- Markus Prokott aus Frankfurt mit 10.001 Euro. Er ist Vorstandsmitglied des hessischen Landesverbandes der Schwusos, das heißt der Arbeitsgemeinschaft schwuler Sozialdemokraten und lesbischer Sozialdemokratinnen. Auch er darf als Exot betrachtet werden, denn es kommt eher selten vor, dass ein SPD-Funktionär zehntausend plus einen Euro an eine mit der SPD konkurrierende Partei überweist.
- Der Schatzmeister Ralph Suikat hat 20.001 Euro aus eigener Tasche beigesteuert.
- Gabriele Schrappe, Fachärztin aus Köln, hat 25.000 gespendet, und ihr Ehemann Matthias Schrappe, ebenfalls Mediziner, aber als Corona-Kritiker hervorgetreten, ebenso 25.000.

Bei den Landtagswahlen im beigetretenen Teil Deutschlands waren die Stimmen in der Fläche etwa gleichmäßig verteilt, zum Beispiel im Land Brandenburg zwischen maximal 16,3% im Wahlkreis Stadt Frankfurt

(Oder) und ebenso vielen im Landkreis Märkisch-Oderland, minimal im Landkreis Havelland mit 10,5%. Es gibt anscheinend keine regionalen Schwerpunkte, sondern Sympathien im ganzen Land.

Die naheliegende Vermutung, dass eine neue Partei vor allem die noch ungebundene Jugend anziehen würde, stimmt in diesem Falle nicht, im Gegenteil: Das BSW wurde überdurchschnittlich von den Älteren (60 bis 69 Jahre) und erst recht von der Altersgruppe von 70 Jahren und älter gewählt, also im Schwerpunkt von den Rentnern.

Als Grund für ihre Wahlentscheidung gaben die BSW-Wähler an:

- *Ich wähle BSW, weil ich von der Linken enttäuscht bin* (63%). Dies dürfte vor allem für ältere Jahrgänge gelten. Die Linke hat sich die DDR-Nostalgie, die nachträgliche Verklärung des geordneten Staates, der für alle sorgte, nicht zu eigen gemacht.
- *Ohne Sahra Wagenknecht würde ich das BSW nicht wählen* (50%). Da war es konsequent, die neue Partei unter diesem Namen laufen zu lassen, denn sie bildet den Magnetpol, an dem sich alle Feldlinien treffen.
- *Wenn es das BSW nicht gäbe, würde ich AfD wählen* (31%). Eine von den beiden soll es sein. Da entscheidet sich einer lieber für die saubere Lösung. Hier wird sichtbar, dass AfD und BSW, beides Protestparteien, aus der Sicht der Wähler bis zu einem gewissen Grad austauschbar sind. Würde die AfD durch das Bundesverfassungsgericht verboten, so könnte es zu einem starken Wachstum des BSW kommen. Nicht nur die Unzufriedenen, die bisher AfD gewählt haben, könnten sich der Partei zuwenden, sondern auch all jene, die von dem verheerenden internationalen Echo beeindruckt sind, das ein Verbot der größten deutschen Oppositionspartei ausgelöst hat. Für jede Demokratie weltweit gilt der Grundsatz, dass die Opposition die gleichen Chancen hat wie die Regierungspartei und diese im Falle eines Wahlsiegs ablösen kann. Ein Verbot der Opposition in Deutschland würde weltweit so aufgefasst, dass nach Nationalsozialismus und DDR-Diktatur jetzt die dritte

Diktatur eingeläutet werde. Wer in diesem Sinne nachdenklich würde, könnte naheliegend zum BSW neigen.

Die bisher festgestellte Wählerwanderung ging dahin, dass das BSW vor allem von der Linken Wähler abgezogen hat, in geringerem Maße von der SPD und der AfD und der CDU, einige von den Freien Wählern, fast gar keine von den Grünen. Aber immerhin hat es das BSW fertiggebracht, netto (Zuzüge minus Fortzüge) von allen anderen Parteien Wähler abzuziehen, außerdem rund 41.000 bisherige Nichtwähler zu bewegen, diesmal an der Wahl teilzunehmen.

Insgesamt ergibt sich das Bild, dass das Bündnis Sahra Wagenknecht stark von Personen bevorzugt wurde, die noch in der DDR aufgewachsen sind und durch diese geprägt wurden. Von der seitherigen Entwicklung, von der Entwertung ihrer Lebensleistung sind sie maßlos enttäuscht – als wäre eine fremde Besatzungsmacht einmarschiert und hätte alle Posten besetzt. Die frühere zentralistische, autoritäre Ordnung hatte jedem Einzelnen Sicherheit gegeben und ihn von Verantwortung entlastet. An die Stelle der früheren Versorgtheit ist eine unberechenbare, nach unbekannten Gesetzen funktionierende Unbehaustheit getreten. Alles, woran man geglaubt hatte, galt plötzlich als Irrtum, alles offiziöse Schrifttum flog in den Papierkorb und wurde geschreddert. Jeder Einzelne hatte plötzlich selbst für sein Leben Verantwortung zu übernehmen, und ab den mittleren Führungspositionen hatte jeder selbstständig Entscheidungen zu treffen, ohne Weisung von oben.

Daher neigen die DDR-geprägten Rentner nicht zu den etablierten Westparteien CDU, SPD und Grünen, ganz zu schweigen von der FDP, mit der hier niemand etwas anfangen kann. Stattdessen bevorzugen sie Protestparteien, und zwar in den ersten Jahren nach der Wende die Linken, die noch an das alte System erinnerten. Von dieser wurden sie jedoch enttäuscht, denn die Linke entwickelte sich zu einer ganz normalen, sozialpolitisch ausgerichteten Partei ähnlich der SPD, nur ein wenig radikaler. Insofern wurde sie zunehmend als überflüssig betrachtet und sackte in den Umfragen ab, zumal es in der Linken anscheinend ständige Streitereien über den richtigen Kurs gab: entweder radikal oder realistisch. Der Traum von der Weltrevolution dürfte ausgeträumt sein.

Der Protest der DDR-Nostalgiker wandte sich daher von links nach rechts, in vielen Fällen jedoch nicht zur AfD, weil diese womöglich als allzu rechts und grobschlächtig erscheint. Deshalb bevorzugen diese Personenkreise eine gemäßigt rechte Partei. Eine wichtige Rolle spielt dabei die Person Sahra Wagenknecht. Sie strahlt eine ruhige Intelligenz aus, und bei ihrer Schar gibt es keinen Klamauk.

Aber das BSW ist keine Seniorenpartei, sondern wird von dieser Altersgruppe nur leicht bevorzugt und hat in allen Altersgruppen viele Anhänger. Die Tatsache, dass das BSW aus allen Parteien mit Ausnahme der Grünen Wähler abgezogen und zudem viele Nichtwähler zur Wahl motiviert hat, deutet darauf hin, dass es sich um eine breit verankerte Volksbewegung handelt – mit den teils verhassten Grünen als Antipoden, die im Osten nicht selten Probleme haben, für ihre Wahlvorschläge Kandidaten zu finden.

Es geht beim Bündnis Sahra Wagenknecht im Prinzip um einen Volksaufstand gegen die linksliberale Meinungsdiktatur, die Denk- und Sprechverbote, die Politisierung des alltäglichen Sprechens, beispielsweise durch das Gender-Mainstreaming. Von vielen als Zumutung empfunden wird zudem die Auffassung, das heterosexuelle Verhalten sei nur eine der unterschiedlichsten gleichberechtigten Möglichkeiten, und jedermann oder jedefrau könne jederzeit wählen, zu welchem Geschlecht er oder sie sich hingezogen fühlen.

Hinzu kommt eine überspannte Identitätspolitik: Einer wird nicht mehr danach beurteilt, was er kann, was er leistet und welchen Charakter er zeigt, sondern danach, zu welcher Minderheitengruppe er gehört und ob diese Gruppe womöglich diskriminiert wird. Wenn jemand abgewiesen wird oder bei einer Prüfung oder Auswahl durchfällt, kann er sich fast immer darauf berufen, dies sei darauf zurückzuführen, dass er einer bestimmten Minderheit angehöre. Daher werden in der Identitätspolitik lauter Quoten festgeschrieben: Frauenquote, Ostdeutschenquote, Ausländerquote und so fort, um in den Unternehmen und Verwaltungen eine Diversity, Verschiedenheit, zu erzwingen.

Wenn in der Identitätspolitik lauter angeblich diskriminierte Sondergruppen definiert werden, trägt tatsächlich ebendies dazu bei, diese Gruppen zu konstituieren und erst auszusondern. Da gibt es dann Abgrenzungsprobleme, wer zur geschützten und daher unbedingt zu berücksichtigen Gruppe gehört und dies in Anspruch nehmen darf.

Wer zum Beispiel fordert, die jüdischen Mitbürger in Deutschland müssten durch einen Artikel im Grundgesetz und strenge Strafgesetze gegen Antisemitismus geschützt werden, definiert sie zunächst einmal als Sondergruppe, als Ausnahme und daher als Problem. Dabei würde der Bezugsrahmen der Nazizeit übernommen, nur mit umgekehrtem Vorzeichen. Es ist anscheinend nicht einfach, sich aus diesem Rahmen (*Mit Blick auf die deutsche Vergangenheit ...*) zu lösen.

Ein Schutzgesetz für die jüdischen Mitbürger hätte zur praktischen Folge, dass ich mit dem Nachbarn Schulze oder Müller herumschreien könnte, wenn mir danach zumute ist, oder ihn mit giftigen und ironischen Bemerkungen zu ärgern. Bei einem jüdischen Nachbarn hingegen würde ich mich sehr in Acht nehmen, um nur ja nichts zu sagen oder zu tun, was als antisemitisch und damit strafbar betrachtet werden könnte. Das Gespräch oder die Verhandlung mit einem Angehörigen dieser geschützten Sondergruppe wäre daher von vornherein befangen und verkrampft. Womöglich täte man den hiesigen Juden eher einen Gefallen, wenn man sie ganz unauffällig und unbefangen als übliche und normale Mitbürger behandelte.

Wenn eine deutschstämmige Frau sich eine Frisur zulegt, die in Afrika naturgewachsen ist, gilt dies als Identitätsdiebstahl. Entsprechend der Identitätspolitik wird in Diskussionen nicht sachlich und fachlich debattiert, sondern zunächst immer gefragt: Wer bist du? Woher kommst du? Wen vertrittst du? Ein Argument gilt als erledigt, wenn es aus der falschen Ecke kommt, weil es nur dem Gegner nützt.

Von fast allen Mitmenschen, die mit öffentlichem Sprechen und Schreiben zu tun haben, wurde in den vergangenen Jahren geklagt, der Kanal des Erlaubten und Sagbaren würde immer enger, und zu jedem beliebigen Thema gebe es nur eine einzige politisch korrekte Meinung und Sprechweise. Der beliebte Vorwurf der etablierten Kreise gegen die

AfD lautet demgemäß, diese habe die Grenze des Sagbaren nach rechts verschoben, in die Tabuzone des Nationalen.

Der Vorwurf einer linksliberalen Meinungsdiktatur ist insofern irreführend, als diese Sprach- und Denkpolizei weder links noch liberal ist. Sie ist nicht links, insofern sie keine Vertretung der Arbeiterschaft oder der Benachteiligten oder gar sozialistisch wäre. Und sie ist nicht liberal im Sinne einer freiheitlichen Einstellung, einer Stärkung der Rechte des Individuums. Sondern genau im Gegenteil ist sie eher sektiererisch im Sinne einer intoleranten Minderheit von vermeintlich Wissenden, die gewaltsam versucht, der Mehrheit ihre ulkigen Verhaltensregeln aufzunötigen.

Das *Bündnis Sahra Wagenknecht – Vernunft und Gerechtigkeit*, so der vollständige Name, verzichtet darauf, in seinem Parteiprogramm auf hundert Seiten tausend Einzelprobleme festzuschreiben, wie bei den anderen Parteien üblich. Sondern *Unser Parteiprogramm* umfasst nur erfrischende vier Seiten. Darin heißt es unter anderem:

> *Statt Freiheit und Meinungsvielfalt zu achten, macht sich ein autoritärer Politikstil breit, der den Bürgern vorschreiben will, wie sie zu leben, zu heizen, zu denken und zu sprechen haben.*

> *Deutschland braucht ... Respekt vor der individuellen Freiheit seiner Bürger und eine offene Diskussionskultur.*

> *Cancel Culture, Konformitätsdruck und die zunehmende Verengung des Meinungsspektrums sind unvereinbar mit den Grundsätzen einer freien Gesellschaft. Das Gleiche gilt für den neuen politischen Autoritarismus, der sich anmaßt, Menschen zu erziehen und ihren Lebensstil oder ihre Sprache zu reglementieren. Wir verurteilen Versuche zur umfassenden Überwachung und Manipulation der Menschen durch Konzerne, Geheimdienste und Regierungen.*

Hier handelt es sich um das entscheidende Alleinstellungsmerkmal des BSW, denn dieses Problem wird von allen anderen Parteien nicht angesprochen, brennt aber vielen Leuten unter den Nägeln. Im Prinzip handelt es sich um ein liberales Problem, nämlich die individuelle Freiheit vor obrigkeitlichem Zugriff zu schützen. Die FDP hat dieses Problem verschlafen und kümmert sich nur noch um Schuldenbremse, Finanzpolitik und Wirtschaftsfragen. Insofern könnte sich das Bündnis Sahra Wagenknecht als radikalliberal oder fundamentalliberal bezeichnen. Die in der Verfassung, dem Grundgesetz, garantierten Grundrechte und in diesem Falle die Meinungsfreiheit werden wörtlich ernst genommen und gegen Sprachpolizei und intoleranten Dogmatismus verteidigt: die offene Gesellschaft gegen ihre Feinde.

Das zweite Alleinstellungsmerkmal dieser neuen Partei, ebenfalls in Opposition zu dem übermächtigen Meinungsdruck der gesamten Presse und der Regierung, ist der Pazifismus. Im Programm heißt es:

*Viele Menschen ... wünschen sich ein friedliches Zusammenleben der Völker. Deutschland braucht ... Frieden.*

*Seit durch die Russlandsanktionen ... Energie schlagartig teurer wurde, droht unserem Land der Verlust wichtiger Industrien.*

*Unsere Außenpolitik steht in der Tradition des Bundeskanzlers Willy Brandt und des sowjetischen Präsidenten Michail Gorbatschow, die dem Denken und Handeln in der Logik des Kalten Krieges eine Politik der Entspannung, des Interessenausgleichs und der internationalen Zusammenarbeit entgegengesetzt haben. Die Lösung von Konflikten mit militärischen Mitteln lehnen wir grundsätzlich ab. Wir wehren uns dagegen, dass immer mehr Ressourcen in Waffen und Kriegsgerät fließen. Atomare Aufrüstung und eskalierende Konflikte zwischen den Atommächten setzen das Überleben der Menschheit aufs Spiel und müssen beendet werden. Wir streben eine neue Ära der Entspannung und neue Verträge über Abrüstung und gemeinsame Sicherheit an.*

*Den Einsatz deutscher Soldaten in internationalen Kriegen lehnen wir ebenso ab wie ihre Stationierung an der russischen Grenze oder im Südchinesischen Meer.*

In dieser Frage der Friedens- und Sicherheitspolitik ist die erdrückende Macht der Waffenlieferanten und -befürwortern, der Bundesregierung, der alten Parteien und der einheitlichen Front der systemtreuen Presse schnell mit Vorwürfen bei der Hand: Das BSW sei moskauhörig, neostalinistisch, neoleninistisch, verlange eine Demütigung oder gar einen Kotau der Ukraine, wolle dieses Land leichtfertig preisgeben und damit Putins Appetit auf weitere Eroberungen wecken. Schon an Willy Brandt und seine Politik des Ausgleichs, die festgefahrenen Gegnerschaften aufzulösen, zu erinnern, wird als Provokation betrachtet.

Gegenüber solchen Totschlagargumenten ist allerdings zu bedenken, dass nach Meinungsumfragen rund die Hälfte der Bevölkerung ernsthafte Bedenken gegen weitere Waffenlieferungen hat, weil diese zu einer Verlängerung oder zur Verschärfung des Krieges und zu einer Eskalation beitragen würden. Wenn das BSW diese Sorge der Bevölkerung aufgreift und vorbringt, kann dies rasch als populistisch verurteilt werden. Allerdings soll nach dem Grundgesetz alle Macht vom Volke ausgehen. Daher ist es die natürliche Aufgabe der Parteien, die vielfältigen im Volke lebendigen Strömungen widerzuspiegeln und im Parlament zu repräsentieren, anstatt nur eine einzige Meinung und Marschrichtung zuzulassen und dem Volk aufzunötigen.

Je länger sich der Krieg in der Ukraine hinzieht, desto mehr erinnert er an den unseligen, festgefahrenen Stellungskrieg im Ersten Weltkrieg, als sich die Soldaten jahrelang in ihren kalten und nassen Schützengräben gegenüberlagen, immer in Lebensgefahr, und sich außer den Granaten nichts mehr bewegte.

Jeder Krieg muss irgendwann einmal beendet werden, besser heute als morgen. Die Vorstellung, die Atommacht Russland besiegen zu können, ist abwegig. Das Argument, Russland sei völkerrechtswidrig in die Ukraine einmarschiert, verlor an Gewicht, als die Ukraine ihrerseits völkerrechtswidrig in Russland einmarschierte, also nicht mehr nur ihr eigenes Gebiet verteidigte.

Das Argument, eine Kampfpause oder ein Friedensschluss werde nur Russland Gelegenheit geben, in aller Ruhe einen neuen Schlag vorzubereiten, hat ebenfalls wenig Gewicht. Denn dies Argument kann bei jedem beliebigen Friedensschluss vorgebracht werden. Immer ist Platz für böswillige Unterstellungen.

Insofern läge es nahe, beide Seiten zu Verhandlungen zu drängen, beginnend mit einer Kampfpause entlang der aktuellen Frontlinie und weiter mit einem stückweisen Verzicht auf die beiden Maximalforderungen: entweder die ganze Ukraine an Russland oder das ganze Land in ursprünglicher Gestalt frei von Russland. In diese Richtung könnten auch die USA neigen und sich aus dem fernen Europa zurückziehen, um sich auf den Indopazifik zu konzentrieren.

Im Rahmen der Friedenspolitik wird im BSW-Parteiprogramm kräftig gegen die NATO und speziell die USA ausgeteilt:

*Eine Militärallianz, deren Führungsmacht in den zurückliegenden Jahren fünf Länder völkerrechtswidrig überfallen und in diesen Kriegen mehr als 1 Million Menschen getötet hat, schürt Bedrohungsängste und Abwehrreaktionen und trägt so zu globaler Instabilität bei. Stattdessen wird ein defensiv ausgerichtetes Verteidigungsbündnis gefordert und weit in die Zukunft geschaut: Europa braucht eine stabile Sicherheitsarchitektur, die längerfristig auch Russland einschließen sollte.*

Das Zentralthema, das bei der AfD das Denken und ihre Propaganda beherrscht, wird beim Bündnis Sahra Wagenknecht im Parteiprogramm nur gegen Schluss und eher beiläufig behandelt:

*Zuwanderung und das Miteinander unterschiedlicher Kulturen können eine Bereicherung sein. Das gilt aber nur, solange der Zuzug auf eine Größenordnung begrenzt bleibt, die unser Land und seine Infrastruktur nicht überfordert, und sofern Integration aktiv gefördert wird und gelingt.*

Das Zentralthema der Grünen wird sogar nur ganz am Rande erwähnt: *Die Veränderung des Weltklimas und die Zerstörung unserer Lebensgrundlagen sind ernste Herausforderungen, die die Politik nicht ignorieren darf.*

Im größeren Teil des BSW-Programms wird spürbar, dass Sahra Wagenknecht eine Laufbahn von der Sozialistischen Einheitspartei Deutschlands (SED) über die Partei des Demokratischen Sozialismus (PDS) und die Kommunistische Plattform, eine Verbindung orthodoxer Kommunisten, hinter sich hat, verbunden mit innerparteilichen Schwierigkeiten als Ultralinke. Demgemäß wird in dem Programm beklagt:

*Statt Leistung zu belohnen, wurde von den Fleißigen zu den oberen Zehntausend umverteilt.*

Es geht um den sozialen Ausgleich, eine soziale Gerechtigkeit und eine gerechte Verteilung des Wohlstands.

*Seit Jahren wächst in unserem Land die Ungleichheit. Die Vermögenskonzentration in Deutschland ist so hoch wie vor Beginn des Ersten Weltkriegs, als in Berlin noch der Kaiser regierte.*

*Das deutsche Schulsystem verweigert Kindern aus weniger begüterten Familien Bildung und Lebenschancen.*

Aber die linke Ideologin hat ihren Frieden mit der hiesigen Wirtschaftsordnung gemacht: *Ohne einen Neuanfang stehen unsere Industrie und unser Mittelstand auf dem Spiel.* Gerade der Mittelstand wird als innovativ und erfolgreich begrüßt. *Die deutsche Industrie ist das Rückgrat unseres Wohlstands und muss erhalten bleiben.* Demgemäß wird nicht mehr wie bei orthodoxen Kommunisten eine Überführung aller

Produktionsmittel in Gemeineigentum gefordert, sondern nur eine wirksame Überwachung durch die Kartellbehörden gegen ein durch wirtschaftliche Macht verursachtes Marktversagen, gegen marktbeherrschende Großunternehmen und übermächtige Finanzkonzerne.

*Unser Ziel ist eine faire Leistungsgesellschaft mit echter Chancengleichheit und einem hohen Grad an sozialer Sicherheit.*

Insgesamt bewegt sich das Bündnis Sahra Wagenknecht längst nicht mehr auf ultralinken Pfaden, sondern hat sich an die Ordnung einer Sozialen Marktwirtschaft angenähert: Auch Ludwig Erhard hat ganz auf den notfalls erzwungenen Wettbewerb gesetzt. Der gängige Vorwurf, Wagenknecht komme von den Kommunisten her, wirkt weit hergeholt.

# KAPITEL 12

## Die Linke: Arbeiter im Beamtenstatus

*Sei dabei für Klassenkampf! Mitglied werden!*

So wirbt Die Linke. Es gibt sie also noch, die kämpfende Arbeiterklasse. Immerhin zählt die Partei (Oktober 2024) über 50.000 Mitglieder, mehr als die AfD, und ist seit 2021 durch das Erringen von drei Direktmandaten (Siegern im Wahlkreis) im Bundestag mit 39 Sitzen vertreten, obwohl sie die 5-Prozent-Hürde mit 4,9% knapp verfehlte. Das Ergebnis hatte sich allerdings gegenüber der Wahl von 2017 (9,2%) beinahe halbiert.

Um welche Ziele geht es?

*Das können wir tun*

*Wir fordern: Gute Arbeit, die zum Leben passt.*

*Wir streiten gegen Ausbeutung und Unsicherheit im Job – und für gute Arbeitsbedingungen für alle.*

*Gesundheit und Zufriedenheit der Beschäftigten sollten das Ziel der Politik sein. Die Löhne müssen für ein gutes Leben und eine Rente reichen, die den Lebensstandard im Alter sichert. Arbeit soll für alle Menschen sicher, unbefristet, sinnvoll und tariflich bezahlt sein.*

So fordert es die Partei in ihrem Internet-Auftritt. Auf den ersten Blick wirkt es heillos übertrieben. Soll wirklich die gesamte Politik auf die Gesundheit und Zufriedenheit der Beschäftigten ausgerichtet sein?

Oder auf das Gemeinwohl, das sehr viel mehr umfasst als diese eine Facette? Und wann beginnt denn die Zufriedenheit? Ab welchem Einkommen? Und was ist mit denjenigen Menschen, die überhaupt nie zufrieden sind? Wenn die Arbeit für jedermann sicher und unbefristet sein soll, versetzen wir alle in einen Beamtenstatus. Für eine dynamische Wirtschaft ist jedoch immer eine gewisse Beweglichkeit erforderlich, um sich an die wechselnden Verhältnisse der Märkte anzupassen. Und es wird immer Unternehmen geben, die in die Insolvenz gehen oder einfach abgemeldet werden, um neuen Betrieben Platz zu machen. Es gibt stets die schöpferische Zerstörung, wie Schumpeter es nannte. Aus Unternehmen, die unwirtschaftlich geworden sind und ausscheiden, wandern die Produktionsfaktoren (Arbeit, Kapital) in bessere (das heißt rationeller geführte) Betriebe ab. Zudem geht es im internationalen Wettbewerb stets um die Innovationsfähigkeit, also um neue Ideen und deren Realisierung und nicht um einen Beamtenstatus. Bei einer allseitig verfestigten Wirtschaft wäre der von der Linken geforderte Lebensstandard nicht zu erreichen. Insofern ist die Eingangszeile *Das können wir tun* grob irreführend, weil etwas in Aussicht gestellt wird, was niemals realisiert werden kann.

Ferner fordert die Linke:

*Wir wollen Leiharbeit abschaffen und durch feste Arbeitsplätze ersetzen.*

*Leistungsverdichtung in den Betrieben muss wirksam begrenzt ... werden. Ein individuelles Veto-Recht bei Überlastung schützt auch Beschäftigte in Betrieben ohne Betriebsrat.*

*Wir brauchen ... ein Recht auf Vollzeit gegen ausbeuterische Teilzeitjobs. Auch in wirtschaftlichen Fragen brauchen Betriebsräte ein erzwingbares Mitbestimmungsrecht.*

Würde all dies und noch mehr dieser Art gesetzlich festgeschrieben, so wäre die Folge einfach zu erraten: Die Unternehmen würden, wo irgend möglich, die Produktion ins Ausland verlagern und im Inland nur den Absatz realisieren, der nicht aus dem Inland abgezogen werden kann. Die Linke wähnt uns auf einer allseits abgeschotteten Insel im Weltmeer. Die Verlagerung im Ausland ist längst im Gange, nicht nur wegen der dort zumeist geringeren Löhne, sondern auch wegen des komplizierten deutschen Steuerrechts, der hiesigen bürokratischen Überregulierung und der langwierigen Genehmigungsverfahren.

Die Linke gibt auch: *7 Tipps für den richtigen Umgang mit der AfD.* Da heißt es für die Kommunalpolitik:

*Die AfD erhält ... immer mehr Zustimmung, weil die bürgerlichen Parteien einen so laxen Umgang mit ihr pflegen.*

*Wenn sie dir die Hand zur Begrüßung geben wollen, und das werden sie sicher tun, dann hast du die Chance, ihnen sofort klarzumachen, auf welcher Seite du stehst. Verweigere immer den Handschlag! Sonst beißt der gefährliche Rassist bei erster Gelegenheit sofort zu.*

*Nein! Auch wenn sie einen Radweg oder etwas anderes Sinnvolles beantragen sollten, lehnst du diesen Antrag ab. Für dich sollte ... immer gelten: Keine Zustimmung für gar nichts, was von der AfD kommt. Jede Zustimmung für ihre Anträge kommt einer Zusammenarbeit gleich und gibt ihnen die Sicherheit, bald zubeißen zu können.*

*Für den Fall, dass eines deiner Vorhaben nur mit den Stimmen der AfD eine Mehrheit bekommt, solltest du deinen Antrag zurückziehen oder gar nicht erst stellen. Mit den Stimmen der AfD darfst du niemals Politik betreiben, sonst machst du dich mitschuldig an ihrer rassistischen Politik.*

Hier wird also die *Alternative für Deutschland* auf die Ebene bissiger Kampfhunde gestellt, die jederzeit zubeißen, wenn man ihnen die Hand entgegenstreckt. Womöglich ist die Linke noch gefährlicher als die AfD, nur mit dem Unterschied, dass inzwischen die Linke bei zwei bis drei Prozent liegt und die AfD bei 20 bis 30%. Zudem gibt die Linke hier Tipps für den Umgang, die, gelinde gesagt, etwas lachhaft und albern wirken, aber sie verwendet keinen Gedanken darauf, worauf der Erfolg der AfD beruhen und was man ihr inhaltlich entgegensetzen könnte.

Die Linke teilt die Grundlagenkritik an Demokratie und Regierung in Deutschland:

*Das läuft falsch. Soziale Ungleichheit nährt Zweifel an der Demokratie. Viele glauben nicht mehr, dass sich durch Wahlen etwas ändert. Wenn Kürzungspolitik und Schuldenbremse als alternativlos dargestellt werden, sinkt das Vertrauen: Was gibt es noch zu entscheiden? Die Gefahren, die daraus erwachsen, sehen wir an den Erfolgen rechter Parteien. Die Bundesregierung hat gar nicht mehr den Willen, die Wirtschaft zum Wohle aller zu gestalten. Das Vertrauen der Märkte ist ihr Maßstab, nicht das der Bürgerinnen und Bürger. Politik soll sich zurückhalten und den Konzerninteressen das Feld überlassen.*

Die von der Linken kommenden Empfehlungen erweisen sich allerdings als unbrauchbar, um die offenbar vorhandene Grundlagenkrise zu überwinden. Zudem wird die Partei, die nach dem Auszug der Wagenknecht-Anhänger im Bundestag nur noch eine Gruppe und keine Fraktion mehr bildete, von Untergangsängsten geplagt. Hierzu die ab Oktober 2024 neue Co-Vorsitzende Ines Schwerdtner:

*Wir müssen für alle da sein, die in unserem Land keine Stimme haben und die nächste Krise fürchten. Wir müssen allen diesen Menschen eine Stimme geben. Weil uns das immer seltener gelingt, ist unsere Existenz als Partei bedroht, besonders im Osten. Einige unserer Nachbarstaaten sind bereits ohne Linke – zumindest gibt es dort keine linken Parteien von Bedeutung mehr.*

Die Untergangsängste sind nicht ganz unberechtigt, wenn die Entwicklung der Linken beispielsweise in den Landtagswahlen von Sachsen seit der Wiedervereinigung betrachtet wird (in Prozent):

1990: 10,2%
1994: 16,5%
1999: 22,2%
2004: 23,6%
2009: 20,6%
2014: 18,9%
2019: 10,4%
2024:  4,5%

Dies deutet an, dass die Linke um das Jahr 2000 herum in den östlichen Bundesländern ihre große Zeit hatte und sich seitdem im Abstieg befindet. 2024 gelang der Einzug in den Landtag trotz Unterschreitens der 5-Prozent-Klausel durch zwei gewonnene Direktmandate. Der klassische kämpferische oder gar revolutionäre Sozialismus ist anscheinend weltweit nicht mehr populär, weil er zu totalitären Diktaturen und wirtschaftlichem Desaster führt.

Mitvorsitzender der Partei Die Linke ist Jan van Aken, der in der Rosa-Luxemburg-Stiftung zu internationalen Konflikten arbeitet. Er hat beispielsweise dargelegt, dass die westlichen Russland-Sanktionen eher symbolische Bedeutung als tatsächliche Wirkung haben, zumal nicht klar wurde, welche konkrete Wirkung sie haben sollten. Van Aken ist promovierter Biologe und war als Biowaffen-Inspektor für die Vereinten Nationen tätig. Hier und bei Greenpeace wendet er sich gegen gentechnische Experimente, das heißt absichtliche Veränderungen des Erbgutes vor allem bei Nutzpflanzen. Außerdem geht es bei ihm um Widerstand gegen Kriegswaffen, zumal Atomwaffen und jegliche Atomtechnik, außerdem um Frieden und Verhandlungen statt weiterer Kriegswaffen im Ukraine-Konflikt.

Diese Ziele sind zwar ehrenwert, werden aber im öffentlichen Bewusstsein nicht unbedingt mit der Partei Die Linke verbunden, sodass ungewiss bleibt, wie weit sie sich auf deren Wahlergebnisse auswirken.

# KAPITEL 13

## Ein Grabmal

Das aktuelle und künftige politische Problem besteht darin, die Repräsentations- und Legitimationslücke zu schließen, die entstanden ist, weil rund ein Viertel bis ein Drittel der Bevölkerung kein Vertrauen in die jetzige Ordnung haben und sich von den alten, etablierten Parteien nicht repräsentiert fühlen. Dieses Problem ist allein im Rahmen dieser Parteien nicht lösbar, da sie, wie bereits bei der 2024er Landtagswahl in Thüringen, zusammen im Parlament keine Mehrheit erreichen. Sie kamen nicht umhin, das Bündnis Sahra Wagenknecht in die Verhandlungen einzubeziehen, obwohl dort Grundsätze bisheriger deutscher Politik (enge Bindung an die USA, kompromisslose Feindschaft mit Russland, militärische Hilfe an die Ukraine) und die Stationierung amerikanischer Mittelstreckenraketen in Deutschland infrage gestellt wurden.

Bei den grundsätzlichen Überlegungen, in welcher Weise die Repräsentations- und Legitimitätslücke zu schließen sei, bleiben wir innerhalb des Böckenförde-Diktums, dass die freiheitliche Demokratie ein Wagnis sei, weil sie die Voraussetzungen, von denen sie lebt, nicht selbst schaffen kann, ohne sich aufzugeben. Der Staat kann aber sehr wohl institutionelle Voraussetzungen schaffen, die ein freiheitliches Denken begünstigen. Dabei ist streng zu unterscheiden zwischen

- Verfassungsänderungen und Gesetzesvorschlägen, die darauf hinauslaufen, die freiheitliche und rechtsstaatliche Ordnung einzuschränken und Grundrechte zu beschneiden, vor allem durch erweiterte Befugnisse des Inlandsgeheimdienstes, durch polizeiliche Verfolgung von Äußerungsdelikten und durch das Verbot neuer Gedanken, Sprechweisen und Parteien. Diese

Gefahr kommt nicht nur vonseiten staatlicher Organe, sondern auch durch den Denk- und Sprachpolizei der Grünen und die Identitätspolitik, die sich zum Sprachrohr angeblich oder wirklich diskriminierter Gruppen macht und für deren Angehörige Sonderrechte einfordert.

- Auf der anderen Seite stehen inhaltliche Änderungen, auch grundsätzlicher und fundamentaler Art, die innerhalb der bestehenden Ordnung gefällt werden, zum Beispiel zu welchen Staaten besonders enge Beziehungen gepflegt werden und auf welcher Seite, und ob überhaupt, Deutschland sich an auswärtigen Kriegen beteiligt, zum Beispiel durch Rüstungsexporte oder durch Stationierung fremder Truppen in Deutschland. Die Tatsache, dass bei Gründung der Bundesrepublik auf diesem Gebiet grundlegende Entscheidungen festgelegt und seitdem beibehalten wurden, besagt nicht, dass diese Entscheide jeglicher Debatte enthoben sind. Besonders in der CDU reagiert man fassungslos, wenn hier jemand kritische Fragen stellt.

Das Schließen der Repräsentationslücke läuft nicht nur darauf hinaus, auch jenseits der alten, etablierten Parteien Mehrheiten zu suchen und Koalitionsverhandlungen zu führen. Sondern darüber hinaus wird es nicht zu umgehen sein, auch zentrale Grundlagen des bisherigen Staatsverständnisses kritisch zu überprüfen und zu revidieren, falls sie im Volk nicht mehr geteilt werden. Dazu gehört die Westbindung, sofern sie sich als allzu einseitige Abhängigkeit von den USA darstellt, und die Scham- und Schuldkultur in Bezug auf den Nationalsozialismus. Die Schuld ist allseits unbestritten, aber die Scham wird von der jungen Generation nicht mehr empfunden. Vielmehr ist es an der Zeit, anstatt eines ständig gesenkten Blicks einen aufrechten Gang einzuüben.

Für die Bundesrepublik Deutschland ist eine Normalisierung überfällig, die bedeutet, dass sie als europäische Mittelmacht ähnlich wie Frankreich und das Vereinigte Königreich Großbritannien und Nordirland auf Augenhöhe mit den anderen Mittelmächten umgeht und ihre eigenen nationalen Interessen definiert, ohne in Nationalismus zu verfallen. Normalität bedeutet auch, Stolz auf die eigene Kultur und Geschichte zu entwickeln und dabei offen für außen sein und als Mitglied der Europäischen Union mitzuwirken, jedoch ohne in ihr aufzugehen. Als Mitglied der NATO ist zu vermeiden, sich weiter an die USA zu klammern.

In der Hauptsache bilden Europa und die USA den freien Westen und sind daher natürliche Verbündete. Dabei gilt es allerdings immer im Auge zu behalten, dass Amerika in vielerlei Hinsicht ein ganz anderes Land ist. Es hält sich mit großem Sendungsbewusstsein für den Gipfel menschlicher Entwicklung, dem alle anderen ebenfalls zustreben sollen: Alle anderen gelten als Noch-nicht-Amerika, und daher gibt es keinen Anlass, sich mit fremden Kulturen zu befassen. Dieses Denken ist provinziell: In der Provinz, auf dem Dorf hält man die gewohnte eigene Ordnung für die einzig mögliche und war noch nie im Ausland.

Es handelt sich um eine calvinistische und daher auf diesseitigen materiellen Erfolg fixierte Nation. Entsprechend diesem Glauben ist für jeden Menschen im Sinne einer doppelten Prädestination im Voraus festgelegt, ob er nach dem Tod zu den Auserwählten in Seligkeit gehören wird oder zu den Verdammten. Diese Vorherbestimmung könne durch den Erfolg im Leben, und zwar den geschäftlichen Erfolg, erkannt werden. Daher komme alles auf diesen Erfolg an, und wer ihn nicht habe, sondern auf der Straße schlafe, gehöre offensichtlich zu den Verdammten, den Verlierern, und daher habe es keinen Sinn, ihm zu helfen. Diese Religion erklärt die weitgehend fehlende Sozialpolitik. Der reichste Mann in der Stadt baut sich hingegen das größte Haus, damit jedermann sehen kann, wer auserwählt sei. Diese Sichtweise können sich die Europäer und speziell die Deutschen nicht zu eigen machen: Jeder Mensch hat seine gleiche Würde, nichts ist im Voraus festgelegt. Für alle Schwachen gibt es eine umfassende Sozialpolitik. Die Reichen und Erfolgreichen brauchen ihren Reichtum nicht zu zeigen, denn die Tatsache, dass sie viel Geld haben, besagt nichts über ihre Persönlichkeit, und schon gar nicht sind sie Auserwählte.

Die Vereinigten Staaten haben an der Aufklärung nicht teilgenommen, sind teils immer noch evangelikal geprägt, außerdem von einer allgegenwärtigen Kultur der Gewalt und einem Schusswaffenfimmel befallen. Sie sind ein Staat von Auswanderern aus Europa und zahlreichen weiteren Staaten, aus denen aber nicht die Oberschicht auswanderte, sondern immer die Unter- und Mittelschicht der Benachteiligten. Daher wurden unterschichttypische Merkmale zum Nationalcharakter, so etwa, Konflikte mit Gewalt und nicht durch Debatte zu entscheiden, ferner wiederum der materielle Reichtum, das Geld und die Neigung zum Glücksspiel, ebenso die Neigung zu einem strengen Strafrecht bis hin zur Todesstrafe.

Die Verfassung kennt keine einklagbaren Menschenrechte, zum Beispiel für Menschen verschiedener Hautfarbe. Die Freiheit besteht in einem rigorosen Anpassungszwang: Alle privaten Haushalte, Städte und Golfplätze sehen gleich aus. Wer nicht gewillt ist, sich anzupassen, gilt als geistig gestört.

Von Zeit zu Zeit brechen die USA ohne erkennbaren Anlass und völkerrechtswidrig auswärtige Kriege vom Zaun ähnlich dem Irak-Krieg, an dem sich Deutschland nicht beteiligte: eine weise Entscheidung von Bundeskanzler Gerhard Schröder, während Angela Merkel, CDU, heftig für eine Beteiligung am Krieg warb. Der Gedanke, einem exotischen Staat mit militärischen Mitteln eine demokratische Verfassung aufzunötigen, obwohl es dort keine demokratische Tradition gibt, ist ein grotesker und gefährlicher Fehlschluss. Im Falle Deutschlands gelang es, durch den Sieg im Zweiten Weltkrieg hier wieder eine freiheitliche Demokratie einzuführen, aber nur deswegen, weil es entsprechende Traditionen gab.

Deutschland würde sich in einer neuen Ära der Normalisierung beim Waffenexport stark zurückhalten. Die jetzige Repräsentations- und Legitimitätslücke würde geschlossen, indem der in der Bevölkerung überwiegenden pazifistischen Grundströmung gefolgt wird. Die BRD würde daher an auswärtigen Kriegen nicht teilnehmen. Strategisch handelt die jetzige Bundesregierung äußerst fahrlässig, wenn sie die pazifistische Grundströmung einfach nicht zur Kenntnis nimmt. So wendet sich das enttäuschte Volk anderen Parteien zu.

Werden Verhandlungen mit Russland gefordert, so geht natürlich jedermann davon aus, dass dort das Regime keine demokratische Legitimation besitzt und auch gar nicht anstrebt. Bei Wahlen steht das mit großer Mehrheit errungene Ergebnis von vornherein fest. Ernsthafte Systemkritiker verschwinden in einem Lager. Eine legitimierende sozialistische Ideologie gibt es nicht mehr. Trotzdem gilt das System als stabil. Zum einen gibt es den Nationalstolz, in einem mächtigen und starken Staat zu leben. Hinzu kommt die höchst einseitige Information durch die Medien: Was jahrzehntelang im Fernsehen als Wahrheit verkündet wird, kann nicht falsch sein. Für die Wirtschaft gilt der Rohstoff-Fluch: Durch den Reichtum an Rohstoffen und deren Export, vor allem der fossilen Brennstoffe Erdöl und Erdgas, kommt ständig so viel an Geld herein, dass sich eine korrupte Oberschicht der Macht bedienen kann und auch für das Volk etwas übrigbleibt. Allerdings schwanken die Staatseinnahmen je nach den Weltmarktpreisen der Rohstoffe. Wegen dieser komfortablen Lage des Rohstoffexports besteht keine Notwendigkeit, die eigene Wirtschaft nachhaltig zu entwickeln. Umgekehrt fällt auf, dass Länder wie Deutschland und Japan, ohne nennenswerte Rohstoffe, stattdessen zu führenden Industrieländern geworden sind. Russland hätte langfristige Probleme, wenn sich ein großer Teil der Welt auf regenerative Energien umstellen sollte, also die fossilen Energierohstoffe an Bedeutung verlieren.

All dies, vor allem der russische Nationalstolz, tragen jedoch das Regime nur im russischen Kernland, nicht in den Randstaaten der russischen Einflusssphäre, wo man seinen eigenen Stolz hat. Die peripheren Länder sind nur durch polizeilichen und militärischen Zwang niederzuhalten. Dementsprechend wachsen hier die zentrifugalen Kräfte, die eine Selbstständigkeit fordern und, soweit nach geografischer Lage möglich, einen Beitritt zur Europäischen Union und zur NATO. Die große Frage ist jetzt, wieweit der Westen und so auch Deutschland dabei helfen sollen, diese Länder aus dem russischen Herrschaftsgebiet herauszubrechen oder aber dabei zuzusehen, wie sie niedergemacht und zwangsweise wieder eingegliedert werden. In den Fällen Tschetschenien und Georgien hat niemand im Westen an eine Hilfe gedacht. Diese Länder am Kaukasus nahe dem Kaspischen Meer sind einfach zu weit entfernt. Putin konnte daher annehmen, dass der Westen auch im Falle der Ukraine stillhalten werde.

Inzwischen stellt sich die Frage, wann und wie der jetzige Krieg beendet werden kann, denn jeder Krieg muss irgendwann aufhören. Dabei ist es völlig ausgeschlossen, eine Atommacht besiegen zu wollen. Aber mit jeder neuen Eskalationsstufe steigt die Gefahr, dass russische Ultranationale zum Äußersten greifen. Diese Gefahr treibt große Teile des deutschen Volkes um. Wenn die beiden neuen Parteien AfD und BSW davor warnen, werden sie kurzerhand als stalinistisch, leninistisch oder Putin-Freunde verunglimpft oder ihnen wird unterstellt, sie wollten die Ukraine Putin zum Fraß vorwerfen oder verlangten einen Kotau, eine demütigende Niederwerfung der Ukraine vor Russland. Deshalb wirkt es unseriös, den Teil der Bevölkerung, der aus pazifistischen Gründen AfD oder BSW wählt, als Neonazis zu bezeichnen.

Deutschland könnte im Zuge einer Neubesinnung seine ganze Geschichte im Blick haben und nicht nur die zwölf Jahre von 1933 und 1945. Und man könnte ohne Sprachpolizei und verbotene Wörter und Gedanken über Nationales und alle anderen Themen sprechen.

Diese Normalisierung käme aber nicht schleichend und schon gar nicht durch die Parteien der heutigen wesenlosen und gestaltlosen Mitte, die nur Einzelheiten diskutiert sowie Akten und Register führt. Und die nicht sagen kann, was das Ganze bedeuten soll. Es braucht einen ganz neuen Ansatz mit neuen Personen, um einen Umschwung einzuläuten. Es braucht ein markantes Ereignis, ein markantes Foto für die Geschichtsbücher und ein markantes Symbol oder Bauwerk oder Gebäude.

Das markante Ereignis könnte, wie in der Demokratie üblich, ein Wahlergebnis sein. Wenn zum Beispiel bei der nächsten oder übernächsten Bundestagswahl die FDP, die Linke, die Grünen und die SPD unter 5% fallen, im hohen Hause nicht mehr vertreten sind und die drei Parteien

- Christlich Demokratische und ebenso Soziale Union
- Alternative für Deutschland
- Bündnis Sahra Wagenknecht

mit je ungefähr einem Drittel Einzug hielten. Dabei würden die Unionsparteien einen Unvereinbarkeitsbeschluss gegenüber der AfD halten, wie schon immer. Ein ebensolcher Beschluss gegenüber dem BSW könnte hinzukommen, weil dieses Bündnis die Bindung an die USA und überhaupt die einseitige Westbindung ablehnt, ebenso wie Waffenexporte. Dann bliebe unter den drei im Bundestag vertretenen Parteien nur eine Koalition von AfD und BSW mit zwei eleganten und energischen Frauen: Alice Weidel als Kanzlerin und Sahra Wagenknecht als Vizekanzlerin – mit ihren neuen Leuten, um die neue Epoche einzuläuten. Diese neue Ära könnte darauf gerichtet sein, ähnlich wie die Ostpolitik von Willy Brandt eine starre und im Lauf von Jahrzehnten steril gewordene Konfrontationspolitik abzulösen durch eine Öffnungspolitik, die versucht, die vitalen Interessen beider Seiten zu wahren. Eine andere Möglichkeit gibt es nicht. Ein Festhalten an der starren aktuellen Politik wäre gefährlich.

Dass es ausgerechnet mit dem Bündnis Wagenknecht und der AfD zur angestrebten Normalisierung kommt, ist natürlich alles andere als sicher. Aber zunächst einmal böte ein solcher Wechsel die Chance zu einer großen Inventur: welche Grundlagen und Fundamente noch tragen, außerdem könnte die gesamte bisherige Möblierung des heimischen Hauses kritisch betrachtet und manches entsorgt oder neu angeschafft werden.

Bei dieser Neuordnung wäre, wie oben dargelegt, entscheidend,

- was im Rahmen des geltenden Grundgesetzes als politische Entscheidung möglich entsprechend der Richtlinienkompetenz des Bundeskanzlers (Artikel 65 des Grundgesetzes) ist
- und was auf eine Änderung des Grundgesetzes als des rechtsstaatlichen Rahmens hinausläuft, beispielsweise als Versuch,

die Unabhängigkeit der Gerichte und speziell des Bundesverfassungsgerichts einzuschränken.

Sinnvollerweise würde eine neue Regierung auf Versuche, das Grundgesetz zu ändern, ganz verzichten und sich im bisherigen rechtlichen Rahmen bewegen. Dieser ist im Einzelfall recht unterschiedlich geregelt. Beispielsweise ist die Mitgliedschaft in der Europäischen Union festgeschrieben (Artikel 23), nicht aber die Westbindung und die Mitgliedschaft in der NATO. Diese sind in Artikel 24 lediglich als Möglichkeit genannt, also nicht zwingend. Rein theoretisch wäre es mit Grundgesetz vereinbar, wenn Deutschland ähnlich wie Österreich und die Schweiz militärisch neutral würden und in Mitteleuropa eine Insel der Neutralität bildete, was der pazifistischen Grundströmung des Volkes entspräche.

In dem aus heutiger Sicht äußerst unwahrscheinlichen Fall, dass AfD und BSW zusammen eine Zwei-Drittel-Mehrheit erreichten, könnten sie versuchen, das Grundgesetz aus den Angeln zu heben. Zumindest gibt es eine Menge Leute, die ihnen unterstellen, solches zu beabsichtigen. Bekanntlich lebt die freiheitliche Verfassung von Voraussetzungen, die sie nicht selbst schaffen und garantieren kann. Ob diese Voraussetzungen in Gestalt eines für 75 Jahre gelebten und eingewöhnten Grundgesetzes im Zweifelsfall gegeben wären, kann heute niemand sagen. Auffällig ist das geringe Vertrauen, das in das Volk und in seine in Jahrzehnten bewährte Verfassung gesetzt wird, sodass der Staat meint, nur durch einen Inlandsgeheimdienst, der in Bund und Ländern weit über 5.000 Personen umfasst, die Ordnung schützen zu können. Dieser Geheimdienst bildet inzwischen für die freiheitliche Ordnung eine weit größere Gefahr als die teils randständigen, teils nur ungewohnten und vom Normalüblichen abweichenden Organisationen, die er verfolgt.

Besonders schwierig und problematisch wäre natürlich eine Normalisierung des Verhältnisses zu Israel, das heißt achtzig Jahre nach dem Geschehen allmählich zu normalen und üblichen Beziehungen zu finden wie zu allen anderen Staaten auch. Die Bundeskanzlerin Angela Merkel erklärte 2008 vor der Knesset, dem israelischen Parlament,

Israels Sicherheit und Existenz zur Staatsräson Deutschlands. Im selben Sinne äußerte sich ihr Nachfolger Olaf Scholz nach dem Angriff der Hamas auf Israel vom 7. Oktober 2023.

Die Deutsche Welle, eine in öffentlich-rechtlicher Form organisierte und aus staatlichen Mitteln finanzierte Medienorganisation, erklärte hierzu: *Man versteht unter „Staatsräson" den Grundsatz, wonach ein Staat berechtigt ist, sich bei der Rechtfertigung der eigenen Außenpolitik darauf zu berufen, dass die Eigeninteressen der Nation Vorrang haben.* Genau genommen ist es also unmöglich, die eigene Staatsräson an die Interessen eines anderen Staates zu binden, denn dieser hat natürlich andere Interessen als Deutschland. Marietta Auer (Max-Planck-Institut für Rechtsgeschichte und Rechtstheorie) warnt, der Schutz des Staates Israel könnte sich als ein Wert herausstellen, der andere deutsche Interessen konterkariert. Insbesondere muss Deutschland wie alle anderen Staaten das humanitäre Völkerrecht, das die Mittel der Kriegsführung regelt, beachten und hierfür eintreten. Die deutsche Staatsräson könnte also mit dem Völkerrecht kollidieren, falls Israel sich nicht an diese Regeln hält.

Dieses Problem wird auch seitens der Konrad-Adenauer-Stiftung deutlich angesprochen. Hier erschien der Beitrag *Israel ein Jahr nach dem Terrorüberfall der Hamas* von Michael Rimmel und Johannes Sosada, worin es heißt:

*Israel sieht sich auf internationaler Ebene immer wieder schweren Vorwürfen zu seiner Kriegsführung ausgesetzt. Kriegsziel ist die Vernichtung der Hamas. Insbesondere die ultrarechten Koalitionspartner Netanyahus drohten mehrfach, aus der Regierung auszutreten, sollte es zu einer Vereinbarung mit der Hamas kommen.*

DER SPIEGEL meldete am 11. Mai 2024:

*Die Biden-Regierung hat einen Bericht an den US-Kongress übergeben. Darin wird der Verdacht geäußert, dass die israelische Armee in Gaza mithilfe amerikanischer Waffen das Kriegsvölker-*

*recht verletzt haben könnte. Es gebe genügend gemeldete Vorfälle, die Anlass zu ernsthaften Bedenken geben. Es sei eine plausible Einschätzung, dass das israelische Militär US-Waffen in Fällen eingesetzt habe, die mit den Verpflichtungen des humanitären Völkerrechts oder den bewährten Praktiken zur Minderung ziviler Schäden unvereinbar seien.*

Dieses Problem, das einerseits Israels Sicherheit zur deutschen Staatsräson erklärt wird und andererseits Deutschland hierdurch seine Pflicht verletzt, sich für das humanitäre Völkerrecht einzusetzen, wird jedoch bei offiziellen Gelegenheiten in Deutschland niemals erwähnt. Am 10. Oktober 2024 wurde im Bundestag mit einer Schweigeminute der Opfer des Überfalls vom 7. Oktober 2023 gedacht. Die anschließende Debatte beschränkte sich darauf, einhellig diesen Überfall scharf zu verurteilen und die Solidarität mit Israel zu betonen. Außenministerin Annalena Baerbock: *Für die deutsche Politik muss klar sein: Wir stehen an Eurer Seite, an der Seite Israels.* Im selben Sinne wie die anderen Parteien des Bundestages äußerte sich auch Dr. Bernd Baumann, AfD: Er sprach von Islamisten und Mördern, die wir verabscheuen, die Israel auslöschen und alle Juden ins Meer treiben wollen. Er prangerte den hiesigen Judenhass an, der von den islamischen Einwanderern gefördert werde. Der in Deutschland immer wieder gezogene Schluss, die AfD sei rechtsextrem, also Nazi, also antisemitisch, und mithin könne man ihr mit der Erinnerung an den Holocaust entgegentreten, wurde auch hier als Kurzschluss deutlich.

Die pflichtschuldigen einhelligen Solidaritätserklärungen im Bundestag wirken künstlich und gezwungen, weil alle wissen, in welcher Art Israel den Krieg führt, es jedoch nicht aussprechen dürfen. In der Presse sind es vor allem die Erzeugnisse des Springer-Verlags, die ausdrücklich nicht um Objektivität bemüht sind, sondern sich auf die Solidarität mit Israel festgelegt haben.

In der *Jüdischen Allgemeinen* vom 28. Oktober 2024 beschwert man sich in dem Artikel *Das Medienversagen* über eine Täter-Opfer-Umkehr. Hier wird davon ausgegangen, dass die Juden und Israel immer nur

Opfer und niemals Täter seien. Viele Redaktionen in Deutschland würden Israels Kampf um seine Existenz verzerren, mit fatalen Folgen: *Es geht um jene überall herrschende antiisraelische und mithin auch antijüdische Stimmung, die viele Medien transportieren.* Deutschland gedenke immer nur der in der Nazizeit ermordeten Juden, aber: *Wo bleibt die Solidarität mit den lebenden Juden?* Diese wird also eingefordert und eingeklagt, ganz gleich, in welcher Weise der Krieg geführt wird.

Auch drei Generationen nach dem Holocaust wird es sehr schwer und nur um den Preis eines fundamentalen Richtungswechsels zu haben sein, eines Tages zu einer unbefangenen Sprechweise zu gelangen, die in der Presse einfach berichtet, was geschieht. Die Deutsche Welle stellt fest: *Gegenüber Israel, das nach der systematischen Ermordung von sechs Millionen Juden als jüdischer Staat gegründet wurde, sieht der deutsche Staat eine besondere Verantwortung. Das Engagement für Israel ist mehr als nur ein politisches Ziel, es ist ein elementarer Bestandteil des Selbstverständnisses deutscher Politik.* Doch auch elementare Bestandteile sind irgendwann aus einer aktuellen Situation gebildet worden und irgendwann nicht mehr aktuell.

Ein Problem ist vor allem die sehr schwierige Stellung Israels in den Vereinten Nationen und damit weltweit. Zwischen Januar 1990 und Juli 2013 verabschiedete die Vollversammlung der UN insgesamt 1.676 Resolutionen. In 480 Resolutionen wird Israel namentlich genannt, davon 422 mit Kritik. Bei der Anzahl negativer Beurteilungen liegt Israel mit großem Abstand weit an der Spitze. Nächst häufig wurde Südafrika 59-mal kritisiert. Der Internationale Gerichtshof hat die Besetzung der palästinensischen Gebiete als Verstoß gegen internationales Recht bezeichnet. Der Internationale Strafgerichtshof hat im November 2024 einen Haftbefehl gegen Ministerpräsident Netanyahu erlassen. Er müsste also, falls er Deutschland oder einen anderen Unterzeichnerstaat des Strafgerichtshofs besucht, festgenommen werden. Deutschland hat sich immer für die Einsetzung dieses Gerichtshofs eingesetzt, um Einzelpersonen, die das Völkerrecht verletzen, zur Strafe heranziehen zu können.

Einzig im Sicherheitsrat der Vereinten Nationen kam es bisher nicht zu einer Verurteilung Israels, weil regelmäßig die USA dagegen ein Veto einlegen.

Für Deutschland bildet es eine fühlbare internationale Belastung, wenn es sich allzu häufig und sichtbar mit Israel, das als Paria-Staat gilt, solidarisch erklärt. Ein Paria ist in Indien ein Angehöriger der untersten Kaste und gilt im übertragenen Sprachgebrauch als ein von der Gesellschaft Ausgestoßener. Israel reagiert regelmäßig empört, wenn Deutschland sich in der UN-Vollversammlung bei einer dieser Verurteilungen lediglich der Stimme enthält, statt Israel zu verteidigen. Nach Meinung der israelischen Regierung sind die Vereinten Nationen und ihr Generalsekretär antisemitisch voreingenommen. Dies allein reicht jedoch als Erklärung für die meist einhellige Verurteilung Israels nicht aus, weil es bei zahlreichen UN-Mitgliedern keine antisemitische Tradition gibt.

Eine Normalisierung des Verhältnisses zu Israel im Sinne einer behutsamen Distanzierung läge insofern im außenpolitischen Interesse Deutschlands, um nicht als Kampfgenosse eines Paria-Staates zu gelten. Die Beziehung zu Israel könne auf das Normalmaß, wie gegenüber anderen Staaten üblich, heruntergefahren werden. Der Konflikt, dass einerseits Deutschland für das internationale humanitäre Völkerrecht eintreten muss und sich andererseits an einen Staat bindet, der ebendies nicht tut, würde hierdurch entschärft. Der Spruch, Israels Schicksal sei Teil der deutschen Staatsräson, würde so aufgegeben.

Konkret würden also Staatsbesuche, um Israel zu einer Mäßigung seiner Militärpolitik zu veranlassen, nicht mehr stattfinden, zumal sie sich als völlig wirkungslos erwiesen haben und gerade dann, wenn sie aus Deutschland kommen, als ungebeten und überflüssig betrachtet werden. Insgesamt würden die Beziehungen auf eine rein sachliche Ebene beschränkt und auf weitere Schuldbekenntnisse verzichtet werden, weil bekannt ist, welche Schuld Deutschland im Holocaust auf sich geladen hat und dies nach acht Jahrzehnten zur Geschichte und nicht mehr zur gelebten Gegenwart gehört.

In alter Zeit hatte jede Stadt einen zentralen Bau, entweder die Kathedrale oder das Schloss des Fürsten, die das Allgemeine repräsentierten, das heißt die zentralen Werte, die seinerzeit galten und wonach sich alles ausrichtete. So schuf jede Zeit ihre Bauwerke, die später für diese Zeit zeugten.

So ist es auch heute. Das einzige große zentrale Bauwerk, das bisher in den Jahrzehnten der Bundesrepublik errichtet wurde und für diese zeugt, ist das Denkmal für die ermordeten Juden Europas in Berlin. Es besteht aus 2.711 Stelen aus Beton, die meist übermannshoch und nebeneinander in einem Feld von 19.000 Quadratmetern errichtet wurden. Unter einer Stele wird gewöhnlich eine mit einer Inschrift oder bildlichen Darstellung versehene, stehende Tafel aus Stein verstanden, die als Denkmal oder Grabmal dient.

Das Besondere an diesem Stelenfeld ist jedoch, dass nirgendwo eine Inschrift, bildliche Darstellung oder ein Symbol zu sehen sind. Stellen wir uns vor, wir erhalten in Berlin Besuch aus dem Ausland, gebildete Leute, die aber von diesem Denkmal noch nie gehört haben; ich zeige ihnen die Stadt, gehe auch mit ihnen durch dieses allgemein und ohne Zaun für jedermann zugängliche Stelenfeld, erkläre aber nicht, worum es sich hier handelt, sondern bitte sie, dies zu erraten. Da gibt es lange Blicke auf den Beton und auf mich, ratloses Schulterzucken und Kopfschütteln. Sie kommen nicht auf den Gedanken, dass dieser riesige steinerne Garten etwas mit den Juden zu tun haben könnte. Wie denn auch? Es ist nirgendwo ein Davidstern oder eine Menora (der siebenarmige Leuchter entsprechend dem 2. Buch Mose, Kapitel 25, Vers 31 ff.) oder eine hebräische Inschrift zu sehen. Als ich endlich dem Besuch erkläre, es handele sich um das Denkmal für die ermordeten Juden Europas, blicken sie immer noch etwas ratlos: Ja, es wurden Millionen Juden ermordet. Und jetzt dieser viele Beton? Und ohne Inschrift?

Oder stellen wir uns vor, es gäbe den allgemeinen großen Atomkrieg, entweder in 156 Jahren oder morgen früh, und bis auf einzelne Grüppchen in entlegenen Standorten wären alle Menschen tot. Nach und nach, in einigen Jahrhunderten wird die Erde wieder besiedelt, aber schriftliche Zeugnisse von vorher gibt es nicht mehr. Im Jahr 4000 ist der Standort des früheren Berlin längst von Urwald überwachsen, aber eines Tages finden Archäologen dieses Stelenfeld und graben es aus. Etwas ratlos nennen sie es Stonehenge II. Es gibt nur zahlreiche verschiedene Spekulationen über Sinn und Zweck dieses Bauwerks, von denen aber keine überzeugend wirkt.

Will sagen: Das Denkmal allein, das alles und jedes bedeuten könnte, wirkt nur durch das Vorwissen des Besuchers. Es ist nicht selbsterklärend, wie die meisten Denkmäler, und für den ganz konkreten Zweck des Bauwerks gibt es ganz unterschiedliche Erläuterungen, wie in den Ansprachen zur Eröffnung am 10. Mai 2005 deutlich wurde.

Als Sinn und Zweck dieses Bauwerks wurden vor allem genannt:

1. Hier bekennt sich Deutschland sichtbar zur Tat, dem Holocaust.
2. Das Denkmal erinnert an das schlimmste, entsetzlichste Verbrechen Nazideutschlands, den Versuch, ein ganzes Volk zu vernichten. Diese Erinnerung muss für Gegenwart und Zukunft Bestand haben und in das kollektive Gedächtnis eingehen, zumal die Zeitzeugen absehbar aussterben. Es ist eine historische Pflicht, das Vermächtnis der Zeitzeugen weiterzugeben.
3. Das Denkmal ist den ermordeten Juden Europas gewidmet.
4. Es ist ein Ort der Information über die zu ehrenden Opfer, und zwar am authentischen Ort, dem früheren Gestapo-Gelände.
5. Es ist das erste gemeinsame Projekt des wiedervereinigten Deutschlands, ein Erinnerungsprojekt.
6. Ein Gedenken an die Opfer soll in Zukunft zu einer Kultur der Humanität verpflichten. Das Denkmal dient dem einzigen Ziel, zu verhindern, dass sich eine dem nationalsozialistischen Menschheitsverbrechen vergleichbare Katastrophe jemals wiederholt.

7. Die Mehrheit der Bevölkerung ist der irrigen Auffassung, genug über den Holocaust zu wissen, ja geradezu übersättigt zu sein mit Informationen über die NS-Zeit.
8. Die Erinnerung soll ihre beunruhigende Wirkung behalten und eine Debatte mit offenem Ende initiieren, die von einem derartigen Projekt angeregt wird, und es künftigen Generationen ermöglichen, ihre eigenen Schlüsse zu ziehen.
9. Die Kinder der Mörder sind keine Mörder. Wir können ihnen niemals die Schuld für das geben, was ihre Vorfahren getan haben. Aber wir können sie dafür zur Verantwortung ziehen, wie sie mit der Erinnerung an das Verbrechen ihrer Vorfahren umgehen.
10. Es handelt sich um einen Ort der Totenruhe.

Zu 7: Die Auffassung der Bevölkerung, genug über den Holocaust zu wissen und sei geradezu übersättigt mit Informationen über die NS-Zeit, sei ein Irrtum, meinte Paul Spiegel, Präsident des Zentralrats der Juden in Deutschland. Ob Irrtum oder nicht, jedenfalls gab es schon 2005 diese Auffassung, und mancher hoffte womöglich, mit der Einweihung dieses Denkmals werde ein Schlusspunkt der Scham-, Gedenk- und Erinnerungskultur gesetzt, denn ein größeres Zeichen des Gedenkens kann es ja nicht geben. Diese Hoffnung wurde nicht erfüllt, vielmehr läuft die Wiederholungsschleife auch jetzt, zwanzig Jahre später, ungebremst immer weiter.

Zu 8: Die Hoffnung auf eine weiterhin beunruhigende Wirkung und eine Debatte auch in den künftigen Generationen hat sich nicht erfüllt, weil sich mit Blick auf das Gedenken an den Holocaust alle einig sind. Nur der AfD-Politiker Björn Höcke forderte im Januar 2017 eine erinnerungspolitische Wende um 180 Grad und meinte: *Wir Deutschen sind das einzige Volk, das sich ein Denkmal der Schande ins Herz gepflanzt hat.* Diese Rede wurde allseits empört zur Kenntnis genommen. Jonas Anderson vom Deutschen Kulturrat wies allerdings 2020 auf die Auseinandersetzungen hin, die es seinerzeit beim Bau des Mahnmals gegeben hatte. Der Spiegel-Herausgeber Rudolf Augstein hatte es

1998 als gegen die Hauptstadt und das sich in Berlin neu formierende Deutschland gerichtetes Schandmal bezeichnet. Schriftsteller Martin Walser sprach von einem fußballfeldgroßen Albtraum im Herzen der Hauptstadt und einer Monumentalisierung der Schande. Der Regierende Bürgermeister Eberhard Diepgen fürchtete, dass Berlin durch das Mahnmal zu einer Hauptstadt der Reue werden könnte. Diese von Höcke wieder aufgewärmten Auseinandersetzungen sind heute vergessen. *Die Betonstelen ... gehören mittlerweile zu Berlin wie das Brandenburger Tor,* stellt der Vertreter des Kulturrats fest. Damit wird unfreiwillig eingestanden, dass das Mahnmal seinen Charakter als Appell zu einem bestimmten Verhalten ähnlich wie das Brandenburger Tor verloren hat. Im offiziellen Hauptstadt-Portal Berlin.de sind beide als *Highlight* und *Top-Sehenswürdigkeiten* genannt: Man geht hin, betrachtet, fotografiert und wendet sich zum nächsten Highlight. Der Prozess der Banalisierung und des Relevanzverlustes schreitet fort.

Zu 10: Lea Rosh, auf deren und ihrer Mitstreiter Initiative und hartnäckiges Betreiben das Denkmal zurückgeht, zitierte zur Einweihung den Brief eines Freundes:

> *Es gibt nur einen Ort, wo alle, die kein anderes Grab fanden als einen in den Lüften, ihre Stele, etwas Irdisches haben. Sie sind endlich angekommen dort, wohin wir Menschen alle am Ende gehören: Auf und in die Erde. Die Ermordeten haben kein Grab. Aber dieses Denkmal soll dafür stehen. Es ist ein Denkmal für die Opfer.*

Demnach handelt es sich bei dem Denkmal für die ermordeten Juden Europas um ein Grabmal. In der jüdischen Bestattungskultur werden entsprechend dem 1. Buch Mose, Kapitel 23, Vers 20, und Kapitel 49, Vers 31, keine Gräber geöffnet oder eingeebnet. Sie werden auch nicht bepflanzt, denn die Pflanzen würden der Erde den Saft rauben, und es gibt keine Blumensträuße, denn diese wären vergänglich. Vielmehr ist das Grab ewig und unberührt. Bei einem Besuch legt man einen kleinen Stein auf die Tafel. Die Stelen des Holocaust-Denkmals sind wie geschaffen für diese Bestattungskultur, denn diese Betonquader werden in Jahrhunderten nicht vergehen.

Diese Aufgabe des Denkmals für die ermordeten Juden Europas wird als einzige bestehen bleiben, wenn unsere Kultur der schuldbeladenen Erinnerung an eine immer fernere Vergangenheit eines Tages ausklingen sollte.

# KAPITEL 14

## Die Verteilung von Macht

Besteht die Gefahr, dass Deutschland unter einer extremistischen rechtsradikalen Partei in eine Diktatur abgleitet? Die Ausgangslage ist diesmal anders, weil noch zur Zeit der Weimarer Republik ein autoritäres obrigkeitshöriges Denken verbreitet war, das in der wilhelminischen Zeit kultiviert wurde. Das Durcheinander verschiedener Parteien im Reichstag wurde als chaotisch empfunden. Die vermeintliche Lösung war ein starker Mann, der allseits geachtet das Gemeinwesen führt. Unentschieden war, ob dieser Führer von rechts aus den Führungskreisen des gehobenen Bürgertums, der Aristokratie, des Beamtenapparats und des Militärs kommen würde oder aus der extremen Linken der unterdrückten Arbeiterschaft. Dem Proletariat und seinen Ideologen war die Idee einer Diktatur nicht fremd.

Hat sich autoritäres Denken und Sehnsucht nach einem starken Mann inzwischen in Deutschland vollständig verflüchtigt? Sind die Bürger nach 75 Jahren im Grundgesetz der alten BRD selbstbewusst und kritisch gegenüber angemaßter Macht geworden? Die Träger der Macht, Kanzler, Minister und Abgeordnete, erscheinen heute eher als Getriebene, denn als Treiber. Niemand von ihnen erweckt den Eindruck eines selbstherrlichen Mannes, der ein goldenes Morgen verspricht und Weisungen austeilt, die von anderen auszuführen sind.

Wir sind immer noch bei Böckenfördes Diktum, dass die Demokratie die Voraussetzungen, von denen sie lebt, nicht selbst schaffen kann. Ist Deutschland ein Beispiel dafür, dass sich gesellschaftliche, rechtliche und politische Strukturen entwickelt haben, die ein freiheitliches Denken befördern und sich in jedermanns Bewusstsein inzwischen verankert haben?

Die wichtigste Strategie, ein selbstbewusstes Denken zu fördern, besteht nicht allein darin, Menschenwürde, Entfaltung der Persönlichkeit sowie Freiheits- und Teilhaberechte in der Verfassung zu verankern. Zum gedruckten Buchstaben muss die gelebte Wirklichkeit kommen. Freiheitsrechte sind weniger das Recht, zu tun, was einem gerade so einfällt. Sondern sie bieten Gelegenheit, im Sinne des Gemeinwohls Verantwortung zu übernehmen, auch ehrenamtlich und nicht in einen Apparat von Abhängigkeiten eingespannt. Zur Verteilung von Macht auf möglichst viele, voneinander unabhängige Stellen gibt es in Deutschland eine Vielzahl von Instituten, vom Rat der Stadt bis zum Kleingärtnerverein, in denen jede und jeder sich für das gemeinsame Interesse engagieren kann.

So können Macht, Initiativen und Engagement ganz unten in der Gemeinde, in Rathäusern und Vereinen, angeknüpft werden und von diesen ausgehen.

Diese Sichtweise, diese Fundamentierung, bilden den extremen Gegensatz zu unfreien Staaten und Diktaturen, die straff von oben nach unten geführt werden: vom Generalsekretär über die gewöhnlichen Sekretäre, die Minister und zahlreichen politischen Beamten und Aufpasser in der mittleren Ebene bis zum letzten von der Partei eingesetzten Dorfbürgermeister. Sie alle haben die von oben kommenden Weisungen für ihr jeweiliges Sachgebiet oder ihre Region in die Praxis umzusetzen und den Vollzug zu melden, und zwar auch dann, wenn die zentrale Weisung sich am Ort als widersinnig erweist. Viel mögliches Engagement wird blockiert und abgetötet, viele Erfolge werden vorgetäuscht.

In welcher Weise die DDR geführt wurde und funktionierte, ist in der Bundestagsdrucksache 12/7820 (Bericht der Enquete-Kommission „Aufarbeitung von Geschichte und Folgen der SED-Diktatur in Deutschland") ausführlich (308 Seiten) dargestellt. Im Politbüro wurde nicht etwa beraten, sondern es diente nur als Verkündungsorgan der Beschlüsse Honeckers, und diese wurden einstimmig angenommen. Günter Schabowski berichtete, dort habe eine Klassenzimmer-Atmosphäre geherrscht.

Der politische Aufbau der Bundesrepublik bildet hierzu den Gegenentwurf. Er wird bestimmt durch das Prinzip der Subsidiarität.

*Subsidiarität* kommt vom lateinischen *subsidium ferre* (Hilfe leisten) und besagt, dass zunächst immer die unterste Ebene, etwa die Gemeinde, zuständig ist und der Staat gegebenenfalls, bei Bedarf, hilfsweise (subsidiär) eingreift, also nicht die Aufgabe an sich zieht, sondern nur Hilfe zur Selbsthilfe bietet. Zunächst einmal entscheidet die Gemeinde, was zu tun ist, so etwa, ob man sich als Fremdenverkehrsort entwickeln will, als Industriestadt, als Wohnort für die benachbarte Großstadt oder wie auch immer. Im Flächennutzungsplan (§ 5 des Baugesetzbuchs) wird festgeschrieben, in welcher Weise die vorhandenen Flächen genutzt werden sollen, denn eine bestimmte Nutzung schließt alle anderen aus. Man kann an einer bestimmten Stelle nur entweder ein Hotel bauen oder eine Fabrik, oder diese landwirtschaftlich nutzen. Zu einzelnen Vorhaben können das Bundesland, der Bund und die Europäische Union Zuschüsse bewilligen, aber die Verantwortung bleibt stets bei der Gemeinde. Welche Förderprogramme es wo und wann und zu welchen Konditionen gibt, ist eine Wissenschaft für sich. Hinzu kommen politisch beschlossene Zuschüsse für bedeutende Einzelfälle.

Zum Beispiel hat die Stadt Cuxhaven beschlossen, sich wegen ihrer günstigen Lage am Fahrwasser der Elbe als Basishafen für die Offshore-Windenergieanlagen zu profilieren und für 300 Millionen Euro drei weitere Schiffs-Liegeplätze zu bauen. Nach langen Verhandlungen wurde vereinbart, dass die Stadt, das Land Niedersachsen und der Bund je 100 Millionen bewilligen, damit das Vorhaben realisiert werden kann. Die örtlichen Landtags- und Bundestagsabgeordneten mussten immer wieder in Hannover und Berlin vorsprechen.

Es kommt auf den Einfallsreichtum und die Initiative der Stadtverwaltung, der ortsansässigen Unternehmen und überhaupt aller Bürger an, was geplant wird und dann den Weg durch die Gremien gehen soll. Das gilt auch für grundsätzliche Fragen, zum Beispiel, ob die Stadt als Schulträger eine weitere Schule braucht und ob an getrennten Schulen (Hauptschule, Realschule und Gymnasium) festgehalten wird oder eine Gemeinschaftsschule gebaut werden soll. Die Gemeinden haben auch das Recht, durch eigene wirtschaftsbezogene Steuern mit Hebesätzen in unterschiedlicher Höhe ihre Finanzen zu sichern.

Diese Entscheidungen benötigen eine demokratische Legitimation. Hierfür wird eine Gemeindevertretung, der Rat, gebildet, dem je nach Größe der Gemeinde ein halbes bis mehrere Dutzend Männer und Frauen angehören. Im Grundgesetz, ebenfalls Artikel 28, heißt es: *In den… Kreisen und Gemeinden muss das Volk eine Vertretung haben, die aus allgemeinen, unmittelbaren, freien, gleichen und geheimen Wahlen hervorgegangen ist.* Insgesamt handelt es sich um knapp 11.000 Gemeinden. Es dürfte also mehrere hunderttausend Gemeindevertreter und -innen geben, die sich vor allem im Wahlkampf mit dem Volk austauschen. Die demokratische Legitimation steht auf einer breiten Basis. Die Gemeindevertreter sind ehrenamtlich tätig und opfern ihre Freizeit. Als Ehrenamtler sind sie persönlich unabhängig, keiner Weisung unterworfen.

Die gemeindliche Selbstverwaltung hat im früheren Preußen eine historische Basis, wie aus der Broschüre *Die preußischen Reformen* von Paul Ostwald (Volk und Wissen Verlags-GmbH, Berlin und Leipzig 1946) hervorgeht. Diese von inzwischen verrosteten Metallklammern zusammengehaltene Broschüre trägt noch den Hinweis *Genehmigt am 8.6.1946 unter Nr. G-19 250*, also unter Aufsicht der Militärregierung veröffentlicht. Unter dem Eindruck der verheerenden Niederlage Preußens gegen Napoleon in der Schlacht bei Jena und Auerstedt am 14. Oktober 1806 erschien eine Reform des preußischen Staates notwendig. Karl Freiherr von und zum Stein verfasste für König Friedrich Wilhelm eine Denkschrift und gab den Anstoß zur königlichen *Ordnung für sämtliche Städte der preußischen Monarchie vom November 1808,* worin es heißt:

> *… das dringend sich äußernde Bedürfnis einer wirksameren Teilnahme der Bürgerschaft an der Verwaltung des Gemeinwesens überzeugt Uns von der Notwendigkeit, den Städten eine selbständigere und bessere Verfassung zu geben, in der Bürgergemeinde einen festen Vereinigungspunkt gesetzlich zu bilden, ihnen eine*

*tätige Einwirkung auf die des Gemeinwesens beizulegen und durch diese Teilnahme Gemeinsinn zu erregen und zu erhalten.*
*Die Bürgerschaft selbst wird in allen Angelegenheiten des Gemeinwesens durch Stadtverordnete vertreten. Sie ist befugt, dieselben aus ihrer Mitte zu wählen.*
*Die Stadtverordneten ... bedürfen weder einer besonderen Instruktion oder Vollmacht der Bürgerschaft ... Das Gesetz und ihre Wahl sind ihre Vollmacht, ihre Überzeugung und ihre Ansicht vom gemeinen Besten der Stadt ihre Instruktion; ihr Gewissen aber die Behörde, der sie deshalb Rechenschaft zu geben haben.*

Das *Edikt betr. Die bürgerlichen Verhältnisse der Juden im preußischen Staate vom 11. März 1812* bestimmte unter anderem:

*Die für Einländer zu achtenden Juden sollen ... gleiche bürgerliche Rechte und Freiheiten mit den Christen genießen.*
*Sie können daher akademische Lehr- und Schul-, auch Gemeindeämter ... verwalten.*
*Mit besonderen Abgaben dürfen die einländischen Juden als solche nicht beschwert werden.*

Die königliche Absicht, dem vermeintlich dummen, verantwortungslosen und eigensüchtigen gemeinen Volk die Selbstverwaltung anzuvertrauen, erregte den heftigen Widerstand adliger und aristokratischer Kreise. Sie meinten, das Volk müsste wie gewohnt nach Ständen gegliedert sein und von oben nach unten regiert werden. Gleichwohl hat sich dieser Reformgedanke, damals unerhört modern, durchgesetzt und wurde, nachdem in der Nazizeit alles *gleichgeschaltet* worden war, im Grundgesetz wieder aufgegriffen.

Weniger bekannt als die kommunale Selbstverwaltung ist die funktionale Selbstverwaltung, die im Urteil des Bundesverfassungsgerichts vom 5. Dezember 2002 (2 BvL 5/98 und 2 BvL 6/98) definiert und legitimiert wurde. Hier werden für abgegrenzte Bereiche öffentlicher Aufgaben besondere Organisationsformen der Selbstverwaltung geschaffen, die das demokratische Prinzip ergänzen und verstärken. Die Betroffenen erhalten ein Mitspracherecht und es wird verwaltungsexterner Sachverstand aktiviert, um einen sachgerechten Interessenausgleich zu schaffen. So wird dazu beigetragen, Ziele effektiver zu erreichen.

Zur funktionalen Selbstverwaltung gehören etwa die berufsständischen Kammern, so auch die Industrie- und Handelskammern (IHK). Sie umfassen alle gewerblichen Betriebe eines regionalen Bezirks, mit Ausnahme des Handwerks. Durch ein Bundesgesetz haben sie einen allgemein gefassten Auftrag erhalten: das Gesamtinteresse der Gewerbetreibenden wahrzunehmen, die Wirtschaft ihres Bezirks zu fördern, Behörden zu beraten, Ursprungszeugnisse für den Außenhandel auszufertigen und, bei weitem die wichtigste Aufgabe, die gewerbliche und kaufmännische Berufsausbildung zu organisieren. Die Kammer ist zuständige Stelle im Sinne von § 71 des Berufsbildungsgesetzes. Sie prüft die Eignung der Ausbildungsstätte und der Ausbilder, und sie nimmt die Abschlussprüfungen ab. Dazu kommen, immer ehrenamtlich, die Praktiker für einige Tage aus ihrem Betrieb.

Die Selbstverwaltung besteht darin, dass die Kammern lediglich einer Rechtsaufsicht unterliegen, nicht aber einer fachlichen Aufsicht. Sie können beispielsweise frei entscheiden, wie das Gesamtinteresse der Wirtschaft zu definieren und zu vertreten sei, in welcher Form sie die Wirtschaft fördern und die Behörden beraten. Die Betriebe wählen eine Vollversammlung, und dieses regionale Parlament von Kaufleuten legt selbst fest, wie hohe Beiträge sie für die Kammer zahlen wollen. Dabei zahlen die Kreditinstitute und Großunternehmen die höchsten Beiträge, während die Beratung vor allem von kleinen Betrieben in Anspruch genommen wird, die keine Juristen im Hause haben. Insofern findet eine Umverteilung von den großen zu den mittelständischen Betrieben statt.

Es gibt also keine staatliche hoheitliche Wirtschaftsverwaltung, sondern stattdessen werden Engagement und Sachverstand der Praktiker mobilisiert. Die demokratische Legitimation ist durch das Bundesgesetz und durch die gewählte Vollversammlung gesichert. Auch hier wird Freiheit gesichert durch Verteilung, Auslagerung von Macht und hoheitlichen Befugnissen.

Die zweite Ebene beim Bestreben, durch Subsidiarität Freiheitsrechte zu sichern, ist der Föderalismus, das heißt eine starke Stellung der Bundesländer. Nicht von ungefähr heißt ja der ganze Staat *Bundesrepublik*. Entsprechend Artikel 30 des Grundgesetzes besitzen zunächst einmal die Bundesländer eine Generalzuständigkeit: *Die Ausübung der staatlichen Befugnisse und die Erfüllung der staatlichen Aufgaben ist Sache der Länder, soweit dieses Grundgesetz keine andere Regelung trifft oder zulässt.* Der Bund muss also jeweils seine Berechtigung nachweisen, und auch er darf nicht einfach Länderaufgaben an sich ziehen, sondern nur subsidiär, als Hilfe zur Selbsthilfe, tätig werden. Artikel 83 lautet: *Die Länder führen Bundesgesetze als eigene Angelegenheiten aus, soweit dieses Grundgesetz nichts anderes bestimmt oder zulässt.*

Außerdem gibt es als Staatsorgan, als Vertretung der Länder, den Bundesrat (Artikel 50), der bei der Gesetzgebung und Verwaltung des Bundes und sogar der Europäischen Union mitwirkt.

Was Ausländer verblüfft: Für die gesamte Kulturpolitik einschließlich Bildung und Schulen sind die 16 Bundesländer zuständig und verfolgen vollkommen unterschiedliche Ziele und Lehrpläne. Hier herrscht ein Wettbewerb, bei dem gewöhnlich der Süden (Sachsen, Bayern) an der Spitze steht, hingegen die Hauptstadt Berlin und Bremen weit hinten. Ebenso ist die Polizei Sache der Bundesländer. Zentral beim Bund sind überwiegend die Zuständigkeiten, bei denen es wirklich nicht anders geht, so etwa für Außenpolitik und Verteidigung sowie Sicherung der Außengrenzen.

Was die starken Bundesländer angeht, wurde eine Tradition der Paulskirchenverfassung von 1849 und somit der damaligen demokratischen Revolution von 1848 aufgenommen. In dieser Verfassung lautete § 5: *Die einzelnen deutschen Staaten behalten ihre Selbstständigkeit, soweit diese nicht durch die Reichsverfassung beschränkt ist; sie haben alle staatlichen Hoheiten und Rechte, soweit diese nicht der Reichsgewalt ausdrücklich übertragen sind.*

Als das Grundgesetz im Parlamentarischen Rat entworfen wurde, gab es heftige Debatten, ob der künftige Staat eher zentralistisch oder föderal zu verfassen sei. Die radikalen Kräfte rechts und links neigten eher zum Zentralismus, die gemäßigte Mitte eher zu starken Ländern. Der Parlamentarische Rat war von den Ländern, die es schon gab, beschickt worden. In der Schlussabstimmung lehnte Bayern das Grundgesetz, weil nicht föderal genug, ab, und der bayerische Landtag hat es nicht ratifiziert. Das hatte aber nicht etwa zur Folge, dass Bayern draußen geblieben wäre. Artikel 144 lautet: *Dieses Grundgesetz bedarf der Annahme durch die Volksvertretungen in zwei Dritteln der deutschen Länder ...*

Anders als bei der Einigung des Reiches unter Bismarck 1871 war also die Bundesrepublik nicht eine Einigung vorher souveräner Staaten, bei denen einzelne Staaten beitreten konnten oder nicht. Vielmehr gab es noch das Deutsche Reich und daher Mehrheiten innerhalb dieses Reichs. Dass es das Reich noch gab, wurde auch dadurch deutlich, dass für Fragen, die Deutschland als Ganzes betrafen, später die vier Besatzungsmächte zuständig waren, wie bei der Wiedervereinigung 1989/90 deutlich wurde. Insofern ist die umstrittene Frage, ob bei der Kapitulation 1945 nur die Wehrmacht untergegangen sei oder der ganze Staat, beantwortet. Die Bundesrepublik ist nicht Rechtsnachfolgerin des Deutschen Reichs, sondern mit diesem identisch (siehe Bundestagsdrucksachen 18/5178 und 18/5033). Daher ist es Unsinn, wenn sogenannte Reichsbürger die Legitimität dieses Staates bestreiten.

Für den einzelnen Politiker und immer auch die Politikerin gibt es gewöhnlich die sogenannte Ochsentour: in jungen Jahren werden sie in den Rat oder den Kreistag ihrer Heimatgemeinde gewählt. Wenn sie dort reüssieren und vor allem bei Wahlen viele Stimmen holen, werden sie zum Landtag aufgestellt und bei weiterer Bewährung zum Bundestag. In Berlin ist man nur in den Sitzungswochen und fährt gewöhnlich am Freitagabend in die Heimatgemeinde, nicht nur zur in aller Regel dort und nicht in Berlin lebenden Familie, sondern auch zu Veranstaltungen und Festlichkeiten und pflegt den Kontakt zum Volk. Gern berichtet man daheim, was man in Berlin für die heimatliche

Region erreicht hat, vielleicht gar einen Scheck, eine Förderzusage. Dieser Heimat fühlt man sich verpflichtet, insbesondere wenn man den Wahlkreis direkt, über die Erststimmen, erobert hat. Besonders stolz kann man sein, wenn die Zahl der Erststimmen deutlich höher ist als die Zahl der Zweitstimmen, das heißt, wenn jemand persönlich beliebter ist als die entsendende Partei.

Diese Art von Laufbahn, überhaupt die ganze Mechanik, ist völlig anders als in Frankreich, wo es anscheinend nicht selten ist, dass einer in der Hauptstadt an einer Elite-Universität studiert und dann gleich in den gehobenen Staatsdienst wechselt, also das Volk in der Provinz gar nicht kennengelernt hat.

Ebenfalls an der Basis befindet sich ein lebhaftes Engagement in der Zivilgesellschaft, das heißt in privatrechtlichen Organisationen aller Art, vor allem in Vereinen, deren formale Struktur in §§ 21 ff. des Bürgerlichen Gesetzbuchs geregelt ist und die neben Staat, Wirtschaft und privatem Bereich stehen. Die Anzahl der eingetragenen Vereine in Deutschland ist von rund 400 000 im Jahr 1995 auf rund 600 000 im Jahr 2020 gestiegen. Dabei geht es um rund 24 Millionen Mitglieder. Die Vereine gelten als wichtiges Merkmal einer pluralistischen Gesellschaft und gelebten Demokratie. Die Vorstände sind in aller Regel ehrenamtlich tätig und opfern hierfür viel Zeit, Arbeit und auch Geld. Es kommt vor, dass in der Lokalzeitung beim Hinscheiden einer am Ort allgemein bekannten Persönlichkeit sechs Todesanzeigen erscheinen: von der Familie, von seinem früheren Arbeitgeber und von vier Vereinen, in denen er sich engagiert hat. Bei den Zwecken der Vereine stehen die Sportvereine an der Spitze, gefolgt von Politik, Wirtschaft und Bildung, ferner Brauchtum und Kultur sowie Soziales und Gesundheit, schließlich Musik und Unterhaltung.

Als in Cuxhaven das Feuerschiff Elbe1, das in der Deutschen Bucht den ein- und auslaufenden Schiffen den Weg wies, nicht mehr benötigt wurde und abgewrackt werden sollte, fand sich sogleich ein Förderverein beisammen, der das Museumsschiff fortan betreut und unterhält, in unzähligen Arbeitsstunden pflegt und Spenden sammelt, wenn eine Überholung in der Werft notwendig wird. Der Vorstand des Vereins wird durch die Mitgliederversammlung gewählt (§ 27 BGB), und diese bestimmt auch den Zweck des Vereins und die Satzung. Jedermann geht selbstverständlich davon aus, dass immer die Mehrheit der Mitglieder entscheidet und keine Weisungen von oben kommen. Insofern wird hier, im unverbindlichen Bereich der Freizeit, ebenfalls Demokratie eingeübt wie in der gemeindlichen und funktionellen Selbstverwaltung.

Nach Artikel 21 des Grundgesetzes wirken die Parteien bei der politischen Willensbildung des Volkes mit. Ihre Gründung ist frei. Ihre innere Ordnung muss demokratischen Grundsätzen entsprechen. Dies ist entscheidend und schließt ein Regieren und eine Auswahl der Funktionäre von oben, aus. Das Grundgesetz geht insgesamt von einem Homogenitätsprinzip aus: In den Parteien gelten dieselben Grundsätze, die auch in der kommunalen und der funktionalen Selbstverwaltung, in den Ländern und den Vereinen gelten. Auch in den Parteien geht alles von der örtlichen Mitgliederversammlung aus. Sie bestimmt nicht nur den Vorstand, sondern sie wählt auch die Delegierten für die Bezirks-, Landes- und Bundesparteitage so wie die Kandidaten für die diversen Parlamente. Die Regeln, die an einer dieser Stellen gelten und eingeübt sind, gelten überall. Der § 9 des Parteiengesetzes bestimmt im basisdemokratischen Sinne, dass die Mitglieder- oder Vertreterversammlung (der Parteitag) das oberste Organ des jeweiligen Gebietsverbandes ist. Parteien werden gewöhnlich in der bürgerlich-rechtliche Form von Vereinen (Artikel 9, Absatz 1 des Grundgesetzes) gegründet, ihre innere Ordnung ist vereinstypisch, allerdings angepasst an ihren Zweck, in Öffentlichkeit und Parlamenten an der Politik mitzuwirken und letztlich die Macht auszuüben.

Wer in der Zivilgesellschaft, in Vereinen und einer Partei engagiert ist, hat diese überall in gleicher Form geltenden Regeln längst als selbstverständlich verinnerlicht, was einen gewissen Schutz gegen ein Umkippen in ein Führersystem bietet. Diese eine demokratische Legitimation garantierenden Regeln gelten auch in den neuen Parteien AfD und Bündnis Sahra Wagenknecht, die ohne näheren Nachweis als antidemokratisch bezeichnet werden, weil sie innerhalb der üblichen Regeln andere Inhalte und Ziele empfehlen und niemand in der alten

Bundesrepublik gewohnt ist, vermeintliche Selbstverständlichkeiten wie die Westbindung und militärische Unterstützung der Ukraine infrage zu stellen.

Deutschland hat sich für ein parlamentarisches Regierungssystem entschieden. Das heißt, dass der Regierungschef nicht wie in den USA direkt vom Volk gewählt wird, sondern vom Parlament, das seinerseits vom Volk gewählt wurde. Der Kanzler ist also jederzeit auf eine Mehrheit im Parlament angewiesen, weil er andernfalls mit einem konstruktiven Misstrauensvotum (Artikel 67 des Grundgesetzes) durch eine andere Persönlichkeit, die gewöhnlich von der Opposition vorgeschlagen wird, abgelöst werden kann. Im parlamentarischen Regierungssystem sind also, anders als in der klassischen Gewaltenteilung, Regierung und Parlament eng miteinander verbunden, weil die Regierung von der Parlamentsmehrheit getragen wird.

Die notwendige Kontrolle der Regierungsmacht findet daher weniger durch das Parlament insgesamt als vielmehr durch die parlamentarische Opposition statt. Sie ist konstitutives Element der Demokratie. Die größte Oppositionspartei einfach zu verbieten und auf diese Weise die Macht der etablierten Parteien zu verewigen, würde also die demokratische Ordnung aufheben und würde von anderen freiheitlich verfassten Staaten mit ungläubigem Kopfschütteln aufgenommen werden. Deutschland würde als demokratischer Notfall angesehen und nebenbei allen diktatorischen Staaten ein Alibi geben: Wenn im angeblich freien Westen die Opposition verboten wird, kann dies einem diktatorischen Staat nicht vorgeworfen werden.

Diese tödliche Gefahr für die deutsche Demokratie beginnt schon, wenn neuen Parteien allerlei Hindernisse in der Geschäftsordnung in den Weg gelegt und sie vom Inlandsgeheimdienst öffentlich als extremistisch, als Beobachtungs- oder als Verdachtsfall eingestuft werden, als handele es sich um Straftäter oder Terroristen.

Ist ein Rückfall in ein autoritäres Staatsmodell zu befürchten? Diese Gefahr erscheint als gering, weil sich in staatlichen Institutionen, in Parteien und den vielen Vereinen längst demokratisches Vorgehen durchgesetzt hat, sondern auch, weil – so bleibt zu hoffen – innerhalb von Unternehmen und Verwaltungen seit Jahrzehnten eine Abkehr vom autoritären Denken selbstverständlich geworden ist.

In den 1950er und 1960er Jahren herrschte noch der altgewohnte Führungsstil, nämlich dass der Inhaber insbesondere bei den kleineren und mittleren Unternehmen die alleinige Führung beanspruchte in dem Sinne, dass dort nichts geschehen sollte, was nicht von oben angeordnet worden war, und dass der Unternehmer oder Behördenleiter die alleinige Verantwortung für alles hatte. Die Folge war, dass der Chef sich auch um Kleinigkeiten aller Art kümmerte, überall eingriff, hoffnungslos überlastet war und leicht die grundsätzlichen und strategischen Probleme aus den Augen verlor. Es kam vor, dass der Inhaber des Betriebes wegen eines Unfalls für drei Wochen ins Krankenhaus kam und sich bei der Rückkehr in den Betrieb darüber wunderte, dass alles glatt weitergelaufen war – hielt er sich doch für den Motor und Beweger des Ganzen. Mit zunehmendem Alter neigte der Inhaber dazu, alles so zu machen, wie gewohnt und vermeintlich bewährt. Modernisierungsvorschläge engagierter Mitarbeiter wurden abgelehnt.

In den 1970er Jahren setzte sich, ausgehend von der Akademie für Führungskräfte der Wirtschaft in Bad Harzburg, ein neuer Führungsstil durch, das Harzburger Modell. Hier wird davon ausgegangen, die Verantwortung weitgehend an die Mitarbeiter zu delegieren. Die einzelnen Entscheidungen, besonders in Routinefällen, werden denjenigen überlassen, die unmittelbar damit zu tun haben. Sie erhalten nur grundsätzliche, rahmenhafte Vorgaben. Beim Militär ist dies als Auftragstaktik bekannt: In diesem Fall wird ein Ziel benannt, die Mittel zur Erreichung des Zieles werden zugewiesen, der Weg zur Erreichung aber den Ausführenden überlassen. Sie können unmittelbar in der unübersichtlichen Landschaft vor Ort loslegen, ohne auf Befehle von oben warten zu müssen.

Ganz ähnlich wird nach dem Harzburger Modell in Wirtschaft, in Produktion und im Vertrieb, verfahren. Und in den Behörden unterschreibt und verantwortet nicht mehr alles der Behördenleiter, sondern auf dem Bescheid wird der zuständige der Sachbearbeiter benannt. Er unterschreibt und verantwortet. Der Bürger, der einen Antrag gestellt hat, unterhält sich also mit diesem, und nur in Beschwerdefällen oder Fällen grundsätzlicher, insbesondere politischer, Bedeutung wird nach oben abgegeben.

Dieser Führungsstil hat zur Folge, dass mehr Sachverstand in die Entscheidungen eingeht, mehr Vernunft, bezogen auf den Einzelfall, insbesondere aber auch mehr Motivation und Selbstbewusstsein bei den Mitarbeitern, die sich endlich ernst genommen fühlen. Das Ganze läuft mithin auch auf eine Humanisierung des Arbeitslebens hinaus. Das Modell wurde im *Führungsbrevier der Wirtschaft*, erschienen 1980, und einem halben Dutzend weiterer Bücher von Reinhard Höhn, dem Leiter der Harzburger Akademie, näher ausgeführt. Das Groteske war, dass ausgerechnet Höhn, von dem diese Humanisierung ausging, während der Nazizeit Professor für Staatsrecht und zuletzt SS-Gruppenführer gewesen war. Ende der 1970er Jahre wurde er als solcher enttarnt, was den Niedergang seiner Akademie einleitete. Als führender Nazi-Kronjurist hatte er die Theorie entwickelt, dass es gar keine Individualrechte einzelner Menschen geben könne, sondern nur das Recht des Staates.

Niedergang und schließlich Konkurs der Harzburger Akademie in den 1990er Jahren wurden allerdings auch dadurch beschleunigt, dass sich der dort vertretene Führungsstil allgemein durchgesetzt hatte und daher niemand mehr zu den Seminaren kam: Die Akademie hatte sich zu Tode gesiegt. Die Wirkung, dass ein autoritärer Führungsstil als vollkommen veraltet gilt und die Mitarbeiter als Menschen mit eigenem Verstand behandelt werden und nicht nur als ausführende Untergebene, hat sich allgemein verbreitet und könnte auch in der großen Politik dazu beitragen, ein Abgleiten ins Autoritäre zu verhindern.

In dieselbe Richtung wirkt die Tatsache einer deutschen Besonderheit, die sonst nirgendwo vorhanden oder denkbar ist, nämlich dass durch das Betriebsverfassungsgesetz und das Personalvertretungsgesetz von der Belegschaft gewählte Betriebsräte und Personalräte mit weitgehenden Rechten gebildet werden und mit der Führungsetage verhandeln. Auf diese Weise wird nicht nur ein willkürliches Herumstoßen einzelner Mitarbeiter verhindert, sondern bei großen Umstrukturierungen oder in der Wirtschaft bei Massenentlassungen oder gar drohendem Konkurs wird gemeinsam mit der Vertretung der Mitarbeiter überlegt, wie dies möglichst schonend für alle zu bewältigen sei.

Die schulische Pädagogik war in den ersten Jahrzehnten nach 1945 noch stark autoritär geprägt, mit Körperstrafen (Stockschlägen auf das Gesäß, Ohrfeigen) und auf reine Wissensvermittlung angelegt. Was der Lehrer vortrug, musste gegessen werden wie gehört, am besten auswendig gelernt und bei Klassenarbeiten abgeliefert werden.

Vom Abiturienten wurde erwartet, dass er mit dem überkommenen Bildungskanon, angefangen bei der Weimarer Klassik, vertraut war und überhaupt viel wusste, wovon er oder sie jedoch im späteren Leben wenig gebrauchen konnten. Sie kannten den Text, sie konnten ihn zitieren, aber keine Schlüsse für das eigene Leben daraus ziehen.

Von diesen Verhältnissen ist heute nicht mehr die Rede. Die Schüler sollen sich gerade nicht einem autoritären Schema einordnen, sondern sich im Gegenteil zu selbstständigen Persönlichkeiten entwickeln und eine eigene Identität ausbilden, um sie auf ein erfülltes und erfolgreiches Leben mit Autonomie und sozialer Verantwortlichkeit vorzubereiten. Das Niedersächsische Schulgesetz beispielsweise nennt als Grundlagen für den Bildungsauftrag der Schule das Christentum, den europäischen Humanismus und die Ideen der liberalen, demokratischen und sozialen Freiheitsbewegungen. Es gilt, die staatsbürgerliche Verantwortung zu verstehen und zur demokratischen Gestaltung der Gesellschaft beizutragen, schließlich auch, sich im Berufsleben zu behaupten. Hierzu sind Kenntnisse und Fertigkeiten zu entwickeln. Wissen ist kein Selbstzweck mehr, sondern dient dem individuellen und sozialen Lebenserfolg. Es geht nicht um auswendig gelerntes Wissen, sondern um den Erwerb von Kompetenzen als Fähigkeiten, bestimmte Lebensziele zu erreichen.

Im internationalen Vergleich fällt auf, dass das Bildungssystem von einem streng individualistischen Konzept ausgeht: Die Kinder und die Heranwachsenden sollen einzeln, jeder und jede für sich, für einen in vielerlei Hinsicht definierten Erfolg im Leben gerüstet werden. Auch die Politik wird in der Form vermittelt, wie jeder Einzelne an der Demokratie teilnehmen kann. Das in anderen Ländern Übliche, dass nämlich jeder sich als Teil einer mehr oder minder stolzen nationalen Gemeinschaft fühlen soll, fehlt ganz. Als eine Cuxhavener Delegation eine Partnerschule in Ghana, Westafrika, besuchte, stellten die hiesigen Teilnehmer fest, dass sich dort jeden Morgen alle Schüler im großen Saal zum Singen der Nationalhymne und zum gemeinsamen Gebet trafen. Alle tragen eine Schuluniform als äußeres Zeichen ihrer Zugehörigkeit. Dergleichen wäre in Deutschland undenkbar. Niemand sagt den Schülern, dass sie sich als Teil eines Volkes oder einer Nation betrachten können oder gar, dass sie hierauf stolz sein könnten. Ein Lehrer, der seine Schüler dies lehren würde, wäre umgehend als rechts oder rechtsradikal, abgestempelt und verdächtig. Die Frage ist, ob dieser intolerante Reflex auf andere Meinungen durchzuhalten ist: Eine Nation, die von sich behauptet, es gebe sie gar nicht und es gebe nichts, worauf sie stolz sein könne.

Am 8. November 2024 berichtete die Frankfurter Allgemeine gelegentlich des 75-jährigen Bestehens über den Festvortrag von Renate Köcher, Institut für Demografie in Allensbach. Sie sprach von dem Eindruck, dass es keine klaren Ziele für die Entwicklung des Landes gebe. Die geduldige Befassung mit den Herausforderungen, das Nachdenken über Ziele und Handlungsoptionen komme zu kurz – nicht erst seit wenigen Jahren, sondern seit Längerem. Außerdem fehle eine Bildungsdebatte. Diese beiden Dinge hängen eng miteinander zusammen: Wenn wir nicht wissen, wohin wir wollen, können wir auch nicht sagen, mit welchem Bildungsgepäck wir aufbrechen und wo wir ankommen sollen. Insofern befindet sich Deutschland in einer Sinnkrise und daher auch in einer Legitimationskrise: Wenn wir alle zusammen nicht wissen, wer wir sind und was wir wollen, können wir auch nicht die Regierung in einem bestimmten langfristigen Sinne beauftragen und legitimieren.

Eine Abkehr vom autoritären Stil findet sich, wenn auch individuell sehr verschieden, in der üblich gewordenen häuslichen Erziehung der Kinder. Wie man hört, ist das alte Modell des alleinverdienenden Vaters, der alleinige Herrschaft beansprucht und dem Frau und Kinder zu gehorchen haben, im Rückzug begriffen. Zwischen Ehepartnern ist ein kameradschaftliches Verhältnis üblich geworden oder zumindest häufig angestrebt und Kindern wird nicht befohlen, sondern die Welt erklärt. Wenn sie einen Wunsch äußern, zum Beispiel, wohin wir heute spazieren gehen, wird häufig diesem Wunsch gefolgt – nicht um die Kinder zu verwöhnen, sondern um ihnen zu zeigen, dass ihre Äußerungen Folgen haben.

Zur Verteilung der Macht und zur gegenseitigen Kontrolle dient auch die klassische Gewaltenteilung, wie in Artikel 20, Absatz 2 des Grundgesetzes festgelegt:

*Alle Staatsgewalt ... wird ... durch besondere Organe der Gesetzgebung, der vollziehenden Gewalt und der Rechtsprechung ausgeübt.* Die Wendung *besondere Organe* macht deutlich, dass diese voneinander unabhängig sein sollen. Der Kommentar (von Münch/Kunig) stellt fest, es dürfe kein Einbruch in den Aufgabenkernbereich einer anderen Gewalt erfolgen. Insbesondere müssen die Behörden, als vollziehende Gewalt, ihr Amt unparteiisch ausüben und keine politische Partei bevorzugen oder benachteiligen.

In § 21 (Besorgnis der Befangenheit) des Verwaltungsverfahrensgesetzes wird dieser Grundsatz deutlich:

*Liegt ein Grund vor, der geeignet ist, Misstrauen gegen eine unparteiische Amtsausübung zu rechtfertigen ..., so hat, wer in einem Verwaltungsverfahren für eine Behörde tätig werden soll, den Leiter der Behörde zu unterrichten und sich auf dessen Anordnung der Mitwirkung zu enthalten.*

Hierzu passt es schlecht, dass der Leiter des Bundesamtes für Verfassungsschutz, Thomas Haldenwang, im Zweiten Deutschen Fernsehen äußerte, der Verfassungsschutz sei „nicht allein" dafür zuständig, „die Umfragewerte der AfD zu senken", so berichtete die F.A.Z. am 16. November 2024. In der öffentlichen Anhörung des Parlamentarischen Kontrollgremiums am 14. Oktober 2024 erklärte er: *Und nicht zuletzt gilt es sich auch weiterhin gegen die vielfältigen Erscheinungsformen des Rechtsextremismus zu stemmen.*

Kritiker warfen ihm ein politisch motiviertes Vorgehen gegen die AfD vor. Dazu sagte er: *Ich habe meine Amtspflichten neutral wahrgenommen. Ich habe nach Recht und Gesetz meine Pflichten erledigt.* Anscheinend sah er hier kein Problem. Die AfD hatte sich schon lange darüber beschwert, dass sie vom Verfassungsschutz höchst einseitig und voreingenommen benachteiligt werde. Als merkwürdig wurde es allgemein empfunden, dass Haldenwang Anfang November 2024 erklärte, nach seinem Ausscheiden aus dem aktiven Dienst werde er sich um ein Bundestagsmandat seitens der CDU im Rahmen der Neuwahlen bemühen. Die Besorgnis liegt nicht fern, dass er dann die im Amt gesammelten Erkenntnisse über die AfD im aktiven Tageskampf nutzen werde. Die AfD-Vorsitzende Alice Weidel meinte: *Zur Belohnung für den Missbrauch des Verfassungsschutzes zur Benachteiligung der AfD gibts für Haldenwang das Mandat im Bundestag.*

In Fragen der politischen Neutralität des Verfassungsschutzes hat sich anscheinend eine ungute Tradition entwickelt. Hans-Georg Maaßen war von 2012 bis 2018 Chef dieser Behörde, fiel aber immer wieder durch rechtsradikale Äußerungen auf und konnte bei der AfD keinen Anlass entdecken, diese Partei näher zu beobachten. Mit einiger Mühe wurde er von der damaligen Bundeskanzlerin Angela Merkel rausgeworfen und gründete dann mit einigen Getreuen eine neue Partei, die Werte-Union. Dabei handelt es sich wohlgemerkt nicht über eine der vielen Unterorganisationen der CDU, sondern sie übt von rechts außen eine heftige Kritik an der CDU und deren vermeintlichen Linksruck.

Es ist anscheinend nicht leicht, den Verfassungsschutz auf eine behördliche, das heißt politisch neutrale, Haltung einzuschwören. Entweder einer siedelt ihn rechts außen an wie Maaßen, oder einer sieht seine Aufgabe darin, gegen rechts außen zu kämpfen, wie Haldenwang.

# KAPITEL 15

## Das ideelle Vakuum

Alte Autoritäten, wie sie in der BRD bis in die 1960er Jahre hinein galten, haben ihre Kraft verloren. In den Selbstverwaltungen, Parteien und Vereinen sind demokratische und rechtsstaatliche Rituale und Verfahren selbstverständlich geworden.

Gleichwohl fehlt in der Politik das Vertrauen auf eine habituelle Vernunft des Volkes. Die offiziellen Stellen sowie die weitgehend einheitliche Presse und die Öffentlichkeit reagieren hypersensibel auf vermutete Anzeichen rechtsautoritärer Neigungen und rufen rasch nach dem Verbot einer für jede Demokratie konstitutiven Opposition. Durch ein Verbot würde die vielberufene freiheitlich-demokratische Grundordnung mit einem einzigen wuchtigen Hammerschlag zerstört. Die traditionellen etablierten Parteien blieben an der Macht, auch wenn sie das Vertrauen der überwiegenden Mehrheit längst verloren hätten.

Das demokratische System lebt davon, dass es offen bleibt für neue Parteien, offen dem Gewohnten Widersprechendes. Wird zum Beispiel gefordert, die militärische Hilfe für die Ukraine einzustellen, weil dies den Krieg verlängere und weil es gefährlich sei, eine Atommacht in die Enge treiben zu wollen, so kann man sich in aller Ruhe darüber unterhalten, wieweit diese Sorgen berechtigt sind. Immerhin gibt es militärische Experten, die meinen, auf lange Sicht habe Russland mehr Soldaten und mehr Waffen als die Ukraine und ihre westlichen Unterstützer, zumal der wieder gewählte US-Präsident Donald Trump diese Hilfe infrage stellt oder verringern will. Es ist nicht konstruktiv, jeden, der sich gegen eine weitere Waffenhilfe ausspricht, als Putin-Versteher und moskauhörig abzutun.

Durch den Erfolg der neuen Parteien, AfD und Bündnis Sahra Wagenknecht, sind alle, die sich für vernünftig und verantwortlich halten, tiefgreifend verunsichert und neigen dazu, das Schlimmste zu befürchten: Gefährliche Populisten könnten mit 20 oder gar 30% in den Wahlen überraschend und mit unberechenbaren Folgen eine Mehrheit erreichen.

Das Überraschendste besteht allerdings darin, dass sich Leute, die lebenslang fast nichts anderes gemacht haben als Politik in einer repräsentativen Demokratie, sich hilflos zeigen. Liegt hier ein grundlegendes Missverständnis vor? Ähnlich ratlos zeigten sich manche Deutschen über den unerwartet grandiosen Wahlerfolg von Donald Trump in den USA am 5. November 2024.

Zum besseren Verständnis für die hiesigen Diskussionen über den Zustand des Landes biete die amerikanische Wahl viel Lehrmaterial, meinte Jürgen Kaube in der F.A.Z. vom 7. November 2024 in einem Artikel mit der merkwürdigen Überschrift *Wahlen sind keine Vernunftprüfungen*. Immer wieder gibt es ungläubiges Staunen, wenn gesehen wird, wen Wähler für akzeptabel halten: Boris Johnson, Silvio Berlusconi, Giorgia Meloni.

Gestandene Politiker hierzulande meinen, es reiche hin, das nach ihrer Meinung Richtige und Vernünftige zu tun und integre fachkundige Persönlichkeiten zu präsentieren: Dies werde vom Wähler erkannt, gewürdigt und belohnt. Tatsächlich geht es den Wählern der Mittel- und Unterschicht bei inhaltlichen Fragen darum, denen da oben ihre Sicht auf die Verhältnisse zu zeigen. In der Europawahl 2024 war die AfD in der Arbeiterschaft die stärkste Partei. Diese hat es satt, von Medien und Politik ständig zu hören, welche Partei man keinesfalls wählen dürfe. In der Demokratie gibt es ein sehr einfaches Mittel, auf solche Mahnungen zu reagieren: um seine Meinungsfreiheit zu behaupten und die selbst ernannten Lehrmeister zu ärgern, wählt man die Verfemten trotzdem.

Womöglich war es die falsche Strategie, die AfD zu dämonisieren, ständig als gefährlich hinzustellen und seitens der CDU eine Brandmauer zu errichten, als gehe von der AfD eine unmittelbare Gefahr aus. Tatsächlich bildet sie nur, wie schon der Name sagt, für Deutschland eine Alternative – eine Alternative zum langjährig Verfestigten im Nationalen und von rechts, dort wo immer eine Katastrophe befürchtet wird.

Ähnlich wirkte die Hysterie 1968, als in einer antiautoritären Welle die altgewohnten Strukturen der Herrschaft infrage gestellt wurden, zumal an den Universitäten, wo zuvor die Ordinarien, ordentliche oder unordentliche Professoren, das alleinige Sagen hatten. Sie bildeten mit beschwörenden Worten eine Notgemeinschaft (Svea Koischwitz: *Der Bund Freiheit der Wissenschaft 1970–1976*, Böhlau Verlag Köln 2017).

Ausstrahlend von den Universitäten wurden alle überkommenen Autoritäten geschleift, bis hin zu den Kindergärten, der überkommenen Sexualmoral (Sex erstmalig in der Hochzeitsnacht) und allem, was bis dahin als normal und anständig gegolten hatte. Die junge Generation gab sich befreit und gelassen, entwickelte ihre eigene Musik und protestierte gegen den enthemmten Krieg der USA in Vietnam.

Die Bundeszentrale für politische Bildung stellte schon 2008 fest:

*1968 hat die Fundamentalliberalisierung der Gesellschaft sowie die Demokratisierung aller Lebensbereiche gebracht. – Freilich waren die politischen Untertöne auch nicht bloß Beiwerk in einem neuartigen Generationskonflikt zwischen einer vom „oberflächlichen" Materialismus der Wohlstandswunderzeit geprägten und vom Makel der Vergangenheit gezeichneten Generation der Älteren und den Jungen, die sich als Träger neuer, „post-industrieller Werte" in einer Gesellschaft des Überflusses vom Lebensstil dieser Generation abzugrenzen suchten. Das geistig-kulturelle Klima der Adenauer-Ära war geprägt von einem kollektiven Verschweigen der nationalsozialistischen Vergangenheit. Damit verbunden war die Aktualität, das Weiterleben, dieser Vergangenheit. Bis in die 1960er Jahre hatten viele Täter und Belastete des nationalsozialistischen Regimes unbehelligt ihren Platz in der Nachkriegsgesellschaft finden können. In einer Repräsentativbefragung aus dem Jahr 1967 gab fast die Hälfte der Befragten an, dass der Nationalsozialismus eine im Prinzip gute Idee gewesen sei.*

Die Generation der Kriegsheimkehrer und der Kriegerwitwen war vollauf damit beschäftigt, das alltägliche Überleben mit Nahrungsmitteln irgendwelcher Art, Klamotten und im Winter Brennholz zu sichern. Von 1945 bis zur Währungsreform 1948 war es *die schlechte Zeit*, und auch in den 1950er Jahren standen Wiederaufbau und das Gewinnen eines zunächst bescheidenen Wohlstands im Vordergrund. Niemand war geneigt, sich mit Fragen der Schuld am Krieg zu beschäftigen oder gar mit den Irrtümern der nationalsozialistischen Ideologie. Und niemand ging der Frage nach, wo eigentlich die vielen Juden geblieben waren. All dies wurde ins Kellergeschoss des Bewusstseins verbannt. Darüber wurde nie gesprochen, nach dem Motto: *Geh mir fort mit Politik! Ich bin einmal auf eine Partei reingefallen, das reicht mir!*

Fritz Bauer, Generalstaatsanwalt in Frankfurt, erregte viel Wut und Widerstand, als er 1963 die Verbrechen in Auschwitz vor Gericht brachte. Dies war nur möglich, weil Georg August Zinn, Jahrgang 1901, sozialdemokratisches Urgestein, der 1933 drei Monate in Schutzhaft verbracht hatte und von 1950 bis 1969 Ministerpräsident von Hessen war, seine schützende Hand über Bauer hielt. Ende Dezember 1963 begann die Hauptverhandlung gegen 22 Angeklagte von Auschwitz. Was dort geschehen war, mochten zunächst viele Deutsche nicht glauben, obwohl es die Berichte von über 1 000 Zeugen zweifelsfrei belegten. Die nachfolgende Kette von Strafverfahren ging bis in die 2020er Jahre weiter, bis die letzten Glieder der Tätergeneration verschieden waren.

Der Auschwitzprozess ab 1963 blieb jedoch eine Sache einer interessierten Minderheit.

Den großen Durchbruch im Sinne einer tiefinnerlichen Betroffenheit des ganzen Volkes brachte erst die vom 22. bis 25. Januar 1979 in den dritten Programmen der Arbeitsgemeinschaft der öffentlich-rechtlichen Rundfunkanstalten der Bundesrepublik Deutschland, kurz ARD, ausgestrahlte vierteilige amerikanische Fernsehserie *Holocaust – Die Geschichte der Familie Weiss*. Mit Einschaltquoten bis 40% erzielte sie eine breite gesellschaftliche Resonanz und weckte ein bis dahin unbekanntes Interesse an dem Thema. Die Zuschauer zeigten sich betroffen. Erst zu diesem Zeitpunkt, reichlich 30 Jahre nach dem Geschehen, rückte so auch die Frage nach der Schuld in das öffentliche Bewusstsein.

Das Wort *Holocaust* stammt aus griechischen religiösen Riten, bei denen ein Opfertier vollständig verbrannt wurde. Das ebenfalls geläufige Wort Shoah bezeichnet im Hebräischen eine Katastrophe. Unter den Amtsinhabern des Naziregimes war immer von der *Endlösung der Judenfrage* die Rede, so auch bei einer Konferenz der Reichsministerien und leitenden Parteileute am 20. Januar 1942 in einer Villa am Großen Wannsee in Berlin. Das Ziel war, *den deutschen Lebensraum von Juden zu säubern*. Das sollte in ganz Europa rund 11 Millionen Juden betreffen. Teils sollten sie auswandern, teils durch Arbeitseinsatz dezimiert werden und die restlichen waren *entsprechend zu behandeln*. In dieser Konferenz ging es nicht um politische, rechtliche oder gar moralische Fragen, sondern nur um die effiziente Abwicklung und vor allem um die Zuständigkeit. Federführend sollte allein der Reichsführer SS sein.

Dabei ging es nur um Rasse- und nicht um Glaubensjuden, und in aller Ausführlichkeit wurde festgelegt, wie die Mischlinge (aus Ehen mit Juden und sogenannten Ariern) zu behandeln seien. Und vor allem: *Eine Beunruhigung der Bevölkerung ist zu vermeiden.* Alles war streng geheim, die Juden wurden angeblich nur evakuiert. Schon wegen der großen Zahl der Helfer und Mithelfer gab es Gerüchte, aber keine Beweise und vor allem keine Fotos. Als 1945 alles vorbei war, kehrten die Täter, die vermeintlich nur ihren ordnungsgemäßen Dienst verrichtet hatten, problemlos in die bürgerliche Gesellschaft und staatliche Dienste zurück. Als 1979 durch die Fernsehserie über den Holocaust die große Debatte begann, verstanden sie nicht, was man ihnen vorwarf.

In den 1960er Jahren herrschte an den Universitäten zunächst eine politische Friedhofsruhe. Noch 1965 bekamen die Studenten zu hören, in vielen anderen Ländern täten sich die Studenten mit revolutionären neuen Ideen hervor, nur in Deutschland nicht. Die Kulturrevolution 1968 kam allseits überraschend und fragte nun ernsthaft nach dem Erbe der Nazizeit. Diese im Keller versteckte und fest verschlossene Kiste mit Unrat wurde endlich hervorgeholt, draußen auf dem Hof geöffnet und ausgeleert, wo ein frischer Wind den muffigen Geruch vertrieb. Das geschah 25 Jahre nach dem Geschehen, also in der nächsten Generation, sehr zum Unwillen der Vätergeneration und Tätergeneration.

Diese reagierte relativ hilflos. Bei der Bundeszentrale für politische Bildung heißt es erklärend:

*Namhafte Vertreter des geistigen Lebens haben hier die sehr deutsche Neigung erkannt, Politik als Sache des Glaubens und der „metaphysischen Militanz" aufzufassen.*

Wer immer im Kreise der Tiefsinnigen brillieren will, muss sich diesen Ausdruck merken, denn er passt immer: Es liegt einfach an der deutschen metaphysischen Militanz.

In den Familien herrschte damals noch ein autoritärer Erziehungsstil mit emotionalen Defiziten und einem ideellen Vakuum. Die Protestierenden spürten rasch, wie schwer sich die herausgeforderten Autoritäten mit einer souveränen Begründung ihrer Legitimation taten. Stattdessen gab es eine nervöse Überreaktion der Gesellschaft, die einen Prozess kumulativer Radikalisierung in Gang setzte. Das ideelle Vakuum wurde ausgeglichen durch erweiterte Vollmachten für die Polizei. An diesem Stil, dieser Form der Problembewältigung, hat sich seither nicht viel geändert.

Eine gute Gelegenheit, um die grundsätzlichen Ziele und die übergeordneten Werte des Landes und seines Staates in Erinnerung zu rufen und zu erläutern, welche Maßnahmen in diesem Sinne geplant sind, ist immer die Regierungserklärung im Bundestag, wenn nach der Wahl ein neuer oder alter Kanzler sein Amt antritt. Für Olaf Scholz war dies der 26. September 2021. Er sprach hier über die Herausforderungen, denen sich das Land und die Bevölkerung ausgesetzt sah, damals vor allem die Corona-Epidemie, und wie sich das Land am besten auf diese wechselnden Herausforderungen einstellt, nämlich vor allem durch wirtschaftlichen und technischen Fortschritt. Er dankte seiner Amtsvorgängerin Angela Merkel, die 16 Jahre lang als Kanzlerin dem Lande gedient habe, dabei jederzeit orientiert an der Sache und den Tatsachen. Sein, Scholzens, Ziel sei ein modernes Deutschland, gewappnet gegen die hohen Herausforderungen unseres Jahrhunderts. Aber dabei gilt es zu beachten:

*Wenn wir dem gefährlichen Trend der Renationalisierung etwas entgegensetzen wollen, dann darf nicht der Eindruck entstehen, die Globalisierung sei der demokratischen Kontrolle entglitten. Wir können eine gerechtere Globalisierung durchsetzen.*

Soll das heißen, dass die einzelnen Nationen wie zum Beispiel Deutschland sich nicht etwa auf ihre speziellen nationalen Interessen besinnen und versuchen sollen, diese durchzusetzen, weil dies ein gefährlicher Trend sei, sondern versuchen sollten, die ganze Welt, global, gerechter und demokratischer zu machen?

Fast sieht es aus, als sei der Kanzler hier einem Missverständnis anheimgefallen, auf das zu antworten wäre, dass er nicht als UNO-Generalsekretär die ganze Welt verbessern sollte, sondern dass das deutsche Volk ihn durch die Wahl ins Amt des Kanzlers gesetzt hatte und dass er nur diesem verpflichtet ist. Und in der Außenpolitik soll er die deutschen Interessen vertreten, welche sonst? Bei Scholz kam ähnlich wie später beim Bundespräsidenten Steinmeier zum Ausdruck, dass das Wort *Nation* negativ konnotiert ist, wofür kein Ausländer Verständnis hat: Die Selbstverleugnung einer Nation, die keine solche sein will, und dieses Wort möglichst vermeidet.

Dirk Kurbjuweit rief im *Spiegel* vom 9. November 2024 schon *Das Ende des Westens* aus und führt als Ursache dieses Hinscheidens an: *Liberale Demokraten haben zudem unterschätzt, wie wichtig der nationale Gedanke geblieben ist.*

Ist es denn wirklich so schwer zu verstehen, dass die Deutschen sich zunächst mal als Deutsche betrachten und erst in zweiter Linie als EU-Bürger oder gar als Weltbürger? Dass einem die Familie, die Bekannten, die heimische Region und das eigene Land wichtiger sind als ferne und exotische Länder?

Aber wovon sonst als der Idee der Nation soll sich die Regierung leiten lassen? Scholz setzte die Linie seiner Amtsvorgängerin fort und betrachtete die Politik als eine Kette von Herausforderungen, die jeweils sachgerecht abzuarbeiten sind. Weil sie meist nicht vorhersehbar sind, muss man für alles gerüstet sein durch technische und wirtschaftliche, nicht etwa durch kulturelle Stärke. Das Bild der langen Wanderung durch die Zeit mag diese Politik veranschaulichen. Da gilt es, für wetterfeste Kleidung und strapazierfähiges Schuhwerk zu sorgen, auch wenn man noch nicht weiß, welches Ziel die Wanderung hat.

Bei diesem ad-hoc-Politikverständnis muss die Zustimmung des Volkes, jedes Mal neu errungen werden. Nebenbei läuft eine auf volle Touren eingestellte Gesetzgebungsmaschinerie in Richtung von immer mehr Kontrollen und detailversessener Lenkung, während gleichzeitig ständig von Bürokratieabbau die Rede ist. Das größte Monstrum in diesem Sinne ist das *Gesetz über die unternehmerischen Sorgfaltspflichten in Lieferketten,* meist kurz Lieferkettengesetz genannt. Die Unternehmen sollen überprüfen, ob innerhalb einer Wertschöpfungskette die Menschenrechte und Umweltstandards, insgesamt ein halbes Dutzend Kriterien, berücksichtigt werden. Das erfordert nicht nur einen gewaltigen Kontrollaufwand, sondern fordert auch, ferne Länder bevormundend auf die europäischen Normen zu verpflichten. Einmal angenommen, in einer Textilfabrik in Indien sind die verpflichtenden Standards nicht gegeben, und die Frauen kommen mit kargem Lohn so gerade über die Runden. Aber nur bei den entsprechend niedrigen Erzeugerpreisen sind die Waren absetzbar. Jetzt wird dieser Lieferant wegen der niedrigen Löhne gestrichen, geht pleite, und die Frauen sind arbeitslos.

Mit anderen Worten: die vielen, gut gemeinten Kontroll- und Lenkungsgesetze bedingen nicht nur immer mehr Bürokratie, sondern regieren auch in fremde Verhältnisse hinein und ersticken deren lokale Besonderheiten. Und all dies kommt aus einem Land, das seinerseits keinen überzeugenden Entwurf des Ganzen vorweisen kann, sondern sich lediglich auf das Bewältigen aktueller Krisen konzentriert.

In dieses ideelle Vakuum strömen neue Parteien ein, die vorgeben, den wahren Willen des Volkes zu vertreten. Für die alten Parteien ist dies unverständlich, weil ihnen das ideelle Vakuum nicht bewusst wird.

Für sie gibt es einerseits die aktuellen schicksalhaften Herausforderungen wie die Corona-Epidemie oder den Krieg in der Ukraine, andererseits die tausend Interessengruppen, die nach Einfluss und staatlichen Finanzmitteln streben. In diesem geschäftigen Tagesbetrieb werden Grundfragen nach Sinn und Zweck des Staates gar nicht gestellt – so entsteht ein ideelles Vakuum. Daher werden die neuen Parteien als unanständige Angstgegner betrachtet, über die man am besten gar nicht spricht in der Hoffnung, dass sie sich von selbst wieder verflüchtigen werden.

Zu ihrer Dämonisierung trägt bei, dass die diversen Koalitionsverhandlungen immer darauf gerichtet sind, wie die AfD von der Regierung fernzuhalten sei. Gerade das Verbotene löst jedoch einen Reiz aus, denn je strenger etwas verboten wird, desto mehr muss ja wohl daran sein. Dieses Motiv findet sich schon in der Bibel. Der Sündenfall im 3. Kapitel des 1. Buches Mose:

*... von den Früchten des Baumes mitten im Garten hat Gott gesagt: Esset nicht davon, rühret sie auch nicht an, dass ihr nicht sterbet! Da sprach die Schlange zum Weibe: Ihr werdet keineswegs des Todes sterben, sondern Gott weiß: an dem Tage, da ihr davon esset, werden eure Augen aufgetan, und ihr werdet sein wie Gott und wissen, was gut und böse ist.*

Das Weib findet diese Früchte verlockend, weil sie klug machen, und isst von dem Baum und gibt auch ihrem Mann davon. Beim anschließenden Befragen durch Gott gibt der Mann der Frau die Schuld – eine dauerhafte Mahnung an alle Männer, nicht den weiblichen Versuchungen zu erliegen.

Anstatt vergeblich zu versuchen, die AfD totzuschweigen, und sie später als unbekannte und unberechenbare Gefahr zu dämonisieren, wäre es womöglich im Sinne der Allgemeinheit besser gewesen, sie von Anfang an als normale, vom Volk gewollte Partei zu betrachten und sich in der Debatte mit ihren Argumenten auseinander zu setzen. Wenn eine neue Partei großen Erfolg hat, liegt ja der Gedanke sehr nahe, dass sie ein Problem aufgreift, das das Volk bewegt, das aber von den bisherigen Parteien verschlafen worden ist. Das gilt ähnlich für das BSW, das aber seriöser wirkt als die AfD mit ihren rechtsradikalen Ausfransungen, die immer wieder zitiert werden.

In den Vereinigten Staaten wurde Kamala Harris vor allem in den gebildeten und kultivierten Staaten Neuenglands und der Westküste gewählt, Trump hingegen im mittleren Westen, in ländlichen Gebieten und im Süden. Die Bewohner dieser Gebiete, die lediglich überflogen werden, vor allem deren Mittel- und Unterschicht, werden von den Schlaubergern an der Ostküste und in Kalifornien kaum zur Kenntnis genommen und haben sich jetzt gerächt.

Hinzu kommt die Persönlichkeit Trumps. Er kommt ja nicht etwa aus gebildeten oder wissenschaftlichen Kreisen, sondern als reiner Praktiker aus einem rücksichtslosen Immobiliengeschäft und vor allem aus der Unterhaltungsindustrie, wo er mit der Fernsehserie *The Apprentice* (Der Lehrling) großen Erfolg hatte: 16 Kandidaten bewerben sich um eine Lehrstelle, werden aber bis auf einen mit dem Ruf *Sie sind gefeuert!* fortgeschickt. Nur einer wird genommen und bekommt für einen einjährigen Job 150 000 Dollar.

Als Unterhaltungs-Unternehmer hatte es Trump verstanden, sich ganz und gar in die Gemütswelt des allgemeinen Publikums, in dessen Hoffnungen, Sorgen und Ressentiments einzufühlen und die Leute mit deftigen Sprüchen zu erheitern und zu beeindrucken. In dieser Spur bleibt er auch als Politiker und versteht es, eine Volksversammlung zum Kochen zu bringen. Zudem hat er die Ausstrahlung eines starken Mannes, der weiß, was er will, der seine Sache und seine Leute fest im Griff hat.

Diese Ausstrahlung, die man nicht erlernen kann, hat unter den Berliner Politikern allenfalls Boris Pistorius, der als Verteidigungsminister eine gute Figur macht und, ganz ohne eigenes Bemühen, beim Volk gut ankommt. Ansonsten gilt in Berlin in einer Atmosphäre, die ganz auf Vernunft und Sachlichkeit eingestellt ist, jeglicher Populismus als verdächtig.

In Deutschland, dem Land der Rechtsanwälte und Gerichte mit der obersten Autorität des Bundesverfassungsgerichts, besteht in der Politik die penetrante Neigung, sich nicht vom Willen des Volkes leiten zu lassen, sondern vom Buchstaben des Gesetzes, also politische Probleme zu übersetzen in juristische. Aus umfänglichen Werken weltweiter Analyse von Rechtsordnungen und vor allem dem Grad der Befolgung der Gesetze (Uwe Kischel: *Rechtsvergleichung,* C.H. Beck Verlag, München 2015) geht hervor, dass in den meisten Ländern die Gesetze eher als allgemeine Richtschnur betrachtet werden, von der im Einzelfall auch folgenlos abgewichen werden kann. Das kommt vor allem dem katholischen Denken in Südamerika entgegen: jeder kennt die Gesetze, aber es wird davon ausgegangen, dass jeder sie gelegentlich übertritt, was durch eine Buße abgegolten werden kann. Russland ist gar für einen gesetzgeberischen Nihilismus bekannt, das heißt: Privatleute können machen, was immer sie wollen, solange sie nicht politisch auffallen. Und der Staat macht ohnehin, was er für geboten hält, ohne jegliche Kontrolle.

Prominentes Opfer buchstäblicher Gesetzesauslegung wurde Finanzminister Christian Lindner, dem Anfang November 2024 vom Bundeskanzler die Tür gewiesen wurde, als er eine weitere Staatsverschuldung rigoros ablehnte. Er bezog sich auf Artikel 109, Absatz 3 des Grundgesetzes:

> *Die Haushalte von Bund und Ländern sind grundsätzlich ohne Einnahmen aus Krediten auszugleichen. Bund und Länder können ... eine Ausnahmeregelung für außergewöhnliche Notsituationen, die sich der Kontrolle des Staates entziehen ... vorsehen.*

Er weigerte sich, im Krieg in der Ukraine eine solche Notsituation zu erkennen. Durch Aufnahme weiterer Kredite würde er das Grundgesetz missachten, was mit seinem Amtseid nicht vereinbar sei. In dieser Hinsicht hatte er schon in den Monaten zuvor dem Bundeskanzler die Loyalität verweigert. Ein anderer Finanzminister in dieser Situation hätte sich vermutlich flexibler gezeigt.

Anzunehmen ist, dass nur wenige Wähler den Finanzminister und seine Partei, die FDP, für diese Haltung belohnen. Denn das Ja oder Nein für eine weitere Verschuldung des Staates ist ein Problem, von dem keine unmittelbare Wirkung auf die einzelnen Staatsbürger ausgeht.

Das Ende der Ampel-Regierung Anfang November 2024 machte auf das Publikum einen ziemlich jammervollen Eindruck. Die alten Parteien SPD, Grüne und FDP schafften es nicht, einvernehmlich und kraftvoll zu regieren. Da und dort wurde leise und vorsichtig gemunkelt, das werde der AfD und Sahra Wagenknecht nützen.

Als einer der Gründe für den überraschend hohen Erfolg Donald Trumps wurde in der F.A.Z. vom 11. November 2024 von Majid Sattar in einem Kommentar mit dem Titel *Das Ende der Illusionen* angeführt:

> *Die Demokraten müssen anerkennen, dass sie den Kontakt zu weiten Kreisen der Bevölkerung verloren haben. Trump und seine neuen Rechten haben mit ihrem Kulturkampf offengelegt, dass sich Linke und Linksliberale in einer wohligen Nische eingerichtet haben.*

Muss uns dies nicht bekannt vorkommen? Ist es nicht in Deutschland ebenso? Die Grünen und alle linksliberalen Vormünder bestätigen sich gegenseitig, dass sie auf der richtigen Seite liegen, und strahlen eine provozierende Selbstsicherheit aus, von keinem Zweifel erhellt. Hierzu trägt auch das neue Informationsverhalten im Zeitalter von Wikipedia bei. Früher hatte man eine überregionale Zeitung abonniert und wurde dort mit vielen Dingen bekannt gemacht, von denen man vorher nie gehört hatte. Der Horizont wurde also erweitert. Heute hingegen wird nur in dem speziellen Gebiet nachgeschlagen, für das sich einer engagiert, und bleibt er in seiner Blase gefangen. Dass die AfD eine schreckliche Gefahr für die Demokratie sei und am besten ganz verschwände, gilt in diesem Rahmen als Selbstverständlichkeit. Niemand kommt auf den Gedanken, einfach mal im Programm dieser Partei nachzuschlagen, was diese Leute im Sinn haben.

# KAPITEL 16

## Aus der Programmatik der Alternative für Deutschland

Mitte November 2024 erschien die Autoritarismus-Studie 2024 der Universität Leipzig. Hierzu wurden 2.500 Personen in West- und Ostdeutschland nach ihren Einstellungen befragt. 90,4% stimmten der Demokratie als Idee zu. Die *Demokratie, wie sie in der Bundesrepublik funktioniert* fand aber nur noch bei 42,3% der Befragten Anklang. Vor allem im Osten ließ sich ein rapider Abstieg der Akzeptanz beobachten. Sprachen sich 2022 noch 53,5% für die Demokratie, wie sie in Deutschland umgesetzt wird, aus, waren es 2024 nur noch 29,7%. Aber auch im Westen waren nur noch 46% mit dem Funktionieren der Staatsform zufrieden. Am häufigsten zeigte sich eine Unzufriedenheit mit Parteien und Politikern und mit fehlenden Möglichkeiten zur Partizipation.

Die Befragung fand vor dem Ende der Ampel-Koalition statt. Die näheren Umstände des Zerfalls der Bundesregierung und der Stil, wie miteinander umgegangen wird, dürfte die Zweifel am Funktionieren der Demokratie verstärkt haben.

Wenn mehr als die Hälfte der Einwohner mit der aktuellen Politik unzufrieden sind und sich nicht mehr damit identifizieren, so gibt es ein massives Legitimationsproblem, das sich in jüngster Zeit noch verschärft hat. Das Anwachsen der Protestparteien AfD und BSW (Bündnis Sahra Wagenknecht) zeigt eine Distanzierung von Gewohntem. Die innere Haltung großer Teile der Bevölkerung, eine anwachsende und zunehmend habituelle ablehnende Einstellung, wäre durch ein Parteiverbot kaum zu ändern, sondern dürfte sich hierdurch eher verschärfen.

*Im Allgemeinen wird man es gerade als Ausdruck demokratischen Selbstbewusstseins ansehen können, kritische Auseinandersetzung mit dem Staat und dem Verhalten seiner Organe hinzunehmen und ihr glei-*

*chermaßen kommunikativ zu begegnen, anstatt sie strafrechtlich zu sanktionieren*, heißt es im Grundgesetz-Kommentar (von Münch/Kunig) in Anmerkung 23 zu Artikel 22.

Der Kommentar legt nahe, politische Probleme, so entsprechend auch den Kampf gegen die AfD, politisch zu entscheiden. Das heißt, durch eine Debatte in der Öffentlichkeit, anstatt sie in die juristische Sphäre zu schieben und gerichtlich klären zu wollen.

Sind die AfD und das BSW die richtigen Sammelbecken, um die kritische Strömung einzufangen, dem parlamentarischen Verfahren zuzuleiten, sie einzuhegen und zu integrieren? Sie so fruchtbar zu machen, um die Lücke zwischen Volk und Staat schließen zu helfen?

Ist die Alternative für Deutschland wirklich so extremistisch, radikal, gefährlich und verfassungsfeindlich, dass ein Verbot zu erwägen oder dringlich zu fordern ist, wie im November 2024 eine große interfraktionelle Gruppe von Bundestagsabgeordneten meinte?

Immerhin würde rund ein Viertel der Wählerschaft von der politischen Mitwirkung ausgeschlossen. Einige Millionen Staatsbürger könnten sich mit diesem Staat nicht mehr identifizieren. Eine inzwischen entstandene gravierende Repräsentations- und Legitimationslücke würde für jedermann, insbesondere auch im Ausland, sichtbar.

Das Unternehmen der CDU, gegen die AfD eine Brandmauer zu errichten, und die Bestrebungen aller hergebrachten Parteien, die Neue durch Änderungen von Geschäftsordnungen oder des gewöhnlichen parlamentarischen Ablaufs möglichst überall auszuschließen, wirken bemühter und hilfloser, je mehr die neue Partei zulegt. Desto interessanter wird es für die Wähler, die neue Partei zu wählen, um den alten Parteien eine Grenze aufzuzeigen. Für diese wäre es vermutlich einfacher, auf die Politik der Cancel Culture und Kontaktvermeidung zu verzichten und die AfD zu behandeln, wie bisher alle anderen, beispielsweise durch einen Sitz im Bundestags-Präsidium oder finanzielle Förderung einer parteinahen Stiftung. Die neue Partei wird möglicherweise überflüssig, sobald die Altparteien sich konsequent auf die Wünsche der Wählerschaft einstellen und diese widerspiegeln.

Strebt die AfD, wirklich einen autoritären Staat oder gar einen Führerstaat an? Hier lohnt sich ein Blick in das Parteiprogramm, wo kein Hinweis in dieser Richtung zu finden ist. Natürlich kann man unterstellen, dieses Programm sei nur die brave Vorderseite, und wenn die AfD erst einmal an der Macht wäre, käme die autoritäre Rückseite zum Vorschein, und dann wäre es zu spät, dagegen vorzugehen.

Jedem Außenstehendem vermittelt sich allerdings der Eindruck, gerade das Verbot einer größeren Oppositionspartei sei ein Kennzeichen eines autoritären Staates. Die befreundeten Staaten wären entsetzt, die diktatorischen Staaten würden triumphieren. Beim Versuch, die Freiheit mit polizeilichen und gerichtlichen Mitteln zu schützen, würde dieselbe abgeschafft.

Zu Artikel 20 des Grundgesetzes (*Die Bundesrepublik Deutschland ist ein demokratischer ... Bundesstaat*) bemerkt der Kommentar (von Münch/Kunig):

> *Ein Mehrparteiensystem, das Institut der Opposition und das Prinzip der Mehrheitsentscheidung müssen dem Aktivbürger die Möglichkeit geben, einer politischen Gruppe die Legitimation zur Herrschaft zu versagen und eine andere Gruppe mit politischen Führungsaufgaben zu betrauen. Die damit angesprochene Chance von Minderheiten, Mehrheiten zu werden, wird weiter durch die Gründungsfreiheit und die Chancengleichheit politischer Parteien gewährleistet.*

Im Zuge des NPD-Verbotsverfahrens hat das Bundesverfassungsgericht mit Urteil vom 17. Januar 2017 (21 BvB 1/13, Anmerkung 531) *die Chancengleichheit für alle politischen Parteien mit dem Recht auf verfassungsmäßige Bildung und Ausübung einer Opposition* als Element einer Gesamtinterpretation des Grundgesetzes konstituiert.

Dieses Recht auf Opposition würde durch ein AfD-Verbot schwerwiegend verletzt.

Das Programm der AfD für die Bundestagswahl 2021 umfasste 210 Seiten, die hier herangezogene Kurzfassung 15 Seiten. Unter anderem werden abweichend vom jetzigen Status gefordert:

1. Direkte Demokratie, Volksabstimmungen, Wahl des Bundespräsidenten direkt durch das Volk
2. Volksabstimmung über den Austritt aus dem Eurosystem
3. Gelebte Traditionen deutscher Kultur
4. Ein Europa von souveränen demokratischen Staaten, Freiheit von fremder Bevormundung, mehr Kompetenzen für Nationalstaaten, keine „Vereinigte Staaten von Europa", keine Mithaftung deutscher Banken für ausländische Schulden, keine EU-Armee, notfalls Austritt Deutschlands aus der Europäischen Union
5. Strafen für Steuerverschwendung
6. Polizei stärken, strenge Strafen für Angriffe auf Amtspersonen, Opferschutz statt Täterschutz, Organisierte Kriminalität nachhaltig bekämpfen
7. Kein Einfluss der Parteien auf die Ernennung von Richtern und Staatsanwälten
8. Deutsche Grenzen schützen. Strenge Personenkontrollen gegen illegale Einwanderung. Ausreisepflicht für nicht mehr Bleibeberechtigte. Maßvolle Einwanderung entsprechend deutschen Interessen
9. Nato soll nur Verteidigungsbündnis sein. Abzug aller fremden Gruppen aus Deutschland. Außenpolitik soll die Interessen Deutschlands wahren. Wehrpflicht wieder einsetzen
10. Bessere Beziehungen zu Russland
11. Leitbild ist die traditionelle Familie, mehr Kinder statt massenhafter Einwanderung, erschwerte Abtreibungen
12. Die aktuelle Verengung der deutschen Erinnerungskultur auf die Zeit des Nationalsozialismus ist zugunsten einer erweiterten Geschichtsbetrachtung aufzubrechen, die auch die

positiven, identitätsstiftenden Aspekte deutscher Geschichte mit umfasst.
13. Deutsche Leitkultur, kein Multikulturalismus, Nation als kulturelle Einheit, deutsche Sprache als Staatssprache, kein Gendern, keine Gender-Forschung, keine politisch korrekten Sprachvorgaben.
14. Der Islam gehört nicht zu Deutschland
15. Differenziertes Schulsystem, Bildung statt Kompetenzen, wie früher soll Wert auf Leistung und Disziplin gelegt werden
16. Keine Geschlechterquoten
17. Wirtschaft deregulieren, keine Subventionen
18. Einfaches und gerechtes Steuersystem, Entlastung von Mittel- und Geringverdienern
19. Irrweg der Klimaschutzpolitik beenden. Die jetzige Politik beruht auf bisher unbewiesenen hypothetischen Klimamodellen. Keine Förderung von erneuerbaren Energien.
20. Längere Laufzeit der noch bestehenden Kernkraftwerke

Über viele dieser Forderungen kann man unterschiedlicher Meinung sein. Sie bewegen sich jedoch innerhalb eines normalen Rahmens der politischen Auseinandersetzung. In vielen Punkten entsprechen sie vermutlich der überwiegenden Volksmeinung, zum Beispiel mehr Polizei und weniger Einwanderung von Muslimen. Viele Punkte sind ungewohnt oder widersprechen der heute üblichen linksliberalen Korrektheit. Der Kommentar zum Grundgesetz (von Münch/Kunig) stellt zu Artikel 20 fest, Begriffe wie *Demokratie* oder *Sozialstaat* seien nur als Typen zu verstehen: nicht als eindeutige überzeitliche und unveränderliche Gebilde, sondern ein Typus sei entwicklungsoffen für einen Bedeutungswandel in der Zeit.

Daher muss es für jedermann zulässig sein, an einer Debatte über die Frage teilzunehmen, wie beispielsweise der Begriff *demokratisch* heute zu interpretieren sei. In der Regel geht die Kritik am Bisherigen gewöhnlich zunächst von einer Minderheit aus und setzt sich dann mehrheitlich durch oder auch nicht.

Im Falle der AfD ist das Programm konservativ angelegt, da gefordert wird, auf früher Bewährtes zurückzugreifen. Außerdem zielt diese Partei darauf, die mehrheitliche allgemeine Volksmeinung wiederzugeben und überhaupt näher am Volk zu bleiben. Das kann als populistisch abgelehnt werden, muss aber als neue Interpretation des Begriffes *demokratisch* zulässig sein, wenn wie in Artikel 20 festgestellt wird, alle Macht vom Volke ausgehen soll.

In einem demokratischen, freiheitlichen Staat muss es erlaubt sein, auch in grundsätzlichen Fragen andere, nämlich der politischen Korrektheit widersprechende, Schwerpunkte zu setzen. Keine der oben genannten Forderungen ist auch nur im Entferntesten geeignet, ein Verbot dieser Partei zu begründen.

Zum Beispiel Punkt 1: Direkte Demokratie, Volksabstimmungen, Wahl des Bundespräsidenten durch das Volk.

Das hört sich zunächst einmal gut an. Es könnte verhindern, dass die Regierung allzu volksfern und am Volk vorbei agiert. Merkwürdigerweise wurde die Frage, ob direkte oder repräsentative Demokratie, im Parlamentarischen Rat bei der Ausarbeitung des Grundgesetzes kaum diskutiert. Carlo Schmid, der die wesentlichen Elemente der als vorläufig verstandenen Verfassung einbrachte, sagte in seiner großen Rede am 8. September 1948 eher beiläufig:

*Jeder Bürger muss in gleicher Weise an dem Zustandekommen der Gesetze teilhaben. Ob das in der Form der plebiszitären Demokratie erfolgt oder in der Form der repräsentativen Demokratie, wird im Allgemeinen eine Zweckmäßigkeitsfrage sein.*

Inzwischen hat sich herausgestellt, dass es sich nicht nur um eine Frage der Zweckmäßigkeit und des praktischen Funktionierens handelt, sondern um eine ganz grundsätzliche Weichenstellung, eine Entscheidung zwischen zwei vollständig verschiedenen Formen staatlichen Zusammenlebens.

Als Gegenbeispiel zum jetzigen Zustand wird in der AfD gern auf das Beispiel Schweiz mit den dort üblichen Volksabstimmungen verwiesen, was aber aus folgenden Gründen nur teilweise überzeugen kann:

- In der Politik geht es im Prinzip häufig darum, entweder Investitionen zu fördern, etwa in Infrastruktur oder Grundlagenforschung, die erst in den kommenden Jahrzehnten dem Allgemeinwohl nutzen oder aber die konsumtiven Ausgaben, wie etwa in der Sozialpolitik, wo das Geld zeitnah verbraucht wird. Bei Volksabstimmungen steht leicht Letzteres im Vordergrund, beispielsweise als in der Schweiz beschlossen wurde, die Rente nicht 12mal, sondern 13mal pro Jahr auszuzahlen. Ferner ist die Bevölkerung, vor allem in ländlichen Gebieten, gewöhnlich sehr konservativ und blockiert überfällige Neuerungen. Zum Beispiel dauerte es bis 1990, bis in sämtlichen Kantonen das Frauenstimmrecht eingeführt wurde.
- Darüber hinaus ist es riskant, sehr schwierige und folgenreiche Probleme wie etwa den Ausstieg aus der Euro-Währung per Volksabstimmung zu entscheiden, wie die AfD das fordert. Da geht es dann ohne viel Sachkenntnis nur nach Bauchgefühl.

Ob es eine gute Idee war, die Bürger Großbritanniens am 23. Juni 2016 über den Brexit abstimmen zu lassen, ist fraglich. Mit Sicherheit war nicht jedermann klar, was für Probleme sich daraus ergeben könnten, so etwa, dass Nordirland aus der EU ausschied, während die Republik Irland Mitglied blieb und dass es um keinen Preis eine feste Grenze zwischen beiden geben sollte.

In der Gründungsphase der Bundesreplik wurde es vermieden, das im Parlamentarischen Rat verabschiedete Grundgesetz dem Volk in einer Volksabstimmung vorzulegen. Dies lag insofern nahe, als der Wechsel von einer Diktatur in einen freiheitlichen, demokratischen Staat nicht ähnlich wie 1848 durch eine Revolution des Volkes eingeleitet worden war. Vielmehr standen zunächst die militärische Niederlage und die neue Herrschaft der Besatzungsmächte im Vordergrund des

Bewusstseins. Die Einsicht, dass es sich beim nationalsozialistischen Herrschaftssystem um eine Verbrechensherrschaft gehandelt habe und daher eine freiheitliche Staatsform notwendig sei, setzte sich erst Jahrzehnte später durch. In der ersten Zeit der Besatzungsherrschaft, machte man sich um diese ideologischen Fragen wenig Gedanken. Vielmehr war man noch in den Denkgewohnheiten der Nazizeit gefangen. Daher hätte die Gefahr bestanden, dass das Grundgesetz, in enger Abstimmung mit den amerikanischen Besatzern entstanden, als von diesen aufgenötigt betrachtet und abgelehnt worden wäre.

Tatsächlich kamen ja die demokratischen Ideen nicht aus Amerika, sondern es wurde an zahlreiche in ganz Deutschland vorhandenen geschichtlichen Vorläufer eines freiheitlichen demokratischen Denkens angeknüpft, die in der Stiftung *Orte der deutschen Demokratiegeschichte* in Frankfurt am Main im Einzelnen aufgeführt werden.

Die ersten Gedanken zu einer neuen Verfassung hingegen wurden auf einer Insel im Herrenchiemsee entwickelt, und wenig später tagten die Väter und Mütter des Grundgesetzes auf einer Insel im übertragenen Sinne und von der Öffentlichkeit fast unbeachtet: im Bonner Zoologischen Museum Alexander Koenig. Der öffentliche Aufruf, Ideen beizusteuern, ergab nur vereinzelte Anregungen und auch nur zu Nebenthemen wie etwa dem Jagdrecht.

Nach diesem Ur-Erlebnis in der Gründungsphase verfestigte sich eine politische Grundhaltung in dem Sinne, die politische Führung müsse dem Volk vorangehen und nicht dem Volk folgen. Dies führte in die aktuelle Krise, in der die Regierung und der gesamte politische Apparat sich immer mehr verselbständigen, volksfern und am Volk vorbei regieren und sich das Volk immer weniger mit ihnen identifiziert: die Legitimationskrise.

Hierauf, wie aktuell von der AfD gefordert, mit vermehrten Volksabstimmungen und einer Direktwahl des Bundespräsidenten zu reagieren, ist allerdings problematisch. Den Mitgliedern des Parlamentarischen Rates standen immer warnend die chaotischen Verhältnisse in der Weimarer Republik vor Augen, mit häufigen Neuwahlen des Reichstags, teils zweimal im selben Jahr sowie die destruktiven Mehrheiten von

Nazis plus Kommunisten. Der neue Staat Bundesrepublik sollte daher ganz auf Stabilität ausgerichtet sein. Dies wird durch das von Carlo Schmid vorgeschlagene konstruktive Misstrauensvotum (Artikel 67 des Grundgesetzes) deutlich: Der Bundestag kann dem Bundeskanzler nur das Misstrauen aussprechen, wenn gleichzeitig ein Nachfolger gewählt wird. In einer Führungskrise sind also die Fraktionen des Bundestages gezwungen, sich auf einen Nachfolger zu einigen, so dass keine Leerstelle entsteht.

Der neue Staat ist zudem von zwei konsequent durchgehaltenen Prinzipien gestaltet, nämlich der repräsentativen und nicht der direkten Demokratie, sowie vom Gedanken eines einzigen Machtzentrums, nämlich der Richtlinienkompetenz des Bundeskanzlers (Artikel 65). Hier nachträglich plebiszitäre Elemente einzufügen, könnte zu Konflikten und Instabilität führen, zum Beispiel, wenn per Volksabstimmung etwas gefordert wird, das im Bundestag schon abgelehnt wurde oder umgekehrt. Ein vom Volk direkt gewählter Bundespräsident hätte durch diese Legitimation ein großes politisches Gewicht. Neben dem Kanzler wurde ein zweites Machtzentrum etabliert, was unvermeidlich zu starken Konflikten führt, vor allem, wenn diese beiden Persönlichkeiten verschiedene Parteien repräsentieren. Aus Frankreich sind die Probleme der Cohabitation (französisch: Zusammenleben) bekannt: ein konservativer Staatspräsident und ein sozialistischer Ministerpräsident oder umgekehrt.

Anstatt nachträglich plebiszitäre Elemente in den einheitlich repräsentativen Bau einzufügen, könnte systemgerechter der Verselbständigung des politischen Apparats entgegengewirkt werden, indem die bisherige Verfassung beibehalten würde, jedoch mit volksnäheren Parteien im Bundestag. Die jetzt vom Staat und dem Funktionieren der Demokratie entfremdeten Wähler könnten sich eher mit dem politischen System identifizieren, wenn sie wüssten, dass auch sie im Bundestag vertreten sind und als Opposition eine Chance auf Übernahme der Macht hätten. Dieser Gedanke würde selbstverständlich auf empörten Widerstand der etablierten Parteien und der einheitlich linksliberalen Presse stoßen, die für den Fall einer Machtübernahme der AfD gravierende Folgen befürchten. Natürlich kann jedermann die Gefahr einer Entgleisung in Richtung einer rechtsradikalen Diktatur beschwören, aber angesichts der, wie oben ausgeführt, inzwischen verinnerlichten demokratischen Regeln erscheint diese Gefahr relativ gering. Man muss dem Volk vertrauen, was zugegebenermaßen immer ein Risiko ist. Carlo Schmid erklärte 1946:

*Es ist immer eine Elite, die das Volk repräsentiert, nicht das Volk bevormundet, nicht dem Volk ins Gesicht schlägt, sondern sich der Dinge bewusst ist, die im Volk vorhanden sind.*

Wer politisch etwas erreichen will, hat im jetzigen System folgende Möglichkeiten:

(1) Das Ankreuzen auf dem Wahlzettel
(2) Symbolische Aktionen (Mahnwachen, Kleben von Plakaten auf der Straße)
(3) Protestmärsche, wenn einige hundert Leute dasselbe Anliegen vertreten
(4) Mitgliedschaft in einer politischen Partei.

Letzteres hat, was gewöhnlich übersehen wird, einen erheblichen Bildungswert für die Persönlichkeit, ganz gleich, um welche Partei es sich handelt. *Die Parteien wirken bei der politischen Willensbildung des Volkes mit,* beginnt etwas lapidar Artikel 21 des Grundgesetzes. Aber was ist hiermit gemeint? Bildet sich der politische Wille oder wird er gebildet? Vom wem und wie? Wer regelmäßig an örtlichen Parteiversammlungen und an mehreren Kreis- und Landesparteitagen teilgenommen hat, weiß, nach welchen Regeln dies in der Regel abläuft, wie Diskussionen geleitet werden, wie eine Flut von Anträgen an einem Nachmittag debattiert und verabschiedet wird und welche Persönlichkeiten dort anzutreffen sind: die Führungsleute, die Leitanträge einbringen, die schweigsamen Teilnehmer, die palavernden Randfiguren und jene, die bloß hinfahren, um ihre Anwesenheit zu demonstrieren: sie tragen sich in die Teilnehmerliste ein, plaudern eine Viertelstunde mit einem halben Dutzend Delegierten aus ihrer Gegend und sind nach einer halben Stunde wieder verschwunden. Auf solchen Treffen lernt man Spielregeln für große Spiele und man lernt, Leute und Persönlichkeiten einzuschätzen.

Einen Bildungswert hat auch die Tatsache, dass jeder sich im Tagesgeschäft mit Problemen zu beschäftigen hat, die nicht seine eigenen sind und von denen er noch nie gehört hat. Man lernt also, sich in neue Fragen rasch einzuarbeiten: Welcher Missstand wird angeführt? Wie soll die Lösung aussehen? Geht es um den Vorteil einiger Privatleute, oder ist ein Bezug zum Gemeinwohl erkennbar? Realisierbar? Finanzierbar? Mit welchen Widerständen ist zu rechnen? Können wir uns mit dieser Frage in der Öffentlichkeit profilieren? Wie kann eine Presseinformation formuliert werden, die von der Lokalzeitung problemlos zu übernehmen ist? Die Fähigkeit, rasch den Kern und die Bedeutung von Problemen einzuschätzen, kann für das Berufsleben vorteilhaft sein.

Man lernt in einer Partei wichtige Leute kennen, durch deren Verhalten man manches lernen kann.

Die Arbeit in einer Partei ist ferner eine Schule der rhetorischen Fähigkeit, ohne Pult und ohne Zettel in einem Saal zu stehen und eine zündende Ansprache zu halten. Da tun sich insbesondere die schwer, die schon in der Schule stets alle Hausaufgaben gemacht haben, aber sich trotzdem im Unterricht selten meldeten. In der Kommunalpolitik überlassen sie weitgehend denen den Vortritt, die zu allem Stellung nehmen, erstmal drauflosreden und dabei überlegen, was sie sagen und haben wollen.

Rhetorische Fähigkeiten kann man in einer Partei im kleinen Kreis üben, um fünf Leute zu überzeugen, dann im größeren Rahmen und schließlich in einem längeren Vortrag vor großem Publikum. Da heißt es nicht, den Text vorher schriftlich auszuarbeiten, auswendig zu lernen und irgendwo stecken zu bleiben. Sondern es gilt, sich zunächst in die Sache gründlich einzuarbeiten und im Vortrag das zentrale Problem im Auge zu behalten und von dort aus die Schwierigkeiten und Möglichkeiten authentisch darzulegen: als ein Problem, das mich beschäftigt, weil es so wichtig ist. Dabei gibt es einige Tricks, zum Beispiel die Lautstärke so zu dosieren, dass auch die Zuhörer in der hintersten Reihe gut verstehen können, oder öfter mal nach rechts oder nach links zu sprechen, so dass auch die dort Sitzenden das Gefühl haben, sie seien gemeint.

Außerdem kann man in der Parteiarbeit lernen, sich mit unbekannten Leuten angeregt und informativ zu unterhalten.

Die Fähigkeit, souverän aufzutreten kann ebenfalls im Berufsleben beim Vorstellungsgespräch hilfreich sein. Und wenn es in der ehrenamtlichen Parteiarbeit mal weniger gut läuft, hat dies auf die ernsthaften Teile des Lebens, den Beruf und die Familie, keine Auswirkung.

Unter Punkt 10 nennt die AfD bessere Beziehungen zu Russland.

Bisher hatte Europa seine Verteidigung, insbesondere die atomare Abschreckung, weitgehend an die USA abgegeben, was dort nicht ganz zu Unrecht als Trittbrettfahrerei angesehen wird. Sollten sich nun die USA unter Trump weitgehend auf ihre eigenen Interessen konzentrieren und sich aus der Rolle als Weltpolizist sowie aus Europa und der Hilfe für die Ukraine zurückziehen, um sich ganz auf den Wettbewerb mit China zu konzentrieren, so stünden die Europäer vor der Wahl, mit welcher Strategie sie den russischen imperialen Gelüsten entgegentreten sollen und wollen:

- Entweder eine gewaltige eigene Armee einschließlich Atomwaffen aufzubauen. Das wäre nicht nur höchst gefährlich, sondern auch nicht finanzierbar. Außerdem fehlt ein einheitliches Militärkommando und die russische Bedrohung wird je nach geographischer Lage recht unterschiedlich wahrgenommen: im Baltikum und Polen als groß, in Portugal und Spanien eher entspannt.
- Oder Europa muss sich in irgendeiner Form mit Russland arrangieren. Das liefe auf einen euro-asiatischen Wirtschaftraum hinaus. Jedenfalls hat es nicht viel Sinn, eine große Spannung und Feindseligkeit zu pflegen, wenn man im Ernstfall nicht in der Lage ist, militärisch ebenbürtig aufzutreten.

Oder greifen wir aus dem AfD-Programm mal Punkt 11 und 13 heraus: Leitbild soll die traditionelle Familie sein, ohne jedes Gendern.

Im Internet-Auftritt des Bundesministeriums für Familie, Senioren, Frauen und Jugend heißt es jetzt, indem zunächst einmal der Name dieses Ministeriums korrigiert wird:

*Das Gleichstellungsministerium setzt sich für den Schutz und die Akzeptanz sexueller und geschlechtlicher Vielfalt ein. – Regenbogenfamilien – Auch Eltern sind lesbisch, schwul, bisexuell, trans\*, inter\* oder queer. Klingt logisch und einfach – ist es das auch? Mit dem Aktionsplan „Queer leben" will die Bundesregierung die Akzeptanz und den Schutz sexueller und geschlechtlicher Vielfalt stärken und einer Queerfeindlichkeit entgegenwirken.*
*Für die 20. Legislatur hat sich das Bundesgleichstellungsministerium ehrgeizige Ziele gesetzt, um die Akzeptanz von LSBTIQ\*-Personen in allen gesellschaftlichen Bereichen voranzubringen.*

Der Zusatz *Klingt logisch und einfach* provoziert die Frage: Für wen, für welche Gruppen klingt das so? Insbesondere mit dem Wort *queer* (englisch: seltsam, merkwürdig) können viele nichts anfangen. Es handelt sich um eine positive Selbstbezeichnung für Personen, die nicht heterosexuell und/oder cisgeschlechtlich sind. Dabei bezeichnet *cis* (diesseits) Personen, die sich dem Geschlecht zugehörig fühlen, das ihnen bei der Geburt zugewiesen wurde, also auf hochdeutsch die Normalen, Üblichen. Anders ausgedrückt alle, die nach der Geburt mit einem Blick auf den Unterleib entweder als Jungen oder als Mädchen eingeordnet wurden und sich auch lebenslang als Jungen und Mädchen und später als Männer oder Frauen fühlen. Heterosexuell bezeichnet die Mehrheit von Männern und Frauen, die das andere Geschlecht lieben, heiraten und dann oder auch vorher Kinder miteinander zeugen.

Könnte es sein, dass das Ministerium diese Mehrheit der Bevölkerung vernachlässigt hat?

Wenn jetzt die AfD sagt, ihr Leitbild sei die traditionelle Familie, so könnte dies einfach deshalb mehrheitsfähig sein, weil es dem Empfinden der meisten Leute entspricht. Die AfD-Forderung *Kein Gendern* dürfte ebenfalls mehrheitsfähig sein, wenn sie eine Sprache fordert, welche die meisten Leuten von hause aus gewohnt sind und in der sie sich in ihrem Alltag ausdrücken.

Die weiteren AfD-Forderungen sollen nicht näher erörtert werden. Teils sind sie volksnah, teils werden entgegen dem Trend, dass es für jedes beliebige politische Problem nur eine einzige korrekte Antwort gebe, neue Ideen ins Spiel gebracht.

Was würde passieren, wenn bei der nächsten oder übernächsten Bundestagswahl die AfD plus Bündnis Sahra Wagenknecht eine Mehrheit erreichen und Alice Weidel Kanzlerin, Sahra Wagenknecht Vizekanzlerin würde? Dies wäre kaum ein Untergang Deutschlands und auch kein Absturz ins Nichts, aber zunächst würden bisherige Wahrheiten und Gewissheiten zur Diskussion gestellt und teilweise durch oben genannte Ziele ersetzt werden. Viel Altvertrautes würde fortfallen, aber in gewissem Sinne wäre es auch, im Vergleich mit anderen Staaten, eine Normalisierung: Ein Besinnen auf die eigene stolze Geschichte und Kultur und eine Abkehr von dem Gedanken, Deutschland könne seine Identität nur als Bewusstsein der Schuld definieren. Stattdessen könnte es als Nation mit eigenen legitimen Interessen im Kreise der anderen Nationen auftreten. Falls die Mehrheit des Volkes eine Wende in diesem Sinne wählt.